CÉSAR VIDAL

MAIS QUE UM RABINO

A VIDA *e os* ENSINAMENTOS
DE JESUS, O JUDEU

Copyright © 2020 por César Vidal
Todos os direitos reservados.
Direitos internacionais registrados.

Título original: *Más que un Rabino: la vida y enseñanzas de Jesús el judío.*
Publicado por B&H Publishing Group
Nashville, TN 37234

1ª edição: março de 2021

TRADUÇÃO
Vera Jordan

REVISÃO DE TRADUÇÃO
Rosa Maria Ferreira

DIAGRAMAÇÃO
Sonia Peticov

REVISÃO DE PROVAS
Josemar de Souza Pinto

CAPA
Rafael Brum

EDITOR
Aldo Menezes

COORDINADOR DE PRODUÇÃO
Mauro Terrengui

IMPRESSÃO E ACABAMENTO
Imprensa da Fé

Salvo indicação em contrário, todas as citações bíblicas foram traduzidas pelo autor a partir das línguas originais.

As opiniões, as interpretações e os conceitos emitidos nesta obra são de responsabilidade do autor e não refletem necessariamente o ponto de vista da Hagnos.

Todos os direitos desta edição reservados à:
EDITORA HAGNOS LTDA.
Av. Jacinto Júlio, 27
04815-160 — São Paulo, SP
Tel.: (11) 5668-5668

E-mail: hagnos@hagnos.com.br
Home page: www.hagnos.com.br

Dados Internacionais de Catalogação na Publicação (CIP)
Angélica Ilacqua CRB-8/7057

Vidal, César

Mais que um rabino: a vida e os ensinamentos de Jesus, o judeu / César Vidal; tradução de Vera Jordan. — São Paulo: Hagnos, 2021.

Bibliografia
ISBN 978-65-86048-74-2

Título original: Más que un rabino — la vida y enseñanzas de Jesús el judio

1. Jesus Cristo — Historicidade 2. Jesus Cristo — Judeu 3. Messias I. Título II. Jordan, Vera

21-0460   CDD 232.908

Índices para catálogo sistemático:
1. Jesus Cristo — Historicidade

Editora associada à:

Aos meus alunos dos cursos de grego do Novo Testamento, os quais não deixaram de se esforçar para se aproximar ainda mais daquele que é mais que um rabino.

Sumário

Abreviaturas 7
Introdução 13

1. "Veio um homem chamado João..." 23
2. A primeira rejeição do poder e os primeiros discípulos 52
3. O grande ministério galileu 66
4. O maior mestre das parábolas 76
5. A compaixão do Messias 89
6. Os Doze 105
7. O ensino para os discípulos 115
8. O homem que não quis ser esse rei 141
9. Seguir e rejeitar 156
10. Mais que um rabino (I): O Filho do Homem
    e o servo de YHWH 172
11. Mais que um rabino (II): o Messias e o Filho de Deus 189
12. A luz do mundo 197
13. O último ano 214
14. A última semana (I): de domingo a terça-feira 228
15. A última semana (II): de quarta a quinta-feira 266
16. Prisão e condenação (I): O sinédrio 278
17. Prisão e condenação (II): A condenação romana 299
18. A crucificação 312
19. "Não busqueis entre os mortos ao que vive" 324
20. Até os confins da terra 342

Conclusão: Mais que um rabino 364
Apêndice 1: As fontes extrabíblicas sobre Jesus 369
*Apêndice 2: Algumas questões relacionadas ao nascimento
   de Jesus* 391
Apêndice 3: Jesus e as profecias messiânicas 398
Bibliografia 420

Abreviaturas

AB	Anchor Bible
ABQ	American Baptist Quarterly
AGJU	Arbeiten zur Geschichte des antiken Judentums und des Urchristentums
AGSU	Arbeiten zur Geschichte des Spatjudentums und Urchristentums
AJBI	Annual of Japanese Biblical Institute
AJSL	American Journal of Semitic Languages and Literatures
AJT	American Journal of Theology
ALBO	Analecta lovaniensia bíblica et orientalia
ALGHJ	Arbeiten zur Literatur und Geschichte des hellenistischen Judentums
ALUOS	Annual of Leeds University Oriental Society
An Bib	Analecta Bíblica
AnGreg	Analecta Gregoriana
AnOr	Analecta Orientalia
ANRW	Aufstieg und Niedergang der romischen, Welt, W. Haase e H. Temporini (eds.), Berlim, 1979-84
ASNU	Acta seminarii neotestamentici upsaliensis
ASTI	Annual of the Swedish Theological Institute
AT	Antigo Testamento
ATANT	Abhandlugen zur Theologie des Alten und Neuen Testaments
ATR	Anglican Theological Review

BA	Biblical Archaeologist
BAC	Biblioteca de Autores cristianos
BAR	Biblical Archaeologist Reader
BARev	Biblical Archaeologist Review
BASOR	Bulletin of the American Schools of Oriental Research
BeO	Bíbbia e Oriente
Bib	Biblica
BibO	Biblica et Orientalia
BibRes	Biblical Research
BIOSCS	Bulletin of the International Organization for Septuagint and Cognate Studies
BIZ	Biblische Zeitschrift
BJRL	Bulletin of the John Rylands University Library of Manchester
BO	Bibliotheca Orientalis
B Rev	Bible Review
BSac	Biblioteca Sacra
BTB	Biblical Theology Bulletin
BZ	Biblische Zeitschrift
BZNW	Beihefte zur Zeitschrift für die Neutestament liche Wissenschaft
CBQ	Catholic Biblical Quarterly
CCWJCW	Cambridge Commentaries on Writings of the Jewish and Christian World 200 B. C. to A. D. 200
CGTC	Cambridge Greek Testament Commentary
CII	Corpus inscriptionum iudaicarum (1936-52)
CQR	Church Quarterly Review
CRINT	Compendia rerum iudaicarum ad novum testamentum
CSCO	Corpus scriptorum christianorum orientalium
DAL	Dictionnaire d'Archéologie Chrétienne et de Liturgie, E. Cabrol e H. Leclercq (eds.), París, 1907-1953
DJG	Dictionary of Jesus and the Gospels, J. B.Green, S. McKnight e I. H. Marshall (eds.), Downers Grove y Leicester, 1992.

DRev	Downside Review
DSP	Dictionnaire de la Spiritualité, M. Viller (ed.), Paris, 1932ss.
DTR	Diccionario de las tres religiones, César Vidal Manzanares, Madri, 1993.
EB	Ètudes Bibliques
EBT	Encyclopedia of Biblical Theology
EDNT	Exegetical Dictionary of the New Testament
EGT	Expositor's Greek Testament
EHPR	Ètudes d'Histoire et de Philosophie Religieuse
EKK	Evangelisch-katholischer Kommentar zum Neuen Testament
EncB	Encyclopedia Biblica
EncJud	Encyclopedia Judaica
EvQ	Evangelical Quarterly
ENTT	E. Kasemann, Essays on New Testament Themes, Londres, 1964.
Eph Ma	Ephemerides Mariologicae
Ephem Théolo	Ephemerides Theologicae
ExpT	Expository Times
Greg	Gregorianum
GtJ	Grace Theological Journal
Herm	Hermeneia
HeyJ	Heythrop Journal
HNT	Handbuch zum Neuen Testament
HSS	Harvard Semitic Studies
HUCA	Hebrew Union College Annual
HZ	Historische Zeitschrift
IBC	Interpretation Bible Commentary
IBS	Irish Biblical Studies
IEJ	Israel Exploration Journal
Int	Interpretation
IRT	Issues in Religion and Theology
JAOS	Journal of the American Oriental Society

JBL	Journal of Biblical Literature
JBR	Journal of Bible and Religion
JCSR	Journal of Comparative Sociology and Religion
JETS	Journal of the Evangelical Theological Society
JJS	Journal of Jewish Studies
JNES	Journal of Near Eastern Studies
JPOS	Journal of the Palestine Oriental Society
JQR	Jewish Quarterly Review
JR	Journal of Religion
JRE	Journal of Religious Ethics
JRS	Ethics Journal of Roman Studies
JSJ	Journal for the Study of Judaism in the Persian, Hellenistic and Roman Period
JSNT	Journal for the Study of the New Testament
JSP	Journal for the Study of the Pseudepigrapha and Related Literature
JSS	Journal of Semitic Studies
JTS	Journal of Theological Studies
LB	Liber Annuus
LTS	La Terra Santa
MGWJ	Monastschrift für Geschichte und Wissenschaft des Judentums
MBTh	Münsterische Beitrage zur Theologie
NCB	New Clarendon Bible
NJCB	New Jerome Biblical Commentary, Englewood Cliffs, 1992
NovT	Novum Testamentum
NRT	Nouvelle Révue Théologique
NT	Novo Testamento
NTOA	Novum Testamentum et Orbis Antiquus
NTS	New Testament Studies
PBSR	Papers of the British School at Rome
PCB	Peake's Commentary on the Bible, London, 1962
PEQ	Palestine Exploration Quarterly

PTR	Princeton Theological Review
RACh	Reallexikon für Antike und Christentum
RB	Revue Biblique
RE	Real Encyklopadie der Kassischen Altertumswissenschaft
RevQ	Revue de Qymrán
Rev. Se. Ph.	Révue des Sciences Philosophiques et Théologiques
Th.RGG	Religion in Geschichte und Gegenwart
RHPR	Révue d'histoire et de philosophie reliegieuse
RHR	Revue d'Histoire des Religions
RSR	Recherches de Science Religieuse
RST	Regensburger Studien zur Theologie
SAJ	Studies in Ancient Judaism
SANT	Studiem zum Alten und Neuen Testament
SBEC	Studies in the Bible and Early Christianity
SBLASP	Society of Biblical Literature Abstracts and Seminar Papers
SBT	Studies in Biblical Theology
ScrHier	Scripta hierosylimitana
SCJ	Studies in Christianity and Judaism
SE	Studia Evangelica
SJ	Studia Judaica
SJLA	Studies in Judaism in Late Antiquity
SNTSMS	Society for New Testament Studies Monograph Series
SJT	Scottish Journal of Theology
StudLit	Studia Liturgica
Th ST Kr	Theologische Studien und Kritiken
THR	Theologische Rundschau
TI	Theological Inquiries
TJ	Trinity Journal
TLZ	Theologische Literaturzeitung
TR	Theologische Rundschau
TS	Theological Studies

TSFBul	Theological Students Fellowship Bulletin
TU	Texte und Untersuchungen
TynB	Tyndale Bulletin
TZ	Theologische Zeitschrift
ZNW	Zeitschrift für die neutestamentliche Wissenschaft
ZRG	Zeitschrift für Religionsund Geistesgeschichte
ZTK	Zeitschrift für Theologie und Kirche
ZWT	Zeitschrift für wissenschaftliche Theologie

Introdução

O Dr. Albert Schweitzer[1] possui o mérito de elaborar uma história das biografias de Jesus que antecedem sua época, além de deixar claro que nelas não se encontrava o Jesus histórico, mas sim, basicamente, as simples projeções da personalidade dos diversos biógrafos. No fim, após ler toda a lista de textos analisados por Schweitzer, pouca dúvida poderia restar de que neles o leitor não se encontraria com Jesus, mas com o cético, o não confiável e o liberal ou com o clérigo antigo que os escrevera. A essa altura, o mesmo Schweitzer havia rejeitado a tese — muito popular na época — de que Jesus era um doente mental. Certamente, ele também abordaria o mesmo tema, e, embora não se possa duvidar de que sua contribuição tenha implicado certo avanço historiográfico, não é menos verdadeiro que ele se viu bastante sobrecarregado por sua teologia liberal.[2] Desde aquela época até agora — e já se passou mais de um século — a situação basicamente não mudou, embora os resultados sejam diferentes.

Um caso extremo, por exemplo, foi o de Morton Smith, que teve a intenção de equiparar Jesus a um mago[3] e obteve certo êxito público; então, pouco tempo depois, defendeu a ideia de que Jesus

---

[1]Albert Schweitzer, *The Quest for the Historical Jesus. A Critical Study of its Progress from Reimarus to Wrede*, 1906.
[2]Albert Schweitzer, *The Mistery of the Kingdom of God: The Secret of Jesus' Messiahship and Passion*, Nova York, 1914.
[3]M. Smith, *Jesus the Magician*, Nova York, 1978.

era um sodomita que submetia seus discípulos mais próximos a uma iniciação homossexual.[4] O livro foi publicado com um prólogo de Elaine Pagels e alegava basear-se em um documento primitivo. A realidade é que Morton Smith — sendo ele próprio um homossexual — falsificara o documento e morreu em meio ao maior descrédito.[5]

Hoje em dia, teceu-se um manto espesso de silêncio sobre Smith, especialmente com a contribuição dos eruditos associados a ele. Lamentavelmente, nem todas as fraudes são descobertas com tanta clareza.

Há também outras ocasiões em que surgiram vozes que pretendiam reduzir Jesus a um simples revolucionário que teria sido executado como um zelote, o partido religioso violento que desempenhou um papel fundamental na guerra de 66-73 d.C. contra Roma. Os autores que defendem essa tese costumam apresentá-la inclusive como uma descoberta própria e original, quando, na realidade, todos eles — quer saibam ou não — são cooperadores de R. Eisler,[6] que a expôs nos primeiros trinta anos do século 20. Na verdade, os vários que mais tarde seguiram nessa direção — S. G. F. Brandon,[7] Hyam Maccoby,[8] Joel Carmichael, e mais recentemente o muçulmano Reza Aslan[9] — não costumam mencionar Eisler nem conseguiram fundamentar sua posição de uma maneira razoavelmente sólida. De fato, Hernando Guevara, em um livro magistral e lamentavelmente pouco conhecido, destruiu totalmente

---

[4]M. Smith, *The Secret Gospel*, Middletown, 2005.
[5]Um estudo sobre o tema em S. C. Carlson, *The Gospel Hoax. Morton Smith's Invention of Secret Mark*, Waco, 2005.
[6]R. Eisler, "Iesous Basileus ou basileusas", 2 vols, Heidelberg, 1929-30.
[7]S. G. F. Brandon, *Jesus and the Zealots*, Manchester, 1967; *The Trial of Jesus*, Londres, 1968.
[8]H. Maccoby, *Revolution in Judaea. Jesus and the Jewish Resistance*, Nova York, 1973.
[9]R. Aslan, *Zealot. The Life and Times of Jesus of Nazareth*, 2013.

a tese não apenas de que Jesus foi um zelote, mas também de que os zelotes existiram em sua época.[10]

Contudo, é preciso reconhecer que esse ponto de vista não apenas é deixado de lado, mas também é depreciado; na realidade, as descrições sobre Jesus vêm ocorrendo quase que com uma meta comum: deixar claro que Ele não passou de um rabino, um mestre da moral, inclusive um fariseu, ainda que de um tipo liberal. Os exemplos, nesse sentido, são múltiplos. É o caso, é claro, da primeira biografia de Jesus escrita por um judeu, na qual o retrato não foi traçado com tons sombrios, mas sim buscando incorporar a personagem ao centro da história judia.

A obra em questão, de Joseph Klausner,[11] foi amargamente criticada por outros autores judeus, já que pretendia aceitar como respeitável alguém que durante séculos fora considerado um blasfemo e fonte de imenso sofrimento para o povo judeu. Contudo, definiria um rumo que, com maior ou menor sorte, outros autores iriam seguir, muitos deles também judeus. Certamente esse foi o caso do rabino alemão Leo Baeck,[12] disposto a ver em Jesus um judeu e inclusive um rabino, porém jamais o Messias. Foi ainda o que aconteceu com o também judeu Hugh J. Schonfield, quase esquecido hoje em dia, mas que nos anos setenta do século 20 obteve uma extraordinária popularidade com seu livro *The Passover Plot* (A conspiração da Páscoa), no qual alegava ter descoberto a chave para compreender a vida de Jesus.[13] Voltamos a encontrá-lo, de maneira semelhante, em Schalom Bem-Chorin[14] e inclusive em

---

[10]Hernando Guevara, *Ambiente político del pueblo judío em tempos de Jesús*, Madri, 1985.
[11]J. Klausner, *Jesus of Nazareth*, Londres, 1929.
[12]L. Baeck, *Judaism and Christianity*, Filadélfia, 1958.
[13]H. J. Schonfield, *The Passover Plot*, Nova York, 1965. Uma refutação das teses de Schonfield em Clifford Wilson, *The Passover Plot Exposed*, San Diego, 1977.
[14]S. Ben-Chorin, *Brother Jesus. The Nazarene through Jewish Eyes*, Athens, 2001.

David Flusser,[15] possivelmente o autor judeu com maior destaque entre os que escreveram sobre o tema. Jesus deixou de constituir um personagem odioso para se converter em alguém aceitável, mas somente na condição de que não passasse de um rabino ou um mestre da moral.

Com todas as nuances que se queira dar, uma posição não muito diferente foi a seguida por Rudolf Bultmann e os pós-bultmanianos. Para Ernst Käsemann — o iniciador da denominada Nova Busca de Jesus —, Günther Bornkamm ou Norman Perrin, Jesus foi basicamente um mestre da moral com tons carismáticos ou taumatúrgicos. Encontramos algo semelhante — embora mais crítico com as fontes históricas — em Jesus Seminar, um grupo que pela primeira vez na história decidiu submeter a voto a fidelidade das fontes e optou pela rejeição massiva de boa parte do conteúdo delas. As posições do Jesus Seminar foram duramente criticadas pelos especialistas, questionando a integridade de seus componentes principais.[16] Na verdade, se aplicada à História Antiga, sua metodologia peculiar impediria totalmente o aprofundamento na pesquisa.

Essa visão do Jesus rabínico aparece da mesma forma em alguns dos livros de maior sucesso das últimas décadas. Nós a encontramos em E. P. Sanders[17] — embora ele reconheça que, implicitamente, Jesus se proclamou rei —, John P. Meier ou Gerd Theissen.[18]

Desse modo, Jesus deixa até de ser rabino — sua formação, segundo essa interpretação, teria sido deficiente — para se

---

[15]D. Flusser, *The Sage from Galilee. Rediscovering Jesus'*, Grand Rapids, 2007.

[16]Um estudo de interesse especial em Luke Timothy Johnson, *The Real Jesus: The Misguided Quest for the Historical Jesus and the Truth of the Traditional Gospels*, Nova York, 1996.

[17]E. P. Sanders, *The Historical Figure of Jesus*, Londres, 1993; *Jesus and Judaism*, Filadélfia, 1985.

[18]Theissen, de modo revelador, utilizou a ficção para relatar sua tese em *The Shadow of the Galilean: The Quest for the Historical Jesus in Narrative Form*, Filadélfia, 1987.

transformar em um personagem carismático semelhante a Honi, o desenhador de círculos, um ser lendário que supostamente obrigava Deus a escutá-lo mediante o recurso de desenhar um círculo, entrar em seu interior e ameaçar não sair até que o Altíssimo o escutasse. Essa foi, por exemplo, a posição do falecido acadêmico judeu Geza Vermes.[19] Diga-se de passagem, essa visão ruralista de Jesus é a que também encontramos no antigo sacerdote católico-romano John Dominic Crossan,[20] que decidira transformar Jesus — de novo — em um mestre da moral, mas limitado por seu enfoque rural a ponto de ser um análogo aos filósofos cínicos da antiga Grécia. Como teremos oportunidade de ver aqui, nem a Galileia era uma área fortemente rural nem Jesus andou única e exclusivamente nesse território. Na verdade, existe certo cosmopolitismo no ensino e nos lugares onde Jesus passou que é indispensável levar em conta. De modo bem significativo, Crossan chegou inclusive a especular a ideia de que o corpo de Jesus nunca apareceu porque... os cachorros o comeram.[21]

Nessas perspectivas, em todos e em cada um dos casos, apesar das diferentes nuances, há uma coincidência fundamental que é o peso do contexto cultural onde o guru, o mestre da espiritualidade e o pregador são elementos aceitos porque aparentemente podem proporcionar consolo sem exigir nenhuma mudança real nas diferentes existências humanas.[22] Certamente, a figura de Jesus não pode ser lançada às margens da história e, é claro, acaba sendo impossível apresentá-la nos termos difamatórios que aparecem em

---

[19] G. Vermes, *Jesús el judío*, Barcelona, 1977.
[20] John Dominic Crossan, *The Historical Jesus. The Life of a Mediterranean Jewish Peasant*, Nova York, 1992.
[21] John Dominic Crossan, *The Historical Jesus: The Life of a Mediterranean Jewish Peasant*, San Francisco, 1991, p. 127, 154.
[22] Contudo, há autores que rejeitam plenamente a Jesus, ainda que de modo cordial, até como mestre. É o caso da obra do rabino Jacob Neusner, *A Rabbi Talks with Jesus*, Montreal, 2001. Curiosamente, a obra de Neusner influenciou de certa forma a trilogia sobre Jesus escrita por Bento XVI.

escritos judaicos como o Talmude e o Toledot Yesu. Nem é aceitável o que o conteúdo das fontes históricas mostra sobre Ele. Pelo contrário, essas fontes se veem submetidas a cortes e esquartejamentos devido unicamente aos preconceitos, mais ou menos evidentes, dos autores. Assim, partindo, por exemplo, da base inicial de que não pode haver responsabilidade de nenhum judeu na condenação de Jesus, todos os dados das fontes que vão contra essa posição são descartados e se chega ao resultado desejado: toda responsabilidade está do lado romano.[23]

Em termos propagandísticos, apologéticos e até mesmo políticos, essa abordagem da figura e do ensino de Jesus acaba sendo compreensível. Contudo, da perspectiva do trabalho científico do historiador, só pode ser qualificada como inaceitável, na medida em que se faz necessário examinar de maneira crítica todas as fontes e extrair delas resultados, e não, em vez disso, encaixar nelas os pontos de vista já previamente assumidos. Esse enfoque típico da ciência histórica é o que o autor desta obra utiliza. Para falar a verdade, é o único válido para a realização de uma pesquisa de caráter histórico. Precisamente a partir dessa metodologia pode-se afirmar que Jesus foi mais, muitíssimo mais do que um rabino ou um mestre da moral.

Em grande medida o presente livro é o clímax de uma trajetória de mais de três décadas dedicadas ao estudo e à pesquisa da história do povo judeu e da figura de Jesus e de seus primeiros discípulos, especialmente aqueles que eram judeus. Tal obra tem ocupado um lugar privilegiado no trabalho profissional do autor, tanto na qualidade de historiador como de escritor de obras de ficção. Portanto, não é de admirar o surgimento, num tempo muito próximo, de seu estudo sobre os primeiros discípulos de Jesus no período anterior à ruptura entre a nova fé e o judaísmo[24] — um texto que constituiu

---

[23]É o caso evidente de Paul Winter, *On the Triai of Jesus*, Berlím, 1961.
[24]C. Vidal, *El judeo-cristianismo palestino del s. I: de Pentecostés a Jamnia*, Madri, 1995.

sua tese de doutorado em História e que não apenas obteve a qualificação acadêmica máxima, mas também foi objeto do Prêmio extraordinário de graduação — e seu primeiro romance que abordava a questão das origens históricas de Israel no período em que o povo saiu do Egito.[25]

No decorrer dos anos seguintes, juntamente com outros estudos sobre o judaísmo do Segundo Templo, foram aparecendo obras dedicadas ao estudo da história judaica que tentavam, a título de exemplo e sem intenção de ser exaustivas, formar um compêndio[26] e que focavam aspectos concretos como o Holocausto[27] ou pretendiam aproximar seu pensamento religioso do grande público.[28] Em paralelo, ocorriam abordagens românticas à jornada histórica do povo judeu, tendo como ponto de referência personagens históricos como Maimônides[29] e Gabirol[30] ou lendas como o famoso judeu andarilho.[31]

Algo semelhante ocorreu com os primórdios do cristianismo, como se pode concluir de suas obras sobre as origens dos Evangelhos,[32] seu conteúdo,[33] a relação com fenômenos da época como os sectários de Qumran,[34] a figura de Judas[35] ou a vida de Paulo de Tarso.[36] A estes é preciso acrescentar uma abordagem ao judaísmo

---

[25]Idem, *El escriba del faraó*, Madri, 2007 (reedição).
[26]Idem, *Textos para la Historia del pueblo judío*, Madri.
[27]Idem, *La revisión del Holocausto*, Madri, 1994; *El Holocausto*, Madri, 1995; *Los incubadores de la serpiente*, Madri, 1996.
[28]Idem, *El Talmud*, Madri, 2019.
[29]Idem, *El médico de Sefarad*, Barcelona, 2004; *El médico del sultán*, Barcelona, 2005.
[30]Idem, *El poeta que huyó de Al-Andalus*, Madri, 2002.
[31]Idem, *El judío errante*, Barcelona, 2008.
[32]Idem, *El primer evangelio*, Barcelona, 1991; *El Documento Q*, Barcelona, 2005.
[33]Idem, *Diccionario de Jesús y los Evangelios*, Estella, 1995.
[34]Idem, *Jesús y los documentos del mar Muerto*, Barcelona, 2006.
[35]Idem, Jesús y Judas, Barcelona, 2007.
[36]Idem, *Pablo, el judío de Tarso*, Madrid, 2006.

de Jesus que constitui um precedente deste livro, embora com a extensão de menos da metade das páginas.[37] Esses temas também têm sido abordados a partir de uma ótica de ficção, tanto em referência às origens do Evangelho de Marcos[38] quanto à pesquisa realizada por Lucas para redigir seu Evangelho.[39]

Considerada a partir dessa perspectiva, a presente obra envolve um marco mais que relevante no curso de uma trajetória de pesquisa que se prolongou por várias décadas. *Mais que um rabino* constitui o clímax, a partir de uma perspectiva rigorosamente histórica, de anos de trabalho dedicados a tratar de quem foi Jesus, o que Ele ensinou e como via a si mesmo. Este livro não é uma obra de teologia nem um comentário dos Evangelhos, mas uma obra de história — embora as referências às duas áreas acabem sendo inevitáveis. Sua metodologia é a histórica e, de modo muito especial, a utilizada pela pesquisa científica no terreno da História Antiga. Entretanto, apesar de seu caráter histórico, estas páginas com certeza podem servir de instrumento auxiliar para as pessoas que se dedicam a tal disciplina. Por isso tenho dito que determinadas questões de caráter dogmático, especialmente aquelas que somente de longe se podem considerar cristológicas, devem ser tratadas no corpo do texto. Também desenvolvi no excurso e no apêndice aspectos de interesse que, intercalados no decorrer dos capítulos, teriam dificultado a leitura.

O leitor pode abordar esta obra de diferentes maneiras. Naturalmente, pode lê-la em sequência a partir da primeira até a última página e, de fato, a redação ajuda a seguir esse caminho. Contudo, também é possível deter-se em alguns dos aspectos proporcionados pelo excurso e apêndices, que estão fora do texto principal exatamente para não criar obstáculos a uma leitura que poderíamos

---

[37]Idem, *Jesús el judío*, Barcelona, 2010.
[38]Idem, *El testamento del pescador*, Barcelona, 2004.
[39]Idem, *El Hijo del Hombre*, Madri, 2007.

chamar de biográfica. O autor crê que estas páginas abrangeram não apenas a descrição ordenada da vida de Jesus e de seus ensinamentos, mas também basicamente tudo que se relaciona ao contexto histórico, às instituições religiosas e civis e às discussões e controvérsias sobre os mais diversos aspectos relacionados às fontes e seu conteúdo.

Como todas as obras humanas sem exceção, o autor está consciente de que este livro é, com toda certeza, aperfeiçoável e, por isso mesmo, agradece antecipadamente pelas críticas formuladas a partir de posições documentadas e científicas, desprovidas de preconceitos ou dogmatismos já presumidos.

Não desejo distrair o leitor ainda mais. A história de Jesus, alguém que definitivamente foi mais que um rabino, espera por você.

Miami, FL, 2019

CAPÍTULO *um*

"VEIO *um homem* chamado JOÃO..."

NO DÉCIMO QUINTO ANO DE TIBÉRIO CÉSAR

No ano 25 d.C., irrompeu na vida de Israel um personagem que passou para a História com o nome de João Batista. Suas coordenadas espaçotemporais — paralelas às de Jesus até essa data — aparecem coletadas pela fonte de Lucas em um texto que afirma muito mais do que parece à primeira vista e que diz assim:

> No décimo quinto ano do império de Tibério César, sendo Pôncio Pilatos governador da Judeia, Herodes, tetrarca da Galileia, seu irmão Filipe, tetrarca da Itureia e da província de Traconites, e Lisânias, tetrarca de Abilene, sendo Anás e Caifás sumos sacerdotes, veio no deserto a palavra de Deus a João, filho de Zacarias (Lucas 3.1,2).

Longe de se tratar de mera nota histórica, Lucas estava traçando todo um panorama do mundo no qual se desenvolveria o ministério público de João Batista e, aproximadamente meio ano depois, o de Jesus. Na pirâmide desse mundo se encontrava Tibério César, o imperador de Roma, a primeira potência da época. No ano 14 d.C., Tibério havia se tornado imperador — e o seria até o ano 37 — depois de um longo episódio pessoal. Filho de Tibério Cláudio Nero e de Livia Drusila, Tibério vivenciou o divórcio de sua mãe e o posterior matrimônio com o imperador Otaviano. Dessa maneira, Tibério se tornou primeiro um enteado do imperador, mais tarde se casaria com sua filha Julia e, finalmente, seria adotado por Otaviano. Tibério mostrou competência militar notável, conquistando regiões da Europa como a Panônia, a Dalmácia, a Récia e até partes da Germânia, e acabou sucedendo Otaviano como imperador após o oportuno desaparecimento de outros pretendentes ao trono. Do mesmo modo, era dotado de notável capacidade militar e administrativa e não lhe faltou habilidade para lidar com o senado ou para fazer a tranquilidade reinar nas ruas e estradas. Entretanto, esses sucessos inegáveis não constituíam o quadro completo de sua personalidade. Por exemplo, detestava as religiões orientais, especialmente a egípcia e a judaica,[1] e sobretudo nutria um temperamento depressivo e uma mentalidade pervertida. No ano 26 d.C., decidiu abandonar Roma e, depois de deixar o poder nas mãos dos prefeitos pretorianos Élio Sejano e Quinto Névio Sutório Macro, foi para Capri. Ali se entregou a uma verdadeira avalanche de luxúria. Ao juntar uma coleção extraordinária de livros ilustrados com imagens pornográficas, gostava de reunir jovens para que, diante de seus olhos, se entregassem à fornicação.[2] Além disso, mantinha todo tipo de relações sexuais — inclusive estupro — com mulheres e homens[3] e, não satisfeito com essa conduta, se entregou a práticas que o próprio Suetônio relata com repugnância:

---

[1] Suetônio, *Tiberio*, XXXVI.
[2] Idem, XLIII.
[3] Idem, XLV, XLII e XLIV.

Além disso, cobriu-se de tamanha e vergonhosa infâmia que dificilmente é possível narrar ou escutar — muito menos crer — como costumava fazer que crianças muito novinhas, às quais chamava de seus "peixinhos", enquanto ele nadava, se posicionassem entre suas coxas e, brincando, o excitassem com a língua e com mordidas, e até mesmo os já maiores, mas sem deixar de ser crianças, enxergassem sua virilha como se fosse uma teta.[4]

Como em tantas épocas da História, uma potência real, nesse caso imperial, ostentava a hegemonia, e à frente dela achava-se um senhor absoluto. No caso de Roma, durante os ministérios de João primeiramente e de Jesus depois, o topo da pirâmide era ocupado por um pervertido sexual que não tinha o menor escrúpulo na hora de estuprar homens e mulheres ou de abusar de crianças.

A presença do poder romano derivado do imperador Tibério na parte do mundo onde João estava achava-se encarnada em Pôncio Pilatos, a segunda personagem da lista que encontramos na fonte proveniente de Lucas. De fato, a vida de João e de Jesus foi transcorrendo em paralelo a um peso crescente da presença romana na Judeia. Copônio foi o primeiro prefeito romano da província da Judeia — que, nesse período, compreendia somente o território que havia sido regido previamente por Arquelau — e, segundo Josefo, durante seu governo deu-se a rebelião de Judas, o galileu, em oposição ao pagamento de imposto a Roma, embora existam fortes indícios de que tal rebelião ocorrera antes.[5] Tem-se insistido em identificar Judas, o galileu, como o fundador do grupo dos zelotes, porém tal afirmação é insustentável. Judas resistiu violentamente contra Roma, mas não foi o fundador de uma seita que alcançaria seu auge sete décadas depois.[6] Na verdade,

---

[4]Idem, XLIV.
[5]Uma discussão sobre o tema em H. Guevara, *Ambiente político del pueblo judío en tiempos de Jesús*, Madri, 1985, p. 56ss, 85.
[6]No mesmo sentido, H. Guevara, *Ambiente político del pueblo judío en timpos de Jesús*, p. 72ss.

é mais provável que os samaritanos, durante sua administração, tenham profanado os pátios do Templo de Jerusalém espalhando ossos humanos neles. Semelhante afronta não provocou uma reação violenta dos judeus (geralmente esse tipo de ação se situa, com exceção do levante de Judas, o galileu, no período posterior à morte de Herodes Agripa). Entretanto, as medidas de segurança foram redobradas para que o fato não voltasse a se repetir.

Do ano 9 ao ano 26 d.C. — a fase de infância, adolescência e juventude de Jesus —, três prefeitos romanos se sucederam: Ambíbulo (9-12 d.C.), Rufo (12-15 d.C.) e Grato (15-26 d.C.). Grato praticou uma política arbitrária em relação aos sumos sacerdotes, motivado possivelmente pela cobiça. Assim, destituiu o sumo sacerdote Anano e nomeou Ismael, filho de Fabo. Mais tarde, destituiria Eleazar e nomearia Simão, filho de Camit, que, menos de um ano depois, foi substituído por José Caifás.[7] Entretanto, de maneira um tanto reveladora, não parece que a situação fosse especialmente intranquila no que se refere ao conjunto da população.

Grato foi sucedido por Pilatos (26-36 d.C.). Seu governo foi de enorme tensão,[8] e Josefo, assim como Fílon, o apresenta a nós sob uma ótica desfavorável[9] que, seguramente, correspondia à realidade. Certamente viu-se confrontado com os judeus em diversas ocasiões. Josefo narra[10] como, em um desses episódios, Pilatos introduziu sorrateiramente à noite umas estátuas em Jerusalém, em oposição ao preceito do Decálogo que não somente proíbe fazer imagens, mas também render-lhes culto (Êxodo 20.4,5). Não há muita clareza sobre em que consistiu o episódio em si (quem sabe foram os estandartes militares que entraram na cidade?), mas, em

---

[7] *Antiguidades,* XVII, 34-5.
[8] No mesmo sentido, M. Smallwood, *The Jews under the Roman Rule,* Leiden, 1976, p. 172.
[9] Uma crítica de diversas opiniões nos especialistas em M. Stern, *The Jewish people,* l, Assen, 1974, p. 350.
[10] *Guerra* II, 169-174; *Antiguidades,* 18, 55-59.

todo caso, a reação dos judeus foi rápida e unânime. De maneira reveladoramente pacífica, marcharam em direção a Cesareia, onde se encontrava Pilatos na época, e lhe suplicaram que retirasse as efígies da cidade santa. Pilatos negou-se a ceder perante aquela petição, e então os judeus permaneceram durante cinco dias prostrados na frente da casa do prefeito. Quando este, irritado por tal conduta, os ameaçou de morte, os judeus mostraram o pescoço, sinalizando que preferiam morrer a violar a lei de Deus. Finalmente, Pilatos optou por retirar as imagens. O episódio é de enorme relevância, porque dele se conclui que os judeus optaram por levar a cabo uma ação que poderíamos chamar de não violenta e que lhes permitiu alcançar o objetivo.

Uma resposta semelhante, no que se refere à ausência de violência, foi a que os judeus deram também por ocasião de outro dos desdéns de Pilatos. Referimo-nos à utilização de dinheiro sagrado dos judeus por parte dos romanos com a finalidade de construir um aqueduto.[11] Para os judeus, era óbvio que o aspecto religioso tinha primazia sobre a consideração prática de que Pilatos trouxera a água de uma distância de duzentos estádios. Entretanto, ainda assim, optaram por uma conduta pacífica que excluía qualquer forma de violência.

Pilatos resolveu então dissimular parte de suas tropas e lhes dar ordem para golpear os que vociferavam, mas não com espada, e sim com porretes. O número de feridos foi considerável (entre eles, os pisoteados por seus compatriotas no momento em que fugiram em debandada), porém ali se encerrou todo o tumulto.[12]

O representante de Roma na zona do mundo onde João e Jesus viviam era, portanto, um homem sem escrúpulos morais, que

---

[11] *Guerra* II, 175-77; *Antiguidades* 18, 60–62.
[12] Pilatos, como teremos oportunidade de ver, representou um papel essencial nos últimos dias da vida de Jesus. No ano 36 d.C., em consequência de protestos apresentados perante Vitélio, governador da Síria, pelos samaritanos, que Pilatos havia reprimido duramente com armas, foi destituído.

depreciava os judeus, que não tinha problema algum em recorrer à violência para alcançar seus objetivos e que era sensível às pressões que podiam pôr em risco sua posição. Como teremos oportunidade de ver, essas características se revelariam dramaticamente presentes na vida de Jesus.

Em terceiro lugar, a fonte proveniente de Lucas menciona três personagens que representavam o poder local, a saber, Herodes, tetrarca da Galileia, e seu irmão Filipe, tetrarca da Itureia e da província de Traconites, além de Lisânias, tetrarca de Abilene. Essa distribuição tão peculiar estava conectada à desintegração do reino de Herodes, o Grande, por Roma.[13] Para entender esse episódio, devemos retroceder várias décadas. Durante o período tumultuado das guerras civis que acabaram com a república de Roma e abriram caminho para o império, um idumeu chamado Herodes havia se tornado rei dos judeus. Uma mostra de seu talento excepcional é que, em geral, quando as guerras se iniciavam, ele se achava do lado que seria perdedor, mas sempre conseguia, ao final do conflito, fazer que lhe perdoassem, beneficiando-se do triunfo dos vencedores. Começar um conflito bélico do lado perdedor e terminá-lo sempre do lado ganhador diz muito acerca de Herodes.

Herodes, o Grande, reinou do ano 37 a.C. ao ano 4 a.C., dando repetidas mostras de um talento político eficaz e impiedoso. Durante sua primeira década no trono (37-27 a.C.), exterminou literalmente os membros da família dos asmoneus e boa parte de seus apoiadores e, acima de tudo, soube navegar pelo mar tempestuoso das guerras civis romanas, passando da aliança com Marco Antônio à submissão a Otávio. Este soube captar com perfeição o valor que tinha para Roma um personagem como Herodes e não

---

[13]Acerca do período, veja: M. Grant, *Herod the Great*, Londres, 1971; S. Perowne, *The Life and Times of Herod the Great*, Londres, 1957; P. Richardson, *Herod, King of the Jews and Friend of the Romans*, Mineápolis, 1999; A. Schalit, *König Herodes: der Mann und sein Werk*, Berlim, 1969.

só ignorou seus relacionamentos anteriores com o inimigo Marco Antônio, mas também expandiu as posses de Herodes na faixa costeira e na Transjordânia.

Durante a próxima década e meia, Herodes, já consolidado no poder, demonstrou notável talento político. Por um lado, tentou satisfazer seus súditos judeus iniciando as obras de ampliação do Templo de Jerusalém e celebrando as festividades judaicas com toda pompa. Paralelamente, caracterizou-se por uma capacidade de construir que se refletiu na fortaleza Antônia em Jerusalém, no palácio-fortaleza de Massada e no Herodium, entre outras construções. Ele foi, sem dúvida, um monarca judeu que se preocupou ao mesmo tempo em incorporar os avanços da cultura helenística — aquedutos, nós de comunicação etc. — com verdadeira paixão. Não deixa de ser significativo que, apesar da visível falta de moralidade, ele tenha ganhado a reputação de *euerguetes* (benfeitor) graças às suas demonstrações de generosidade para com as populações não judias situadas na Fenícia, Síria, Ásia Menor e até na Grécia. Entre os grupos religiosos judeus, os saduceus com certeza não passaram de um instrumento dócil em suas mãos, mas os fariseus o viam com hostilidade crescente, e não parece que tenha sido amado por um povo que talvez o respeitasse, mas que acima de tudo o temia.

A última década do governo de Herodes (13-4 a.C) foi envenenada por confrontos de natureza doméstica provocados pelo medo que Herodes tinha de se ver destituído do trono por seus filhos. Com Mariane, a asmoneia — que ele mandou executar em 29 a.C., em meio ao processo de encerramento da dinastia anterior —, Herodes teve Alexandre e Aristóbulo, que seriam enviados a Roma para receber uma educação rebuscada; e com Doris, uma primeira mulher possivelmente idumeia, ele teve Herodes Antípatro.

No ano 7 a.C., com o consentimento de Roma, Herodes ordenou que Alexandre e Aristóbulo fossem estrangulados. O mesmo destino — e também com a permissão de Roma — teria Herodes Antípatro, acusado de conspirar contra o pai. A execução ocorreu apenas cinco dias antes de o próprio Herodes dar seu último suspiro em Jericó (4 a.C.).

O legado de Herodes foi realmente extraordinário e não deixou nada a invejar, em termos territoriais, ao do próprio rei Davi. Quando chegou ao poder em 37 a.C., Herodes contava apenas com a Judeia de Antígono. Na época de sua morte, seu reino abrangia toda a Palestina, com exceção de Ascalom, territórios na Transjordânia e um amplo terreno a noroeste que incluía Batanea, Traconítide e Auranítide, mas excluía Decápolis. Por outro lado, os benefícios absorvidos da helenização eram indiscutíveis e, de fato, os súditos de Herodes eram, no mínimo, pessoas bilíngues que, independentemente do que pensassem da cultura grega, se aproveitaram de muitas de suas conquistas. Porém, todo aquele legado não tardou em se ver profundamente corroído.

Com a morte de Herodes, eclodiram os tumultos contra Roma e seu sucessor, Arquelau. Na Páscoa do ano 4 a.C., ocorreu um levante judeu porque Arquelau se recusou a destituir Joazar, o novo sumo sacerdote, de legitimidade questionável. Embora o tumulto tenha sido sufocado, com a morte de três mil judeus, apenas algumas semanas depois, durante a festividade de Pentecostes, o romano Sabino teve de enfrentar um novo levante judeu, que só pôde ser desfeito depois de ele receber a ajuda de Varus, o governador romano da Síria.[14] Mesmo assim, o problema não acabou.

Em pouco tempo, a rebelião se espalhou como uma mancha de óleo por todo o país. Um rebelde chamado Judas apoderou-se de Séforis. Outro, chamado Simão, levantou-se na Pereia. Atrongues e seus quatro irmãos começaram a rodear a Judeia. Entretanto, a falta de coordenação era óbvia, pois a única coisa que os unia era o ódio contra Roma e o desejo de serem reis.[15] A resposta de Roma foi rápida e contundente. Séforis foi devastada, e seus habi-

---

[14]*Guerra* II, 39-54; *Antiguidades*, XVII, 250-268.
[15]*Guerra* II, 55-65; *Antiguidades*, XVII, 269-285.

tantes, vendidos como escravos. Safo e Emaús foram destruídas; Jerusalém foi respeitada, embora tenha ocorrido a crucificação de dois mil rebeldes.

Aquela sucessão de revoltas deixara claro que Arquelau havia demonstrado sua incapacidade de governar e que tal circunstância não poderia ser tolerada por Roma. De repente, o antigo reino de Herodes foi dividido entre três de seus filhos: Arquelau recebeu Judeia, Samaria e Idumeia; Herodes Antipas, Galileia e Pereia, com o título de tetrarca; e Filipe recebeu Batanea, Traconítide, Auranítide e parte do território que pertencera a Zenodoro. Por sua vez, Salomé, irmã de Herodes, recebeu Jâmnia, Azoto e Fáselis, enquanto algumas cidades gregas foram declaradas livres.

Os diferentes governos em que foi fragmentado o antigo reino de Herodes tiveram destinos diversos. De Filipe, devemos apenas fazer menção, porque sua relação com a história que nos interessa, a de Jesus, foi mínima. Seu reinado, que segundo Schürer foi "doce, justo e pacífico", realmente não tem vínculo com nosso objeto de interesse.

Arquelau é outra história. Sua incapacidade como governante continuou tão acentuada que, no ano 6 d.C., Roma decidiu privá-lo do reino — embora claramente Arquelau já não fosse rei, mas um etnarca — e absorver os territórios que o compunham.

O panorama derivado dessa evolução histórica não poderia ser mais revelador. Os sucessores de Herodes não eram nem de longe melhores moralmente do que o monarca idumeu, mas, sim, mais lentos, mais incompetentes e mais tolos. Sua ausência de poder não se traduziu, portanto, em maior liberdade ou em melhor governo para seus súditos, mas em uma tirania desprovida das conquistas do fundador da dinastia. Na área da política, quer doméstica, quer estrangeira, os contemporâneos de João Batista e Jesus certamente tinham poucos motivos para estar satisfeitos.

Esse quadro — sem dúvida chocante — exibido por Lucas se completa pela menção das autoridades espirituais de Israel, último recurso a que, supostamente, poderiam recorrer os habitantes daquela terra castigada. Mais uma vez, a fonte de Lucas revela uma acuidade especial, pois menciona como sumos sacerdotes não apenas um, mas dois personagens, a saber, Anás e Caifás. Com essa afirmação — que um observador descuidado teria interpretado como um erro histórico —, Lucas apontou para uma realidade que marcou a política religiosa de Israel por décadas.

O sumo sacerdote sempre foi Anás *de fato*, independentemente de possuir o título de forma oficial ou não. Em outras palavras, em diversas ocasiões, havia um sumo sacerdote oficial — como Caifás — e outro que era o verdadeiro e se chamava Anás.

Anás foi nomeado sumo sacerdote na província romana da Judeia pelo representante romano Quirino no ano 6 d.C. Essa foi uma fase de extraordinária importância porque ocorreu logo após Roma ter procedido à destituição de Arquelau e colocado a Judeia sob seu governo direto. Anás tornava-se assim a primeira autoridade judaica precisamente no lugar onde se localizavam Jerusalém e seu templo. Por uma década que foi de 6 a 15 d.C., Anás foi sumo sacerdote. Por fim, o procurador Grato o destituiu, embora não tenha conseguido acabar com sua influência. De fato, durante as décadas seguintes, Anás manteve as rédeas do poder religioso em suas mãos por meio de algum de seus cinco filhos ou de seu genro Caifás, todos eles seus sucessores como sumos sacerdotes, embora, na realidade, não passassem de seus subordinados. Josefo deixou um testemunho muito revelador a esse respeito:

> Diz-se que o ancião Anás foi extremamente ditoso. Ele teve cinco filhos, e todos eles, depois de o próprio Anás ter desfrutado previamente o ofício por um longo período, se tornaram sumos sacerdotes de Deus — algo que nunca acontecera a qualquer outro de nossos sumos sacerdotes.[16]

---

[16]*Antiguidades*, XX, 9.1.

Anás e seus sumos sacerdotes substitutos mantiveram o poder até o final do período do Segundo Templo e fizeram isso transformando o sistema religioso em uma imensa rede de corrupção. Como Jesus acabaria dizendo, eles transformariam o Templo em um covil de ladrões (Mateus 21.13). É um julgamento razoável se comparado ao que o próprio Talmude diz dos sumos sacerdotes da época, os quais são acusados de golpear com cassetetes, dar socos ou, no caso da casa de Anás, sibilar como víboras, isto é, sussurrar com perigo letal.[17]

Costuma ser um hábito comum falar mal do tempo em que se vive e até mesmo se referir a um passado supostamente ideal e perdido. No entanto, não importa como se olhe, as coordenadas cronológicas expostas por Lucas em poucas frases são dignas de reflexão. O mundo em que João — e, depois dele, Jesus — começaria seu ministério era um mundo em cujo topo um degenerado moral renunciava ao exercício do poder para se entregar ao abuso sexual de homens, mulheres e crianças; em que seu representante era um homem sem escrúpulos morais, mas também tinha um traço oculto de covardia; em que Israel continuava nas mãos de governantes maus e corruptos e, ao mesmo tempo, desprovidos do talento político de Herodes, o Grande; e em que a esperança espiritual era encarnada por uma hierarquia religiosa pervertida, na qual o nepotismo e a cobiça eram mais importantes do que a oração e o temor a Deus. Em um contexto pouco atrativo, João Batista começou a pregar no deserto, precedendo ao Messias, cerca de meio ano antes de Jesus aparecer.

João Batista

Apesar da curta duração, a verdade é que o ministério público de João Batista viria a ter um impacto extraordinário. A mensagem de João estava certamente ligada a uma tradição da história religiosa

---
[17]Pesahim 57a.

de Israel, e aí residem a simplicidade e a força que a caracterizaram. Fundamentalmente, centrava-se em um chamado a se voltar para Deus, porque a esperada consumação dos tempos estava próxima. O anúncio, para usar as palavras de João, era: "Arrependei-vos, porque o reino dos céus está próximo" (Mateus 3.1,2). Em outras palavras, Deus entraria na História de uma forma extraordinariamente transcendental — possivelmente a mais transcendental que se poderia pensar —, e a única saída consistente era o do *teshuvá*, isto é, o arrependimento, o voltar-se para Deus, converter-se.

Tal anúncio — o chamado ao *teshuvá* — contava com paralelos claros nos *neviim* (profetas) que apareceram anteriormente na história de Israel. Na realidade, quase se pode dizer que essa fora a mensagem mais característica da pregação dos *neviim* durante séculos e, muito possivelmente, decisiva para que o povo visse em João um desses profetas. No entanto, em João havia um aspecto particularmente notável e que não tinha precedentes nos profetas. Referimo-nos à prática de um rito até certo ponto original: o batismo.

Hoje em dia, a referência ao batismo despertaria em muitas pessoas imagens de crianças recebendo um fio d'água na cabeça, no contexto de um ritual que envolve o ingresso na igreja. Em João, o significado e o ritual eram notavelmente diferentes dessa visão. Desde o início, o batismo se identificava com a imersão total em água, que é, aliás, o que a palavra literalmente significa em grego. Ao contrário do que vimos em alguns filmes em que um João de aspecto anglo-saxão deixa cair algumas gotas sobre um homem barbudo arrependido, aqueles que ouviam as palavras de João Batista eram totalmente submergidos na água — o que explica que o pregador escolhera o rio Jordão como cenário de sua pregação —, simbolizando assim que Deus lhes concedera o perdão dos seus pecados e que uma mudança ocorrera na vida deles.

O fato de João ter pregado no deserto e recorrido ao batismo como rito de passagem foi ocasionalmente relacionado aos essênios do mar Morto, mas essa conexão é mais do que duvidosa, mesmo porque os essênios repetiam os batismos em reiteradas ocasiões, algo que não acontecia com João. Na verdade, a origem do rito deve certamente estar na cerimônia que os judeus seguiam para permitir a entrada dos convertidos em Israel. No caso das mulheres, elas eram submetidas à imersão total (batismo); no caso dos homens, também era esse o batismo, embora precedido da circuncisão, conforme ordenado pela Torá. O fato de João não aplicar esse ritual aos gentios que entravam para a religião de Israel, mas aos judeus que já pertenciam a ela, carregava um significado profundo e dramático.

O *Pirke Avot*, um dos escritos essenciais da literatura rabínica, redigido pelo menos um século e meio depois da vida de Jesus, começa afirmando que todo o Israel tem uma parte no mundo futuro, uma máxima que também encontramos no Talmude.[18] Em outras palavras, todo judeu, pelo fato de ser judeu, pode ter esperança de participar da salvação. No entanto, como se conclui pelas fontes, João defendia um ponto de vista radicalmente diferente. De forma clara, ele insistia em rejeitar o que poderíamos chamar de nacionalismo espiritual que encontramos nos escritos da época e que garantia a qualquer judeu a salvação pelo simples fato de ser judeu. Ao contrário, João afirmava, de forma desagradável, porém inequívoca, que apenas aqueles que se voltassem para Deus poderiam contar com a salvação. As fontes a esse respeito não deixam margem para dúvidas:

> E dizia às multidões que vinham para ser batizadas por ele: Ó geração de víboras! Quem vos ensinou a fugir da ira que está por vir? Produzi frutos dignos da conversão e não comeceis a dizer em vosso interior: Temos Abraão como nosso pai; porque vos digo que até mesmo dessas pedras Deus pode suscitar filhos a Abraão. Além disso, o machado já está posto à raiz das árvores; e toda árvore que não dá bons frutos é cortada e lançada no fogo (Lucas 3.7-9; comp. Mateus 3.7-10).

---

[18]Sanhedrin 90a.

Da perspectiva de João, o que fazia diferença entre os salvos e os réprobos, entre aqueles cujos pecados eram ou não perdoados, não era o fato de pertencer ou não ao povo de Israel, mas de se voltar para Deus com o desejo de mudar de vida, uma mudança que era publicamente simbolizada pelo batismo. Nesse sentido, o paralelo com os profetas anteriores era muito claro. Amós proferira um discurso veemente contra vários povos pagãos para, no final, coroar sua mensagem de juízo com terríveis alegações dirigidas contra Judá (Amós 2.4,5) e Israel (2.6ss). Isaías compara a sociedade judaica de sua época às cidades de Sodoma e Gomorra, varridas da face da terra pelo juízo de Deus (Isaías 1.10ss). Ezequiel qualificara a prática religiosa dos judeus de sua época como abominação e ousou anunciar a destruição do Templo em Jerusalém (Ezequiel 8 e 10). Diante da ideia de que todo o Israel teria um lugar no mundo vindouro, a tese dos profetas era que apenas um restante, um remanescente de Israel, obteria a salvação (Isaías 10.22,23). João mantinha basicamente essa linha. A religião — e que não se diga o pertencimento a um grupo nacional — não proporcionava a salvação, e, por outro lado, a conversão a Deus não permitia obter tal salvação em pagamento, mas, sim, recebê-la.

Assim como no caso dos profetas, a pregação de João estava naturalmente impregnada por uma tensão escatológica notável. Sua mensagem não era apenas a de uma catástrofe espiritual, mas acrescentava um elemento de clara esperança. Se fosse premente tomar uma decisão que levaria à conversão era porque a consumação dos tempos estava próxima. A esse respeito, João associava sua obra à profecia contida no capítulo 40 do profeta Isaías, que afirma:

> Voz do que clama no deserto: preparai o caminho do Senhor;
> Endireitai suas veredas.
> Todo vale será exaltado,
> E todo monte e toda colina serão abatidos;
> Os caminhos tortuosos serão endireitados,

E os caminhos desnivelados serão aplainados;
E toda carne verá a salvação de Deus.

Deus se manifestaria de maneira especialmente clara. Portanto, era totalmente lógico que as pessoas se preparassem e que também, após o batismo, mudassem seu modo de vida. O ensino de João a esse respeito pretendia, antes de tudo, evitar abusos de poder, corrupção, mentira ou falta de compaixão. O testemunho de Lucas é claro nesse sentido:

> E as pessoas lhe perguntavam: Então, o que devemos fazer? E ele lhes respondeu: Aquele que tem duas túnicas, dê ao que não tem; e aquele que tem o que comer, faça o mesmo. Alguns cobradores de impostos também vieram para ser batizados e lhe disseram: Mestre, o que devemos fazer? Ele lhes disse: Não exijam mais do que foi ordenado a vocês. Ainda, alguns soldados lhe perguntaram: O que devemos fazer? E ele lhes disse: Não chantageiem ninguém, nem caluniem; e se contentem com o vosso salário (Lucas 3.10-14).

É óbvio que a mensagem de João Batista estava muito longe de ser o que hoje entenderíamos como revolucionária. Não pretendia que as estruturas sociais mudassem nem que fosse produzida qualquer alteração na divisão de classes que existia na época. Não condenou, certamente, os cobradores de impostos — os odiados publicanos a serviço de Roma — nem os oficiais ou soldados que os acompanhavam. Considerou sim, por outro lado, que, como todos, eles deviam se converter e que, após a conversão, a vida deles deveria experimentar mudanças, tal como comportar-se de maneira honrada e rejeitar condutas como a mentira, a violência, a corrupção e a cobiça.

Além disso, João esperava que ocorresse, de forma muito rápida, uma mudança radical, uma mudança que não viria por obra de esforço humano, mas em virtude da intervenção direta de Deus, que agiria por meio de seu Messias. Este se manifestaria logo, e então as promessas anunciadas durante séculos pelos profetas se tornariam realidade. Os que houvessem experimentado a conversão seriam preservados quando da execução do juízo de Deus, ao passo que os que não haviam abraçado a conversão seriam aniquilados. A alternativa seria se virem imersos na ação do Espírito Santo ou no fogo:

> E o povo estava na expectativa, todos se perguntando em seu coração se João seria o messias. João lhes respondeu: Eu certamente os submerjo em água, mas está a caminho um mais poderoso que eu, de quem não sou digno de desatar a correia das sandálias; Ele os submergirá no Espírito Santo e no fogo. Leva a pá nas mãos e limpará sua eira, ajuntará o trigo em seu celeiro e queimará a palha em fogo que não se extinguirá jamais (Lucas 3.15-17).

As fontes coincidem na indicação de que a pregação de João Batista durou pouco. Como qualquer pregador que não busca o próprio louvor, mas cumpre sua tarefa de maneira digna e decente, João não estava disposto a amenizar ou limitar sua dura mensagem por motivos de conveniência pessoal ou por subserviência aos poderosos. Ao repreender o pecado de seus contemporâneos, ele não se deteve nem sequer diante do próprio Herodes, o tetrarca. De modo bem significativo, o pecado que lhe lançou em rosto tinha a ver com a ética sexual contida na Torá. Herodes se casara com Herodias, mulher de seu irmão Filipe, e João exortou-o ao arrependimento, indicando que essa conduta não era lícita. O resultado de sua pregação foi que o tetrarca o deteve e ordenou seu confinamento na fortaleza de Maqueronte (Lucas 3.19,20). Contudo, no momento em que esses fatos ocorreram, foram produzidos acontecimentos de enorme relevância relacionados à vida de Jesus.

Antes do Jordão

O contexto da vida de Jesus transcorreu em meio à interligação de quatro aspectos que, em parte, já examinamos. O primeiro foi o de uma Judeia debilitada e em certa medida helenizada. O reino de Herodes era, no final das contas, um poder inferior submetido a Roma, que não hesitou em dividi-lo após sua morte. Além disso, tratava-se de um reino com uma população mista onde havia judeus fiéis à Torá, judeus helenizados e ainda sírios muito influenciados pela cultura helenística, além de gregos. Além da presença romana, os judeus que desejavam seguir fielmente os preceitos da Torá não deixavam de se mover em um cosmos onde era inegável a presença de manifestações helenísticas mais ou menos acentuadas. Somava-se à língua grega, certamente conhecida por praticamente todos os súditos de Herodes e usada em uma infinidade de circunstâncias, uma presença cultural helenística fácil de ver em muitas cidades e, pior ainda, manifestações inegáveis de paganismo, como por exemplo o culto às imagens. É claro, isso era impensável na Cidade Santa de Jerusalém. Não o era, é claro, em outras partes do reino. Responder a essa presença helenística de um jeito ou de outro era inevitável.

Em segundo lugar, a presença de Roma não era menos óbvia. Certamente, com Herodes havia-se vivido a boa ficção de uma independência da Judeia. Contudo, após sua morte, era óbvio que se tratava de um Estado sujeito a Roma, e essa realidade se tornou ainda mais evidente quando, após a morte do idumeu, Otávio dividiu o reino. Essa presença de Roma como poder dominador expunha ainda mais fragilidade das instituições judaicas e a situação dolorosa à qual o povo se encontrava sujeito. Em terceiro e quarto lugares, deve-se destacar a persistência das instituições religiosas judaicas e as diversas respostas de caráter espiritual dadas à situação em Israel.

Embora os Evangelhos apócrifos tenham gostado de nos apresentar a um menino Jesus dado a obras maravilhosas, como transformar alguns passarinhos de barro em aves reais que subiam e voavam, e apesar do fato de muitas dessas imagens terem entrado na religiosidade católica popular durante a Idade Média, a verdade é que os primeiros anos de Jesus transcorreram na total normalidade de uma criança judia.

Como era de esperar, Jesus, filho de família judia, foi circuncidado no oitavo dia (Lucas 2.21) e dessa forma entrou formalmente para o povo de Israel. Por sua vez, seus pais obedeceram ao preceito de purificação contido na Torá e ofereceram duas rolas ou dois pombos (Levítico 12.6ss), o que indica, em primeiro lugar, que sua posição econômica era humilde e não confortável e, em segundo lugar, que eles eram judeus piedosos. Na verdade, esse início da vida de Jesus — um início que Ele compartilhou com milhões de judeus que nasceram antes e depois dele — revela os canais espirituais pelos quais sua vida transcorreria e que, no final, acabariam levando-o à morte mais vergonhosa da época.

Jesus nascera judeu, no meio do povo de Israel e, por meio do mandamento da circuncisão, passara formalmente a constituir parte dele. Nesse sentido, sua vida estaria intimamente vinculada às instituições religiosas de Israel e à articulação de uma resposta espiritual ao mundo em que se desenvolveu sua vida. Assim, sabemos que Ele ia com seus pais[19] a Jerusalém por ocasião das festas religiosas, especialmente da Páscoa (Lucas 2.41). Também há razões para pensar que desde cedo teve interesse em assuntos de caráter espiritual (Lucas 2.46ss) e, com certeza, aprendeu hebraico, a língua sagrada, visto que podia ler o manuscrito de Isaías na sinagoga (Lucas 4.16-20).

É bem possível que aprendera o ofício do homem que todos consideravam seu pai, o artesão José, e até se tem especulado a possibilidade de que, vivendo a família em Nazaré, trabalhara na construção de Séforis.[20] No entanto, esse último aspecto não passa

---

[19]Com relação à família de Jesus na época de seu nascimento, veja o Apêndice I.
[20]A esse respeito, veja: R. A. Batey, *Jesus and the Forgotten City. New Light on Sepphoris and the Urban World of Jesus*, Grand Rapids, 1991.

de mera conjectura. Como apontaria Lucas em um resumo magnífico, durante os primeiros anos, "o menino crescia e se fortalecia, e se enchia de sabedoria, e a graça de Deus estava sobre Ele" (Lucas 2.40). Em outras palavras, Jesus era um judeu normal em uma família judia piedosa. Claro, todas as referências às viagens à Índia ou ao Tibete não possuem o menor valor histórico, estando sempre vinculadas a movimentos religiosos muito tardios e, de qualquer modo, não anteriores ao século 19.

Foi nesse contexto de valor político limitado dos descendentes de Herodes, o Grande, de odiosa presença romana e de profundas convicções judaicas e, ao mesmo tempo, ocasionalmente feridas pelas ações de Pilatos, que apareceu João Batista, um novo profeta de Israel após quatro séculos de silêncio, um profeta que teria um peso enorme na vida de Jesus, a ponto de Marcos iniciar com ele o seu Evangelho e, com exceção do prólogo, o mesmo se dá com o autor do quarto Evangelho.

Do deserto à Galileia

A prisão de João por ordem de Herodes, quando, possivelmente, não havia mais de meio ano que ele estava pregando e batizando, deve ter sido um duro golpe para seus discípulos. Na verdade, tinha de ser o início de uma crise lógica. Durante meses, eles esperaram que o grande drama espiritual se desenrolasse sem demora, mas agora tudo indicava que sua pregação não se transformaria em realidade estando ele confinado em uma masmorra. O que aconteceria no futuro? Alguns de seus discípulos continuaram esperando por sua libertação, continuaram pregando e batizando. Inclusive, alguns autores sugeriram que eles teriam chegado a identificá-lo com o Profeta que viria ou com o Messias.[21] De qualquer forma, permaneceram como grupo por anos. No entanto, essa posição não

---

[21] Sobre o debate a esse respeito, veja: O. Cullmann, *Christology of the New Testament*, Filadélfia, 1959, p. 26ss.

era generalizada. De fato, não faltaram aqueles que consideraram que o ministério de João terminara com sua prisão e que uma nova etapa se iniciava.

Segundo fontes evangélicas, João já havia apontado um primo seu, a quem havia batizado, como o Messias esperado, e, mesmo antes de sua prisão, alguns de seus discípulos já haviam se juntado a Ele.

O parente de João não era outro senão Jesus. A fonte de Lucas e a de João guardam dados de enorme interesse a esse respeito. Se, graças a Lucas, sabemos que João era um pouco mais velho que Jesus e que era filho de Elisabete (Isabel), prima de Maria, mãe de Jesus (Lucas 1.57ss), João nos forneceu outros dados de singular relevância. É indiscutível que João batizou Jesus em algum momento no ano 26 d.C. No entanto, ao contrário do que se tem afirmado,[22] não parece que Jesus chegou a fazer parte de seu grupo de seguidores. Na verdade, João teve de apontá-lo de maneira precisa porque eles não o conheciam quando o encontraram mais tarde (João 1.35-51). Também não temos a menor informação, muito pelo contrário, de que ele tenha se identificado como um dos pecadores que vinham às margens do Jordão para ser batizados. Naturalmente, é inevitável que surja a pergunta sobre por que Jesus veio para ser batizado por João. Tem-se argumentado que a intenção de Jesus era se identificar com os pecadores que vieram a João. Tal motivação, entretanto, está longe de ser totalmente convincente e, de qualquer modo, não exigia o batismo para se tornar evidente.

Parece muito mais provável que Jesus estivesse buscando em João o reconhecimento formal de um profeta, ou seja, a legitimação que qualquer rei de Israel precisava ter para ser reconhecido

---

[22]Nesse sentido, veja: John A.T. Robinson, *The Priority of John*, Eugene, s.d., a partir da primeira edição de 1985, p. 169ss.

como tal. Assim acontecera, por exemplo, com Davi, reconhecido como rei legítimo pelo profeta Samuel (1Samuel 16). Afinal, João era um profeta que também procedia da classe sacerdotal (Lucas 1.5-25). Se alguém pudesse reconhecer o verdadeiro Messias — ou rejeitá-lo — tinha de ser ele. O próprio João — que negara ser o Messias — tinha a mesma opinião (João 1.29-34).

As fontes relatam que, durante o batismo, Jesus teve uma experiência que confirmou em sua consciência o fato de Ele ser o Messias e o Filho de Deus (Mateus 3.13-17; Lucas 3.21-23). Esse tipo de experiência carismática esteve presente nas vocações religiosas de alguns dos personagens mais relevantes da história judaica, os quais inclusive chegaram a relatá-las, como foi o caso de Isaías (Isaías 6.1ss), Ezequiel (Ezequiel 2.1ss) ou Zacarias (Zacarias 1.1ss). Jesus recebera uma confirmação clara — não poderia ser menos que isso — que fora produzida em termos estritamente bíblicos. Um profeta de Deus o reconhecera como o Ungido. Além disso, passara por uma experiência pessoal que corroborava esse testemunho.[23]

Contudo, a confirmação da vocação messiânica de Jesus não se limitou a Ele. Na verdade, João também estava convencido da veracidade das intenções do judeu de Nazaré (João 1.19-28). Até mesmo o indicou a alguns de seus discípulos (João 1.29-42). Essa circunstância explica como o chamado dos discípulos e a resposta deles em segui-lo — que em Mateus e em Marcos podem parecer um tanto abruptos e repentinos — na verdade ocorreram ao longo do tempo. Em outras palavras, alguns dos que decidiram seguir Jesus haviam escutado as instruções de João, conhecido Jesus, tiveram a oportunidade de ouvi-lo e só então deixaram tudo para segui-lo (João 1.35-51). O que não podiam suspeitar — e encontrariam resistências notáveis nos anos seguintes — era o tipo exato de Messias que Jesus seria.

---

[23]No mesmo sentido de aceitar a historicidade da experiência, veja D. Flusser, *The Sage from Galilee*, p. 21ss.

Excurso: Quando o Messias deveria chegar?

A espera pelo Messias por parte do povo judeu fora motivada durante séculos pela convicção mais ou menos acentuada de que sua chegada estaria relacionada a acontecimentos concretos. Em outras palavras, o aparecimento do Messias não seria totalmente inesperado, mas estaria diretamente relacionado a fatos constatáveis. O primeiro está registrado em Gênesis 49.10, quando Jacó mostra claramente que um personagem chamado Siló chegaria em uma época em que haveria um cetro real em Israel, mas não seria possuído por alguém da tribo de Judá. A identificação de Siló como um dos nomes do Messias está amplamente documentada. Por exemplo, no Talmude[24] afirma-se:

> A escola de R. Shila disse: o nome do Messias é Siló, como está definido: Até que venha Siló[25] (Gênesis 49.10), onde a palavra é grafada como Shlh.

Esse Messias deveria aparecer precisamente quando existisse um cetro real em Israel, mas que já não estivesse mais nas mãos de alguém que pertencesse à tribo de Judá. Tal situação se encaixa perfeitamente com o nascimento de Jesus, que aconteceu justamente quando havia um rei em Israel — Herodes, o Grande — que não era judeu, mas idumeu. De modo muito significativo, a ideia de que o Messias poderia ter aparecido no reinado do idumeu Herodes foi, muito possivelmente, percebida pelos essênios de Qumran. Foi precisamente nos dias de Herodes, como já mostramos,[26] que os essênios deixaram sua morada nas margens do mar Morto e

---

[24]Sanhedrin 98b.
[25]O significado da palavra Siló é obscuro, mas poderia significar "Aquele de quem é". Em outras palavras, aquele a quem pertence o reino, ou seja, o Messias.
[26]César Vidal, *Los esenios y los rollos del mar Muerto*, Barcelona, 1993.

voltaram a viver entre os outros judeus. A situação perdurou alguns anos, mas, de modo significativo, os essênios retornaram ao seu enclave original quando Herodes morreu. É mais do que possível que, não tendo encontrado o Messias que esperavam durante o tempo em que aquele que tinha o cetro não era da tribo de Judá, tenham decidido abandonar a proximidade com outros judeus e continuar esperando por Ele no deserto.

O mais provável é que o texto do oráculo de Jacó seja a chamada profecia das setenta semanas contida no livro do profeta Daniel. Em altíssima porcentagem dos casos, essa passagem é descartada como uma escrita pseudepigráfica redigida no século 2 a.C. e, portanto, sem qualquer valor profético, ou, em vez disso, submetida a métodos de interpretação que não existiam antes do século 16 e que, sobretudo a partir do final do século 20, adquiriram um matiz que poderíamos chamar de romântica. No entanto, quando a análise do texto é despojada desses pontos de vista predeterminados e se conhece a história da época, as conclusões são claras e iluminadoras.

O capítulo 9 de Daniel começa com seu protagonista percebendo (9.1,2) que os setenta anos de desolação profetizados por Jeremias (Jeremias 25.11; 29.10) estão a ponto de ser concluídos. Obviamente, não se tratava de um tema trivial, porque a destruição de Judá e do Templo de Jerusalém fora o maior desastre da história de Israel. A questão que agora se levantava era dupla. Em primeiro lugar, teria o povo judeu aprendido a lição espiritual derivada daquele castigo de Deus anunciado e cumprido? Em segundo lugar, seria aquele desastre um episódio que não se repetiria ou havia a possibilidade de que um episódio semelhante pudesse acontecer novamente no futuro? Para começar, é preciso dizer que o ponto de vista que aparece no livro de Daniel é tudo, menos vitimista. Na oração de Daniel a Deus, não contemplamos reflexões sobre a crueldade dos babilônios, ou apelos a um "nunca mais", ou referências a um nacionalismo que vê todo o mal nos outros e somente o bem em si próprio. Também não ocorreu ao profeta alegar que Israel merecia um tratamento privilegiado de benevolência em relação às suas iniquidades porque era povo de Deus. Na realidade, deparamos em Daniel com uma visão radicalmente diferente. Se os habitantes de Judá vinham há décadas sofrendo um amargo exílio era porque "todo o Israel transgrediu a tua lei, desviando-se para não obedecer à tua voz; razão pela qual tem recaído sobre nós a maldição e o juramento que aparece escrito na lei de Moisés, servo de Deus, porque contra Ele pecamos" (9.11).

O texto dificilmente poderia ser mais óbvio. Tudo o que acontecera não se devia a circunstâncias políticas, geoestratégicas ou militares. Na verdade, esses aspectos, embora reais, eram em última análise secundários. A questão essencial era que Judá violara sua aliança com Deus e, conforme dizia a Torá, Deus agira de acordo. Não havia culpa a se lançar sobre os outros, mas os próprios pecados a reconhecer, responsabilidades nacionais e individuais a assumir, desobediências a admitir. Deus, na realidade, guardara sua Palavra (9.12). Israel é que não o fizera, e os pecados de várias gerações tiveram o resultado esperado por qualquer um que não estivesse cego por causa do orgulho espiritual ou nacional (9.16). Com base nisso, Daniel implorava que Deus revertesse os males de que Israel padecia há setenta anos e até mesmo assumia sua parte na responsabilidade coletiva por essa situação (9.19).

No meio da oração na qual confessava seu pecado, mas também solidariamente o de seu povo (9.20), o texto diz que Daniel recebeu a visita de Gabriel (9.20,21). Gabriel então anunciou uma profecia que teria a ver com propósitos muito concretos (9.24) que seriam realizados em um lapso de tempo de sete *semanas de anos*, literalmente.

Durante as primeiras 69 semanas, eventos muito importantes aconteceriam, como a ordem para sair e reconstruir o Templo e a cidade de Jerusalém, a realização dessa construção em meio à dificuldade e o aparecimento do Messias. Essa parte da profecia é muito fácil de identificar em termos históricos.

O ponto de partida é o chamado edito de Esdras de 457 a.C., o sétimo ano de Artaxerxes (Esdras 7.1-28), que permitiu a reconstrução de Jerusalém e do Templo em bases legais. Esdras e os judeus que o acompanhavam chegaram a Jerusalém no quinto mês do sétimo ano (457 a.C.) e começaram, em meio a circunstâncias muito difíceis, uma reconstrução que foi concluída com sucesso, conforme indicado por Gabriel a Daniel. A partir desse ponto, deve-se contar 69 semanas considerando cada dia como um ano, o que nos dá o total de 483 anos. Se contarmos a partir de 457 a.C., chegamos ao ano 26 d.C. O que aconteceu no ano 26 d.C.? Como tivemos oportunidade de constatar, aconteceu algo extremamente relevante. Era o ano 15 do imperador romano Tibério — que reinara dois anos com Augusto e mais treze sozinho —, e foi quando um profeta judeu conhecido como João Batista começou sua pregação (Lucas 3.1-3). Nesse mesmo ano, Jesus apareceu publicamente e foi revelado como o Messias ao ser batizado por João, que o reconheceu como tal (Lucas 3.21,22; João 1.32-34). A passagem é de enorme relevância, porque o Messias, de acordo com a profecia das setenta semanas, deveria se manifestar no ano 26 d.C., não em um futuro distante dessa data. Ou o Messias apareceu naquela época ou, honestamente, não se deveria esperar que Ele aparecesse. Com a conclusão da sexagésima nona semana no ano 26 d.C., não há nada que indique que houve uma parada do relógio profético, como alega certa escola de interpretação escatológica. Tampouco a septuagésima semana parece projetar-se a mais de dois mil anos de distância. Na realidade — e é lógico —, a sexagésima nona semana é imediatamente seguida pela septuagésima. Só então, já na septuagésima, o Messias seria morto (9.26). Algum tempo depois da morte do Messias, viria um príncipe que destruiria Jerusalém e o santuário. De fato, o versículo 27 é uma repetição desse mesmo *leit-motiv*. A aliança com muitos seria confirmada — uma referência expressa ao sacrifício de Jesus que inauguraria a nova aliança com muitos (Mateus 26.25-29) —, mas a cidade de Jerusalém ficaria desolada (9.27).

Mais uma vez, é fácil ver o cumprimento da profecia global. A morte do Messias seria três anos e meio após sua manifestação, em meados da septuagésima semana. Mais especificamente, aconteceria na sexta-feira, dia 7 de abril do ano 30, justamente no momento em que os cordeiros eram sacrificados, o que, espiritualmente, significava o fim do sistema sacrificial da Torá e sua substituição por uma oferta não de animais, mas perfeita. Como teremos oportunidade de ver, esses dados coincidem dramaticamente com o que Jesus experimentou.

Contudo, a morte do Messias não significaria o fim dos pesares do povo judeu. Pelo contrário, depois dela um príncipe destruiria a cidade de Jerusalém e seu Templo. Sabe-se que assim foi quando, em 70 d.C., as legiões romanas de Tito entraram na cidade e arrasaram o santuário. De modo muito significativo, essa parte da profecia seria identificada por Jesus com seu anúncio da destruição do Templo e o que fora dito por Daniel nessa profecia das setenta semanas (Mateus 24.15; Marcos 13.14).

De fato, se houver uma reflexão cuidadosa e não se entrar em uma leitura preconceituosa, a morte expiatória do Messias deveria cumprir o conteúdo da profecia expresso em 9.24: "para encerrar a transgressão, e pôr fim ao pecado, e expiar a iniquidade, para trazer a justiça duradoura, e selar a visão e a profecia, e ungir o Santo dos Santos". O sacrifício do Messias-Servo sofredor significaria a expiação de uma vez por todas da iniquidade (Hebreus 9.21-28); a satisfação da justiça de Deus que não é por obras humanas, mas pela propiciação realizada pelo Messias (Romanos 3.22-28); a possibilidade de perdão de todos os pecados (Isaías 53.4-7); a entrada no Santo dos Santos não só dele, mas também daqueles que creram nele como o Messias (Hebreus 10.19); e o selo de visão e profecia porque Deus, que no passado falou de muitas maneiras, nesse fim dos tempos falaria "no Filho" (Hebreus 1.1,2). Sim, é verdade, o Templo de Jerusalém e a cidade seriam destruídos novamente de uma forma ainda mais dramática do que na época de Nabucodonosor; de fato, seria um juízo como o sofrido no tempo de Nabucodonosor, mas essa terrível realidade não deveria sobrecarregar Daniel como se o destino de Israel fosse o de um círculo de desgraças espirituais que sempre volta ao mesmo desastre. Não deveria ser assim porque, juntamente com o juízo de Deus — reconhecido até no Talmude ou em historiadores como Josefo com relação à destruição do templo em 70 d.C. —, teria ocorrido antes, exatamente na metade da septuagésima semana, algo que mudaria a História de forma radical: a morte do Messias. No século 6 a.C., a destruição de Jerusalém e do Templo fora um drama com ecos de um vazio pavoroso. No século 1 d.C., a tragédia teria sido precedida, na metade da septuagésima semana, pela mais importante ação de Deus na História, uma ação que cumpria as expectativas de milênios, que tornava inúteis os sacrifícios de animais, os quais desapareceriam, que selava a Nova Aliança, que expiava os pecados de muitos, que abria o caminho para receber a justiça pela fé. Um sistema antigo desaparecia para ser substituído por outro perfeito. Como bem soube enxergar antes do ano 70 d.C. o autor da carta aos Hebreus (8.13), o sacrifício do Messias anunciava que o sistema sacrificial do Templo de Jerusalém logo desapareceria.

Naturalmente, a realidade da profecia — que apontava nitidamente a data da manifestação do Messias e de sua morte — pode ser obscurecida pensando-se em outros tipos de eventos, mas o texto de Daniel é muito claro, e assim pode ser visto quando se contemplam profecias já cumpridas. Essa realidade transcendente já teria sido revelada quando o Templo desapareceu pela segunda vez por motivos não diferentes daqueles que causaram sua primeira destruição. Portanto, com base no próprio texto bíblico, ficava evidente que o Messias deveria nascer em algum momento do reinado de Herodes, o Grande, e que sua manifestação e morte deveriam ocorrer bem na metade da septuagésima semana de Daniel, antecipando o fim do sistema de sacrifício judaico do ano 70 d.C.

Tal circunstância explica o profundo mal-estar de alguns rabinos. No Talmude, por exemplo,[27] Rav Quetina afirma que o Messias já deveria ter chegado, de acordo com os dados das Escrituras. Contudo, "por causa dos nossos pecados, que são muitos, vários destes (anos messiânicos) já se passaram". Em outras palavras, o Messias já deveria ter aparecido, de acordo com o que diz a profecia, mas anos se passaram sem que Ele aparecesse.

Tentou-se explicar tal situação tão desconfortável, como vimos, atribuindo-a aos pecados de Israel, que, supostamente, teriam impedido a vinda do Messias. Portanto, de acordo com alguns rabinos, seria cabível esperar o fim de uma situação tão dolorosa como essa por meio de atos meritórios. Assim, Rav, em um testemunho também tirado do Talmude,[28] afirmou:

> Todos os prazos (para a vinda do Messias) já expiraram, e a questão agora depende apenas do arrependimento e das boas obras.

Em outras palavras, havia um período para a manifestação do Messias, e esse período se cumprira sem que Ele, supostamente, aparecesse.

Pode-se entender perfeitamente a frustração de alguns líderes espirituais que se apegaram à ideia de que o Messias não havia aparecido e, portanto, suas esperanças não haviam se cumprido. Tampouco é de surpreender que tal amargura levasse à proibição de cálculos sobre a vinda de um messias que já deveria ter chegado. Encontramos mais uma vez no Talmude[29] o testemunho irado de R. Sh'muel bar Nahmani, que, em nome de R. Yohanan, disse:

> Que os ossos daqueles que calculam o fim (do Messias) sejam destruídos! Assim que chega a hora e o Messias não vem, eles dizem:

---

[27]B. Sanhedrin 97a-b.
[28]B. Sanhedrin 97b.
[29]B. Sanhedrin 97b.

Ele não virá, com certeza. Em vez disso, espere por Ele, porque foi dito: Ainda que Ele tarde, espere-o (Habacuque 2.3).

A questão que se coloca para o historiador é, portanto, se de fato o período marcado em diferentes passagens das Escrituras passou sem que o Messias chegasse ou se, em vez disso, nesse período específico de tempo apareceu algum personagem que, de fato, reunia os sinais do Messias.

CAPÍTULO *dois*

A *primeira* REJEIÇÃO *do* PODER *e os primeiros* DISCÍPULOS

Perante Satanás

Imediatamente após ser batizado por João, Jesus retirou-se para o deserto. Tal ação contava com paralelos notáveis na história do povo judeu. Moisés recebera revelação direta de YHWH, o Deus de Abraão, Isaque e Jacó no deserto do Sinai (Êxodo 3). O mesmo poderia ser dito do profeta Elias (1Reis 19). Mais adiante, os seguidores do Mestre da Justiça estabeleceram sua comunidade no deserto, próximo a Qumran, e o próprio João Batista teria agido de modo semelhante (Mateus 1.1-8; Marcos 3.1-12; Lucas 3.1-9,15-17; João 1.19-28). Ao partir para o deserto — insistimos nisso —, Jesus alinhava-se com a experiência histórica do povo de Israel.

A intenção de Jesus ao seguir para o deserto era "ser tentado pelo Diabo" (Marcos 1.12,13; Mateus 4.1-11; Lucas 4.1-13). Apesar das várias tentativas de negar a historicidade desse episódio, os relatos que chegaram até nós transbordam de sinais de autenticidade. Neles encontramos um Jesus que enxergou expostas diante de si diversas maneiras de cumprir sua vocação messiânica. No entanto, de modo um tanto revelador, sua própria concepção — à qual nos referiremos com mais detalhes adiante — já se esboçara em suas linhas mestras antes do início de seu ministério público, e isso ficaria evidente no episódio das tentações no deserto.

A julgar pelo que se coletou nas fontes — fontes cujo conteúdo deriva muito provavelmente de histórias narradas posteriormente por Jesus aos seus discípulos —, as opções eram diversas. Em primeiro lugar, Jesus poderia escolher o que chamaríamos de "via social", ou seja, pensar que as pessoas precisam basicamente de pão, isto é, da satisfação de suas necessidades materiais mais básicas (Lucas 4.4). Jesus não negou que todos precisam comer — na verdade, Ele mostraria esse tipo de compaixão durante todo o seu ministério —, mas insistiu em que a vida humana não depende exclusivamente da satisfação dessas necessidades. Seu ministério messiânico não seria uma obra social, e não o seria porque Ele era ciente de que, como afirma a Torá, o homem deve viver também de cada palavra que sai da boca de Deus (Deuteronômio 8.3).

A segunda tentação de Jesus foi a de conquistar o poder político (Lucas 4.6-8). Ao contrário do que alguns pensam, o Novo Testamento está longe de ter uma visão romântica ou cor-de-rosa, digna de um filme. Na verdade, descreve a realidade quase sempre em termos inquietantes. Tanto a fonte de Lucas quanto a de Mateus insistem em mostrar que foi o próprio Diabo quem afirmou ter o controle dos reinos do mundo — afirmação essa que Jesus não negou — e que mostrou a Jesus que poderia lhe dar todo o poder e glória de tais reinos em troca de uma genuflexão. Ao fazer apenas uma leitura superficial, poderíamos acreditar que o que o Diabo ofereceu a Jesus foi lhe dar todo o poder político em troca de alguma cerimônia semelhante a uma missa negra. Não é o que o texto diz. Em vez disso, o grego indica que ele estava convidando Jesus a se comportar como um político, dobrando os joelhos — baixando a cabeça, diríamos hoje — em troca de receber poderes que, na realidade, estão sob o domínio diabólico. Pensando bem, o Diabo teria sido um magnífico assessor de campanha eleitoral. Traçava a meta de conquistar o poder e mostrava que tudo dependia de abrir mão, aceitar os métodos políticos, enfim, de dobrar os joelhos. Jesus entendeu perfeitamente o que estava envolvido naquela oferta e, claro, não se deixou enredar pelo raciocínio habitual de que não é tão ruim ceder um pouco em alguns aspectos para alcançar um poder com o qual se poderá fazer muito, e fazer bem. Pelo contrário, Ele deve ter percebido como as palavras do Diabo constituíam um paralelo blasfemo à promessa de Deus ao Messias em Salmos 2.7-9. Não apenas isso. Em sua recusa, Ele deixou claro que aceitar caminhos que não são de Deus implica não cumprir o preceito da Torá de adorar e servir ao Senhor somente (Deuteronômio 6.13). O Messias jamais seria um Messias nacionalista, um Messias sionista, um Messias preocupado principalmente em obter o poder político. Em vez disso, seria um Messias dedicado a servir a Deus, mesmo que isso implicasse ter os poderes deste mundo, com toda a sua potência e glória, contra Ele.

A terceira tentação (Lucas 4.9-11) não é menos reveladora do que as anteriores. Jesus poderia se recusar a ser um Messias "social" e um Messias "político", mas por que não ser um Messias "religioso"? É possível que essa seja a tentação mais sutil e perversa de todas, e não deixa de ser significativo o fato de o Diabo aparecer nela citando as Escrituras, mais especificamente Salmos 91.11,12. O Messias poderia rejeitar as tentações sociais e políticas, mas e se Ele se mantivesse dentro dos limites estritos da religião? E se Ele aparecesse no centro da vida religiosa, o próprio Templo de Jerusalém, e ali realizasse um ato espetacular que, aparentemente, teria respaldo direto na Bíblia? Ao longo da História, não faltaram exemplos de indivíduos que recorreram ao espetáculo religioso para obter domínio espiritual. Em certas ocasiões, desfrutaram de um sucesso notável porque atuaram de maneira espetacular, tentando até respaldar seu comportamento nas Escrituras. Na verdade, suas ações estavam impregnadas de teor diabólico, e Jesus soube captá-las perfeitamente. Tentar Deus a fim de forçá-lo a fazer o que queremos e justificar tal comportamento com argumentos religiosos aparentemente extraídos da Bíblia é um pecado terrível (Deuteronômio 6.16). Jesus jamais seria esse tipo de Messias. Ele nunca usaria a religião de uma forma espetacular para dominar as massas e fazer uso delas.

Essas três tentações "messiânicas" têm se repetido com frequência ao longo da História — inclusive continuam presentes entre nós hoje — e, claro, não são poucos os que caíram nelas motivados até pelas melhores intenções. Entretanto, Jesus viu por trás de cada uma delas a ação do próprio Satanás e chegou a essa conclusão mediante o conhecimento que tinha das Escrituras, um conhecimento essencial para poder rejeitá-las. Porque verdadeiramente Ele era o Messias, o Filho de Deus, não poderia ceder a nenhuma dessas tentações que reduziam sua missão ao ativismo social, à espetacularidade religiosa ou ao poder político. A mensagem de Jesus dificilmente poderia ser mais atual.

Diante dessas três opções, a mensagem de Jesus como Messias, como Filho de Deus, seria semelhante àquela que João Batista proclamara por cerca de meio ano (Marcos 1.14,15). Era uma mensagem de *evangelho*, ou seja, de *boas notícias*, que é o que a palavra significa em grego. Consistia essencialmente em anunciar que chegara a hora da *teshuvá*, da conversão. Já era chegado o momento de todos se voltarem para Deus, e a razão era verdadeiramente imperiosa: o seu reino estava próximo. Chegara o momento de anunciar aquela boa-nova, e o primeiro cenário de sua pregação seria, conforme havia mostrado séculos antes o profeta Isaías, a região da Galileia (Isaías 9.1,2).

JESUS EM UMA CONVERSA PRIVADA (I): O MESTRE DA TORÁ

Entre os últimos meses do ano 26 d.C. e os primeiros de 27 d.C., Jesus fora reunindo ao seu redor um pequeno número de *talmidim*, discípulos. É precisamente a fonte de João que nos forneceu alguns dos dados mais interessantes a esse respeito. Por ela sabemos que alguns dos discípulos de João — André, Simão, Filipe e Natanael — se juntaram a Jesus em Betânia, do outro lado do Jordão (João 1.35-51), e é bem possível que esses mesmos quatro tenham sido os que o acompanharam junto com sua mãe em um casamento realizado em Caná da Galileia, local onde aconteceu o primeiro sinal de Jesus, um sinal relacionado de modo não pouco notável à alegria de alguns noivos em suas bodas e ao consumo de um vinho que terminou no decorrer do banquete de núpcias (João 2.1-11). Durante a Idade Média, houve o desejo de ver na história uma prova de que Maria podia interceder perante Jesus, mas a realidade é que a passagem e a expressão específica — mulher, não mãe — com que Jesus se dirigiu a ela excluem totalmente qualquer papel mediador da parte dela.[1] David Flusser[2] inclusive chegou a dizer que a passagem poderia indicar certa tensão entre Jesus e seus familiares. Tal posição parece excessiva. É preciso dizer que, como em tantas ocasiões, a interpretação teológica posterior não apenas não coincide com o que aparece nas fontes bíblicas, mas também afirma o contrário do que elas indicam com clareza.

Com seu grupo ainda pequeno de discípulos, Jesus desceu a Jerusalém na Páscoa de 27 d.C. A vida espiritual de todo o Israel — entendendo como tal não apenas aqueles que viviam em Erets Israel, mas também os mais de dois terços de seus filhos cujo lar físico achava-se no exterior, o que recebia convencionalmente o nome grego de "Diáspora" e os hebreus de *gola* e *galut* — girava em torno de três instituições bem específicas que, muito logicamente,

---

[1] Uma discussão sobre o assunto, com bibliografia, pode ser vista em Leon Morris, *The Gospel According to John*, Grand Rapids, 1995, p. 158ss. Em termos gerais, a tese da mediação de Maria é rejeitada e se questiona se o termo "mulher" usado por Jesus foi cortês ou grosseiro.
[2] D. Flusser, *The Sage from Galilee*, p. 14.

também tiveram um peso enorme na vida de Jesus. Referimo-nos ao único Templo do judaísmo, aquele localizado em Jerusalém, ao Sinédrio e à sinagoga. Das três instituições, a mais relevante até o ano 70 d.C. foi sem dúvida o Templo.

Dada a enorme importância do lugar, você pode imaginar a imensa ousadia revelada por Jesus ao dizer que o Templo — que Ele chamou de casa do Pai (João 2.16) — havia se transformado em mercado, pervertendo sua finalidade. Os historiadores se dividem na hora de apontar se houve uma ou duas purificações do Templo. Uma possibilidade é indicar que houve apenas uma e que João a coloca no início de seu Evangelho, seja por engano, seja porque estaria usando uma técnica literária muito semelhante à de nosso *flashback*. Ainda assim, a hipótese histórica mais plausível, do nosso ponto de vista, é que Jesus realizou duas purificações do Templo. A primeira, narrada apenas por João, parece perfeitamente localizada no tempo. Assim, os interlocutores de Jesus indicam que as obras do Templo já duram 46 anos. Levando-se em consideração que Herodes iniciou a construção — ou melhor, a ampliação — no ano 19-20 a.C., esse episódio teria ocorrido no início do ano 27 d.C., logo no início do ministério de Jesus, como João mostra. O fato de essa purificação — independente de outra ao final de sua vida — ter ocorrido fazia todo o sentido, na medida em que inaugurava o ministério messiânico na cidade de Jerusalém com um ato carregado de simbolismo. O fato de ter ocorrido em uma área restrita do Templo, aquela onde animais eram comercializados para o sacrifício, deve ter provocado reações, mas não tão sérias a ponto de levar à prisão de Jesus. No entanto, foi de fato suficientemente relevante para um homem como Nicodemos ficar curioso e, ao mesmo tempo, temeroso de ser visto com Jesus. Nesse caso, como em outros episódios, as peças narrativas expostas pela fonte de João se encaixam perfeitamente e nos fornecem dados que somente conhecemos por meio dela.

Conforme dito antes, foi precisamente nessa primeira visita de Jesus a Jerusalém, acompanhado por alguns discípulos, que se deu um encontro com um mestre fariseu chamado Nicodemos (João 2.23—3.21). Temos mais informações sobre Nicodemos graças ao Talmude, que o chama de Naqdemon. Esse Naqdemon, filho de Gorion (ou Gurion) era um senador em Jerusalém e um dos três nobres mais ricos da cidade. No entanto, grande parte de sua riqueza localiza-se em Ruma, na Baixa Galileia.[3] Suas relações com a administração romana eram muito boas,[4] talvez porque sua boa situação econômica o inclinasse a manter uma posição favorável para evitar turbulências sociais e manter o *status quo*.

Durante a guerra judaica contra Roma (66-73 d.C.), os zelotes incendiaram os celeiros de Nicodemos[5] em um terrível episódio de luta civil de classes, como houve em outras ocasiões na história judaica, não excluindo os acontecimentos durante a grande tragédia do Holocausto. Também sabemos que sua filha enfrentou uma necessidade terrível e que seu *ketubá* ou contrato de casamento foi firmado pelo rabino Yohanán ben Zakkai, um discípulo do famoso Hillel.[6]

Um filho de Nicodemos participou das negociações com os romanos, no início da guerra do ano 66 d.C., cujo objetivo era a rendição da cidade de Jerusalém.[7] Contudo, não sabemos ao certo como a vida de Nicodemos se desenrolou posteriormente.

Precisamente o episódio do encontro de Jesus com Nicodemos, narrado pela fonte de João, constitui um exemplo claro do que implicava a pregação de Jesus e em que medida se achava profundamente enraizada no judaísmo, embora muitos não percebessem necessariamente isso. A história diz:

---

[3] T. Eruv, 3 (4): 17.
[4] B. T a'an 19b.
[5] Gittin 56a.
[6] B. Ketubot 66b, T. Ketub 5, 9-10, Mek. R. Ishmael (Ravin e Horovitz, eds.), 203-4.
[7] Josefo, *Guerra*, II, 451.

E havia um homem dos fariseus cujo nome era Nicodemos, príncipe dos judeus. Este veio ter com Jesus à noite e disse: Rabi, sabemos que vieste como mestre procedente de Deus porque ninguém pode fazer esses sinais que fazes se Deus não estiver com ele. Jesus respondeu e disse-lhe: Em verdade, em verdade te digo, quem não nascer de novo não pode ver o reino de Deus. Disse-lhe Nicodemos: Como pode o homem nascer sendo velho? Ele pode entrar no ventre de sua mãe novamente e nascer? Jesus respondeu: Em verdade, em verdade te digo, quem não nasce da água e do Espírito não pode entrar no reino de Deus. O que é nascido da carne é carne e o que é nascido do Espírito é espírito. Não te surpreendas que eu te tenha dito: É preciso que nasças de novo. O vento sopra onde quer e ouves seu som, mas não sabes de onde vem ou para onde está indo. Assim é todo aquele que nasceu do Espírito. Nicodemos respondeu e disse-lhe: Como pode isso acontecer? Jesus respondeu e disse-lhe: Tu és mestre de Israel e não sabes isso? Em verdade, em verdade te digo que do que sabemos falamos e do que vimos damos testemunho, e não recebestes nosso testemunho. Se eu vos contei coisas terrenas e não acreditais nelas, como poderíeis acreditar se eu vos contasse as coisas celestiais? (João 3.1-12).

O texto anterior — referindo-se ao nascimento da água e do Espírito — tem sido apontado repetidamente como uma referência que Jesus faz ao batismo como um sacramento regenerador.

Tal interpretação é absolutamente impossível e basicamente denota a triste ignorância de alguns exegetas a respeito da formação judaica de Jesus e, mais especialmente, a tendência deplorável de projetar dogmas posteriores sobre um texto bíblico que não tem nada a ver. É absolutamente impossível que Jesus teria dito que era surpreendente que o mestre da Torá, Nicodemos, não entendera algumas palavras que supostamente se referiam a um dogma católico posterior. Pelo contrário, é totalmente lógico que Ele pudesse ressaltar que Nicodemos tinha obrigação de identificar a origem das palavras dele, Jesus, uma vez que não se referiam a um sacramento como o batismo — desconhecido dos judeus —, mas ao cumprimento de uma das profecias contidas no livro do profeta Ezequiel. O texto é extremamente interessante porque, em primeiro lugar, descreve por que o julgamento de Deus foi desencadeado sobre Israel, levando-o ao exílio na Babilônia. A razão foi, substancialmente, que os judeus derramaram sangue e também passaram a adorar imagens, ações extremas que se chocavam com a Torá e que implicavam uma profanação do nome de Deus:

> E veio a mim a palavra de YHWH, dizendo: Filho do Homem, enquanto a casa de Israel habitava na sua terra, contaminou-a com seus caminhos e com suas obras. Como a imundície de uma mulher em sua menstruação, assim foi seu caminho diante de mim. E derramei minha ira sobre ela pelo sangue que derramou na terra; porque com suas imagens ela a contaminou. E eu a espalhei entre os gentios, e eles foram espalhados pelas terras. Eu a julguei de acordo com seus caminhos e suas obras. E, quando estava entre os gentios, ela profanou meu santo nome, dizendo deles: Este é o povo de YHWH, e de sua terra saíram. E tive compaixão por causa do meu santo nome, que a casa de Israel profanou entre os gentios por onde foi. Portanto, dize à casa de Israel: Assim diz o Senhor YHWH: Não o faço por causa de vós, ó casa de Israel, mas por causa do meu santo nome, que profanastes entre os gentios por onde andastes. E eu santificarei meu grande nome profanado entre os gentios, o qual vós profanastes no meio deles; e os gentios saberão que eu sou YHWH, diz o Senhor YHWH, quando eu for santificado em vós diante dos seus olhos. E eu os tirarei das nações, e os congregarei de todas as terras, e os trarei para o vosso país (Ezequiel 36.16-24).

No entanto, apesar da punição do exílio vindo diretamente de Deus, Ezequiel também disse que Ele traria Israel de volta à sua terra — algo que aconteceu depois de setenta anos de cativeiro na

Babilônia — e que então, quando se encontrassem novamente na terra natal, Deus faria uma nova obra entre os judeus, justamente aquela que Jesus estava anunciando a Nicodemos:

> E eu derramarei água limpa sobre vós, e sereis limpos de todas as vossas imundícies; e de todas as vossas imagens vos limparei. E eu vos darei coração novo e porei um novo espírito dentro de vós; e tirarei da vossa carne o coração de pedra e vos darei um coração de carne. E colocarei dentro de vós meu Espírito, e farei que andeis nos meus mandamentos, guardeis meus estatutos e os coloqueis em prática (Ezequiel 36.25-27).

É difícil o texto poder lançar mais luz que isso sobre a referência a Jesus. Deus realizaria um ato prodigioso de uma perspectiva espiritual. Ele limparia os corações em uma nova obra de redenção que incluiria de forma bem acentuada a exclusão do pecado de render culto às imagens, o qual causara o castigo divino infligido a Israel. Além disso, introduziria um novo elemento desconhecido até então no acordo entre Deus e Israel. Seria o dom de um novo coração somado ao dom do Espírito que capacitaria os filhos de Israel a viver de acordo com os caminhos do Senhor. Isso — não a referência a uma prática sacramental bem posterior — era o que um mestre da Torá como Nicodemos deveria saber. Naturalmente, a questão que surgia ao ouvir as palavras de Jesus era como tudo aquilo se daria. Jesus disse em seguida a Nicodemos:

> Da mesma forma que Moisés levantou a serpente no deserto, é necessário que o Filho do Homem seja levantado; para que todo aquele que nele crê não se perca, mas tenha a vida eterna. Porque Deus amou o mundo de tal maneira que deu o seu Filho unigênito, para que todo aquele que nele crê não se perca, mas tenha a vida eterna. Porque Deus não enviou seu Filho ao mundo para condenar o mundo, mas para que o mundo seja salvo por Ele.

Quem crê nele não é condenado, mas quem não crê já foi condenado, porque não creu no nome do unigênito Filho de Deus (João 3.13-18).

Não há dúvida de que a descrição dada por Jesus a Nicodemos é impressionante. Estivesse consciente ou não aquele mestre da Torá, a história atingira o clímax. No passado, Deus incitara Moisés a levantar a serpente de bronze no deserto e, assim, concedera salvação a um povo de Israel desobediente, submetido de forma justa ao sofrimento (Números 21.9). Agora esse Deus, o qual formulara as promessas a Ezequiel para que as entregasse a Israel, enviara seu Filho a uma missão salvadora por puro amor. De fato, todo aquele que nele cresse não se perderia, mas teria vida eterna.

O fato de uma mensagem clara do cumprimento das Escrituras de Israel poder ter sido transformada em uma catequese batismal ao longo dos séculos é um sinal evidente — e triste — de até que ponto alguns dos que se consideram seguidores de Jesus perderam o contato com a realidade do personagem e seu ensino.

JESUS EM UMA CONVERSA PRIVADA (II): A SAMARITANA

A fonte de João nos informa também que nessa altura João Batista ainda não tinha sido preso e que aqueles entre seus discípulos que se juntaram a Jesus ainda praticavam o ritual do batismo, embora ele — e esse dado é muito revelador — não o fizesse (João 3.22-24; 4.1-4). Foi justamente no retorno daquela viagem a Jerusalém, em que Jesus falou com Nicodemos, que se deu outro encontro ainda mais marcante, porque o interlocutor de Jesus foi uma mulher, herege e, além disso, de vida desregrada. Referimo-nos, é claro, à conversa com a samaritana (João 4.5-42). Os episódios são outro exemplo de materiais relacionados à vida de Jesus que só chegaram até nós por meio da fonte de João e que não reúnem pregações para grandes públicos, mas encontros com personagens específicas.

Nesse sentido, essas peças de informação histórica nos permitem ter acesso a um Jesus mais privado, inserido em situações que um narrador interessado jamais teria registrado justamente pelo comprometimento de seu conteúdo.

Sem os preconceitos religiosos de outros judeus que nunca haviam passado por Samaria no retorno de Jerusalém às suas casas, Jesus parou em Sicar, "ao lado da propriedade que Jacó deu a seu filho José" e, cansado do caminho, sentou-se próximo ao poço (João 4.5,6). Foi justamente nesse momento que apareceu uma mulher que aproveitava a hora em que as pessoas estavam descansando para ir buscar água. Muito possivelmente, o motivo era evitar comentários maliciosos que poderiam ser feitos por aqueles que desprezavam seu comportamento. O fato de Jesus ter pedido que lhe desse de beber causou uma reação de surpresa na mulher, pois ela não entendia como um judeu lhe pedia algo assim, sabendo que judeus não falam com samaritanos (João 4.9). Veio à tona inclusive o motivo de séculos de contenda entre os dois povos, ou seja, a identidade do lugar onde Deus deveria ser adorado (João 4.20). A resposta — bastante significativa — de Jesus foi que "a salvação vem dos judeus" (João 4.22). Contudo, havia chegado o tempo em que os adoradores de Deus seguiriam uma adoração mais profunda, "em espírito e em verdade" (João 4.23,24), uma adoração que superaria a do Templo de Jerusalém (o Templo verdadeiro!), uma adoração em que a água que aplacaria a sede seria o próprio Jesus. A passagem deveria ser lembrada por tantos que fizeram da construção de um templo o objetivo máximo da atividade espiritual — os exemplos são mais do que numerosos ao longo dos séculos —, porque sua conduta não condiz com a visão de Deus. O que Deus busca daqueles que desejam verdadeiramente adorá-lo não é que transformem um lugar em um local especialmente sagrado, nem que ofereçam uma sacralidade exacerbada a este ou outro templo. Deus quer uma adoração que seja espiritual e verdadeira, e é lógico que seja assim, porque Ele é Espírito e também é Verdade. Em outras palavras, a única adoração digna de Deus é aquela que reproduz seu caráter, não a que simplesmente se amolda aos gostos dos homens, quase sempre levados pela ideia de uma falsa grandeza, mais material do que espiritual. O fato de Jesus excluir dessa adoração em espírito e em verdade o que ocorria no Templo de Jerusalém, construído de acordo com as instruções de Deus, longe de ser revolucionário e inovador, implicava tirar conclusões cabais dos ensinos contidos nas Escrituras. O próprio Salomão, construtor do primeiro Templo em Jerusalém, expressou seu ceticismo ante a ideia de que o Deus que não podia ser contido nos céus dos céus poderia estar contido na casa que ele acabara de construir (1Reis 8.27; 2Crônicas 2.6; 6.18). O profeta Isaías comunicara a mensagem de YHWH de que ninguém pode construir uma casa para um ser que tem o céu como trono e a terra como escabelo de seus pés (Isaías 66.1). Jesus se aprofundava nesses ensinamentos, indo muito além. Como poderia ser diferente se Deus é, por definição, Espírito e Verdade? Nessa realidade indescritível incluía-se também uma mensagem de enorme importância. Deus não era nacionalista. Ele não se considerava limitado por sua aliança com Israel. Pelo contrário, seus verdadeiros adoradores viriam até mesmo de contextos heréticos como o samaritano.

Não é de estranhar que a mulher tenha ficado maravilhada não só com os ensinamentos de Jesus, mas com a forma pela qual Ele se manifestou, conhecendo sua vida íntima nada exemplar (João 4.16-18), e pelo autorreconhecimento de que Ele era o Redentor tão esperado pelos hereges samaritanos. Estes vinham esperando por um indivíduo a quem chamavam de *taheb* (aquele que retorna ou o restaurador),[8] o qual identificavam com uma espécie de Moisés ressurreto. Baseando-se na citação contida em Deuteronômio 18.15ss, afirmava-se entre os samaritanos que o

---

[8] A. Merx, *Der Messias oder Ta'eb der Samaritaner*, Tubinga, 1909; J. MacDonald, The *Theology of the Samaritans*, Londres, 1964, p. 81ss; 280, 351, 362-71, 394.

taheb realizaria milagres, restauraria a lei e a adoração verdadeira e levaria o conhecimento de Deus a outras nações. Essa visão é justamente aquela que está por trás do encontro de Jesus com a samaritana, nas palavras narradas em João 4.19,25. A esperança dos samaritanos teria seu cumprimento em Jesus e, dessa forma, mostrava-se que entrar no grupo de verdadeiros adoradores seria uma circunstância que permaneceria aberta até mesmo aos povos odiados por Israel — como era o caso dos samaritanos.

É totalmente lógico a fonte de João colocar as duas histórias — a que se refere a Nicodemos e à mulher samaritana — uma após a outra. Ambas eram descrições de conversas privadas de Jesus; ambas mostravam Jesus como água; ambas se referiam à situação atual de Israel; ambas apontavam para uma realidade mais profunda que não negava, mas consumava, o presente; ambas insistiam em uma adoração em espírito e verdade diferente daquela que havia levado Israel à ruína no passado; e ambas mostravam que essa corrente de bênçãos seria derramada por Deus sobre Israel e as nações por meio de Jesus, o Messias esperado. Diante desse anúncio, o único comportamento lógico, sensato e cabal era responder afirmativamente.

CAPÍTULO *três*

O grande MINISTÉRIO GALILEU

O PRINCÍPIO

A fonte de João nos forneceu episódios que não apenas estão verdadeiramente carregados de conteúdo para a compreensão de Jesus e seus ensinamentos, mas também constituíram uma espécie de prólogo de seu grande ministério na Galileia, período de sua vida que durou aproximadamente do outono do ano 27 d.C. até a primavera do ano 29 d.C. e foi intercalado com visitas à cidade de Jerusalém por ocasião de diversas festas.

Há muito se difunde uma visão da Galileia que, supostamente, permitiria explicar de maneira completa a figura de Jesus e seus ensinamentos. De acordo com esse ponto de vista, a Galileia teria sido um reduto judeu, isolado, de fala aramaica e rural. Assim, Jesus não teria passado de um mestre camponês e limitado em termos de perspectivas. Essa foi a posição, por exemplo, de Geza Vermes, que tentou reduzir a pessoa de Jesus à figura de um mestre carismático oriundo de um meio rural enraizado numa tradição muito limitada.[1] A verdade, porém, é que essa posição é historicamente insustentável.

Foi Martin Hengel quem tornou mais claro que o judaísmo do Segundo Templo estava mais do que impregnado de cultura grega,[2] pois, de qualquer modo, isso sempre ocorreu com o judaísmo onde quer que ele tenha criado raízes. Se os judeus espanhóis da Idade Média se expressaram e escreveram em árabe e espanhol — e eles conservam esse espanhol medieval até hoje! — ou houve uma extraordinária cultura judaica em alemão nos séculos 19 e 20, algo semelhante aconteceu na Palestina no século 1 d.C. Os judeus podiam falar em aramaico e até conhecer o hebraico, mas a língua comumente usada era o grego, e nela escreveram Josefo ou Fílon, como também os autores do Novo Testamento. Esse mesmo padrão ocorreu na Galileia.

Tanto Josefo quanto a literatura rabínica diferenciam claramente duas regiões dentro da Galileia: a superior e a inferior. Os quatro Evangelhos indicam que Jesus e seus discípulos andaram principalmente pela Baixa Galileia e pela área ao redor do mar da Galileia, mas também se movimentaram com notável familiaridade por Decápolis, pela costa perto de Tiro e Sidom, e até mesmo no extremo norte, por lugares como Cesareia de Filipe. Longe de ser um ambiente rural, a Galileia inferior experimentou um desenvolvimento urbano e relacionamentos comerciais notáveis durante as décadas anteriores ao início do ministério de Jesus. Assim, Jesus não se limitou a áreas rurais remotas, mas deslocou-se por uma área com uma densidade populacional que, na realidade, não foi superada até o século 20.

---

[1] G. Vermes, *Jesús el judío*, Barcelona, 1977, p. 47ss.
[2] M. Hengel, *Judaism and Hellenism*, Filadélfia, 1974. Também de especial interesse é M. Hengel, *The "Hellenization" of Judaea in the First Century after Christ*, Filadélfia, 1989.

Na verdade, a Galileia inferior foi uma das áreas mais populosas do Império Romano.³

Portanto, Jesus não foi um pregador rural limitado, uma espécie de rabino camponês iletrado, mas, ao contrário, um personagem que se deslocou por uma área densamente povoada do país, com importantes centros urbanos e com um número considerável de núcleos habitacionais.⁴ Na verdade, basta ler as histórias registradas nos Evangelhos para verificar que Jesus não apenas se deslocou por áreas rurais — embora, certamente, as conhecesse muito bem —, mas também por mercados, portos e escritórios de funcionários públicos (Marcos 2.13-15; 6.53-56; Mateus 11.16; Lucas 7.32). Da mesma forma, Jesus esteve longe de se limitar apenas à terra judaica. Já tivemos oportunidade de falar de sua passagem por Samaria.

Ele também passaria por Decápolis e teria contato com pessoas de Tiro e Sidom. Na Galileia inferior ou Baixa Galileia, Jesus teve igualmente a oportunidade de deparar com a presença romana e com o povo de Herodes, com fariseus e com o povo comum, com judeus como Ele e com gentios, com pessoas que falavam em aramaico e com as que falavam na língua helenística. Longe de limitada à esfera camponesa, a experiência de Jesus seria rural e urbana, pagã e judaica, poliglota e multicultural. Na verdade, não poderia ser de outra forma.⁵

Para Mateus — o Evangelista mais preocupado, mas não o único, em mostrar aos seus compatriotas judeus que em Jesus

---

³Segundo M. Broshi, "The Role of the Temple in the Herodian Economy", *JJS* 38, 1987, p. 32, no conjunto da Palestina viviam cerca de meio milhão de pessoas.

⁴Nessa mesma linha, Douglas Edwards, "The Socio-Economic and Cultural Ethos of the Lower Galilee in the First Century: Implications for the Nascent Jesus Movement", em Lee I. Levine (ed.), *The Galilee in Late Antiquity*, Nova York e Jerusalém, 1992.

⁵Nessa mesma linha, veja também C. Thiede, *The Cosmopolitan World of Jesus*, 2004.

as profecias messiânicas foram cumpridas —, aquele ministério foi um cumprimento claro do anúncio contido em Isaías, que afirma:

> a terra de Zebulom e a terra de Naftali, no caminho do mar, além do Jordão, Galileia dos gentios. As pessoas em trevas viram uma grande luz, e as que estavam em região e sombra de morte foram iluminadas (Isaías 9.1,2).

O texto era especialmente verdadeiro e sugestivo para os judeus do século 1. A Galileia não era um reduto nacionalista. Na verdade, era menos que a Judeia.[6] Sim, era, sem dúvida, uma terra de população mista. Por um lado, havia os judeus que se esforçavam por viver de acordo com a Torá — que não eram poucos — mas, por outro, também havia os considerados *am-ha-arets* (povo da cidade), e não faltavam os *goyim* ou gentios infectados com o paganismo. Independentemente de como se olhasse, aquela era uma terra mergulhada em trevas, mas sobre ela se ergueria — na verdade, já havia começado a se erguer — uma grande luz, aquela que anunciava que era necessário voltar-se para o Deus de Israel porque seu reino, aquele anunciado por séculos pelos profetas, estava perto.

Embora não haja dúvida de que a pregação de Jesus despertou enormes expectativas desde o início, não é menos verdade que também apresentou sinais iniciais de incompreensão e desagrado. Lucas nos informou a primeira reação dos próprios conterrâneos de Jesus em Nazaré. O enclave era uma aldeia que se estendia ao longo de uma colina.[7]

---

[6] Nessa mesma linha, Uriel Rappaport, "How Anti-Roman Was the Galilee", em Lee I. Levine, *The Galilee in Late Antiquity*, p. 95ss.

[7] Uma exposição sobre a Nazaré do tempo de Jesus e seus discípulos dos anos seguintes neste enclave pode ser encontrada em Jean Briand, *L'Église Judéo--Chrétienne de Nazareth,* Jerusalém, 1981.

Sendo a pedra macia, as casas, assim como armazéns e despensas, foram esculpidas nela. Durante o dia, as oficinas e os comércios eram retirados para fora da casa e, à noite, todos os implementos, assim como os animais e a família, eram recolhidos para dentro numa situação análoga à de superlotação. A parábola registrada em Lucas 11.5-8 em que, à noite, a porta se fecha e um pai divide a cama com seus filhos e não pode se mover, mostra com bastante precisão como poderia ser o cotidiano naquele lugar que alguns consideraram o local de nascimento de Jesus. Nesse enclave da terra da Galileia, Jesus faria uma apresentação pública na sinagoga.

No tempo de Jesus, a sinagoga[8] tinha enorme importância espiritual. Como teremos oportunidade de ver, a vida espiritual de Jesus estava profundamente vinculada à sinagoga. Ele comparecia nela rigorosamente aos sábados e ali ensinava sua mensagem. A bem da verdade, esse parece ter sido um cenário privilegiado para suas atividades, um cenário com o qual se sentia identificado, que fazia parte da sua existência, tal como acontecia com outros judeus piedosos da época.

Na sinagoga de Nazaré, Jesus faria uma exposição das Escrituras, certamente em tom judaico, mas que não se encaixaria nas expectativas de seus conterrâneos. A fonte de Lucas registrou isso da seguinte forma:

> Ele veio a Nazaré, onde havia crescido; e no sábado entrou na sinagoga, como era seu costume, e se colocou em pé para ler. E deram-lhe o pergaminho do profeta Isaías; e, depois de abri-lo, encontrou o lugar onde estava escrito: *O Espírito do Senhor está sobre mim, porque me ungiu para comunicar as boas-novas aos*

---

[8]Sobre a sinagoga, veja: C. Vidal, *Diccionario de Jesús y los Evangelios*, Estella, 1995; I. Levy, *The Synagogue*, Londres, 1963; A. Edersheim, *Sketches*, p. 249-80; J. Rosal, Pelaez del, *La Sinagoga*, Córdoba, 1988.

pobres; enviou-me a curar os quebrantados de coração; a anunciar liberdade aos cativos e vista aos cegos; a dar liberdade aos oprimidos; a pregar o ano agradável do Senhor. E, enrolando o pergaminho, deu-o ao assistente e sentou-se; e os olhos de todos na sinagoga estavam fixos nele. E Ele começou a dizer-lhes: Hoje esta escritura se cumpriu diante de vós. E todos acenavam com a cabeça e estavam maravilhados com as palavras de graça que saíam de sua boca, e disseram: Não é este o filho de José? Disse-lhes: Sem dúvida, vós me citareis o provérbio que diz: Médico, cura a ti mesmo; as coisas que ouvimos que têm sido feitas em Cafarnaum, faze-as também aqui na tua terra. E acrescentou: Em verdade vos digo que nenhum profeta é aceito em sua própria terra. E em verdade vos digo que havia muitas viúvas em Israel nos dias de Elias, quando o céu ficou fechado por três anos e seis meses e houve grande fome em toda a terra; mas a nenhuma delas foi enviado Elias, senão a uma viúva em Sarepta de Sidom. E havia muitos leprosos em Israel na época do profeta Eliseu; mas nenhum deles foi curado, exceto Naamã, o sírio. Ao ouvirem essas coisas, todos os que estavam na sinagoga se enfureceram e, levantando-se, o expulsaram da cidade e o levaram ao topo do monte em que sua cidade fora construída, com a intenção de precipitá-lo lá de cima. Porém, Ele passou pelo meio deles e se foi (Lucas 4.16-30).

A vivência e a esperança multisseculares do povo de Israel nos são claramente mostradas no relato de Lucas. Jesus aparece como um judeu que, como de costume entre os judeus piedosos, ia à sinagoga no dia do *shabbat*. Dotado de instrução acima da média, pegou o pergaminho de Isaías — um texto de cujo valor para a vida cotidiana Ele estava mais do que convencido —, leu-o na língua hebraica e até o interpretou. O ponto de atrito se deu quando Ele o fez de uma forma peculiarmente original. Entretanto, essa circunstância também foi fundamentalmente judaica. De fato, a reação de seus correligionários a figuras relevantes como Isaías, Amós ou Jeremias não foi diferente quando sua pregação acabou saindo diferente do que seus contemporâneos esperavam — e principalmente desejavam. Se os compatriotas de Jeremias reagiram com extrema severidade aos seus anúncios da destruição do Templo (Jeremias 18.18-23; 26.1-24,37,38) e se Amós foi alvo de ameaças do sacerdote Amazias (Amós 7.10-17), não pode ser surpresa o fato de ter sido criada uma tensão diante da percepção do contraste entre as intenções de Jesus e as expectativas de seus compatriotas. Também não se pode duvidar de que os anseios de muitos deles eram zelosamente nacionalistas. Claro, eles descartavam a participação dos gentios no reino — em vez disso, esperavam que esse reino fosse estabelecido sobre a vergonhosa derrota e aniquilação total dos gentios — e insistiam em aspectos que nós consideraríamos de natureza material. Diante dessa atitude, a pregação de Jesus focara em apontar para o cumprimento das profecias messiânicas. Ele havia proclamado que existia remédio para as necessidades espirituais e havia mostrado — de uma forma muito provocativa — que havia gente em Israel que poderia perder suas bênçãos e ir parar com os *goyim*, aqueles mesmos *goyim* que povoavam a Galileia e que não eram vistos com bons olhos, caso não ouvisse a pregação do reino, como, por exemplo, havia acontecido na época dos profetas.

Certamente, não é de surpreender que os habitantes de Nazaré se sentissem irritados com aquela mensagem. As palavras de Jesus eram "de graça", não de raiva, nem de retribuição ou vingança. Elas anunciavam perdão e restauração, não uma mensagem de triunfo militar glorioso sobre os odiados gentios. Acima de tudo, alertavam sobre uma possível perda espiritual dos judeus, que, além disso, poderia resultar em benefício dos *goyim*, que não eram exatamente apreciados. A dura reação do povo de Nazaré não é de surpreender. Eles gostariam de que Jesus não apenas anunciasse o dia da redenção, mas também que esse dia fosse moldado ao seu gosto, que satisfizesse seus anseios nacionalistas, que tivesse sido desenhado em um tom que hoje poderíamos chamar de sionista. No entanto,

Jesus havia tido a insuportável intenção de mostrar que quem não aceitasse a mensagem seria deixado de lado em favor de alguns pagãos! E, ainda por cima, Ele ousara mencionar precedentes históricos. Sem dúvida, o fato de acabarem não lançando Jesus do único monte de Nazaré beirou o milagroso, um milagre derivado de sua determinação e coragem (Lucas 4.28-30).

É muito provável que essa rejeição em Nazaré tenha levado Jesus a se estabelecer em uma cidade costeira chamada Kfar Nahum, cujo nome foi traduzido por Cafarnaum (Mateus 4.13-16). Foi precisamente em Cafarnaum que Jesus começou a transformar seu difuso grupo de seguidores, certamente muito limitado, em um grupo mais compacto.

O GRUPO EM TORNO DE JESUS SE CONSOLIDA

Os primeiros passos dados por Jesus para formar o grupo de discípulos nos foram informados por diferentes fontes. Como já tivemos oportunidade de mostrar, os primeiros seguidores foram alguns dos que haviam pertencido ao grupo de João e que Jesus conhecia há vários meses. Esse foi o caso de Pedro e seu irmão André, bem como de Tiago e João, os filhos de Zebedeu (Marcos 1.16-20; Mateus 4.18-22; Lucas 5.1-11). Não deixa de ser significativo que desses quatro primeiros emergiram os três — Pedro, Tiago e João — que teriam uma posição especial e que estariam mais próximos de Jesus durante seu ministério.

No entanto, Jesus não se limitou a pessoas que, em maior ou menor grau, pudessem apresentar um perfil piedoso. Precisamente nessa época, chamou também um publicano chamado Mateus Levi para se juntar ao grupo de seus seguidores (Marcos 2.13-17; Mateus 9.9-13; Lucas 5.27-32), uma iniciativa que provocou reações muito negativas entre as pessoas que não podiam aceitar que alguém que extorquia seu vizinho recolhendo impostos pudesse entrar no reino. A objeção não era infundada, porque os publicanos não só oprimiam seus compatriotas em uma demonstração clara de exploração, mas também costumavam ser corruptos e gananciosos. Certamente, o personagem não poderia ser visto como aceitável, ao contrário de outros como Pedro ou André que, afinal, eram simples trabalhadores ou pequenos empresários tomados pela inquietação espiritual. Contudo, para Jesus o caminho da conversão não estava fechado para ninguém. Marcos — que relatou o testemunho ocular de Pedro[9] — registrou sua resposta de forma particularmente detalhada:

> Então, saiu ao mar novamente; e todo o povo vinha a Ele, e Ele os ensinava. E, enquanto caminhava, viu Levi, filho de Alfeu, sentado no banco dos cobradores de impostos e disse-lhe: Segue-me. E ele, se levantando, o seguiu. Aconteceu que, estando Jesus à mesa na casa de Levi, muitos publicanos e pecadores também estavam ali ao lado de Jesus e seus discípulos; porque havia muitos que o seguiram. E os escribas e fariseus, ao verem que Ele comia com publicanos e pecadores, disseram aos discípulos: Por que Ele come e bebe com publicanos e pecadores? Ao ouvir isso, Jesus lhes disse: Os sãos não precisam de médico, mas, sim, os doentes. Não vim chamar justos, mas pecadores (Marcos 2.13-17).

A resposta que Jesus deu às objeções sobre a presença de publicanos entre seus seguidores revelava um dos pontos essenciais de sua mensagem, a afirmação de que todo o gênero humano — sem exceção — é comparável a um enfermo ou, como indicaria mais tarde, a uma ovelha perdida, a uma moeda perdida ou a um rapaz que esbanja tolamente sua herança (Lucas 15). Jesus não dividiu o mundo em bons (judeus piedosos) e maus (gentios e judeus ímpios). Essa cosmovisão seria semelhante à dos essênios ou dos fariseus, embora eles não concordassem entre si no que se referia a

---

[9]Desenvolvi essa tese em meu romance *El testamento del pescador*, Madri, 2004, que recebeu o Prêmio de Espiritualidade.

apontar quem eram os judeus piedosos. Contudo, Jesus via tudo de uma forma radicalmente diferente que lembrava João Batista, mas que, ao mesmo tempo, estava muito além. Deus chamava todos à conversão, a se voltar para Ele, a se reconciliar com Ele, e, de modo bem significativo, o fato de pertencer à linhagem de Abraão não mudava essa circunstância. A Mishná[10] afirmaria que "todos os judeus têm uma parte no mundo futuro". No entanto, a mensagem de Jesus, assim como anteriormente a dos profetas e de João Batista, afirmava que até mesmo os descendentes de Abraão teriam de se voltar para Deus, porque a simples linhagem não era de forma alguma uma garantia de salvação. Essa mensagem, clara, desconfortável, mas transbordando de amor e de esperança, seria repetida por Jesus continuamente.

---

[10]Sanhedrin 10, 1.

CAPÍTULO *quatro*

O maior MESTRE *das* PARÁBOLAS

OS *MESHALIM* DE JESUS[1]

Na conclusão do livro que dedicou ao estudo de Jesus, Joseph Klausner insistiu em negar que Ele pudesse ser Deus ou o Filho de Deus. Também se recusou a enquadrá-lo em categorias como messias, profeta, legislador, fundador de uma religião e até mesmo rabino, porém não pôde deixar de aceitar que era "um grande mestre da moralidade e um artista das parábolas".[2] Certamente, negar essas duas afirmações beira o impossível. Jesus foi essencialmente

---

[1] Sobre as parábolas de Jesus, veja: C. L. Blomberg, *Interpreting the Parables*, Downers Grove, 1990; C. H. Dodd, *The Parables of the Kingdom*, Glasgow, 1961; G. V. Jones, *The Art and Truth of the Parables*, Londres, 1964; A. B. Bruce, *The Parabolic Teaching of our Lord*, Nova York, 1908; A. Jülicher, *Die Gleichnisreden Jesu*, Darmstadt, 1969; J. Jeremias, *The Parables of Jesus*, Londres, 1972; W. S. Kissinger, *The Parables of Jesus, a History of Interpretation and Bibliography*, Metuchen, 1979; B. H. Young, *Jesus and His Jewish Parables*, Nova York, 1989, e idem, *The Parables*, Peabody, 1998.

[2] Joseph Klausner, *Jesus of Nazareth*, Londres, 1929, p. 413-4.

judeu ao abordar a Torá e formular a *halajah* — muito mais do que seus adversários teológicos —, mas não o foi menos ao usar um gênero didático judaico conhecido como *mashal* (plural, *meshalim*). Verdade seja dita, ninguém o superou antes e ninguém conseguiu superá-lo depois.

Ainda que de modo convencional se costume traduzir *mashal* como uma parábola, a verdade é que o termo *mashal* abrange uma pluralidade de gêneros que iriam do nosso apotegma até parábolas que, em alguns casos, podem ser muito elaboradas em termos literários. A origem dos *meshalim* está no Antigo Testamento. De fato, no século 10 a.C. já encontramos em suas páginas a história do homem rico impiedoso que se aproveitou da única ovelha de seu vizinho pobre (2Samuel 12.1-4), a história dos dois irmãos confrontados (2Samuel 14.6-8), a história da vinha que não aproveitava o cuidado de seu dono (Isaías 5.1-6) ou do lavrador que preparava o campo (Isaías 28.24-28). Poderíamos também acrescentar um dos relatos mais astutos e extraordinariamente críticos proferidos acerca do poder político, a história das árvores que buscavam um rei (Juízes 9.8ss).

Em todos os casos citados, encontramos os elementos do *mashal* já configurados como uma história geralmente cotidiana — o agricultor que semeia, o viticultor que coloca uma cerca em volta de sua vinha, a necessidade de escolher um rei, dois irmãos que discutem... — que, no entanto, contém uma mensagem de natureza espiritual.

No judaísmo, o gênero experimentou um notável apogeu com o surgimento do rabinismo, mas, de modo curioso, todos os grandes mestres são posteriores — e inferiores — a Jesus. Yohanan ben Zakkai estudara *meshalim* com *halajah* (B. B. 134a; Suk. 28a) e o Talmude relata como R. Meïr pregava *halajah*, *haggadah* e parábolas. A esse respeito, os exemplos de parábolas no Talmude e no Midrash são muito numerosos.

Os Evangelhos nos preservaram 52 *meshalim* de Jesus que podem ser enquadrados nas diferentes variáveis desse gênero e, ao mesmo tempo, mostrar notável originalidade. Como tantos outros aspectos relacionados ao ensino de Jesus, suas parábolas foram objeto de várias interpretações que pouco levaram em conta o contexto judaico e que foram levadas pelas correntes do pensamento ocidental que eram tendência na época. C. H. Dodd, por exemplo, apesar de suas contribuições, empenhou-se em cunhar o conceito de "escatologia realizada", que nada tem a ver com o judaísmo nem com Jesus.[3] Por sua vez, Joachim Jeremias[4] tentou descobrir o contexto judaico, mas foi muito influenciado por Dodd e aceitou alguns de seus pressupostos, como, por exemplo, que o texto das parábolas continha coisas que foram elaboradas posteriormente.

Uma contribuição notável foi dada por David Flusser.[5] O estudioso judeu era um grande conhecedor das fontes do Segundo Templo e, por isso, soube mostrar que as parábolas de Jesus que chegaram até nós, longe de terem sido deformadas pelas mãos de outras pessoas, coincidiam em sua metodologia com os relatos rabínicos posteriores. Assim, o que outros autores confundiram com alterações subsequentes constituía, na realidade, uma prova de que os relatos eram exatamente aqueles ensinados por Jesus. Brad H. Young,[6] herdeiro de Flusser, caminhou numa direção semelhante na interpretação de parábolas. O enfoque é notável e até necessário, todavia não tem impedido que as interpretações se desviem de captar o real significado dos ensinamentos de Jesus. Na verdade, um texto recente de Amy-Jill Levine,[7] uma professora judia, resulta muito mais da metodologia questionável da

---

[3] C. H. Dodd, *The Parables of the Kingdom*, Glasgow, 1961.
[4] J. Jeremias, *The Parables of Jesus*, Nova York, 1972, p. 97ss.
[5] D. Flusser, *Die Rabbinischen Gleichnisse und der Gleichniserzähler Jesus*, Berna, 1981.
[6] B. H. Young, *Jesus and His Jewish Parables*, Nova York, 1989.
[7] Amy-Jill Levine, *Short Stories by Jesus. The Enigmatic Parables of a Controversial Rabbi*, Nova York, 2014.

crítica das formas do que das contribuições de estudiosos como David Flusser.

Em outros casos, autores tais como James Montgomery Boice optaram por dividir as parábolas de acordo com o suposto tema.[8] Assim, Boice classificou 22 parábolas — menos da metade — em blocos interligados, tais como o reino, a salvação, a sabedoria e a loucura, a vida cristã e o juízo.

Por fim, é preciso citar estudos que não entraram em uma análise que poderíamos chamar de técnica, mas que revelam um profundo conhecimento do texto grego e, sobretudo, uma percepção mais do que notável da acuidade espiritual contida nos textos que fluíram da boca de Jesus. Talvez o exemplo paradigmático dessa abordagem dos textos das parábolas seja o fornecido por Clarence Jordan.[9] A análise de Jordan — menos técnica, mas não menos profunda — permite-nos aprofundar as razões pelas quais Jesus usou de forma excepcional esse método de ensino.

A realidade é que a parábola compreendia o desejo humano natural de ouvir histórias, uma necessidade que surge na primeira infância e não desaparece nem com a chegada da velhice. Essas histórias chamavam a atenção, mas não se destinavam apenas a entreter, embora desempenhassem essa função. Sua finalidade clara era levar as pessoas a pensar, refletir e questionar. Mais ainda: essas histórias, ao mesmo tempo que eram simples e profundas, pretendiam fazer que os ouvintes descobrissem o paralelo entre o relato e sua realidade cotidiana. Contudo, não bastava aprender. Também era preciso tomar uma decisão. Nesse sentido, as parábolas de Jesus implicavam uma forma superior de ensino. Claro, era bom entreter e aprender, mas o objetivo ia muito além. Na verdade, consistia em tomar uma decisão que mudaria radicalmente a vida dos que as escutavam.

---

[8]J. M. Boice, *The Parables of Jesus*, Chicago, 1983.
[9]Clarence Jordan, *Cotton Patch Parables of Liberation*, Eugene, 2009.

Seguiremos abordando as parábolas de Jesus ao longo deste livro. Começaremos analisando aquelas relacionadas ao reino de Deus, que foram proferidas no início de seu ministério.

AS PARÁBOLAS DO REINO

A primeira grande série de parábolas de Jesus está relacionada à pregação do reino e à decisão imperiosa que deve ser tomada para se entrar nele. Precisamente porque o fim da História já está escrito por Deus — embora os homens não o possam ver —, a decisão de entrar no reino é, na pregação de Jesus, de grande importância. Quem ouvisse essa pregação teria a mesma sorte extraordinária de um homem que descobriu acidentalmente um tesouro enterrado em um campo ou seria tão afortunado quanto o comerciante que encontrou a pérola mais valiosa de toda a sua carreira:

> Além disso, o reino dos céus é semelhante ao tesouro escondido no campo, que, quando é descoberto por um homem, ele o esconde, e, cheio de alegria, vai, vende tudo o que possui e compra aquele campo. Também o reino dos céus é semelhante ao comerciante que vai em busca de boas pérolas e, depois de ter encontrado uma pérola de valor extraordinário, foi, vendeu tudo o que tinha e a comprou (Mateus 13.44-46).

Sim, se usássemos símiles semelhantes aos usados por Jesus, diríamos que o reino de Deus é uma descoberta não menos maravilhosa do que alguém que caminha por um parque e de repente tropeça em uma carteira com um milhão de dólares. Ou como alguém que passou a vida inteira trabalhando sem receber gratificação e de repente, da maneira mais inesperada, depara com o negócio da sua vida, aquele que lhe permitirá se aposentar para desfrutar uma existência mais agradável do que nunca. Quem não aproveitaria tal ocasião? Quem não pegaria a carteira ou não aproveitaria a oportunidade desse negócio? Quem deixaria de reagir diante de tal fortuna?

Jesus soube enfatizar com maestria que o reino de Deus é um bem tão extraordinário que vale a pena deixar tudo para entrar nele. Sem dúvida, é inesperado para muitos, mas responde aos sonhos e desejos tantas vezes acalentados e, portanto, a ocasião deve ser aproveitada. Da mesma forma que seria tolice perder a oportunidade de comprar o campo do tesouro ou a pérola de valor extraordinário, não se desviar de todos os obstáculos que podem impedir a aceitação do evangelho é um comportamento profundamente tolo. Qualquer pessoa que aceitasse esse presente imerecido, que apareceu de repente em sua vida, estaria no lugar ideal quando Deus, no final da História, separar os salvos dos condenados da mesma forma que um pescador seleciona os peixes que vieram em suas redes (Mateus 13.47-50).

Entretanto, apesar da maravilha, do extraordinário, do incomparável que é o reino, é absolutamente inegável que há quem o rejeite. Tal eventualidade deve ter causado muitas perguntas — e problemas — aos seguidores de Jesus. Por que, por exemplo, nem todos estavam dispostos a ouvir a pregação de Jesus sobre as boas-novas? Por que alguns que pareciam ouvir com boa vontade no início logo se afastavam? Havia realmente uma esperança sólida de que todo aquele esforço teria germinado? As respostas oferecidas por Jesus em seus *meshalim* são positivas e realistas. Certamente o reino de Deus é uma ocasião de alegria e felicidade semelhante a um casamento ou banquete. É algo tão maravilhoso que encorajaria qualquer pessoa a celebrá-lo com uma festa como fez Mateus Levi, o publicano que deixou tudo para seguir Jesus (Lucas 5.27-32). Entretanto, era inegável que alguns rejeitavam essa possibilidade:

> E, ao ouvir isso, um dos que estavam reclinados com ele à mesa disse-lhe: Bem-aventurado aquele que comerá pão no reino

dos céus. Então, Ele (Jesus) disse-lhe: Um homem preparou uma grande ceia e convidou muitas pessoas. E, quando chegou a hora da ceia, mandou seu criado dizer aos convidados: Vinde, está tudo pronto. E todos eles começaram a se desculpar. O primeiro disse: Comprei uma fazenda e preciso sair para vê-la; imploro que me desculpes. E outro disse: Comprei cinco juntas de bois e vou testá-las. Imploro que me desculpes. E outro disse: Acabei de me casar, então não posso ir. E, quando retornou, o servo relatou essas coisas ao seu senhor. O dono da casa ficou zangado e disse ao seu servo: Vai imediatamente pelas praças e pelas ruas da cidade e traz aqui os pobres, os aleijados, os coxos e os cegos. E o servo disse: Senhor, foi feito como mandaste, e ainda há lugar. E o senhor disse ao servo: Vai pelas estradas e valados e faze-os entrar para que a minha casa se encha. Porque vos digo que nenhum dos que foram chamados provará a minha ceia (Lucas 14.15-24).

A resposta de Jesus era clara. Infelizmente, o Reino seria rejeitado por muitos daqueles a quem o reino fora destinado originalmente. Contudo, mesmo nessa circunstância seria impossível deixar de contemplar o amor de Deus, e seria assim porque pessoas que ninguém pensaria que poderiam entrar no reino desfrutariam dele.

Outra realidade paradoxal que se repetiria ao longo dos séculos é que nem todos estão dispostos a ouvir a mensagem do reino. É lógico que seja assim porque, afinal, a pregação do reino é semelhante a um semeador que lança a semente na esperança de obter frutos. A forma pela qual a fonte de Lucas nos transmitiu esse ensinamento de Jesus é especialmente notável, porque ele o precede com informações mais do que relevantes:

Aconteceu depois que Jesus percorria todas as cidades e aldeias, pregando e anunciando o evangelho do reino de Deus, e com Ele iam os doze e algumas mulheres que haviam sido curadas de espíritos malignos e enfermidades: Maria, chamada Madalena, de quem haviam saído sete demônios; Joana, esposa de Cuza, procurador de Herodes; Susana e outras muitas que o serviam com seus bens. Tendo reunido uma grande multidão formada por aqueles que vinham a Ele de cada cidade, Ele lhes falou em uma parábola: O semeador saiu a semear e, enquanto estava semeando, uma parte caiu à beira do caminho e foi pisada, e as aves do céu a comeram. Outra parte caiu sobre a pedra e, quando nasceu, secou porque não tinha umidade. Outra parte caiu entre espinhos, e os espinhos que foram crescendo com ela a sufocaram. E outra parte caiu em boa terra, cresceu e deu fruto a cem por um. Ao falar isso, Ele disse em alta voz: Quem tem ouvidos para ouvir, ouça. E seus discípulos perguntaram-lhe: O que significa essa parábola? E Ele disse: A vocês é dado conhecer os mistérios do reino de Deus, mas aos outros eu me dirijo com parábolas, para que, vendo, não vejam e, ouvindo, não entendam. Esta, pois, é a parábola: a semente é a palavra de Deus. E as sementes que estão à beira do caminho são os que ouvem, e então o Diabo vem e tira a palavra do coração deles, para que eles não creiam e sejam salvos. As que caem sobre a pedra são aqueles que, depois de ouvir, recebem a palavra com alegria, mas carecem de raízes, creem por algum tempo e, quando chega a hora da provação, se desviam. A semente que caiu entre os espinhos são os que ouvem, mas, quando seguem seu caminho, são afogados pelas ansiedades, pelas riquezas e pelos prazeres da vida e não dão fruto. Contudo, a que caiu em boa terra são os que, com coração bom e reto, guardam a palavra que ouviram e dão fruto com perseverança (Lucas 8.1-15; passagens paralelas em Marcos 4.3-25 e Mateus 13.3-23).

O relato, conforme descrito pela fonte de Lucas, é notavelmente significativo. O reino foi proclamado a todos, e uma boa prova disso foi que até mulheres de todo tipo — outrora enfermas e endemoninhadas, importantes e comuns, solteiras e casadas — decidiram entrar nele e seguiram Jesus, servindo-o. Afinal de contas, quando o semeador semeia a Palavra, pode haver resultados muito diferentes. Uma parte se perde pela ação do Diabo, que arranca a pregação dos corações; outra, fracassa por causa da oposição que encontra à sua volta; ainda outra porção é destruída como resultado da ansiedade causada pelos cuidados e preocupações deste mundo; mas ainda há sempre um restante que a guarda no coração e acaba dando fruto, um fruto semelhante ao que se podia ver naquelas mulheres de todo tipo que seguiam Jesus.

Sim, de fato, o Diabo toma as sementes a fim de tentar anular a obra da semeadura da mesma forma que o inimigo de um fazendeiro introduziu joio em seus campos (Mateus 13.24-30). No entanto, o resultado final desse confronto será o triunfo do reino de Deus. No final dos tempos, quando o Filho do Homem aparecer, o joio — um joio que muitas vezes é impossível distinguir do trigo — será separado e lançado no fogo, e será demonstrado que o reino foi se espalhando de forma prodigiosa, tão prodigiosa quanto a minúscula semente de mostarda que se transforma em árvore (Mateus 13.31,32; Marcos 4.30-32) ou como a pitada de fermento que acaba levedando toda a massa (Marcos 4.33,34; Mateus 13.33-35).

No final das contas, de uma forma que só Deus entende plenamente, a semente cresce por si mesma (Marcos 4.26-29), e o triunfo final do reino está mais do que garantido, não por esforços humanos, que nunca podem produzi-lo, mas pela ação direta, oculta e não raramente incompreensível do próprio Deus.

AS PARÁBOLAS DO PERDÃO

Ao contrário do que diversos fariseus pensavam, a vinda do reino não poderia ser acelerada por esforço ou obras humanas. Sua chegada é fruto exclusivo do amor e da graça imerecida do Pai. Precisamente por isso, para entrar no reino — e aqui entraríamos em um terceiro tipo de parábolas —, precisa-se basicamente de humildade para reconhecer qual é a verdadeira situação espiritual do ser humano e também para aceitar a rapidez com que é necessário responder a essa realidade negativa e inegável. O gênero humano em geral e cada pessoa em particular são semelhantes a uma ovelha perdida que não é capaz de voltar ao aprisco (Lucas 15.1-7), a uma moeda que caiu do bolso de sua dona (Lucas 15.8-10) e, claro, não pode voltar a ela, ou a um filho insolente e inútil que esbanja a fortuna recebida do pai e acaba reduzido a um destino tão odioso para um judeu, como o de ser obrigado a dar de comer a animais impuros como os porcos (Lucas 15.11-32). É muito provável que a maneira pela qual essa cosmovisão peculiar fora expressa com mais clareza tenha sido na parábola mais bela e comovente de Jesus, a chamada erroneamente parábola do filho pródigo, porque, na realidade, ela deveria ser conhecida como a parábola do bom pai ou, mais apropriadamente, a parábola dos dois filhos:

> Um homem tinha dois filhos; o mais novo deles disse ao pai: Pai, dá-me a parte dos bens que me corresponde; então o pai distribuiu os bens. Poucos dias depois, juntando tudo, o filho mais novo partiu para uma província remota e ali esbanjou seus bens, vivendo na perdição. E, quando havia acabado com tudo, houve uma grande fome naquela província, e ele começou a passar necessidade. Então, foi e se aproximou de um dos habitantes daquela terra, que o mandou para sua fazenda para alimentar porcos. Ele queria encher a barriga com as alfarrobas que os porcos comiam, mas ninguém lhe dava nada. E, voltando a si, disse: Quantos trabalhadores na casa de meu pai têm pão sobrando, e aqui estou eu morrendo de fome! Vou me levantar e ir ter com meu pai e dizer-lhe: Pai, pequei contra o céu e contra ti. Não sou mais digno de ser chamado teu filho; trata-me como um de teus empregados. E, levantando-se, foi até seu pai. Enquanto ainda estava longe, seu pai o avistou e se comoveu, e pôs-se a correr e se lançou ao seu

pescoço e o beijou. E o filho disse-lhe: Pai, pequei contra o céu e contra ti e já não sou digno de ser chamado teu filho. O pai, porém, disse aos seus servos: Trazei o melhor vestido e vesti-o; e colocai um anel em sua mão e sapatos em seus pés. Trazei o bezerro cevado e matai-o, e comamos e façamos um banquete; porque este meu filho estava morto e reviveu; estava perdido e foi achado. E começaram a se alegrar. Seu filho mais velho estava no campo; e, ao retornar, estando perto da casa, ouviu a música e as danças; e, chamando um dos servos, perguntou-lhe o que era aquilo. Ele disse: Teu irmão chegou; e teu pai mandou matar um bezerro cevado por tê-lo recuperado são e salvo. Ele se irou e não quis entrar. Então, saiu seu pai e começou a implorar para que entrasse, mas ele respondeu: Eu te sirvo há tantos anos e nunca te desobedeci e jamais me deste um cabrito para me divertir com meus amigos. Porém, quando apareceu este teu filho, que consumiu os teus bens com meretrizes, ordenaste que o bezerro cevado fosse sacrificado em sua honra. Contudo, o pai lhe disse: Filho, tu estás sempre comigo, e tudo o que é meu é teu; mas era necessário celebrar uma festa e alegrar-nos, porque teu irmão estava morto e reviveu; estava perdido e foi encontrado (Lucas 15.11-32).

O ensino de Jesus dificilmente poderia ter sido mais claro. Ninguém é capaz de se salvar por méritos próprios, como revelam as situações desesperadoras e impotentes refletidas nas parábolas da ovelha perdida, da moeda perdida ou dos dois filhos. No entanto, Deus enviou seu Filho para encontrar todas as pessoas perdidas e desviadas. Fora da possibilidade de salvação não estão os ímpios — a quem também é oferecido perdão —, mas aqueles que se consideram tão bons, tão justos, tão religiosos que se recusam a estar com pecadores, sem perceber que seus próprios pecados podem ser muito piores. Afinal, se o filho mais velho não entrar no banquete celebrado pelo pai, não é porque as portas estão fechadas para ele, mas porque ele, em sua arrogante autojustificação, as fecha. Ele se considera tão superior moralmente que não suporta a ideia de se ver ao lado de um pecador confesso. É precisamente sua atitude — e nenhuma outra circunstância — que o impede de desfrutar uma festa que transborda de alegria

A resposta a esse chamado há de ser tão rápida como a de um administrador ladrão que, sabendo que vai ser despedido, corre para fazer novos amigos e não ficar vulnerável (Lc 16.1-8) e principalmente precisa ser tão humilde como aquele que reconhece que sua salvação nunca pode provir dos próprios méritos — essa, na realidade, é a garantia de jamais se obter a salvação —, mas, sim, da misericórdia amorosa de Deus. A esse respeito, há clareza especial em uma das parábolas de Jesus:

> Ele também contou esta parábola a alguns que confiavam que eram justos e desprezavam os outros: Dois homens subiram ao templo para orar. Um era fariseu e o outro, publicano. O fariseu, em pé, orava consigo mesmo: Deus, obrigado porque eu não sou como os outros homens, ladrões, injustos, adúlteros, nem como este publicano. Jejuo duas vezes por semana e dou o dízimo de tudo o que tenho. Porém, o publicano, que estava distante, não queria nem levantar os olhos para o céu, mas batia no peito, dizendo: Deus, tem misericórdia de mim, pecador. Eu vos digo que este desceu justificado para sua casa, enquanto aquele, não; pois qualquer um que se exalta será humilhado; e aquele que se humilha será exaltado (Lucas 18.9-14).

O perdão de Deus é possível para aqueles que reconhecem que não merecem recebê-lo — como é o caso do publicano pecador —, mas é inacessível para aqueles que pensam que serão justificados por suas obras. Isso não ocorre nem quando as obras excedem o que é exigido pela Torá. O fato de o fariseu se considerar superior aos pecadores ou ter dado o dízimo de tudo — em vez de obedecer ao dízimo trienal registrado na Torá (Deuteronômio 26.13,14) — ou ter jejuado muito além do jejum prescrito para o Dia da Expiação, ou Yom Kippur, realmente não significa nada aos olhos de Deus. O fariseu não pôde obter a justificação pelas obras porque a justificação só é concedida por Deus àquele que se entrega a Ele reconhecendo a ausência de meios para se salvar.

Não é de surpreender que o autor do terceiro Evangelho incluísse após a parábola o relato de Jesus ordenando aos seus discípulos que permitissem às crianças se aproximarem dele, porque o reino deve ser recebido com o coração — simples, alegre, confiante e consciente de que tudo é um presente maravilhoso — próprio de uma criança (Lucas 18.15-17).

O ensino de Jesus, expresso em parábolas, dificilmente poderia ter sido mais claro. O gênero humano, sem exceção, está tão irremediavelmente perdido que nada pode fazer para sair dessa condenação por conta própria. No entanto, agora Deus enviara Jesus para tirá-lo dessa situação e estava abrindo a possibilidade de ele entrar no reino. Era uma oportunidade extraordinária, como a do camponês pobre e oprimido que um dia descobriu um tesouro nas terras que arrendara ou como a de um comerciante que, no final de tudo, encontra a grande chance de sua vida. Diante dessa circunstância, a única coisa sensata a fazer seria agir rapidamente e aceitar humildemente uma oferta imerecida, mas repleta de bênçãos.

CAPÍTULO *cinco*

A COMPAIXÃO *do* MESSIAS

AS ENTRANHAS SE AGITARAM

No decorrer daqueles primeiros meses de ministério na Galileia, a atividade de Jesus deve ter parecido uma curiosa combinação da pregação alegre do evangelho do reino com as enormes expectativas do povo, mas também com uma oposição que crescia cada vez mais à medida que a notoriedade de Jesus se expandia. Para um espectador circunstancial, tornara-se inegável que Jesus não apenas era um pregador que anunciava a proximidade do tão esperado reino de Deus, mas que também confirmara sua autoridade, uma autoridade bem diferente da dos escribas (Mateus 7.29), com atos taumatúrgicos. As diferentes fontes nos falam de numerosos casos de cura coletiva e também se aplicam a descrições mais detalhadas da sogra de Pedro (Marcos 1.29-34; Mateus 8.14-17; Lucas 4.38-41), de um leproso (Marcos 1.40-45; Mateus 8.2-4; Lucas 5.12-16) ou de um paralítico (Marcos 2.1-12; Mateus 9.1-8; Lucas 5.17-26).

De modo um tanto expressivo, os contemporâneos de Jesus jamais questionaram a origem sobrenatural dos eventos, e até mesmo o Talmude — apesar de sua posição claramente contrária a Jesus e seus discípulos — também os aceita como verdadeiros (Sanh. 107b; Sotah 47b). Essa posição é a mesma defendida hoje em dia pela maioria dos críticos não cristãos.[1] Não é de estranhar que assim seja, porque, claro, é difícil negar que as histórias contêm o selo da testemunha ocular e, precisamente por isso, tendem a provocar uma emoção especial que nos permite imaginar, ainda que remotamente, o impacto que Jesus teve em seus contemporâneos. Aquele pregador de uma pequena cidade da Galileia não se limitava a anunciar a proximidade do reino ou insistir na necessidade de se voltar para Deus. Além disso, enfatizava a autoridade de suas palavras com um poder extraordinário sobre as doenças e poderes demoníacos.

A motivação por trás desses atos aparece relatada nas fontes com um termo bem notável. Referimo-nos ao verbo grego *splagēnidseszai*, geralmente traduzido em português por "compadecer-se". Como em outras ocasiões, a tradução é um reflexo limitado do original. Se em português a ideia é de padecer com alguém, ou seja, "compadecer", no grego original encontramos um termo que deriva da palavra usada para se referir a entranhas. Seria apropriado traduzi-lo pelo fato de as entranhas de alguém se agitarem ao contemplar certa situação. Esse verbo — que é o que define os sentimentos do bom pai na parábola dos dois filhos (Lucas 15.20) ou os sentimentos que impeliram o bom samaritano a agir (Lucas 10.33) — é justamente aquele que define os sentimentos de Jesus. O que o levava a atender às necessidades das pessoas é que suas entranhas se agitavam ao ver as necessidades delas. Também não deixa de ser expressivo que as entranhas de Jesus se agitavam diante de todos os tipos de necessidades, fossem elas espirituais (Mateus 9.37,38), materiais (Mateus 15.32) ou de

---

[1] Sobre o tema, continua sendo essencial a leitura de L. Cl. Fillon, *Los milagros de Jesús*, Barcelona, 2006.

saúde (Mateus 14.4). O Jesus que podemos ver repetidamente nas fontes não realizava ações milagrosas para aumentar sua reputação ou promover a expansão de suas pregações. Tal comportamento teria sido equivalente a cair na tentação diabólica da espetacularidade religiosa, que rejeitara no deserto (Lucas 4.9-12). De fato, várias vezes Ele ordenou que aqueles que se beneficiavam de suas ações não as contassem a ninguém (Marcos 1.44,45). De maneira bem significativa, Jesus não instrumentalizou a dor alheia nem se valeu dessas situações de necessidade para engrandecimento pessoal ou para a ampliação de seus sermões. Ele sempre agiu — e teremos oportunidade de ver — movido apenas por um sentimento de imensa piedade e amor por aqueles que vinham a Ele ou cruzavam seu caminho.

A nobreza de ações e intenções nem sempre provoca adesões positivas, e, de fato, nem todos receberam com a mesma alegria esses acontecimentos relacionados a Jesus. Isso também não deveria nos surpreender. Não se tratava apenas de Ele ter insistido que todos deveriam se converter, tampouco de ter afirmado que essa necessidade não era menor para os judeus do que para os ímpios gentios. Além disso, Jesus questionava com suas ações a interpretação, a *halajah*, que os escribas e fariseus ensinavam da Torá. Os exemplos a esse respeito são bem expressivos. Jesus comia com publicanos e pecadores, violando as interpretações que consideravam que a santidade de uma mesa era comprometida pelo aspecto moral dos que a ela eram convidados. Na verdade, para muitos, aquelas más companhias — mulheres que vendiam sexo por dinheiro e homens que colaboravam com as autoridades para espoliar as pessoas comuns — não eram dignas de alguém que afirmava ter autoridade espiritual (Marcos 2.13-17). Além disso, Jesus não estava disposto a se submeter aos rigorosos padrões de jejum promovidos pelos escribas e fariseus (Marcos 2.18-22; Mateus 9.14-17; Lucas 5.33-39). No entanto, a polêmica mais áspera giraria em torno de outro tema, o fato de que Jesus, como sempre, dava mais atenção ao sentimento de compaixão que agitava suas entranhas do que a conquistar a boa vontade dos poderosos ou a complacência das massas.

A OBSERVÂNCIA DO *SHABBAT*

Já se escreveu muito sobre o tema do *shabbat* e o tratamento que Jesus lhe deu. Na perspectiva cristã, há frequente insistência de que Jesus decidiu abolir o dia de descanso, mas, na perspectiva judaica, essa visão do descanso é aceita. Portanto, tem-se considerado legítimo rejeitar Jesus como alguém que violava conscientemente a Torá. Ou então tem-se mostrado que, na realidade, Ele não questionava o *shabbat*, mas a maneira pela qual certos setores do judaísmo, em especial os fariseus, o aplicavam. Em ambos os casos, é evidente o reconhecimento da historicidade das fontes históricas que relatam diferentes episódios da vida de Jesus. As duas perspectivas têm um pouco de verdade, mas tendem a ignorar um aspecto essencial do ministério e ensino de Jesus, que não foi o de romper com a revelação contida no Antigo Testamento, mas, pelo contrário, lhe dar pleno cumprimento. Essa observância fiel implicava confrontar todas as inovações meramente humanas que derivavam, por exemplo, dos ensinos dos fariseus. Jesus não era, portanto, um libertino ou um antinomiano partidário de ignorar os mandamentos provenientes de Deus. Muito pelo contrário, Ele era um defensor da revelação contida nas Escrituras e um adversário incisivo das tradições humanas que a distorciam. A questão da observância do *shabbat* foi um dos exemplos mais claros desse comportamento, embora não o único.

No âmbito histórico, está mais do que provado que Jesus não tinha a menor intenção de aceitar a interpretação extraordinariamente rigorosa do *shabbat* disseminada pelos escribas e fariseus. Tanto fontes rabínicas quanto cristãs concordam com isso, de modo que não há razão para dúvidas. Para falar a verdade, esse tema tornou-se um verdadeiro campo de batalha, e, mais uma vez, os dados históricos de que dispomos apresentam todos os selos da história que só podem proceder de uma testemunha ocular.

Jesus não questionava o mandamento do *shabbat*, mas, ao mesmo tempo, não estava disposto a permitir que a interpretação farisaica das regras relativas ao *shabbat* prevalecesse sobre a necessidade do povo (Marcos 2.23-28; Mateus 12.1-8; Lucas 6.1-5) ou sobre o exercício da compaixão (Marcos 3.1-6; Mateus 12.9-14; Lucas 6.6-11). Essa interpretação era um escândalo para os outros, mas essencial para Ele. Contudo, não se tratava de uma relativização da Torá, mas derivava precisamente de seu estudo. A fonte de Lucas descreve assim:

> E aconteceu que, passando Ele (Jesus) pelos campos no *shabbat*, seus discípulos arrancavam espigas de milho e, depois de esfregá-las com as mãos, as comiam. E alguns dos fariseus disseram-lhes: Por que fazeis o que não é lícito fazer no *shabbat*? E Jesus, respondendo, disse-lhes: Nem sequer lestes o que fez Davi quando teve fome, ele e os que com ele estavam, como entrou na casa de Deus, tomou os pães da proposição, comeu e deu também aos que estavam com ele, pães que não lhes era lícito comer, mas somente aos sacerdotes? (Lucas 6.1-4).

De modo bem expressivo, uma descida de Jesus a Jerusalém naquele momento — muito provavelmente na Páscoa — também gerou uma discussão sobre a última questão citada (João 5.1-47).

O fato de o debate não ter sido meramente o confronto de algumas exposições teológicas, mas o choque de duas cosmovisões, evidencia-se quando se examina o resultado da última dessas controvérsias na Galileia. Tanto Marcos (3.6) como Mateus (12.14) concordam que, daquele momento em diante, os fariseus decidiram acabar com Jesus. Marcos ainda salienta que, para isso, pensaram na ajuda do partido dos herodianos.

Alguns autores tentaram minimizar o problema, afirmando que, afinal, tanto Jesus quanto os fariseus acreditavam no mandamento do *shabbat*, mas o primeiro seguia as normas de observância próprias dos galileus e, portanto, menos estritas. O argumento é interessante, mas carece de consistência. Desde o início, as controvérsias de Jesus sobre esse assunto ocorreram precisamente na Galileia. Se de fato eles eram menos rígidos nessa região quando se tratava de cumprir o mandamento do *shabbat* — o que é discutível —, a verdade é que, de qualquer modo, o ponto de vista dos fariseus também era muito mais rígido do que o de Jesus. Porém, o ponto principal era muito mais profundo do que a mera delimitação das proibições relativas ao *shabbat*.

O motivo da violação era, ao contrário do que alguns pensam, de enorme relevância para ambas as partes. Para os fariseus, a observância do *shabbat* — como eles o entendiam, é claro — era absolutamente essencial se Israel tivesse esperança de obter a redenção proveniente de Deus. A estrita observância da Torá poderia resultar em Deus ter misericórdia de seu povo e vir salvá-lo, e, de forma semelhante, um desrespeito pela obediência às suas normas só poderia ter consequências negativas. Ao agir — e ensinar — da maneira que fazia, Jesus estava impedindo um fluir positivo da História e se interpondo na consumação de um plano de salvação que seria bênção para Israel. Talvez isso não fosse excessivamente importante se tivesse se tratado de um simples indivíduo isolado, mas Jesus não era mais um indivíduo isolado. As pessoas o ouviam e o seguiam. Ele até já estava algum tempo reunindo em torno de si um grupo de discípulos, como se fosse um rabino. Ainda por cima, esse questionamento da autoridade religiosa semioficial também poderia ser visto como um desejo de confrontar a ordem social. É de admirar que eles o vissem como um sujeito perigoso que tinha de ser eliminado?

Obviamente, da perspectiva de Jesus, a situação era considerada em termos muito diferentes. A fonte de Mateus registrou essa abordagem específica em relação a um dos episódios a que já nos referimos:

Seguindo em frente, ele foi para sua sinagoga. E havia ali um homem cuja mão estava ressequida; e perguntaram a Jesus, para poder acusá-lo: É lícito curar no *shabbat*? Ele lhes disse: Quem dentre vós, se tem uma ovelha e ela cai em um buraco no *shabbat*, não a pega e a arranca dali? Agora, o que vale mais? Um homem ou uma ovelha? Portanto, é lícito fazer o bem no *shabbat*. Então, disse ao homem: Estende a mão. E ele a estendeu, e ela ficou tão saudável quanto a outra. E, partindo, os fariseus planejaram como destruir Jesus (Mateus 12.9-14).

Do modo que Jesus via a situação, todos os homens eram pecadores — enfermos, para usar as palavras dele (Lucas 5.31,32) — e necessitavam de redenção, independentemente de tentarem ou não cumprir a Torá e de como cumpriam esse objetivo. A única saída era se voltar para Deus a fim de ser perdoado. Além disso, uma pessoa que estivesse passando por essa experiência de reconciliação com Deus deveria, daquele momento em diante, adotar um comportamento baseado numa compaixão que dá a impressão de que as entranhas se agitam diante do sofrimento e da necessidade dos outros. Dessa perspectiva, que compaixão poderia ter alguém que não deixaria um de seus animais passar necessidade no *shabbat*, mas estaria disposto a desviar o olhar para o outro lado se aquela dor ocorrida no *shabbat* fosse a de um de seus semelhantes? Para Jesus, a compaixão estava acima de uma mera interpretação peculiar, mesmo porque o propósito da Torá era assemelhar os homens a Deus (Levítico 11.44), e Deus é, por definição, compassivo.

A tudo isso se somava uma circunstância de enorme relevância. Jesus não apenas questionava o nacionalismo espiritual judaico e confrontava as interpretações farisaicas, mas, além disso, Ele atribuía a si uma autoridade que só Deus possuía, a de perdoar pecados. Essa circunstância nos foi comunicada por diferentes fontes[2]

---

[2]Mateus 9.1-3; Marcos 2.1-12; Lucas 5.17-26.

que coincidem em mostrar o profundo desagrado — quando não uma irritação clara — que os escribas e fariseus sentiram ao contemplar o comportamento de Jesus:

> Depois de alguns dias, Jesus entrou de novo em Cafarnaum, e ouviu-se que Ele estava em casa. E imediatamente muitos se reuniram, de modo que nem mesmo achavam lugar junto à porta; e pregou a palavra para eles. Então, vieram até Ele alguns que traziam um paralítico, que era carregado por quatro homens. E, como não podiam aproximar-se dele por causa da multidão, removeram o telhado no lugar onde Ele estava e, abrindo um buraco, baixaram a cama em que estava o paralítico. Quando Jesus viu sua fé, disse ao paralítico: Filho, teus pecados estão perdoados. Alguns dos escribas estavam sentados ali, ponderando em seu coração: Por que ele fala dessa maneira? Blasfemo. Quem pode perdoar pecados senão Deus? E, conhecendo Jesus em seu espírito que eles assim arrazoavam em seu interior, disse-lhes: Por que arrazoais assim em vosso coração? O que é mais fácil dizer ao paralítico: Os teus pecados estão perdoados, ou: Levanta-te, toma o teu leito e anda? Pois, para que saibas que o Filho do Homem tem poder na terra para perdoar pecados (disse ao paralítico): Eu te digo: Levanta-te, toma teu leito e vai para casa. Então, ele imediatamente se levantou e, tomando seu leito, saiu à vista de todos, de modo que todos ficaram maravilhados e glorificaram a Deus, dizendo: Nunca vimos nada igual (Marcos 2.1-12).

O *shabbat* — ninguém discutirá — é um mandamento importante da Torá. Deus deu ao homem a cada semana a possibilidade de descansar após alguns dias de trabalho quase sempre árduo. Também deu a ele a oportunidade de adorá-lo naquele dia especial. A tudo isso se juntava a possibilidade de desfrutar esse prazer na companhia de sua família e do restante do povoado. Mesmo de uma perspectiva meramente humana, poucos avanços melhoraram a vida dos homens de uma maneira mais positiva do que o descanso semanal.

Jesus reconhecia a origem divina do *shabbat*. No entanto, Ele deixou claro que Deus o instituíra para o bem do homem, não para o homem subordinar sua existência a ele (Marcos 2.27,28). Precisamente por essa razão, acima da observância do *shabbat* estava a compaixão pelos outros, o cuidado com os desfavorecidos ou a satisfação de necessidades tão humanas e indispensáveis como saciar a fome. Essa conclusão foi alcançada não por meio da relativização da Torá, mas por meio do seu aprofundamento à luz das Escrituras, não das tradições religiosas. Jesus poderia apelar ao exemplo de Davi saciando sua fome com pães que só podiam ser comidos por sacerdotes, mas, acima de tudo, Ele podia se lembrar das palavras que Deus havia falado ao profeta Oseias:

> O que vou fazer contigo, Efraim? O que vou fazer contigo, Judá? A tua piedade é como a nuvem da manhã e como o orvalho da madrugada que se evapora. Por isso, eu os exterminei por meio dos profetas, com as palavras da minha boca os matei, e os seus julgamentos serão como a luz quando sai. Porque eu quero misericórdia, não sacrifício, e conhecimento de Deus em vez de holocaustos (Oseias 6.4-6).

Mais uma vez, Jesus confirmava a Torá em sua plenitude e, como os *neviim* de outrora, mostrava que, dependendo da atitude de Israel, a colheita seria de bênção ou de juízo. Assim afirmavam as Escrituras com clareza cristalina (Deuteronômio 30).

A MÃE E OS IRMÃOS DE JESUS

Quando levado em conta esse contexto, um contexto de hostilidade crescente, apesar da repercussão do ministério de Jesus, não é de surpreender a atitude de sua mãe e de seus irmãos, que tentaram dissuadi-lo de continuar com um ministério que já começava a se definir como perigoso. O relato, sem dúvida histórico, levanta sérios problemas em relação ao desenvolvimento dogmático de algumas confissões que têm dado à figura da mãe de Jesus um significado muito diferente do que se encontra nas Escrituras. Porém, precisamente por isso, é necessário nos determos nesse aspecto da vida de Jesus. A fonte de Marcos o descreveu da seguinte forma:

> Então, vieram seus irmãos e sua mãe e, permanecendo fora, mandaram chamá-lo. E as pessoas que estavam sentadas ao redor dele disseram: Tua mãe e teus irmãos estão lá fora e procuram por ti. Ele (Jesus) respondeu-lhes: Quem são minha mãe e meus irmãos? E, olhando para aqueles que estavam sentados ao seu redor, disse: Aqui estão minha mãe e meus irmãos. Porque todo aquele que faz a vontade de Deus, esse é meu irmão, minha irmã e minha mãe (Marcos 3.31-35; veja também Mateus 12.46-50 e Lucas 8.19-21).

A mãe e os irmãos de Jesus foram visitá-lo com a intenção de dissuadi-lo de continuar afundando em uma situação perigosa. Sem dúvida, eles sabiam que Jesus escapara por pouco de ser lançado de um monte em Nazaré, e é bem possível que as notícias da crescente hostilidade das autoridades religiosas também tivessem chegado até eles. O fato de terem vindo vê-lo era natural, e até quererem que Ele parasse o que estava fazendo e saísse para ir ao encontro deles também tem sua lógica. No entanto, a resposta de Jesus foi clara e incisiva. Em nenhuma circunstância, Ele pensaria que sua mãe e seus irmãos mereciam consideração especial. Pelo contrário. Suas palavras declararam que sua mãe e seus irmãos de verdade eram aqueles que faziam a vontade de Deus. Foi uma declaração que mostrou uma clara distância entre sua família e aqueles que já o seguiam. Na verdade, não faltam aqueles que dizem que Jesus se comportou de uma maneira que poderia ser chamada de grosseira para com sua mãe e seus irmãos.[3] Esse julgamento nos parece excessivo, mas não há dúvida de que Jesus colocou em primeiro lugar aqueles que obedeciam a Deus e depois sua mãe e seus irmãos.

Maria, claro, não era para Jesus a personagem que seria descrita nos séculos posteriores e que também seria objeto de novos dogmas[4] nos séculos 19 e 20. Porém, quem eram seus irmãos, dos quais a fonte de João nos diz diretamente que "não acreditavam nele" (João 7.5)? Um simples exame das referências messiânicas nos diria que eram filhos de sua mãe, conforme anunciado em Salmos 69.8. Tal circunstância, no entanto, vai de encontro ao ensino secular de algumas igrejas e exige, portanto, que nos detenhamos no assunto.

A recente descoberta de um ossuário em Jerusalém com a inscrição "Jacó, filho de José e irmão de Jesus" causou notável comoção na mídia há alguns anos, quando foi interpretada como uma confirmação indiscutível de que Jesus de Nazaré teria tido irmãos, o que supostamente significaria uma comoção que abalaria os fundamentos do cristianismo. A verdade é que a referência aos irmãos de Jesus só pode surpreender quem nunca leu o texto completo dos Evangelhos. Nessas fontes, há muitas referências aos irmãos de Jesus e até se chega a dar seus nomes. Como mostra o Evangelho de Marcos 6.3ss. e o de Mateus 13.54,55, os irmãos se chamavam Tiago, José, Simão e Judas, e haveria pelo menos duas irmãs cujos nomes não são fornecidos. Como já falamos, esses irmãos não criam inicialmente em Jesus (João 7.5). Também sabemos, como acabamos

---

[3]David Flusser, *The Sage from Galilee*, p. 14ss. cita inclusive um texto apócrifo que afirma que Jesus rejeitou Maria e seus filhos Tiago, Simão e Judas quando se aproximaram da cruz em que Ele foi pregado. Os dados carecem de credibilidade histórica.

[4]Especificamente o dogma da imaculada conceição, que declara que Maria foi concebida sem mancha do pecado original, proclamado pelo papa Pio IX, em 8 de dezembro de 1854, na bula *Ineffabilis Deus*, e o dogma da assunção, que diz que Maria, depois de sua vida terrena, foi elevada em corpo e alma à glória celestial, proclamado pelo papa Pio XII em 1º de novembro de 1950 por meio da Constituição *Munificentisimus Deus*.

de salientar, que, num primeiro momento, na companhia de Maria, eles até tentaram dissuadi-lo de seu ministério (Mateus 12.46ss). A incredulidade dos irmãos de Jesus — insistimos no que já profetizava Salmos 69.8,9 sobre os filhos da mãe do Messias — certamente explica que Ele confiou ao discípulo amado o cuidado de sua mãe quando estava na cruz. No entanto, também se sabe que uma mudança ocorreu logo após a morte, uma vez que no Pentecostes Maria e os irmãos de Jesus já faziam parte da comunidade judaico--cristã em Jerusalém (At 1.14). Não sabemos com certeza a que se deveu a transformação, mas tudo parece apontar para a convicção de que Jesus ressuscitou. De fato, Paulo, escrevendo algumas décadas depois dos fatos, mostrou que entre as pessoas que viram Jesus ressuscitado estava Tiago (1Coríntios 15.7). Portanto, é possível pensar que essa circunstância tenha causado mudança radical nele e, muito possivelmente, nos outros irmãos.

O papel que eles teriam nos anos seguintes na comunidade cristã variou, mas não há dúvida de que Tiago ou Jacó foi o mais importante. Cerca de uma década e meia após a crucificação, Tiago era, com Pedro e João, uma das "colunas" da comunidade judaico-cristã em Jerusalém, conforme relatado pelo próprio Paulo quando escreve aos Gálatas (Gálatas 2.9). A partida de Pedro e João para as atividades missionárias deixou Tiago como líder indiscutível da comunidade jerosolimitana de tal forma que, por volta do ano 49, foi realizado um concílio sob sua presidência, o qual abriu definitivamente as portas da nova fé aos não judeus. O acontecimento, narrado no capítulo 15 do livro de Atos dos Apóstolos, tem uma enorme relevância, pois mostra como, ao contrário do que tantas vezes se afirma, a conversão do cristianismo em uma religião universal não derivou de Paulo, mas, sim, dos líderes judaico-cristãos, especialmente Tiago, e também Pedro. Somente com o passar do tempo Paulo se tornaria o principal defensor dessa tese e, acima de tudo, seu propagador na Europa.

Alguns anos depois dessas datas, Tiago deve ter escrito a epístola que leva seu nome e que está no Novo Testamento. Nela se reflete claramente a dificuldade pela qual a comunidade de Jerusalém passava durante os anos 50 e a preocupação de Tiago com o fato de que a doutrina da justificação pela fé ensinada por Paulo em alguns de seus grandes escritos, como a Epístola aos Gálatas (1.15-21 etc.) ou aos Romanos (3.21-30; 4.1-6; 5.1 etc.), não acabasse em antinomianismo. Tiago defendia — como Pedro havia feito no Concílio de Jerusalém (Atos 15.8-12) — que a justificação não poderia vir por obras, mas pela fé em Jesus. No entanto, insistia que tal justificação deveria ser revelada em comportamentos tangíveis. Em outras palavras, ele criava o mesmo argumento que algum tempo depois Paulo mostraria em sua Epístola aos Efésios (2.8-10): a salvação é pela fé, mas desta dever resultar uma vida de obediência, não para obter a salvação, mas porque já se tem a salvação. Essa identidade de visão explica que as relações com Paulo não foram obscurecidas por esse texto — algo que teria acontecido, sem dúvida, se Tiago tivesse negado a justificação pela fé —, como também se conclui do encontro que ambos tiveram em Jerusalém pouco antes da prisão do apóstolo dos gentios (Atos 21). Tiago continuava a ser um seguidor fiel da Torá mosaica, bem como um crente bem conhecido por crer em Jesus como Messias, e a união de ambas as circunstâncias lhe permitira ganhar milhares de judeus para a fé de seu irmão.

Os testemunhos neotestamentários sobre Tiago se completam nesse ponto — um argumento muito poderoso, como veremos mais tarde, na hora de datar a escrita de Atos dos Apóstolos antes de 62 a.C. —, mas não os extrabíblicos. Por meio do historiador judeu Flávio Josefo, sabemos, por exemplo, que ele foi linchado em 62 d.C. por uma multidão de fundamentalistas judeus e, curiosamente, esse historiador o menciona como "Tiago, o irmão de Jesus, o chamado messias".[5]

---

[5]Antiguidades, XX, 200-203.

Sabemos pouco acerca do restante dos irmãos de Jesus. Hegésipo nos dá a notícia de que as irmãs se chamavam Salomé e Susana, e o Novo Testamento contém uma epístola de Judas que, possivelmente, se deve ao irmão de Jesus de mesmo nome, visto que é apresentado nela como "irmão de Tiago". Em outros aspectos, são mais interessantes os dados fornecidos por Hegésipo. Por exemplo, como informa Eusébio, em *História eclesiástica*, II, 1, Hegésipo diz que "Tiago, que era chamado de irmão do Senhor" era "filho de José, e José era chamado de pai de Cristo, porque a virgem estava noiva dele quando, antes de terem relações íntimas, descobriu-se que ela havia concebido pelo Espírito Santo". É óbvio que Tiago poderia ter sido talvez filho de um casamento anterior, mas, em todo caso, primo de Jesus não era, e sim filho de José, o marido de Maria. No mínimo, portanto, encontraríamos um meio-irmão. Da mesma forma, em III, 11, ao referir-se à sucessão de Tiago por Simeão, filho de Cléofas, diz que Simeão era "primo do Salvador, porque Hegésipo relata que Cléofas era irmão de José" (III, 11). Novamente, a relação familiar é óbvia, e Eusébio novamente insiste nisso em III, 19. Reproduzindo Hegésipo, ele diz que "sobreviveram da família do Senhor os netos de Judas, que era, segundo o sangue, seu irmão". As demais referências de Hegésipo (por exemplo, III, 32) seguem nessa mesma linha.

Como relata Eusébio de Cesareia em sua *História eclesiástica*, na época de Domiciano outro irmão de Jesus foi detido por medo de que, sendo de ascendência davídica, pudesse se rebelar contra Roma. Após interrogatório, as autoridades romanas concluíram que ele era inofensivo e o puseram em liberdade.

Finalmente, deve-se salientar que o último parente de Jesus que conhecemos, certo Conon, filho de um irmão, sofreu martírio no início do século 2, e seu túmulo se encontra em Nazaré, dentro do recinto da Basílica da Anunciação e sob o cuidado atual da Custódia da Terra Santa, confiada aos franciscanos há séculos. Portanto, conclui-se do exposto anteriormente que, para qualquer pessoa que conhece o Novo Testamento — tanto mais se já leu também Josefo ou Eusébio de Cesareia —, a menção dos irmãos de Jesus não apresenta nenhuma novidade ou dúvida quanto à interpretação.

O que dizer da suposta repercussão da descoberta das diferentes confissões cristãs? Para as igrejas protestantes que, seguindo a interpretação judaica, sempre interpretaram o termo "irmão" precisamente como irmão, não há a menor incidência negativa da suposta descoberta relacionada a Tiago. Esta só viria confirmar, para garantir a autenticidade, o que já é conhecido pela Bíblia e por fontes cristãs muito antigas como Josefo ou Eusébio de Cesareia. Sabe-se que a Igreja Católica e a Igreja Ortodoxa defendem, ao contrário, o dogma da virgindade perpétua de Maria, o que obviamente choca-se com tal interpretação. Historicamente, alguns representantes da patrística — exceto alguns autores muito antigos que aceitariam a interpretação judaico-protestante — interpretaram o termo "irmão" como "meio-irmão", o que transformaria Tiago, José, Simão e Judas em fruto de um casamento anterior de José, ou, mais comumente, como parentes ou primos. Certamente, tal interpretação é impossível no grego do Novo Testamento, no qual há termos específicos para primo (*anépsios* em Colossenses 4.10) e para parente (*singuenis* em Lucas 14.12). Contudo, pode ser possível em hebraico ou aramaico, em que o termo *ah* (irmão) tem um campo semântico mais amplo que pode ocasionalmente incluir outras relações de parentesco. No entanto, como corretamente apontou Paul Bonnard, se o dogma da virgindade perpétua de Maria não tivesse existido, certamente não se teria dado tantas voltas para chegar a essa conclusão, já que fontes históricas, dentro e fora das Escrituras, indicam claramente que os irmãos de Jesus eram filhos de Maria, que não creram nele durante seu ministério e que até tentaram dissuadi-lo do caminho que havia abraçado. Seria possível dizer que as motivações, certamente, foram diferentes. Se em Maria muito possivelmente prevaleceu o medo do que poderia acontecer com seu filho, em seus irmãos havia uma incredulidade vinculada presumivelmente ao medo de ser objeto de represálias. Não faltavam razões tanto à conduta de Maria quanto à de seus filhos, o que se pode concluir pela maneira com que, naquela época, Jesus decidiu deixar uma Nazaré que se mostrava fatalmente perigosa.

O ADEUS A NAZARÉ

A vida de Jesus e de seus discípulos durante esses meses foi pontuada por reações que confirmavam sua pregação. A atos prodigiosos como a cura de uma mulher com hemorragia ou o retorno de uma menina à vida (Marcos 5.21-43; Mateus 9.18-26; Lucas 8.40-56) ou a cura de cegos e mudos (Mateus 9.27-34), sobrepôs-se a última visita a Nazaré, uma visita que se caracterizou pela incredulidade que Jesus encontrou nos seus conterrâneos. As fontes, a esse respeito, são unânimes:

> Jesus saiu de lá e veio à sua terra seguido por seus discípulos. E, quando chegou o *shabbat,* começou a ensinar na sinagoga; e muitos, ao ouvi-lo, maravilharam-se e disseram: De onde lhe vêm essas coisas? E que sabedoria é essa que é dada a Ele, e esses milagres que suas mãos realizam? Não é este o carpinteiro, filho de Maria, irmão de Tiago, José, Judas e Simão? Não estão suas irmãs aqui entre nós também? E escandalizavam-se nele. Jesus, porém, lhes disse: Não há profeta sem honra senão em sua própria terra, entre seus parentes e em sua casa. E não pôde realizar ali nenhum milagre, exceto curar alguns enfermos sobre os quais impôs as mãos. Ele ficou assombrado com a incredulidade deles. E percorria as aldeias em redor, ensinando (Marcos 6.1-6; comp. Mateus 13.54-58).

A última visita de Jesus a Nazaré deve ter sido especialmente amarga para ele. Não somente seus conterrâneos continuavam decididos a ver nele apenas o irmão de alguns vizinhos e o filho de Maria, mas também — e isso foi o que mais o feriu —, ao persistir na descrença, na falta de fé, fechavam a única porta para receber as bênçãos do reino. De modo bem expressivo, foi nesse momento que Jesus deu um passo de enorme relevância, o de escolher um grupo de doze — o mesmo número das tribos de Israel — discípulos mais próximos.

CAPÍTULO *seis*

Os DOZE

O ISRAEL DE DEUS

Ao fim de alguns meses da pregação de Jesus na Galileia, o choque entre seus ensinamentos e os conceitos religiosos incorporados por escribas e fariseus — mas também por herodianos — estava evidente, tanto que eles começaram a pensar em como destruí-lo. A resposta de Jesus foi formar um grupo que serviria como uma tela em branco para um Israel verdadeiro que nascia da resposta à sua mensagem de retorno a Deus e de proximidade com o reino. Tal passo fora interpretado em muitas ocasiões como uma referência a uma nova entidade espiritual que romperia com Israel e que teria até um órgão gestor que se sucederia por gerações. As duas visões são insustentáveis à luz das fontes. Em primeiro lugar, porque, como teremos oportunidade de ver, a existência do grupo dos Doze não significou uma ruptura com Israel — muito pelo contrário —, nem teve falta de paralelos no judaísmo do Segundo Templo. Em segundo lugar, porque as fontes mais antigas do cristianismo não fazem referência a uma sucessão apostólica, até porque os apóstolos deveriam ser pessoas que acompanharam Jesus desde o início de seu ministério até sua morte, algo impossível depois de algumas décadas (Atos 1.21,22). E, além disso, também porque Jesus, como sempre, agiu "de acordo com as Escrituras", e não de acordo com uma inovação como aquelas a que os fariseus eram tão inclinados.

A ideia de um grupo que se considerava o verdadeiro Israel não era estranha ao judaísmo do Segundo Templo. Nós a encontramos, é claro, nos essênios e fariseus.

Acostumado às definições dogmáticas que caracterizam as religiões que conhece mais ou menos superficialmente, o homem de nosso tempo — inclusive o judeu — dificilmente pode ter uma ideia da variedade que caracterizava o judaísmo que antecedeu a época de Jesus e que existiu pelo menos até a destruição do Templo em 70 d.C. Com exceção da crença no único Deus verdadeiro que historicamente foi revelado ao povo de Israel (Deuteronômio 6.4) e cujas palavras foram entregues na Torá ou Lei a Moisés, os diferentes segmentos espirituais do povo judeu tinham pouco que os unia em igualdade, incluindo instituições como o templo ou a sinagoga. Por outro lado, havia uma clara ausência de crenças que agora são comuns em alguns setores do judaísmo, como a reencarnação ou a prática da magia sagrada. Esses aspectos — incluindo diversas interpretações das Escrituras — estiveram totalmente ausentes do judaísmo do Segundo Templo, apesar de sua variedade inegável.

A visão de Jesus compartilhava com grupos como o dos fariseus ou essênios a constatação da triste realidade de que, de fato, o povo de Israel não vivia de acordo com a Torá e era inegavelmente pecador. No entanto, essa coincidência não levou Jesus a rejeitá-lo, mas, ao contrário, a desenhar uma nova realidade na qual as pessoas desse povo pudessem se integrar. Tratava-se da realidade do reino.

OS OUTROS DOZE[1]

Como tivemos oportunidade de ver, desde o princípio achava-se no centro da pregação de Jesus o chamado à conversão. Esse chamado direcionava-se a todos, sem exceção, porque nem mesmo aqueles que se diziam ou acreditavam ser justos de fato o eram. Para dizer a verdade, eles também precisavam definitivamente se voltar para Deus. Na realidade, dessa entrada no reino ficavam de fora apenas aqueles que se excluíam, ou seja, aqueles que jamais ouviriam o convite para se converter, basicamente porque já se consideravam justos e porque desprezavam os outros, ainda que, na realidade, pudessem ser até mais pecadores do que os mais marginalizados da sociedade (Lucas 18.9ss).

Jesus podia concordar com os essênios e fariseus quanto ao fato de que Israel tinha de se arrepender e que a realidade presente teria de ser substituída por uma nova, com um Israel verdadeiro e restaurado. Entretanto, ele foi muito mais longe. Para começar, esse novo Israel não poderia ser formado pela simples descendência de Abraão, uma descendência que, como mostrara João Batista, Deus poderia suscitar das próprias pedras (Mateus 3.9). Tampouco poderia basear-se na exclusão dos injustos — especialmente aqueles considerados impuros —, mas teria de começar com um claro chamado a uma nova vida que lhes abriria a oportunidade de serem incluídos. É extremamente importante perceber, nesta época em que tanto se utiliza o

---

[1] Sobre o tema, veja: C. K. Barrett, *The Signs of an Apostle*, Filadélfia, 1972; F. Hahn, "Der Apostolat in Urchristentum", em *KD*, 20, 1974, p. 56-77; R. D. Culver, "Apostles and Apostolate in the New Testament", em *Bsac*, 134, 1977, p. 131-143; R. W. Herron, "The Origin of the New Testament Apostolate", em *WJT*, 45, 1983, p. 101-131; K. Giles, "Apostles before and after Paul", em *Churchman*, 99, 1985, p. 241-256; F. H. Agnew, "On the Origin of the Term Apostolos", em *CBQ*, 38, 1976, p. 49-53; idem, "The Origin of the NT Apostle-Concept", em *JBL*, 105, 1986, p. 75-96; B. Villegas, "Peter, Philip and James of Alphaeus", em *NTS*, 33, 1987, p. 292-294; César Vidal, "Apóstol", em *Diccionario de las três religiones monoteístas*, Madri, 1993.

termo "inclusivo", que, para Jesus, a inclusão jamais significou permitir que uma pessoa continuasse em seus caminhos, dando as costas aos ensinamentos de Deus, mas, pelo contrário, ele ensinou que qualquer pessoa podia ser incluída no reino, só que somente depois de pedir humildemente perdão a Deus por se desviar de sua lei e após experimentar a conversão como primeiro passo de uma vida nova e diferente. Precisamente por isso, não é de surpreender que o próprio Jesus tenha enfatizado que o seu ministério visava chamar "as ovelhas perdidas da casa de Israel" (Mateus 15.24). Essa nova realidade, baseada na conversão e na fé em Jesus, viria a ter uma configuração específica em torno de certo número de pessoas semelhante ao das tribos de Israel.[2] Como o próprio Jesus indicaria:

> Em verdade vos digo que na regeneração, quando o Filho do Homem se assentar no trono de sua glória, a vós que me seguistes eu também vos assentarei em doze tronos para julgar as doze tribos de Israel (Mateus 19.28; Lucas 22.30).

As fontes coincidem em apontar duas circunstâncias muito significativas antes da eleição mais do que relevante dos Doze. A primeira é o reconhecimento por parte dos poderes demoníacos de que Jesus era de fato o Filho de Deus (Marcos 3.7-12), e a segunda é que a eleição foi precedida por uma noite da oração de Jesus, noite em que, obviamente, Ele buscou a orientação de Deus para dar um passo de enorme importância.[3] Somente depois de formar

---

[2] Deve-se notar que já no tempo de Jesus era comum associar o número doze à organização de Deus. A esse respeito, bastava lembrar que Jacó teve doze filhos, que os pães ázimos colocados a cada semana no Templo eram doze (Levítico 24) ou que o peitoral do sumo sacerdote — que o Talmude e Josefo identificam com o Urim e o Tumim utilizados para se comunicar com Deus — contava com doze pedras (Números 27.21; 1Samuel 28.3-6).

[3] Contra a possibilidade de remeter a instituição dos Doze de volta a Jesus, veja: P. Vielhauer, "Gottesreich und Menschensohn in der Verkündigung Jesu", em

esse novo grupo, Jesus pronunciaria a Carta Magna de seus discípulos, o chamado Sermão do Monte (Mateus 5—7) ou da Planície (6.17-49), ao qual nos referiremos em um capítulo posterior. As fontes são claras ao descrever a escolha dos Doze:

> Então, subiu ao monte e chamou aqueles que Ele quis; e vieram a Ele. E designou doze para que estivessem com Ele e para enviá-los a pregar, e para que tivessem autoridade para curar enfermidades e expulsar demônios: Simão, a quem chamou de Pedro; Tiago, filho de Zebedeu, e João, irmão de Tiago, de apelido Boanerges, isto é, Filhos do trovão; André; Filipe; Bartolomeu; Mateus; Tomé; Tiago, filho de Alfeu; Tadeu; Simão, o cananeu; e Judas Iscariotes, aquele que o entregou. E vieram à casa (Marcos 3.13-19; veja também Lucas 6.12-16).

Agora vamos nos deter por algumas páginas na composição desse grupo especial de discípulos chamado a julgar as tribos de Israel.

A COMPOSIÇÃO DOS DOZE

É extremamente importante ser capaz de examinar a identidade daqueles que foram escolhidos por Jesus para fazer parte desse seleto grupo de discípulos. Os nomes dos Doze chegaram até nós arrolados em quatro listas diferentes registradas em Mateus 10.2-4, Marcos 3.16-19, Lucas 6.14-16 e, mais tarde, Atos 1.13, onde logicamente se omite Judas Iscariotes, pois se refere ao grupo depois da Páscoa em que Jesus foi crucificado. João não oferece nenhuma

---

Wilhelm Schneemelcher (ed.), *Festschrift für Gunther Dehn*, Neukirchen, 1957, p. 51-79; R. Meye, *Jesus and the Twelve*, Grand Rapids, 1968, p. 206ss. A favor de tal possibilidade, veja: L. Gaston, *No Stone on Another*, Leiden, 1970; F. F. Bruce, *New Testament History*, Nova York, 1980, p. 210ss; M. Hengel, *The Charismatic Leader and His Followers*, Nova York, 1981; C. F. D. Moule, *The Birth of the New Testament*, Londres e São Francisco, 1981, p. 4; C. Vidal, "Apóstol", em *Diccionario de las tres religiones monoteístas*, Madri, 1993.

lista, mas menciona os "Doze" como um todo (João 6.67; 20.24), e, no mesmo sentido, se delineia a tradição que Paulo de Tarso conhecia décadas após o episódio (1Coríntios 15.5).

Por questão de convenção, costuma-se dividir as listas em três grupos de quatro, e esse é o sistema que seguiremos aqui. No primeiro grupo de quatro, o apóstolo mencionado primeiro é sempre Simão, cujo nome foi substituído pelo apelido "Petrós" (pedra), provavelmente uma tradução do aramaico "Kefas". Essa mudança deve ter sido muito antiga e, de fato, as fontes a situam no período da vida de Jesus. Como vimos, Pedro foi um seguidor de João Batista e um dos primeiros a se juntar a Jesus. Tudo indica que alguns meses depois de conhecer Jesus, ele voltou ao trabalho de pescador, mas acabou abandonando-o depois para seguir Jesus plenamente.[4]

Intimamente associada à figura de Pedro achava-se a de seu irmão André[5] (João 1.40,41; Marcos 1.16). Ele também foi um dos discípulos de João Batista e igualmente um dos primeiros seguidores de Jesus, mas não temos muito mais informações confiáveis a seu respeito.

Tiago e João eram, como os dois irmãos mencionados anteriormente, pescadores na Galileia (Marcos 1.19). Tem-se especulado a possibilidade de que sua mãe (Mateus 27.56) fosse Salomé, irmã da mãe de Jesus (Marcos 15.40; João 19.25). Se esses dados forem corretos, Tiago e João teriam sido primos de Jesus. A hipótese é muito possível, mas não totalmente certa.

No segundo grupo de quatro, deparamos primeiramente com Filipe. Natural de Betsaida, ele parece ter sido um amigo íntimo de André (João 1.44; 6.5-8; 12.22). Foi também uma das primeiras pessoas a seguir Jesus. Quanto a Bartolomeu, faltam dados, embora

---

[4] Uma abordagem às fontes a respeito de Pedro em R. Pesch, "Simon-Petrus", em *TAG*, 1980, p. 112-124; R. E. Brown, K. P. Donfried e J. Reumann, *Pedro en el Nuevo Testamento*, Santander, 1976; C. P. Thiede, *Simon Peter*, Grand Rapids, 1988.

[5] P. M. Peterson, *Andrew, Brother of Simon Peter*, Leiden, 1958.

exista a possibilidade de ser o mesmo personagem que aparece com o nome de Natanael, outro dos primeiros seguidores de Jesus (João 1.45,46; 21.2). No entanto, as fontes patrísticas expressam posições conflitantes sobre o assunto, e a possibilidade de serem duas pessoas diferentes não pode ser rejeitada, tendo Natanael sido alguém de fora do grupo dos Doze.

Sobre Tomé, chamado de "o gêmeo" em João 11.16 e 20.24, também nos faltam dados anteriores à sua eleição como apóstolo, embora as fontes relatem aspectos de considerável interesse aos quais nos referiremos.

Mateus é o Levi das outras listas, um ex-cobrador de impostos que trabalhou na Galileia e que, como vimos, deixou sua ocupação para seguir Jesus.

No que diz respeito ao terceiro grupo de quatro, tanto Simão, o cananeu — o qual se tem tentado associar erroneamente ao movimento dos zelotes —,[6] como Tiago de Alfeu não parecem causar problemas quanto à identidade histórica. O mesmo não pode ser dito do personagem colocado em décimo lugar em Mateus e Marcos e décimo primeiro em Lucas e Atos. Nas diferentes fontes aparecem três nomes (Lebeu, Tadeu e Judas). Para explicar — nos faltam referências alternativas — essa discrepância, tem-se recorrido até a uma suposta falta de memória.[7]

O mais possível, porém, é que devamos identificar Tadeu com Judas, o irmão de Tiago, sendo Lebeu apenas uma variante textual.[8] Assim sendo, Judas teria sido chamado de Lebeu — do hebraico *leb*, coração — e Tadeu teria sido um apelido derivado de *Todah*, louvor. Existe a possibilidade de que Simão, o cananeu,

---

[6]Nessa linha, Oscar Cullmann, *Jesus and the Revolutionaries*, Nova York, 1970, p. 8ss.
[7]R. E. Brown, "The Twelve and the Apostolate", em *NJBC*, Englewood Cliffs, 1990, p. 1379.
[8]A. T. Robertson, *Una armonía de los cuatro Evangelios*, El Paso, 1975, p. 224-226. Nessa mesma linha, M. J. Wilkins, "Disciples", em *DJG*, p. 181.

fosse filho de Cléofas e irmão de Tiago e Judas Lebeu-Tadeu, conforme a posição na lista dos Doze e o testemunho de Hegésipo (*História eclesiástica*, III, 11; IV, 22). Esses três eram primos de Jesus, se aceitarmos o testemunho de Hegésipo de que Cléofas era irmão de José, e os filhos de Zebedeu também o seriam, já que Salomé, a mãe dos filhos de Zebedeu, era irmã de Maria, a mãe de Jesus. Trata-se de uma circunstância que deveria ser considerada e que indicaria que, segundo a profecia contida em Salmos 69.8, os filhos da mãe de Jesus não acreditavam nele, mas o mesmo não ocorreu com seus primos.

Por último, é necessário nos referirmos a Judas Iscariotes.[9] Para começar, o nome — *Yehudah* em hebraico — era relativamente comum na época. Não somente correspondia a um dos doze patriarcas de quem a tribo de Judá começou, mas também tinha sido o nome de alguns de grandes personagens judaicos, como Judas Macabeu, o herói da resistência contra Antíoco IV Epifânio na metade do século 2 a.C. O apelido de Iscariotes — *Ishkariot* — tem sido objeto de várias interpretações. Algum autor, com mais imaginação do que base histórica, considerou-o uma forma alterada do termo *sicarius*, que o tornaria um terrorista judeu integrado ao grupo de Jesus.[10] Literariamente, a hipótese é atraente, mas não se sustenta em termos históricos.

Na verdade, *Ishkariot* significa apenas o "homem de Kariot", uma pequena cidade judia não muito longe de Hebrom (Josué 15.25). Assim, Judas seria o único discípulo dos Doze que vinha da Judeia, enquanto os outros eram galileus.

É bem possível que o apelido fosse de origem familiar, porque a fonte de João — que apresenta dados extraordinariamente interessantes sobre o personagem — o relaciona a certo Simão, pai de Judas (João 6.71; 13.26). Esse Simão é, muito possivelmente, o

---

[9]Sobre o personagem, o estudo mais completo em espanhol é C. Vidal, *Jesús y Judas*, Barcelona, 2007.
[10]O. Cullman, *Jesus and the Revolutionaries*, p. 9.

fariseu mencionado em Lucas 7.36-50, ao qual retornaremos mais tarde. Esse fato torna bem possível que Judas tenha recebido uma educação própria dos fariseus, mais rígida do que a dos demais apóstolos, que iam desde indivíduos piedosos, que haviam inclusive seguido a João Batista, embora não pertencessem a nenhuma seita, até publicanos como Mateus.

Em geral, o grupo dos Doze passaria para a História como apóstolos, uma circunstância que, de modo nada surpreendente, atrelava-se à tradição religiosa de Israel.

O PAPEL DOS APÓSTOLOS

O termo "apóstolo" pelo qual os membros do grupo dos Doze seriam chamados deriva do infinitivo grego *apostellein* (enviar), mas não era muito comum no grego. Na Septuaginta, a tradução grega do Antigo Testamento, aparece apenas uma vez (1Reis 14.6) como uma tradução do particípio passado *shaluaj*, de *shlj* (enviar). Tomando precisamente como ponto de partida essa circunstância, H. Vogelstein[11] e K. Rengstorf[12] vincularam a instituição dos apóstolos aos *sheluhim* rabínicos. Estes tiveram uma importância especial no final do primeiro século d.C. e meados do segundo. e eram encarregados rabínicos enviados pelas autoridades palestinas para representá-los com plenos poderes. Os *sheluhim* recebiam uma ordenação simbolizada pela imposição de mãos, e suas tarefas — que muitas vezes eram meramente civis — às vezes incluíam autoridade religiosa e a proclamação de verdades espirituais. A tese é muito atraente até hoje, mas apresenta diversos inconvenientes. O primeiro é que não temos referências aos *sheluhim* cronologicamente paralelas ao tempo de Jesus. De fato, essa circunstância fez

---

[11]H. Vogelstein, "The Development of the Apostolate in Judaism and Its Transformation in Christianity", em *HUCA*, 2, 1925, p. 99-123.
[12]K. Rengstorf, "Apostolos", em *TDNT*, vol. I, p. 407-447.

que a referida interpretação recebesse fortes ataques desde a metade do século 20. É preciso acrescentar ao exposto acima que a missão dos Doze, como aparece nas fontes, envolvia aspectos muito mais importantes do que ser meros comissários.

Hoje, há uma tendência de se religar a figura do apóstolo à raiz verbal *shlj*, que é traduzida na Septuaginta cerca de setecentas vezes por *apostollein* ou *exapostollein*. O termo geralmente se refere a alguém enviado por Deus para uma missão específica, como Moisés, os profetas etc., algo que coincide com os dados neotestamentários referentes à missão dos apóstolos (Lucas 24.47,48; Mateus 28.19,20; João 20.21; Atos 1.8; Marcos 16.15). Porém, ainda não é tudo.

Tanto H. Riesenfeld[13] quanto B. Gerhardsson[14] exploraram a possibilidade de que os Doze fossem o receptáculo do ensino de Jesus, de acordo com uma metodologia de aprendizado semelhante à rabínica. Assim, deles, foi formando-se um depósito docente derivado da pregação de Jesus. Tal tese é correta e, sem dúvida, foi decisiva na hora de configurar com exatidão meticulosa os dados que foram registrados nos Evangelhos desde muito cedo. Existem numerosas passagens nos Evangelhos que nos mostram Jesus a sós com os discípulos, revelando-lhes ensinamentos que permaneciam ocultos às pessoas comuns. Esses homens valorizaram as palavras de Jesus que acabaram chegando até nós. Apesar de sua importância, essa missão não esgota o significado dos Doze. Isso — como já indicamos e retornaremos ao assunto — representava a base de um Israel renovado, o qual já começava a experimentar suas primeiras deserções. No entanto, antes de entrarmos nesse assunto, vamos nos deter no ensino especial que os discípulos receberam.

---

[13]H. Riesenfeld, *The Gospel Traditions and Its Beginnings*, Londres, 1957.
[14]B. Gerhardsson, *Memory and Manuscript: Oral Tradition and Written Transmission in the Rabbinic Judaism and Early Christianity*, Uppsala, 1961.

CAPÍTULO *sete*

O ENSINO *para os* DISCÍPULOS

O NOVO GÊNESIS

O Evangelho de Mateus constitui um documento de extraordinária relevância. Não é apenas o fato de ser mais do que provável que tenha sido o primeiro dos Evangelhos ou que, sem dúvida, tenha sido dirigido aos judeus. Sua estrutura extraordinária, muitas vezes esquecida por causa da simplicidade e do conteúdo comovente, deve ser observada. Mateus tinha um enorme interesse em mostrar que esse homem da Galileia era mais do que um artesão com certo conhecimento — heterodoxo para muitos — das Escrituras. Na verdade, Ele era o filho de Abraão, o filho de Davi, o Messias, o Filho de Deus, mas também era alguém que triunfara onde Israel fracassara historicamente — por exemplo, na obediência no deserto — e também um personagem não menos importante do que Moisés no momento de entregar a Lei. Assim, Mateus decidiu esboçar em seu relato cinco grandes pregações de Jesus, que eram claramente paralelas aos cinco livros da Torá. Se, por exemplo, Moisés relatara em Deuteronômio, seu último livro, de que modo uma geração de Israel fora deixada no deserto por não obedecer aos propósitos de Deus, porém outra esperava entrar em um novo mundo, Mateus podia mostrar de que modo Jesus, em seu último discurso, se referira aos líderes religiosos que não iriam entrar no reino (Mateus 23) e àqueles que veriam o fim do sistema religioso concentrado no Templo de Jerusalém e o início de uma realidade muito diferente, na qual se adoraria a Deus em espírito e verdade, como Ele havia ensinado à mulher samaritana (João 4.6ss). Algo semelhante acontece com o primeiro discurso de Jesus, convencionalmente conhecido como Sermão do Monte e registrado nos capítulos 5 a 7 de Mateus. Se em Gênesis Moisés registrara o início da história humana e do povo de Deus, nesse primeiro discurso de Jesus, transmitido por Mateus, encontra-se o início do ensino dirigido aos discípulos. Essa circunstância é de fundamental importância.

Tem sido comum exaltar a ética contida no Sermão do Monte como um modelo universal de conduta. De fato, personagens como Gandhi enfatizaram esse aspecto.[1] A realidade, porém, é totalmente diferente. O Sermão do Monte é um ensino direcionado essencialmente aos discípulos e que eles devem incorporar no reino. Ignorar essa condição tem como consequência direta provocar um equívoco na mensagem de Jesus, reduzindo-o a um simples mestre da moral, sublime, se você preferir, mas nada mais. A realidade, porém, é muito diferente. Dada a importância que esse ensino tinha para os discípulos, vamos nos deter nele por várias páginas.

OS BEM-AVENTURADOS QUE SÃO SAL E LUZ[2]

De maneira bastante expressiva, a fonte de Lucas indica que, assim que começou a escolher os Doze, Jesus deixou estabelecidos os

---

[1] M. K. Gandhi, *The Message of Jesus Christ,* Mumbai, 1998, p. 50ss.

[2] A bibliografia do Sermão do Monte, como a que se refere às parábolas, é muito extensa. Veja: W. D. Davies, *The Sermon on the Mount,* Londres, 1969; J. Driver, *Militantes para un mundo nuevo,* Barcelona, 1978; D. Flusser, "Blessed are the Poor in Spirit", em *Israel Exploration Journal,* 10, 1960, p. 1-10; R. L. Lindsey, *Jesus Rabbi and Lord. The Hebrew Story of Jesus Behind Our Gospels,* Oak Creek, 1990.

princípios essenciais de seu ensino. Trata-se de um dado confirmado pela fonte de Mateus e que, certamente, possui todos os indícios de autenticidade, mostrando até que ponto Jesus não estava disposto a ver a criação de equívocos sobre sua doutrina.

O Sermão do Monte, a grande pregação de Jesus, chegou até nós por meio de duas fontes, a de Lucas e a de Mateus. A segunda — mais ampla — aparece ligada exclusivamente aos discípulos, enquanto a primeira — mais curta — inclui as multidões entre os ouvintes. No caso de Mateus, a pregação ocorreu em um monte, lugar para onde Jesus costumava se retirar a fim de ficar a sós com seus discípulos, e em Lucas encontramos uma pregação proferida em uma planície, local comum para outras pregações dirigidas às multidões. As duas possibilidades são plausíveis e, é claro, não implicam qualquer contradição. O ensino de Jesus deve ter ocorrido em múltiplas ocasiões e em diferentes sinagogas e lugares da Galileia e, logicamente, tinha de ser mais extenso e detalhado quando se dirigia aos discípulos que compartilharam a vida com Ele do que quando tinha como público as multidões. O conteúdo, entretanto, era essencialmente o mesmo.

Para começar, é notável o caráter de felicidade, de alegria, de gozo que devia acompanhar aqueles que são súditos do reino e que se chamou convencionalmente de "bem-aventuranças". Seus protagonistas eram os *asherí* (bem-aventurados), que encontravam a verdadeira felicidade voltando-se para Deus.

>Bem-aventurados os pobres de espírito,
>   porque deles é o reino dos céus.
>Bem-aventurados os que choram,
>   porque serão consolados.
>Bem-aventurados os mansos,
>   porque herdarão a terra.
>Bem-aventurados os que têm fome e sede de justiça,
>   porque serão satisfeitos.

> Bem-aventurados os misericordiosos,
> porque receberão misericórdia.
> Bem-aventurados os limpos de coração,
> porque verão a Deus.
> Bem-aventurados os pacificadores,
> porque serão chamados filhos de Deus.
> Bem-aventurados os perseguidos por causa da justiça,
> porque deles é o reino dos céus.
> Bem-aventurados sois quando vos maldisserem e
> perseguirem e quando, mentindo, disserem todo mal
> contra vós por causa de mim.
> Regozijai-vos e alegrai-vos; porque vossa recompensa é
> grande nos céus, pois assim perseguiram os profetas que
> existiram antes de vós. (Mateus 5.3-12)

Se há algo que caracteriza aqueles que vão seguir Jesus, é que eles se tornam receptores de gozo, felicidade e bem-aventurança. Contudo, não se trata de uma promessa de bem-estar perpétuo, de ausência total de preocupações, de euforia, de ausência de problemas. Na realidade, Jesus anunciou a seus seguidores — e o fez desde o início — que enfrentariam dificuldades não exatamente pequenas. No entanto, nessas tribulações eles encontrariam juntamente a bem-aventurança. Afinal, esse foi o destino dos profetas (Mateus 5.11,12), e o mesmo há de ser o deles, porque são o sal da terra e a luz do mundo, e, se do sal não se pode esperar que deixe de salgar, não tem lógica imaginar que a luz se oculte quando deve iluminar a todos (Mateus 5.13,14).

Em outras palavras, numa perspectiva humana, aqueles que entram no reino — e por isso choram, são mansos, anseiam por justiça, têm um coração limpo ou são perseguidos por causa do reino e sua justiça — podem não ter uma aparência de importância, ou até ser olhados de forma depreciativa. Entretanto, a realidade é que a marca que os caracteriza é a de serem bem-aventurados

(Mateus 5.3-12), e o são porque seus desejos, ao contrário dos desejos de pessoas que estão fora do grupo de discípulos, serão satisfeitos.

Não menos notável é a definição dos discípulos dada em seguida por Jesus e que em Mateus se reflete desta forma:

> Vós sois o sal da terra, mas, se o sal perde sua essência, com o que ela será salgada? Já não serve para nada, senão para ser lançado fora e pisoteado pelos homens. Vós sois a luz do mundo. Não se pode ocultar uma cidade assentada sobre um monte, não se pode escondê-la. Tampouco se acende uma lâmpada para colocá-la debaixo de uma vasilha, mas no candelabro, e ilumina todos os que estão em casa. Assim brilhe vossa luz diante dos homens, para que vejam vossas boas obras e glorifiquem vosso Pai que está nos céus (Mateus 5.13-16; veja também Lucas 8.16).

Não deixa de ser repleto de imenso significado o fato de que, imediatamente após afirmar que seus discípulos podem ser caracterizados com o termo "bem-aventurados" (ou felizes, abençoados) e explicar os motivos dessa alegria, Jesus tenha feito uma afirmação explícita de que eles são *o* sal e *a* luz do mundo.

A função do sal na época de Jesus — ainda é o caso em alguns países — não era tanto de dar sabor, mas, sim, de evitar uma contaminação que levava os alimentos a deteriorar-se. Em outras palavras, Jesus esperava que seus discípulos contribuíssem para que o mundo não fosse se decompondo diariamente até se destruir por completo. A bem da verdade, se o mundo não acabava pervertendo-se totalmente era por causa da ação de seus discípulos. Naturalmente, seus discípulos podiam acabar caindo na tentação de não se comportar como sal. Eles podiam alegar que sua missão era puramente espiritual — não importa o que isso significasse — e que, portanto, não tinham de interferir no desenvolvimento da sociedade que os cercava ou simplesmente pensar que não tinham razão para complicar a vida. Em qualquer caso, por um motivo ou outro, eles poderiam encerrar o sal no saleiro, mas, se por acaso caíssem nessa tentação, também tinham de saber que as consequências seriam fatais. Caso isso acontecesse, longe de abrir a porta de onde estivessem tranquilos, isolados e sossegados, o que aconteceria é que o mundo os lançaria fora e os pisotearia. Como poderiam agir de outra maneira com pessoas que preferiam manter-se no que alguns chamam atualmente de "zona de conforto" em vez de serem fiéis aos princípios em que afirmavam crer?

Encontramos o mesmo com referência à luz. Os discípulos de Jesus não seriam *uma* luz ou *outra* luz. Eles são *a* luz em meio a um mundo que anda entre as mais densas trevas. Sua missão não é guardar a luz, muito menos limitá-la aos locais onde será bem recebida ou aplaudida. Sua missão é iluminar as trevas, o que significa que horrores insondáveis podem ser descobertos. Se não fosse assim, o resultado seria espantoso, porque então o mundo não receberia nenhuma luminosidade e só se poderia esperar a escuridão mais absoluta.

A experiência histórica mostra que ignorar a relevância dessas palavras de Jesus teve consequências trágicas. Por exemplo, em 1933 Adolf Hitler, o Führer do Partido Nacional Socialista dos Trabalhadores da Alemanha, de modo impecavelmente democrático, chegou ao poder naquele país. O impacto que esse fato teve sobre aqueles que se definiam como cristãos foi verdadeiramente assustador. A Igreja Católica não tardou em assinar um acordo com Hitler, o qual proporcionou ao ditador uma boa imagem internacional que, é claro, ele soube aproveitar. Afinal, como um personagem que chegou a um acordo com o papa poderia ser mau?[3] No que tange às igrejas protestantes — sem uma hierarquia como a da católica —, elas se dividiram. Um terço, muito identificado com a teologia liberal, decidiu se posicionar do lado de Hitler. Eles receberam

---

[3]Sobre o apoio da Igreja Católica ao nacional-socialismo alemão, veja: D. Hastings, *Catholicism and the Roots of Nazism. Religious Identity and National Socialism*, Oxford, 2010, e M. Phayer, *The Catholic Church and the Holocaust, 1930-1965*, Bloomington, 2000.

subsídios e recompensas, está claro, mas justificaram porque o socialismo nacional era, supostamente, a mensagem do progresso e tinha muita coisa em comum, aparentemente, com o cristianismo, sendo, acima de tudo, uma defesa contra o comunismo soviético.

Além disso, Hitler, como bom patriota, pretendia devolver à Alemanha a dignidade injustamente perdida com a paz de Versalhes. Os chamados *Deutsche Christen* (cristãos alemães) foram usados pelos nazistas, embora, desde o início, também direcionassem fundos públicos em seu favor, além de honras e reconhecimento. Outro terço das igrejas protestantes optou pelo silêncio. Não que gostassem do que os nazistas ensinavam ou do isolamento legal dos judeus, mas consideravam seu ministério fundamentalmente espiritual e não precisavam mencionar o que consideravam questões não espirituais, como a ideologia pagã pregada pelos seguidores de Hitler. Finalmente, outro terço decidiu que deveria testemunhar do mal que se apoderara da Alemanha. Entre os que faziam parte dessa minoria estava um homem chamado Martin Niemöller.[4] Pastor evangélico, não tardou a ser perseguido pelos nazistas e até levado a tribunais. A administração da justiça não era totalmente controlada por Hitler à época e absolveu Niemöller, mas os nazistas não estavam dispostos a se submeter à legalidade. Quando Niemöller deixou o tribunal livre de culpa, a Gestapo o prendeu e o levou a um campo de concentração, onde permaneceria até 1945. Como o próprio Hitler afirmaria, Niemöller era seu "prisioneiro particular". Tempos depois, Niemöller escreveria um poema que alguns continuam a atribuir erroneamente a Bertolt Brecht e que diz:

---

[4]Sobre Martin Niemöller, veja: M. D. Hockenos, *Then They Came for Me. Martin Niemöller, The Pastor Who Defied the Nazis*, Nova York, 2018; L. Stein, *Hitler Came for Niemöller. The Nazi War Against Religion* [Hitler veio buscar Niemöller. A guerra nazista contra a religião], Gretna, 2003.

Primeiro vieram os comunistas, e eu não disse nada,
   porque não era comunista.
Então, vieram os sindicalistas, e eu não disse nada,
   porque não era sindicalista.
Depois vieram buscar os judeus, e eu não disse nada,
   porque não era judeu.
E então vieram me buscar,
   e não havia ninguém que pudesse falar por mim.

Em outras versões, Niemöller incluiria outros grupos, como, por exemplo, as vítimas da lei da eutanásia. De qualquer forma, ele falara pra valer — e a um alto preço —, mas estava ciente do que havia acontecido e da responsabilidade coletiva do povo de Deus. Embora não mencionasse, o sal não havia salgado e, por fim, havia sido lançado fora e pisoteado, até mais do que pisoteado, porque tanto os *Deutsche Christen* como a Igreja Católica, que firmara o acordo que legitimava Hitler internacionalmente, acabaram tendo problemas com as autoridades nacional-socialistas.

Esse episódio vergonhoso se repetiu diversas vezes antes e depois na História. Aconteceu na época em que os nativos das Índias eram expulsos de suas terras e explorados com a desculpa de lhes ensinar o evangelho,[5] quando gerações de africanos foram trazidas à força para servirem de escravos na América e, atualmente, quando se fecham os olhos diante do fato de que, desde os anos 1970, 1,4 bilhão de abortos foram praticados no mundo — o equivalente à população de toda a China — ou que, durante este século, a ideologia de gênero busca o aniquilamento da família natural. Diante de desafios históricos desse calibre, os discípulos de Jesus devem refletir se desejam ser fiéis ao chamado de ser *o* sal e *a* luz e, assim,

---

[5]Um excelente tratamento do tema em Carlos Manuel Valdés, *Los bárbaros, el rey, la iglesia. Los nómadas del noreste novohispano frente al Estado español*, Saltillo, 2017.

evitar que a sociedade ao redor apodreça completamente e afunde nas trevas ou, em vez disso, se desejam viver uma vida mais sossegada, em uma zona de tranquilidade, que pode até ter uma aparência mais espiritual.

Se escolherem a segunda opção, devem estar cientes de duas coisas. A primeira é que, mais cedo ou mais tarde, o mundo pisoteará esse sal que não cumpriu sua missão. A segunda — e mais grave — é que o mundo ficará sem luz e também sem esse elemento decisivo que o impede de se corromper por completo.

Por outro lado, se decidirem ser sal e luz, somente cumprirão sua missão. É algo para se pensar e, certamente, isso explica por que Jesus incluiu tais declarações pouco antes de entrar nos aspectos mais normativos do Sermão do Monte.

A VERDADEIRA OBSERVÂNCIA DA TORÁ

Somente após escolher os discípulos — e é praticamente o único rótulo que lhes colocou ao longo de seu ministério —, Jesus abordou uma questão muito importante: O que caracteriza aqueles que decidiram se voltar para Deus, praticar o *teshuvá* e entrar no reino? Obviamente, não é o abandono da Torá, mas o oposto. Jesus é categórico a esse respeito:

> Não julgueis que vim anular a lei ou os profetas. Não vim anulá-los, mas, sim, cumpri-los. Porque em verdade vos digo que até que passem o céu e a terra nem um jota ou til da lei passará até que tudo aconteça. Quem, portanto, violar um dos mandamentos, por menor que seja, e assim ensinar os homens, será chamado o menor no reino dos céus. Quem, entretanto, os praticar e ensinar, esse será chamado grande no reino dos céus (Mateus 5.17-19).

Longe de ser um personagem contrário à Torá — como indicam alguns escritos rabínicos e grande parte da teologia cristã de vinte séculos —, Jesus estruturou seu ensino sobre aquilo que, com mais ou menos fidelidade, o povo de Israel havia seguido por séculos. Ele não viera para anular ou revogar a Torá, mas para cumpri-la, e isso se aplicava tanto aos preceitos mais relevantes como aos aparentemente simples.

Deve-se notar inclusive, e é lógico que seja assim, que a exposição da Torá que encontramos em Jesus mostra alguns paralelos com a literatura rabínica. Em *Pirke Avot* 1, 2 — um texto que é no mínimo do século 2 d.C., embora relate tradições anteriores —, Shimon el Tsadiq (o justo) aponta a existência de três coisas das quais o mundo depende: a Torá, o serviço a Deus e a prática da misericórdia. Certamente, não se pode atribuir ao acaso o fato de que Jesus seguia uma divisão tripartite muito semelhante em seu Sermão do Monte.

Em primeiro lugar, descobrimos que toda a seção do Sermão do Monte localizada após as bem-aventuranças nada mais é do que uma exposição da Torá interpretada por Jesus (sua *halajah*) em relação a temas como homicídio (5.21-26), adultério (5.27-32) ou juramentos (5.33-37).

Por outro lado, boa parte de sua interpretação utiliza um princípio rabínico também citado em *Pirke Avot* 1, 1 que consiste em colocar uma "cerca em torno da Torá", ou seja, tentar de tal modo expandir o raio de ação dos mandamentos ou *mitsvot* nela contidos que se remova ao máximo a possibilidade de transgredi-la. Contemplaremos esse princípio claramente rabínico repetidas vezes no ensino de Jesus, mas com uma diferença fundamental. Enquanto os rabinos recorreram às tradições humanas para multiplicar os fardos de seus ouvintes, Jesus escolheu apegar-se à essência e ao significado profundo do que estava contido nas Escrituras. Mais uma vez, tornava-se óbvio o choque entre o ensino da Bíblia e as tradições humanas em vias de se tornar outra Torá, a qual se chamaria de oral e que só começaria a ser codificada por escrito dois séculos depois de Jesus, em meados do século 3 d.C.

O início da *halajah* de Jesus com os *mitsvot* (mandamentos) relacionados à santidade da vida é resultado de uma lógica convincente, porque a vida é o bem e o dom mais importante de Deus. No final do século 18, Thomas Jefferson mostraria na declaração de independência dos Estados Unidos que, entre os direitos inalienáveis derivados do Criador, estavam a vida, a liberdade e a busca da felicidade. Jefferson era muito influenciado pelo pensamento dos puritanos, que haviam colocado a Bíblia no centro de sua vida, mas, ainda assim, não expressou algo excepcional. Em geral, todas as culturas consideram a vida humana sagrada. De fato, um dos sete preceitos dados por Deus a Noé[6] para observância por parte de todas as nações inclui explicitamente a condenação do derramamento de sangue.[7]

Não é de surpreender que diferentes sociedades, independentemente de suas crenças religiosas, tenham punido o homicídio e inclusive o homicídio acidental, aceitando também exceções a essa regra, como a legítima defesa e, como forma disso, a morte causada no decorrer de uma guerra. Jesus, com certeza, aceitou a justiça de processar aquele que tivesse cometido assassinato, mas ao mesmo tempo lançou imensa luz sobre o verdadeiro significado do mandamento da Torá que proibia matar.

Poder-se-ia argumentar que, até certo ponto, Ele seguiu o método rabínico de colocar uma cerca ao redor da Torá, ou seja, de ampliar a distância entre o fiel e a transgressão, para dificultar a desobediência ao *mitsvah* (mandamento). Porém, na realidade, Jesus foi muito além, num exercício interpretativo bastante original,

---

[6]Sobre as ordens de Moisés, veja: Ch. Clorfene e Y. Rogalsky, *The Path of the Righteous Gentile. An Introduction to the Seven Laws of the Children of Noah*, Jerusalém, 1987, e M. E. Dallen, *The Rainbow Covenant. Torah and the Seven Universal Laws*, Nova York, 2003.

[7]As ordens dadas aos *goyim* como descendentes de Noé são: não adorar imagens; não blasfemar; não matar; não cometer atos sexuais como adultério, relações homossexuais ou zoofilia; não roubar; não consumir um animal enquanto ele estiver vivo; e estabelecer tribunais de justiça.

já que propôs cortar nas próprias raízes aqueles comportamentos que poderiam levar à violação da Torá. Tratava-se de se internalizar a Torá, sem dúvida, mas, ao mesmo tempo, de não se deter em sua observação externa, por mais importante que fosse. Os discípulos deviam se aprofundar nas situações que alimentam a desobediência à Torá:

> Ouvistes o que foi dito aos antigos: não matarás. Portanto, quem matar será réu de juízo. Contudo, eu vos digo que qualquer pessoa que se encolerizar contra seu irmão sem razão será réu de juízo. Aquele que, porém, disser a seu irmão: *raka*[8] será réu perante o sinédrio. Contudo, quem disser: "tolo" será réu do fogo do inferno. Portanto, se levares tua oferta ao altar e ali te lembrares de que teu irmão tem algo contra ti, deixa ali tua oferta diante do altar e vai primeiro reconciliar-te com teu irmão, e então, indo ao altar, apresenta tua oferta.
>
> Reconcilia-te rapidamente com teu adversário enquanto estás com ele a caminho, para que o adversário não te entregue ao juiz, e este ao oficial de justiça, e tu sejas lançado na prisão. Em verdade te digo que não sairás dali até que pagues o último centavo (Mateus 5.21-26).

A simples leitura da passagem anterior revela a posição de Jesus em relação ao homicídio. Claro, ele é condenável, e a justiça deveria agir contra as pessoas que o cometem. Porém, para acabar com o homicídio, também é preciso excluir comportamentos como juízo temerário, insulto e desprezo. Do insulto e do desprezo acabam surgindo condições que levam ao derramamento de sangue, assim como da ânsia por brigar surgem consequências inesperadas e desagradáveis, das quais acaba não sendo fácil escapar.

---

[8]Termo aramaico que significa "vazio". Possivelmente a expressão equivaleria a "cabeça oca".

Esses comportamentos podem ser tão venenosos que a própria adoração a Deus não serve para compensá-los nem mesmo ocultá-los. Ao contrário, o ódio, o ressentimento, a simples falta de reconciliação invalidam o culto religioso. A pessoa que deseja obedecer à Torá e prestar um serviço que agrade a Deus não tem outra opção, a não ser reconciliar-se, e, ao fazê-lo, se comportará com o mesmo senso prático daquele que chega a um acordo para evitar um processo com um desfecho inseguro.

Uma abordagem semelhante é encontrada no ensino de Jesus sobre o adultério:

> Ouvistes o que foi dito: Não cometerás adultério. Porém, eu vos digo que todo aquele que olha para uma mulher para cobiçá-la, já cometeu adultério em seu coração. Portanto, se o teu olho direito for motivo de te fazer cair, tira-o e joga-o para longe de ti: é melhor perderes um de teus membros do que todo o teu corpo ser lançado no inferno. E, se a tua mão direita for motivo de te fazer cair, corta-a e lança-a para longe de ti: é melhor perderes um dos teus membros do que todo o teu corpo ser lançado no inferno. Também foi dito: Qualquer um que repudiar sua esposa, dê a ela uma carta de divórcio. Porém, eu vos digo que todo aquele que repudiar sua mulher, exceto por fornicação, faz que ela adultere; e o que se casar com a repudiada, comete adultério (Mateus 5.27-32).

O adultério — conduta também condenada universalmente pelas mais diversas culturas — é um comportamento proibido pela Torá. No entanto, é preciso ter em mente que ele não começa com a relação física, mas, sim, quando alguém olha com desejo para uma pessoa casada. Até hoje, os rabinos se dividem diante da ideia de haver adultério ou não quando quem o comete é um homem casado e a mulher é solteira. A tradição asquenaze entendeu que há adultério, sim, mas a tradição sefardita afirma que não, apelando para o fato de que a poligamia jamais foi formalmente abolida.

A posição de Jesus é óbvia. O adultério, é claro, também pode ser cometido por homens — na verdade, o protagonista de seu exemplo é um homem —, e, para não chegar a essa situação, é necessário evitar desde a primeira das condutas que precedem o pecado. Jesus vai ainda além e introduz um elemento próprio do contexto judaico que ainda hoje continua criando problemas dentro do judaísmo e que, talvez por essa condição, tenha originado muitas interpretações errôneas de autores gentios. Referimo-nos ao divórcio, que não foi formalizado corretamente de acordo com o que a Torá afirma.

Segundo o ensino dado por Deus a Moisés, o divórcio deveria ter um motivo e também ser acompanhado da entrega de um documento formal à mulher (Deuteronômio 24.1-4). Esse documento não apenas salvaguardava a honra da mulher e definia sua situação, garantindo sua proteção, mas também deixava claro que a referida pessoa estava livre do vínculo conjugal e poderia casar-se novamente, se assim o desejasse. O fato de tal documento servir precisamente para salvaguardar os direitos femininos era porque muitos maridos evitavam esse importante passo — o mesmo fenômeno continua a ocorrer nos dias hoje nas comunidades judaicas e já levou até à produção de alguns filmes israelenses notáveis—[9] para evitar responsabilidades. Tal ação, claramente infestada de motivos desprezivelmente egoístas, é categoricamente condenada por Jesus. Como o casamento não havia sido dissolvido conforme indicado na Torá, essa mulher ainda era legalmente casada e, portanto, ao contrair novas núpcias, cometia adultério, e o mesmo acontecia com seu novo cônjuge. Contudo, tal norma não se aplicava aos casos em que o casamento ainda não existia, como, por exemplo, quando José soube que Maria, a mãe de Jesus, estava grávida e

---

[9] Uma crítica do autor a um desses filmes está em seu *blog*< https://cesarvidal.com/blog/lecturas-y-peliculas-recomendables/gett-el-divorcio-de-viviane-amselem-2>.

propôs repudiá-la secretamente, para não difamá-la, sem a menor referência a um documento público de divórcio (Mateus 1.19).

Portanto, evitar o adultério incluía, na *halajah* de Jesus, não apenas não cometer o ato físico concreto, mas também rejeitar os desejos pecaminosos com a mesma repulsa com que a mutilação seria rejeitada, além de não assumir condutas como a de evitar o processo legal de divórcio, as quais poderiam levar outros a cometer adultério, inclusive de modo inocente.

Esse mesmo enfoque de ir a fundo nas questões morais que a Torá ensina também é encontrado em relação à prática da veracidade. Depois de se referir ao adultério, Jesus diz:

> Além disso, ouvistes o que foi dito aos antigos: Não jurarás falso, mas cumprirás teus juramentos ao Senhor. Eu, porém, vos digo: Não jureis de forma alguma: nem pelo céu, porque é o trono de Deus; nem pela terra, pois é o estrado de seus pés; nem por Jerusalém, porque é a cidade do grande rei. Nem por tua cabeça jurarás, pois tu não podes tornar um dos fios de cabelo de tua cabeça branco ou preto. Seja, porém, o vosso falar: Sim, sim; não, não; porque o que passar disso procede do maligno (Mateus 5.33-37).

Mais uma vez, a *halajah* de Jesus é extremamente reveladora. A Torá estabelecia um requisito de veracidade, especialmente nos casos em que se empenhava a palavra perante Deus. Não era lícito jurar falsamente, e o que fora jurado tinha de ser cumprido. No entanto, Jesus vai além. Do seu ponto de vista, o juramento surge porque os homens não são governados por um comportamento verdadeiro e sincero e acabam tendo que recorrer a garantias extraordinárias para tentar parecer dignos de confiança perante os outros. Precisamente por isso, é necessário, em primeiro lugar, rejeitar todo tipo de juramento e, ao mesmo tempo, agir e falar com tamanha veracidade que baste dizer sim ou não para ser digno de confiança. As razões são óbvias. Para começar, um juramento realmente não garante nada pela simples razão de que não pode conseguir algo tão simples como mudar a cor do cabelo e, além disso, qualquer uso da palavra que não seja claro e evidente em seu conteúdo mostra uma perigosa origem diabólica, já que, afinal, o Diabo é o inventor da mentira.

No entanto, Jesus faria uma diferença abismal em qualquer sistema religioso ou ético ao colocar no centro de seu ensino um novo preceito que não havia sido contemplado até então por nenhum ensino moral.

Se alguns dos filósofos chineses ou rabinos como Hillel haviam insistido em não fazer aos outros o que não se desejava a si mesmo; se a Torá mosaica ordenava amar ao próximo, entendendo como tal os correligionários de Israel, mas não os gentios, Jesus agora tornava extensivo esse amor até mesmo aos inimigos e fundamentou esse preceito peculiar no próprio caráter de Deus, um Deus que se revelava como Pai daqueles que decidiam entrar no reino. A esse respeito, mais uma vez, suas palavras não podiam ser mais claras:

> Ouvistes o que foi dito: Olho por olho e dente por dente. Porém, eu vos digo: Não resistais ao que é mau. Ao contrário, se alguém te ferir na face direita, oferece-lhe também a outra; e ao que quiser levar-te ao tribunal e tirar-te a túnica, deixa-o ficar também com o manto; e a qualquer um que te obrigar a carregar uma carga por uma milha, vai com ele duas. Dá ao que te pede; e ao que quer que lhe emprestes, não negues. Ouvistes o que foi dito: Amarás o teu próximo e odiarás teu inimigo. Porém, eu vos digo: Amai os vossos inimigos, bendizei os que vos maldizem, fazei o bem aos que vos odeiam e orai pelos que vos ofendem e perseguem, para que sejais filhos do vosso Pai que está nos céus, que faz nascer o seu sol sobre maus e bons, e faz chover sobre justos e injustos. Pois se vós amais aqueles que vos amam, que recompensa tereis? Não é isso que os publicanos fazem? E, se cumprimentais apenas vossos irmãos, o que fazeis de tão especial? Os gentios também não fazem isso?

Sede, portanto, perfeitos, como é perfeito o vosso Pai que está nos céus (Mateus 5.44-48).

O texto — que continua nos impressionando por sua força vinte séculos mais tarde — deve ter sido verdadeiramente assustador para os contemporâneos de Jesus. Não somente implicava a rejeição de qualquer tipo de solução violenta — de resistência anti-imperialista ou heroísmo sionista, diriam alguns hoje — aos problemas de Israel, mas também ensinava a ir além das normas impostas pelo ocupante romano. Este, por exemplo, tinha o direito de exigir que qualquer judeu carregasse a bagagem de um soldado por uma milha. Diante de tal norma, Jesus não propunha nem a negação nem a resistência, mas, sim, um exercício de amor que aceitaria inclusive submeter-se à servidão para com o inimigo. Era verdade que outros judeus, por exemplo os sectários de Qumran, consideravam um dever religioso odiar o inimigo, que poderia ser um *goy* ou judeu que não cumprisse estritamente com sua visão da Torá, mas, para Jesus, a obrigação para com o próximo não se traduzia em ódio, e sim em orar por ele. Dessa forma, o comportamento seria semelhante ao de Deus, que é misericordioso e que manifesta seu amor imerecido em atos como o de não retirar o sol ou a chuva dos ímpios.

Afinal, valorizar quem nos faz o bem ou quem faz parte da própria família é um tipo de comportamento que não envolve nada de extraordinário. Sim, é verdade que deparamos com condutas desagradáveis e anormais, não regidas por esses princípios, mas também é verdade que a conduta correta pode ser encontrada até mesmo entre os pagãos. No entanto, Jesus esperava que seus discípulos cumprissem no sentido mais pleno a vocação de Israel, contida na Torá e descumprida ao longo dos séculos, de ser perfeito como Deus era (Deuteronômio 18.13), diferenciando-se assim dos povos pagãos sobre os quais YHWH se vira forçado a cumprir seu juízo.

Jesus, ao contrário de vários de seus seguidores nos séculos posteriores, não defendia que, para atingir esse objetivo, seus discípulos, os cidadãos do reino de Deus, se retirassem para um lugar isolado como Qumran ou se encerrassem na tranquilidade espiritual, mesmo que aparente, das irmandades farisaicas. Não. Ele esperava que continuassem a adorar o único Deus em que Israel cria, mas de uma maneira substancialmente diferente.

A VERDADEIRA ADORAÇÃO

Na mesma linha do já citado *Pirke Avot*, após explicar sua interpretação da Torá, Jesus se detém nos atos de serviço ou culto a Deus, e o faz mencionando o que era comum na época: esmola, oração e jejum.

Ao contrário do que hoje é comum ouvir de pessoas que se consideram herdeiras da mensagem de Jesus, a verdade é que Ele jamais contrapôs a caridade à justiça nem condenou a esmola. Pelo contrário, considerou-a uma manifestação mais do que legítima e obrigatória de serviço a Deus, embora com a clara condição de mantê-la em segredo e não procurar ser elogiado pelos homens:

> Cuidai para que não pratiqueis vossa justiça diante dos homens para serdes vistos por eles. Caso contrário, não tereis recompensa de vosso Pai que está nos céus. Portanto, quando deres esmola, não faças tocar trombeta diante de ti, como fazem os hipócritas nas sinagogas e nas praças públicas, para serem louvados pelos homens. Em verdade vos digo, eles já receberam sua recompensa. Tu, porém, quando deres esmola, não saiba a tua mão esquerda o que faz a tua direita, para que a tua esmola fique em secreto; e teu Pai, que vê em secreto, te recompensará em público (Mateus 6.1-4).

Dar esmola era uma conduta mais do que aceitável, mas tinha de ter condições claras. Seria privada e também secreta. Deve-se reconhecer que se parece muito pouco com todo o espetáculo que, ao longo dos séculos, desenvolveram aqueles que querem ser reconhecidos por suas atividades filantrópicas. Honrar um doador colocando seu nome na parede, publicando seus sobrenomes em uma lista ou divulgando sua identidade aos quatro ventos pode ser muito eficaz para arrecadar fundos e satisfazer a vaidade de quem contribui para essa atividade, mas dificilmente pode-se estar mais longe da visão de Jesus, que insiste em evitar o autoengrandecimento por meio da esmola e enfatiza a importância do anonimato humilde.

Algo semelhante deveria acontecer com a oração. É mais do que comum transformá-la em um exercício de exibição de religiosidade à vista de todos. Na verdade, continua sendo muito comum os líderes religiosos tirarem retratos enquanto oram, e até mesmo os políticos agem assim. Com tais comportamentos, busca-se dar uma imagem de piedade e integridade. Contudo, esse tipo de conduta — uma vez mais! —, por mais comum que seja no mundo, é totalmente contrário à visão que Jesus passou aos seus seguidores. Os discípulos tinham de resgatar o verdadeiro sentido da oração, que não é outro senão o da comunicação íntima entre o ser humano e Deus. Essa comunicação, pela própria natureza, foge da publicidade e busca o contato direto que somente pode ser encontrado no íntimo:

> E, quando orares, não sejas como os hipócritas; porque eles gostam de orar em pé nas sinagogas e nas esquinas para serem vistos pelos homens. Na verdade, eu vos digo que eles já receberam seu pagamento. Porém, tu, quando orares, entra em teu quarto e, fechando a porta, ora a teu Pai que está em secreto; e teu Pai, que vê em secreto, te recompensará em público (Mateus 6.5,6).

Para Jesus, a oração não deve ser apenas desprovida de publicidade e exibicionismo. Além disso, precisa ser livre de fórmulas instituídas que se repetem continuamente. Essa repetição de orações idênticas era, na opinião de Jesus, um comportamento mais típico dos pagãos que cercavam Israel do que da relação que Israel tivera durante séculos com seu Deus:

E, orando, não sejais repetitivos, como os gentios, que pensam que por suas muitas palavras serão ouvidos. Não vos assemelheis a eles; porque vosso Pai sabe do que necessitais antes que peçais a Ele (Mateus 6.7,8).

É justamente nesse ponto do Sermão do Monte que Jesus introduz a oração comumente conhecida como Pai-nosso, uma oração que guarda numerosos paralelos com as orações judaicas da época e que não pretendia — segundo as palavras prévias de Jesus — tornar-se uma fórmula destinada a ser repetida com frequência, como era o caso entre os pagãos, mas a servir de modelo de oração simples e humilde dirigida a um Deus ao qual se vê como Pai. É óbvio que, infelizmente, muitos dos que recitam o Pai-nosso caíram exatamente na conduta criticada por Jesus, chegando a transformá-lo numa fórmula proferida repetidamente e com frequência para os mais diversos fins. No entanto, a realidade é que Jesus não estabeleceu um padrão que deveria ser repetido ao pé da letra — a prova é que o espírito, não a literalidade, aparece em Lucas 11.1-4 —, mas compilou em suas palavras uma descrição dos temas em torno dos quais seus discípulos deveriam se concentrar em oração.

Esse "Pai" é chamado "nosso" — não apenas "meu" — porque os discípulos devem se dirigir a Ele na comunidade dos "filhos" de Deus, não na mera individualidade isolada. Esse "Pai nosso" tem um nome que deve ser santificado (Mateus 6.9), conta com um reino cuja vinda é desejada (6.10) e é caracterizado por uma vontade que o discípulo deseja que se cumpra não somente no céu, mas também na terra (6.10). É esse "Pai nosso" que não nos tratará como crianças mimadas, que não está disposto a conceder-nos todos os nossos caprichos, mas responderá ao nosso pedido de sustento diário, "o pão nosso de cada dia" (6.11). É a esse "Pai nosso" a quem nos dirigimos para pedir perdão pelas dívidas que temos com Ele, da mesma forma que lhe pedimos que nos ajude a perdoar aos que têm dívidas conosco (6.12). É esse "Pai nosso" a quem suplicamos que não permita que caiamos em tentação e que nos livre do mal, algo que está totalmente em suas mãos, já que dele é "o reino, o poder e a glória por todas as eras" (6.13).

Essa mesma simplicidade manifestada na prática da esmola ou oração também é apontada por Jesus ao se referir ao jejum. Como outras práticas religiosas, o jejum pode tornar-se um exercício de piedade anunciada, de manifestação de orgulho espiritual, de demonstração de religiosidade. Agir dessa forma implica ser um comediante — o sentido mais claro da palavra hipócrita — e ir contra a própria essência do jejum:

> E, quando jejuardes, não sejais como os hipócritas, austeros; porque eles desfiguram o rosto para revelar aos homens que jejuam. Na verdade, eu vos digo que eles já têm seu pagamento. Porém, tu, ao jejuares, unge tua cabeça e lava teu rosto, para não mostrar aos homens que jejuas, mas, sim, ao teu Pai que está em secreto; e teu Pai, que vê em secreto, te recompensará em público (Mateus 6.16-18).

O objetivo do jejum não é a mortificação, muito menos o espetáculo. Antes, trata-se de se colocar numa atitude espiritual que permita estabelecer uma comunicação mais fluida com Deus, não de dar aos homens a sensação de possuir uma piedade especial. Por isso, o lógico é que somente Deus saiba desse jejum e que até a aparência externa tenha um brilho especial, pois o que se busca é uma maior comunhão com o Pai, e não exibir a própria religiosidade perante os outros.

Confiança em Deus, amor ao próximo

Shimon el Tsadiq[10] mostraria que, após a Torá e o serviço a Deus, deveria vir a prática da misericórdia. Jesus também segue essa

---

[10]Sobre o personagem, veja: Rabino Binyamin Lau, *The Sages. Character, Context and Creativity*, vol. I. *The Second Temple Period*, Jerusalém, 2007, p. 23ss; E. E. Urbach, *The Sages. The World and Wisdom of the Rabbis of the Talmud*, Harvard, 2001.

divisão nessa parte do Sermão do Monte, mas de forma bem expressiva, Ele precede a prática da misericórdia com um longo ensino sobre dinheiro e ansiedade. Se observarmos bem, a ordem adotada por Jesus está impregnada de lógica, de uma lógica que nasce do bom senso e da observação intensa da realidade. O que mais inibe a prática da misericórdia, da compaixão, da ajuda ao próximo? O medo do futuro e a necessidade de dinheiro, poderia dizer qualquer um que tenha passado por circunstâncias como uma redução de funcionários em uma empresa ou a concorrência para obter um emprego. Diante da possibilidade de ser lançado na incerteza e na necessidade, o ser humano trai o próximo, ataca-o ou, no mínimo, lhe dá as costas para não ter de comprometer seu bem-estar, ou o que considera como tal, e sua segurança, ou o que enxerga como tal. Naturalmente, nessa visão de vida, o dinheiro tem um valor imenso. Para falar a verdade, é como uma espécie de âncora que segura o barco de cada existência contra as vicissitudes da navegação diária. No entanto, o ensino de Jesus aos seus discípulos vai numa direção muito diferente, tanto que poderíamos classificá-lo como autenticamente subversivo para o ser humano comum.

> Não ajunteis para vós tesouros na terra, onde a traça e a ferrugem os destroem, e onde ladrões abrem buracos e roubam. Em vez disso, acumulai tesouros para vós no céu, onde nem a traça nem a ferrugem os destroem nem os ladrões abrem buracos ou roubam; porque onde estiver vosso tesouro, aí estará o vosso coração.
>
> A lâmpada do corpo é o olho: logo, se teu olho for bom, todo o teu corpo terá luz, mas, se teu olho for mau, todo o teu corpo estará mergulhado nas trevas. Portanto, se a luz que está em ti forem trevas, como serão essas trevas? Ninguém pode servir a dois senhores, porque ou odiará um e amará o outro, ou se submeterá a um e desprezará o outro. Não podeis servir ao Deus e ao dinheiro. Portanto, eu vos digo: não tenhais ansiedade por vossa vida, pelo

que haveis de comer, ou pelo que haveis de beber; nem pelo vosso corpo, pelo que haveis de vestir. Não é a vida mais que o alimento, e o corpo, mais que a roupa?

Olhai para os pássaros no céu. Eles não semeiam, nem colhem, nem juntam em celeiros, mas vosso Pai celestial os alimenta. Vós não sois muito melhores do que eles? Pois quem entre vós, angustiando-se, poderá acrescentar um côvado à sua estatura? E por que vos angustiais pela roupa? Observai os lírios do campo, como crescem; eles não trabalham nem fiam, mas, eu vos digo, nem mesmo Salomão em toda a sua glória se vestiu como um deles. E, se Deus veste assim a erva do campo, que hoje existe e amanhã é lançada no forno, Ele não fará muito mais a vós, homens de pouca fé?

Não vos angustieis, portanto, dizendo: O que comeremos, ou o que beberemos, ou com o que nos cobriremos? Pois os gentios buscam todas essas coisas, mas vosso Pai celestial sabe que precisais de todas essas coisas. Mas buscai em primeiro lugar o reino de Deus e sua justiça, e todas essas coisas vos serão acrescentadas. Portanto, não vos angustieis pelo dia de amanhã, porque o dia de amanhã trará os seus cuidados, e basta a cada dia seu próprio mal. (Mateus 6.19-34)

As palavras de Jesus impressionam por sua força e atualidade. Afinal, o ser humano põe o coração naquilo que considera ser seu tesouro, e não há dúvida de que milhões identificam esse tesouro com o dinheiro e a segurança que supostamente ele traz. Assim, sem saber, o transformam em seu deus, mesmo que, formalmente, adorem outro deus ou se confessem ateus. Para piorar, não conseguem se livrar da ansiedade, essa ansiedade que é lógica para os *goyim*, os gentios, os que acreditam em falsos deuses ou não acreditam em nenhum. Porém, os que sabem que Deus é seu Pai não podem ver as coisas dessa maneira. Devem voltar os olhos ao redor e parar para refletir. Ao fazer isso, perceberão que o Pai que veste as flores e que alimenta os pássaros não deixará de fazer isso com seus filhos, que são muito mais importantes do que qualquer outro ser da criação. Eles têm de entender que seu tesouro está em Deus, em seu reino e em sua justiça, que deve ser buscada acima de tudo. Eles têm de entender que somente assim evitarão a idolatria e manterão uma aparência suficientemente limpa para viver adequadamente diante de Deus e de seus semelhantes.

Aqueles que conseguiram colocar seus olhos na mesma linha focada por Deus serão aqueles que evitarão condenar, porque estão cientes de que foram perdoados por Ele (Mateus 7.1,2), serão os que não se ocuparão de melhorar os outros, mas, sim, melhorar a si mesmos (Mateus 7.3-5), serão os que não perderão tempo tentando fazer os outros aceitarem o sagrado, porque nem todos querem fazê-lo e podem se voltar contra eles e destruí-los. Diante de situações como essas, por mais difíceis e duras que sejam, não viverão com amargura, ressentimento ou desalento. Pelo contrário, confiarão em que Deus lhes concederá o necessário, da mesma forma que o pai a quem o filho pede pão lhe dá pão, não uma pedra, ou, se lhe pede peixe, lhe dá o peixe em vez de uma serpente (Mateus 7.7-11).

Aquele que entende e vive tudo isso poderá aceitar o cerne da *halajah* de Jesus, de sua interpretação da Torá:

> De maneira que todas as coisas que quereis que os homens vos façam, fazei-as vós também a eles, porque esta é a Torá e os profetas (Mateus 7.7-11).

A pergunta sobre a essência da Torá tinha recebido diversas respostas ao longo da história da fé de Israel. O rabino Hillel já havia indicado algumas décadas antes de Jesus que tal resposta consistia em não fazer aos outros o que não se quer que se faça a si mesmo, e nisso ele havia concordado com alguns filósofos gentios. No entanto, Jesus foi além. A essência da Torá não se refere meramente a abster-se de fazer o mal. Na verdade, trata-se de fazer o bem, o mesmo bem que gostaríamos de receber e que, claro, não se limita a Israel ou a qualquer outro grupo humano. Tal ensino, longe de ser uma ordem utópica, está repleto de consequências práticas. Gostaríamos de que nosso cônjuge fosse fiel a nós? Pois é assim que deveríamos nos comportar. Desejaríamos que o vizinho não mentisse para nós nem tentasse nos manipular? Pois é assim que deveríamos nos comportar. Desejaríamos que os outros não nos abandonassem quando a vida nos atinge e é difícil achar alguém ao nosso lado? Pois é assim que deveríamos nos comportar. Desejaríamos que nos estendessem a mão nos momentos mais difíceis? Pois é assim que deveríamos nos comportar. Esse é o resumo do ensino ético contido na Torá e nos profetas de Israel.

Além disso, Jesus mostra que não há alternativa. A porta estreita e o caminho apertado anunciados por Ele são os únicos que conduzem à vida, enquanto a porta larga e o caminho espaçoso anunciados pelos outros somente levam à perdição (Mateus 7.13,14). Certamente, haverá pessoas que fingirão ser seguidoras de Jesus, mas pelos seus frutos se saberá se o são de fato ou se são apenas lobos famintos disfarçados de cordeiros (Mateus 7.15-20). Nesse sentido, não deixa de ser expressivo o modo pelo qual Jesus descarta a espetacularidade religiosa como forma de identificar seus verdadeiros discípulos:

> Nem todo aquele que me diz: Senhor, Senhor, entrará no reino dos céus, mas aquele que faz a vontade de meu Pai que está nos céus. Muitos me dirão naquele dia: Senhor, Senhor, não profetizamos em teu nome, e em teu nome não expulsamos demônios, e em teu nome não fizemos muitos milagres? E então declararei a eles: Eu nunca vos conheci. Apartai-vos de mim, trabalhadores da maldade (Mateus 7.21-23).

O ensino de Jesus — explícito, categórico — deixa claro que a forma de identificar seus discípulos nunca serão os elementos milagrosos, os episódios prodigiosos, as realizações espetaculares. Existe tão pouca relação entre o verdadeiro discípulo e o líder religioso espetacular que, para dizer a verdade, é possível que alguns que vivem assim pensem que estão seguindo a Jesus, mas a trágica realidade é que nunca chegaram a conhecê-lo (Mateus 7.21-23).

A conclusão do Sermão do Monte mostra até que ponto, no ensino comunicado por Jesus, é essencial levar uma vida que transcorra de acordo com a prática da Torá. Aquele que firma sua vida nos princípios expostos por Ele age como o que constrói sua casa sobre alicerces de rocha, que permitem resistir às inundações e enchentes; aquele que não se comporta assim está construindo sua vida sobre uma base de areia condenada a desmoronar nas primeiras dificuldades sérias (Mateus 7.24-27).

O Evangelista Mateus enfatiza que, quando Jesus concluiu suas palavras, "o povo estava maravilhado com seu ensino, porque os ensinava como quem tem autoridade, não como os escribas" (Mateus 7.28,29). Ele certamente não estava exagerando. Jesus não citou precedentes rabínicos para firmar sua autoridade, como os escribas faziam. Sua autoridade era própria. Mais adiante, abordaremos a origem dessa autoridade que Jesus demonstrava e que tanto surpreendia seus contemporâneos.

CAPÍTULO *oito*

O HOMEM *que* NÃO *quis ser esse* REI

NA CASA DE SIMÃO, O FARISEU

Como teremos oportunidade de examinar mais adiante, Jesus tinha uma ideia extraordinariamente clara sobre quem Ele era e qual era sua missão. No entanto, essa autoconsciência causaria a frustração de muitos, quer tivessem colocado suas esperanças nele, quer apenas indagassem sobre sua verdadeira identidade. Um caso claro do último grupo foi o de Simão, o fariseu. O que motivou seu encontro com Jesus? Não sabemos com certeza. É muito provável que esse Simão — especificamente mencionado pelo nome — fosse o pai do apóstolo Judas (João 3.26; 6.71; 13.2). Assim sendo, Judas, recentemente transformado em membro do grupo dos Doze, quem sabe teria desejado que seu pai conhecesse de perto aquele que o encarregara de tal responsabilidade. Talvez a iniciativa tenha vindo do próprio pai, preocupado com a possibilidade de seu filho estar se perdendo mais do que o tolerável para um jovem. É até possível que Simão quisesse simplesmente ver com os próprios olhos quem era aquele novo pregador. Em todo caso, o que sabemos é que o encontro aconteceu na casa de Simão e que, desde o início, não se caracterizou exatamente pela cordialidade. Seguindo os costumes de cortesia da época, Simão deveria ter ordenado que lavassem os pés de Jesus, do mesmo modo que de qualquer visitante que, depois de caminhar pelas estradas poeirentas do país, tivesse chegado a sua casa. Em seguida, Simão deveria ter dado o beijo de boas-vindas em Jesus, e inclusive era de esperar que ungisse sua cabeça com óleo (Lucas 7.44-46). No entanto, Simão, o fariseu, não fez nenhuma dessas simples cortesias. A impressão é que, depois de ver Jesus, sentiu-se contrariado com sua presença e só queria cumprir o protocolo — fosse para agradar seu filho ou para vigiar Jesus em nome dos fariseus — o mais rápido possível e com o menor aborrecimento.

Como se tudo isso não bastasse, quando a refeição já havia começado, deu-se um incidente verdadeiramente desagradável para alguns dos presentes. Lucas o narrou da seguinte maneira:

> Então, uma mulher da cidade, que era pecadora, quando soube que Jesus estava comendo na casa do fariseu, trouxe um frasco de alabastro com perfume; e, pondo-se a seus pés, enquanto chorava, começou a regar-lhe os pés com lágrimas e a enxugá-los com os cabelos; e beijava seus pés e os ungia com perfume. Quando o fariseu que o convidara viu aquilo, disse consigo mesmo: Se este fosse profeta, saberia quem é essa mulher que o está tocando e a classe a que ela pertence, porque é uma pecadora (Lucas 7.37-39).

O episódio, claro, foi revelador. Se Jesus fosse realmente um profeta — uma informação que Simão talvez recebera de seu filho Judas —, Ele teria de saber o tipo de pessoa que se aproximava dele. Já teria sido ruim o suficiente aceitar que uma mulher pudesse tocá-lo. Como qualquer rabino ortodoxo de hoje diria, um homem piedoso não poderia se permitir esse contato com uma mulher porque, por exemplo, ela poderia estar menstruada. Essa circunstância, de acordo com a Torá, não apenas tornava a mulher impura, mas também qualquer um que fosse tocado por ela (Levítico 15.19ss). Porém, além disso, e para piorar as coisas, a recém-chegada não era uma mulher comum; pelo contrário, tratava-se de uma pecadora, um eufemismo usado para designar prostitutas. Dada a sua conhecida ocupação, a visitante inesperada somente poderia tornar impuro o que nela tocasse e, claro, não se poderia dizer que no caso que envolvia Jesus ali, ela não o estivesse fazendo com deleite. Definitivamente, deve ter pensado Simão, Jesus talvez pudesse ser um mestre, mas certamente não era um profeta, e seria sorte não se tratar até mesmo de um impostor. Exatamente quando Simão estava pensando tudo isso, Jesus decidiu pedir-lhe opinião sobre uma questão teológica. Simão aceitou a proposta porque, em primeiro lugar, a discussão sobre a Torá era comum nesses tipos de refeições e também porque, afinal, essa mesma discussão, que estava se tornando tão desagradável, se justificava pelo objetivo de determinar quem era exatamente Jesus.

Ao que parecia, a pergunta feita por Jesus era escandalosamente simples. Um credor tinha dois devedores. Enquanto um lhe devia quinhentos denários, o outro devia cinquenta. No entanto, nenhum deles tinha com o que pagar, de modo que ele optou por perdoar os dois. Partindo dessa base, qual deles o amaria mais? (Lucas 7.41,42).

Simão não deve ter se esforçado muito para responder. Em sua opinião, teria de ser aquele a quem mais se havia perdoado. Jesus reconheceu imediatamente que Simão julgara bem, mas, então, de modo indubitavelmente surpreendente, voltou-se para a mulher e disse ao fariseu:

> Vês esta mulher? Entrei em tua casa e não me deste água para os pés; esta, no entanto, regou meus pés com lágrimas e os enxugou com seus cabelos. Tu não me deste um beijo; mas esta, desde que entrei, não parou de beijar os meus pés. Tu não ungiste minha

cabeça com óleo; mas esta ungiu meus pés com perfume. Por isso te digo que seus muitos pecados estão perdoados, porque ela tem mostrado muito amor; porém, aquele a quem pouco se perdoa, pouco amor demonstra (Lucas 7.44-47).

Como se tudo isso não bastasse, Jesus então se dirigiu à mulher e anunciou, ainda mais expressamente, que seus pecados haviam sido perdoados (Lucas 7.48). As últimas palavras de Jesus foram a gota d'água que faltava, e não deve nos surpreender que os presentes começassem a se perguntar quem era aquele que tinha a ousadia de anunciar que podia perdoar pecados. A alegação beirava a blasfêmia, pois era de conhecimento comum que somente Deus possui tal autoridade. No entanto, Jesus não parece ter se importado com aquela reação, a qual já vira anteriormente. Ao contrário, Ele anunciou à mulher que sua fé a salvara e que ela deveria ir em paz (7.50).

O que aconteceu na casa de Simão, o fariseu, pai de Judas, resumia, de forma simples e ao mesmo tempo profunda, a visão de salvação que os fariseus tinham e a que Jesus pregava. Para os fariseus, era óbvio que havia bons e maus. Os bons — que eram quase automaticamente identificados com aqueles que seguiam os ensinamentos dos fariseus — podiam obter a salvação mediante a prática de certas obras contempladas na Torá e corretamente interpretadas pelos próprios fariseus. Por outro lado, os ímpios — como aquela prostituta — eram *am-ha-arets,* "gente da terra", que infringia a lei de Deus e que somente podia esperar uma condenação justa.

No entanto, a visão de Jesus era muito diferente. Do seu ponto de vista, a verdade era que todos os seres humanos, sem exceção, estão em dívida com Deus. Todos — em maior ou menor grau — violaram seus mandamentos e, portanto, são culpados no final. É verdade que gente piedosa como Simão talvez pudesse ter menos pecados a pagar do que uma prostituta, mas isso era quase secundário. O importante, o essencial, o determinante era se o pecador, grande ou pequeno, viria ou não ao único que podia perdoar seus pecados, isto é, Jesus. Aquele que recebesse esse perdão pela fé — como fizera aquela mulher — estaria salvo e poderia partir em paz. Não apenas isso. Poderia até refletir o amor que acabara de receber de Deus como todos tinham visto naquela prostituta. Afinal, não era a primeira vez na História que Deus expressava seu amor por Israel perdoando uma prostituta. Já o profeta Ezequiel havia comparado Israel e Judá com duas prostitutas às quais se oferecera perdão (Ezequiel 23), e o profeta Oseias havia acolhido sua esposa, a prostituta Gômer,[1] num símbolo claro do perdão que Deus queria conceder a um Israel que se voltasse para Ele (Oseias 3 e 5).

Era bem diferente a questão daqueles que rejeitavam o amor de Deus — pensando bem, o propósito deles era tragicamente patético. Reduzia-se a indagar sobre a autoridade de Jesus de perdoar pecados, a perder esse perdão por falta de fé nele e a não ser capaz de manifestar um amor que não haviam recebido antes.

A tese de que a salvação é um dom gratuito de Deus que somente se pode obter por meio da fé nele constituía, na verdade, o núcleo essencial do ensino de Jesus. Por isso, não é de surpreender que continuasse sendo assim no cristianismo, no qual, também com base na Torá, deu lugar a formulações como a da justificação pela fé sem obras ensinada por Paulo de Tarso (Efésios 2.8,9).

Esse ensino era precisamente a raiz de uma ética baseada no amor, própria daqueles que, por terem recebido um grande amor, podiam manifestá-lo. Todos sabem que tal ensino encontrou uma forte resistência ao longo dos séculos, não menor do que aquela encontrada na casa de Simão, e pelas mesmas razões. Para muitos, especialmente as pessoas impregnadas de religiosidade, é insuportável a ideia de que seus esforços, suas obras, seus sacrifícios não podem obter a salvação, mas que ela é fruto do amor generoso e imerecido de Deus. O orgulho humano, a soberba espiritual e a autojustificação resistem a aceitar esse ponto de vista. No entanto,

---

[1] Uma versão romantizada do episódio em C. Vidal, *Loruhama*, Nashville, 2009.

as palavras de Jesus foram inegavelmente claras nesse ponto. A salvação é um dom imerecido, e somente aqueles que o compreendem se comportarão posteriormente com suficiente integridade ética, exatamente porque sabem que suas ações não pretendem ser meritórias, mas uma simples resposta de amor grato ao amor imerecido de Deus. Aquela mulher não obtivera a salvação por muito amar, mas, por haver sido perdoada de muitas coisas, ela então mostrava seu amor. Simão, o fariseu, e outros como ele jamais poderiam receber tal perdão e, portanto, manifestar tal amor.

A SEGUNDA VIAGEM PELA GALILEIA

Depois de alguns meses de pregação na Galileia, a mensagem de Jesus dificilmente poderia estar mais evidente. A todos os pecadores era oferecido um amplo perdão, que nascia não de méritos próprios, mas do imenso amor de Deus. O recebimento desse perdão seria o início de uma nova existência vivida de acordo com os princípios do reino de Deus, ou seja, do reconhecimento de que Ele era o verdadeiro Rei e soberano. De modo bem expressivo, Jesus não fazia distinção entre pecadores e religiosos, nem entre homens e mulheres, algo normal na sociedade judaica. E, do mesmo modo que podia permitir que uma prostituta o tocasse para em seguida lhe anunciar o perdão de seus pecados, Ele não hesitava em viajar acompanhado por um grupo de discípulos, entre os quais mulheres "curadas de espíritos malignos e enfermidades: Maria, cujo nome era Madalena, da qual saíram sete demônios, Joana, esposa de Cuza, procurador de Herodes, e Susana, além de muitas outras que o serviam com seus bens" (Lucas 8.2,3).

A essa altura, a oposição a Jesus também aumentara significativamente. Segundo as fontes, os fariseus já haviam começado a atribuir as ações de Jesus a uma aliança peculiar com o Diabo (Mateus 12.22-37; Marcos 3.19-30) — uma acusação, aliás, que encontra eco nos escritos rabínicos registrados no Talmude — e também exigiam que Ele realizasse algum milagre que pudesse justificar suas alegações de perdoar pecados, já que isso era algo que apenas o próprio Deus podia fazer (Mateus 12.38-45).

Alguns autores incluíram nesse contexto o episódio relacionado à mãe e aos irmãos de Jesus vindo vê-lo a fim de dissuadi-lo de seguir um caminho cada vez mais repleto de perigo. Tal possibilidade existe, embora, do nosso ponto de vista, esses eventos tenham ocorrido antes e, entre outras razões, porque o sinal de perigo se mostrara muito cedo. Além disso, parece lógico que tanto a mãe de Jesus como seus irmãos tivessem reagido imediatamente. Em qualquer um dos casos, a verdade é que os dados aparecem registrados nos três Evangelhos Sinóticos e revelam a tensão que ia tomando conta da sociedade na Galileia. Como já mostramos, a resposta de Jesus foi apegar-se firmemente à sua missão e declarar que, afinal, sua mãe e seus irmãos não eram aqueles que lhe estavam unidos por laços de sangue, mas os que obedeciam à Palavra de Deus (Lucas 8.19-21; compare com Marcos 3.31-35; Mateus 12.46-50).

A terceira viagem pela Galileia e a pregação dos discípulos

As fontes são muito explícitas ao mostrarem a enorme compaixão que Jesus sentia pelo povo da Galileia. Enquanto continuava percorrendo a área e pregando nas sinagogas, Ele via seus conterrâneos como "ovelhas perdidas sem pastor" (Mateus 9.36). Foi precisamente nessa época que decidiu que, durante as semanas seguintes, seus discípulos mais próximos — os Doze, entre os quais estava Judas — se encarregariam de visitar as cidades galileias anunciando o reino. Seria uma nova chamada de atenção para que os habitantes da região aproveitassem a oportunidade que lhes era oferecida. É claramente expressivo que o discurso dirigido aos discípulos se referindo a essa missão seja o segundo dos registrados por Mateus. De fato, Mateus contrasta com o livro de Êxodo — partida dos israelitas em liberdade — o discurso na partida dos apóstolos de Jesus para tornar essa liberdade acessível àqueles que abraçam a mensagem do Mestre. Mateus 10.5-42 registra as instruções específicas que Jesus lhes deu para aquela ocasião particular. De modo bastante significativo, mas totalmente lógico, os discípulos deviam se concentrar em pregar a proximidade do reino às "ovelhas perdidas da casa de Israel" (10.5,6). Além disso, deviam fazê-lo de acordo com as necessidades do povo (10.8) e de graça, porque também a eles a mensagem havia sido pregada gratuitamente (10.8,9). Não deviam carregar dinheiro ou perder tempo procurando acomodações (10.9,10). Pelo contrário, tinham de pregar com urgência a necessidade de conversão, na certeza de que aquele que não escutasse receberia, no dia do juízo, um castigo pior do que o de Sodoma e Gomorra (10.14,15).

Era mais do que provável que os discípulos seriam objeto de oposição na medida em que eram enviados como "ovelhas no meio de lobos" (10.16). Por isso, deviam se mostrar "prudentes como serpentes e simples como pombas". A pregação do reino, pela própria natureza, se chocaria com um mundo insubmisso à soberania de Deus. Primeiro, ocorreria oposição por parte daqueles que possuíam poder. Havia — e era preciso haver — a possibilidade inegável de que os deteriam e os obrigariam a comparecer perante as autoridades judaicas ou gentias, mas mesmo nesse caso eles não deviam se preocupar. Se tivessem de dar explicações de sua pregação, o *Ruaj ha-Kodesh*, o Espírito Santo, os ajudaria (10.17-20). Em segundo lugar, a oposição podia vir até mesmo da própria família (10.21). Ser odiado por causa do reino — e já não era isso que estava acontecendo com Jesus em certas áreas? — podia tornar-se uma realidade dolorosa e cotidiana. Porém, diante dessas dificuldades, seria necessário perseverar e não desistir da obra do reino (10.22), admitindo possibilidades como, por exemplo, o exílio. E esse não era o maior perigo. Visto que o chamado envolvia anunciar "dos telhados" (10.27) o que Jesus havia ensinado ao pé do ouvido, a própria possibilidade da morte não estava excluída. No entanto, se ela ocorresse, eles deveriam se lembrar de que não precisavam temer "os que matam o corpo, mas não podem matar a alma" (10.28), mas, sim, temer a Deus, Aquele que tinha o controle até dos "cabelos de sua cabeça" (10.30) e que, de modo providencial, rege a História.

As fontes indicam que durante algum tempo os Doze levaram adiante a missão que Jesus lhes havia confiado, uma missão centrada inteira e exclusivamente no povo de Israel. As referências são concisas e se limitam a dizer que eles pregavam ao povo que era preciso se converter, que expulsavam demônios e que ungiam os enfermos com óleo para que fossem curados de suas enfermidades (Mateus 11.1; Marcos 6.12,13; Lucas 9.6). Apesar da brevidade dos relatos, temos de concluir que aquele período de pregação dos discípulos causou um impacto notável na Galileia. Era óbvio que Jesus não era mais um sujeito isolado, mas havia conseguido reunir ao redor de si um movimento organizado cujos seguidores mais diretos estavam difundindo uma pregação que, em parte, repetia o chamado contínuo dos profetas em prol da conversão e, em parte, pretendia ser sua consumação, ao anunciar a proximidade do reino. Partindo dessa base, não é de surpreender que o próprio Herodes Antipas tenha se sentido incomodado e chegado inclusive a temer que aquele Jesus não fosse outro senão João Batista, o profeta que ele ordenara que fosse executado por questionar sua moralidade (Mateus 14.1-12; Marcos 6.14-29; Lucas 9.7-9). A presença dos profetas é sempre incômoda ao poder, pois eles afirmam que a realidade vai muito além da política, e também porque revelam uma insistência incômoda e impertinente em chamar as pessoas ao arrependimento. Jesus, presumivelmente, não seria uma exceção. Essa circunstância permite compreender perfeitamente a inquietude de Herodes Antipas, que, afinal, era apenas um déspota que temia que alguém pudesse disputar com ele o exercício tranquilo do seu poder político. No entanto, o que poderia constituir um motivo de inquietude para Herodes também era suscetível de se tornar um estímulo para a imaginação do povo. Talvez Jesus fosse um profeta;

talvez o reino que Ele anunciou acabaria com o domínio não apenas dos gentios, mas da casa tirana de Herodes; talvez se tratasse até do Rei Messias. Nesse ambiente, não é de estranhar que a situação fosse evoluindo cada vez mais para a comoção.

Os próprios discípulos não estavam alheios a esses sentimentos. Pelo contrário, parece óbvio que o compartilharam possivelmente com muito mais entusiasmo do que seus conterrâneos. Afinal, eles não haviam sido escolhidos por Jesus? O número de doze discípulos não era um sinal de que eles constituíam a tela em branco do futuro Israel, do povo de Deus restaurado? Não era lógico pensar que gozariam de um lugar de exceção nesse triunfo? Muito possivelmente, os Doze devem ter sentido naquelas semanas as mesmas tentações que Jesus experimentara no deserto, a de provocar a admiração do povo como líderes dotados de poderes taumatúrgicos, a de resolver os problemas materiais das multidões, a de tomar nas mãos as rédeas do poder político. A diferença entre eles e Jesus era que, enquanto Jesus rejeitara por completo tais possibilidades, os discípulos as acharam não apenas desejáveis, mas boas, adequadas e legítimas. De modo preciso, esse contexto nos fornece a chave para compreender as ações de Jesus durante os seis meses seguintes. Tratou-se de um período em que seu trabalho de ensino focou predominantemente seus discípulos mais próximos. Era lógico que fosse assim porque, certamente, o entusiasmo dos Doze era inegável. No entanto, mal utilizado e sustentado por bases falsas, poderia somente ter péssimos resultados. Além disso, as massas não deixariam de se sentir defraudadas pela conduta de Jesus.

A REJEIÇÃO DA COROA

Em 1888, o escritor britânico Rudyard Kipling, que viria a receber o Prêmio Nobel de Literatura, publicou um curioso relato sobre dois aventureiros ingleses que embarcam na proeza de se tornarem reis no distante Kafiristão. A ambição de atingir a meta é tão forte que não hesitam em colocar suas vidas em perigo e correr riscos extraordinários. No entanto, no final, eles não conseguem coroar seus planos com sucesso e são reduzidos ao que Kipling chama de *The Man who Would be King*, ou O *homem que seria rei*. Eles ansiavam por chegar a ser monarcas, fizeram todo o possível para conseguir e fracassaram. A história de Jesus, parodiada com a extraordinária história de Kipling, é a de alguém que poderia ter sido proclamado rei e, no entanto, rejeitou tal possibilidade da maneira mais consciente.

Há uma coincidência nas fontes quanto ao fato de que, ao retornar da missão itinerante, Jesus propôs aos discípulos irem a um lugar afastado onde pudessem descansar (Mateus 14.13; Marcos 6.30,31; Lucas 9.10). A data foi pouco antes da Páscoa do ano 29 (João 6.4). É, portanto, muito provável que os ânimos estivessem ainda mais acalorados do que de costume com a lembrança do significado daquela festa, a qual comemorava a libertação do povo de Israel do terrível jugo que o Egito lhes havia imposto durante séculos. Foi justamente nesse momento que ocorreu um episódio que revela com enorme clareza a natureza da situação em que viviam Jesus e seus discípulos.

Como já mostramos, o propósito de Jesus era ir com os Doze para um lugar afastado onde pudessem descansar e os ensinamentos lhes fossem mais bem transmitidos. Para isso, entraram em um barco e cruzaram o mar da Galileia. No entanto, não puderam evitar que a multidão os reconhecesse. Animados com a ideia de se aproximarem de Jesus, eles deram a volta no lago com a intenção de encontrá-lo na outra margem. Talvez outra pessoa tivesse persistido em suas intenções iniciais e mantido distância da multidão. No entanto, Jesus sentiu-se comovido pela compaixão por aquelas massas que agiam como "ovelhas sem pastor" (Marcos 6.34). Pacientemente, ele os recebeu e começou a ensiná-los. Assim transcorreu o dia, e a noite chegou. Nesse momento, os discípulos — certamente cansados — o aconselharam a despedir a multidão. Porém, mais uma vez, a compaixão de Jesus se revelou. Se partissem agora, depois de estar em jejum o dia todo, se tivessem de contornar o lago novamente ao regressarem para casa, desmaiariam no caminho. Era necessário alimentá-los. As palavras de Jesus foram recebidas pelos discípulos com descrença e talvez até com inquietude. A multidão somava vários milhares, e as provisões que carregavam eram escassas. Pensar em alimentá-los era algo claramente impossível. O que aconteceu em seguida faz parte da lista de eventos prodigiosos que marcam a vida de Jesus e que são reproduzidos por unanimidade pelas fontes. Depois de mandar que se sentassem, Jesus pegou os poucos pães e peixes que os apóstolos tinham e alimentou a multidão. Esse episódio teve uma consequência imediata sobre o povo. A fonte de João referiu-se a ele da seguinte forma:

> Então, aqueles homens, vendo o sinal que Jesus havia realizado, disseram: Verdadeiramente este é o profeta que havia de vir ao mundo (João 6.14).

A tentação diabólica se fazia presente mais uma vez. Jesus podia transformar pedras em pães. O que Ele estava esperando então para colocar-se à frente daquelas pessoas e se manifestar como o Messias libertador que todos esperavam? Poder-se-ia pensar em um momento melhor para fazê-lo? Quando tal ânimo voltaria a coincidir com uma época do ano tão significativa do ponto de vista da fé judaica? Contudo, Jesus rejeitou mais uma vez a tentação. Como nos diz a fonte de João, "quando Jesus percebeu que eles viriam arrebatá-lo para fazê-lo rei, retirou-se novamente para a montanha" (João 6.15).

A reação de Jesus não poderia ser mais clara. Diante da possibilidade de se desviar da fidelidade à sua visão pessoal, preferiu distanciar-se não apenas das massas, mas também, momentaneamente, de alguns discípulos que, sem dúvida, se identificavam com os anseios de poder político delas.

No entanto, Jesus não conseguiu despistar a multidão. Quando, de regresso ao barco, navegou até atracar em Genesaré, as multidões o aguardavam com entusiasmo redobrado pela espera (Marcos 6.53-56). A fonte de João transmitiu-nos alguns dados de enorme relevância. De volta a Cafarnaum, já na sinagoga, Jesus mais uma vez rejeitou as exigências das massas. Não lhe passara despercebido que o seguiam não porque tivessem entendido o significado dos "sinais", mas porque se fartaram de comer (João 6.26). Jesus não desprezava as necessidades materiais, e a prova é que Ele atendera a elas compassivamente. No entanto, essa não era sua missão. Ele não tinha intenção de repetir as façanhas de Moisés, que, séculos antes, tirara, sob a orientação de Deus, Israel do Egito e depois o alimentara com maná durante anos. Em vez disso, seu propósito era oferecer-lhes um "pão" superior que os nutriria espiritualmente, um pão que lhes permitiria viver para sempre (João 6.58). O que Ele lhes oferecia era comer a carne e beber o sangue do Filho do Homem, do Messias (João 6.54,55).

A exegese posterior explicou ocasionalmente essas palavras como uma referência de Jesus à Eucaristia. No entanto, é óbvio que essa interpretação não pode de forma alguma estar correta. Para começar, é preciso reconhecer que Jesus dificilmente poderia se referir a uma prática das primeiras comunidades cristãs que ainda não havia sido estabelecida e menos ainda poderia fazê-lo em termos de um dogma que seria definido no século 13. Uma interpretação semelhante tenta basear em uma passagem do Evangelho um dogma certamente posterior, mas a verdade é que isso não passa de um anacronismo insano. Além disso, as pessoas a quem Jesus se dirigia não poderiam ter entendido em suas palavras uma referência eucarística, nem que ainda remotamente. Que sentido haveria em Jesus referir-se a uma prática que ainda não fora instituída e que levaria mais de um milênio para ser definida? Certamente nenhum. Para piorar as coisas, sabemos que aquelas pessoas entenderam perfeitamente o que Jesus estava dizendo e que o rejeitaram com aversão. Seguir Jesus não significava subir com alegria na carruagem do reino que acabaria com Roma e que se caracterizaria pela satisfação das necessidades materiais. Tal visão — resumida em acabar com uma opressão puramente política e com a satisfação de certas aspirações materiais — se encaixaria com a de absurdos ideológicos de vários séculos depois, como a teologia da libertação da segunda metade do século 20 ou até mesmo com pensamentos utópicos como o socialismo, mas, claro, opunha-se diametralmente à pregação de Jesus, em que o elemento central era que "o espírito é o que dá vida; a carne para nada aproveita; as palavras que eu vos falei são espírito e vida" (João 6.63). A aceitação dos ensinamentos de Jesus — ensinamentos que estavam muito distantes dos desejos primários daquelas pessoas — constituía a chave para entrar no reino. Era perfeitamente lógico que fosse assim, porque o reino era a esfera de soberania de Deus, e como se poderia permanecer nele sem reconhecer, pela obediência, que Deus era soberano?

Apesar do conteúdo simbólico, as palavras de Jesus foram totalmente captadas por seus ouvintes. Conforme mostra a fonte de João, "muitos de seus discípulos, ouvindo, disseram: Esse ensino é duro. Quem o pode ouvir?" (João 6.60).

Não é que não haviam compreendido o anúncio de um dogma definido com base em categorias aristotélicas expressas na linguagem do século 13. Pelo contrário, eles haviam compreendido o ensino de Jesus, por isso o chamaram de difícil.

A crise que aquela atitude de Jesus, determinado firmemente a rejeitar a coroa real, causara no movimento embrionário é clara, e as fontes não procuram escondê-la. De fato, à decepção das massas somou-se a deserção de vários de seus seguidores. A fonte de João mostra mais uma vez que "daquele momento em diante, muitos de seus discípulos se afastaram e deixaram de segui-lo" (João 6.66).

Se Jesus tivesse sido um político, se tivesse basicamente buscado reunir em torno de si um número crescente de seguidores, se sua intenção tivesse sido de implementar o reino como esperavam seus conterrâneos, é mais do que possível que teria flexibilizado suas exigências e tentado encontrar um terreno comum que lhe permitiria manter a influência. Como o Diabo já o havia tentado no deserto, bastaria dobrar um pouco os joelhos para se apoderar do poder e da glória dos reinos do mundo. No entanto, Jesus não enxergava sua missão dessa forma. Ele estava convencido de que, no final, era a ação misteriosa de Deus que fazia alguns permanecerem fiéis e outros não (João 6.65) e, de forma extremamente audaciosa, perguntou aos Doze se eles também desejavam abandoná-lo (João 6.67).

A pergunta de Jesus deve ter causado uma enorme comoção em seus seguidores mais próximos. Certamente sua perplexidade não era menor do que a que acometia seus conterrâneos, e a ela se somava a dor de ver como os frutos de sua pregação recente se desvaneciam como fumaça, como uma consequência direta das palavras de seu mestre. E agora, como se isso não bastasse, Ele lhes perguntava se eles também queriam desertar! Foi Pedro, talvez o mais impetuoso dos apóstolos, que se adiantou a responder a Jesus, e o fez de maneira extraordinariamente sincera. Para quem eles iriam? Por acaso Jesus não era o único que tinha palavras de vida eterna? (João 6.68). A maneira com que Jesus respondeu a Pedro adicionou mais um motivo de inquietação aos Doze. Sim, era verdade que ele os havia escolhido pessoalmente, mas ainda assim um deles não era sincero (João 6.70). A referência a um futuro traidor era clara, embora naquele momento ninguém pudesse compreendê-la (João 6.71).

CAPÍTULO *nove*

SEGUIR e REJEITAR

A DECISÃO

A essa altura, após apenas alguns meses de pregação, as posições de Jesus e dos outros mestres judeus estavam claramente definidas. Enquanto Jesus afirmava que a conversão era imperativa porque o reino estava próximo e mostrava como aqueles que queriam adentrá-lo deveriam se comportar, os escribas e fariseus continuavam mostrando clara rejeição dessa *halajah* que interpretava o *shabbat* de uma maneira diferente da sua, que criticava o formalismo religioso e que, acima de tudo, se expressava com uma autoridade que não provinha de nenhuma das escolas teológicas existentes.

No entanto, à reação negativa dos escribas e fariseus somavam-se as dúvidas de outros. Assim, João Batista, que estava preso na época, enviou alguns mensageiros a Jesus para esclarecer se Ele era de fato quem havia de vir ou se deveriam esperar outro. O motivo da pergunta não era em vão, já que João ainda continuava na prisão e Jesus não havia consumido no fogo a maldade que, aliás, continuava prosperando. É bem possível que João estivesse recorrendo a uma interpretação das Escrituras que tentasse conciliar os textos conflitantes relacionados ao Messias. Visto que há passagens no Antigo Testamento que se referem a um Messias triunfante e outras que indicam claramente que tal Messias é um servo sofredor, havia uma interpretação registrada em diferentes fontes que indicava a existência de dois Messias. Um seria o servo sofredor e morreria como sacrifício expiatório, mas o outro triunfaria sobre os inimigos de Israel. A pregação cristã harmonizaria esses textos fazendo menção a uma segunda vinda de Jesus, bastante diferente da primeira e, como teremos oportunidade de ver, ao fazê-lo contou com paralelos no judaísmo. Se João Batista assumisse essa interpretação, sua pergunta seria algo como: "Jesus, eu não duvido de ti. Tu és é o Messias e o Messias que morrerá para limpar os pecados do mundo, mas, em relação ao julgamento do mundo, é uma tarefa que tu assumirás ou devemos esperar por outro como tu?". A resposta de Jesus foi categórica no sentido de indicar que o modo pelo qual sua pregação se desdobrava encaixava-se com o que fora anunciado pelos profetas. Na verdade, a bem-aventurança estava em não tropeçar nele, mas em continuar acreditando nele. Entretanto, apesar da hesitação de João, não houve subtração de um grão da legitimidade de seu ministério. Pelo contrário, Jesus enfatizou que ele era um profeta de Deus, assim como o verdadeiro precursor do reino:

> Enquanto (os discípulos de João) iam saindo, Jesus começou a falar ao povo sobre João: O que saístes a ver no deserto? Um caniço agitado pelo vento? Ou o que saístes a ver? Um homem vestido de roupas formosas? Bem, os que usam roupas formosas estão nas casas dos reis. Porém, o que saístes a ver? Um profeta? Sim, eu vos digo, e mais do que um profeta. Porque esse é aquele de quem está escrito: *Eis que envio o meu mensageiro diante do teu rosto, que preparará o teu caminho diante de ti.* Em verdade vos digo: entre os nascidos de mulher não surgiu outro maior do que João Batista; mas o menor no reino dos céus é maior do que ele. Desde os dias de João

Batista até agora, o reino dos céus sofre violência, e os violentos o tomam pela força. Porque todos os profetas e a lei profetizaram até João. E, se estais dispostos a aceitá-lo, ele é aquele Elias que havia de vir. Quem tem ouvidos para ouvir, ouça (Mateus 11.7-15).

Sim, João era o Elias que deveria preceder a chegada do reino, exatamente o reino que Jesus anunciava. Infelizmente, porém, a resposta de conversão que seria lógica e natural não estava ocorrendo. A esse respeito, os lamentos de Jesus pela rejeição de seus conterrâneos aparecem carregados de dolorosa compaixão:

> Porém, a que compararei esta geração? É semelhante aos meninos que sentam nas praças e gritam para seus companheiros: Tocamos flauta para vós e vós não dançastes; entoamos canções tristes e não lamentastes. Porque veio João, que nem comia nem bebia e dizem: Tem um demônio. Veio o Filho do Homem, que come e bebe, e dizem: Esse é um homem glutão e bêbado, amigo de publicanos e pecadores. Porém, a sabedoria é justificada por seus filhos. Então, começou a repreender as cidades nas quais havia realizado muitos de seus milagres, porque não haviam se convertido: Ai de ti, Corazim! Ai de ti, Betsaida! Porque, se os milagres que foram realizados em vós tivessem sido realizados em Tiro e Sidom, elas teriam manifestado sua conversão há muito tempo, com pano de saco e cinza. Portanto, vos digo que, no dia do juízo, o castigo para Tiro e Sidom será mais tolerável do que para vós. E tu, Cafarnaum, que te levantas até o céu, até o inferno serás abatida; pois, se os milagres que foram realizados em ti tivessem sido realizados em Sodoma, ela teria permanecido até hoje. Portanto, eu vos digo que, no dia do juízo, o castigo será mais tolerável para a terra de Sodoma do que para ti (Mateus 11.16-24).

Sem dúvida, as palavras de Jesus foram ásperas. Tratava-se de expressões próprias de alguém que contempla não ressentido, mas profundamente compadecido, como as pessoas rejeitam o chamado de Deus. Entretanto, essa triste circunstância, ao contrário do que aconteceu com tantos pregadores de qualquer causa ao longo da História, não levou Jesus a cair na amargura ou no desprezo pelos destinatários de sua mensagem. Na verdade, não deixa de ser significativo que a fonte de Mateus registre de que modo, após a mensagem de inegável condenação dirigida aos incrédulos, Jesus continuou a insistir na possibilidade de esperança para aqueles que viessem a Ele, pessoas que, de forma humanamente difícil e até impossível de entender, eram impulsionadas por seu Pai:

> Por esse tempo, disse Jesus em resposta: Eu te louvo, Pai, Senhor do céu e da terra, porque ocultaste essas coisas aos sábios e instruídos e as revelaste aos pequeninos. Sim, Pai, porque assim foi do teu agrado. Todas as coisas me foram entregues por meu Pai; e ninguém conhece o Filho senão o Pai, e ninguém conhece o Pai senão o Filho e aquele a quem o Filho deseja revelar. Vinde a mim, todos os que estais cansados e sobrecarregados, e eu vos farei descansar. Colocai meu jugo sobre vós e aprendei de mim, que sou manso e humilde de coração, e encontrareis descanso para a vossa alma; pois meu jugo é suave, e meu fardo é leve (Mateus 11.25-30).

São justamente afirmações como essas que nos levam a uma questão essencial para entender Jesus, um Jesus certamente judeu, mas que, nem mesmo remotamente, se limitava a ser um rabino.

QUEM DIZEM OS HOMENS QUE EU SOU?

Aqueles — e não são poucos — que tentam categorizar Jesus na definição de um rabino ou um mestre da moral esbarram em um problema verdadeiramente colossal, ou seja, que as fontes indicam exatamente o contrário. Sabemos que, no decorrer dos meses que se seguiram, a atração que Jesus exercia sobre as massas não desapareceu, mas se viu envolta em uma controvérsia crescente. Não somente isso. À hostilidade crescente dos fariseus, que não podiam aceitar a interpretação da Torá ensinada por Jesus (Marcos 7.1-23), somou-se pela primeira vez a inimizade dos saduceus (Mateus 15.39—16.4; Marcos 8.10-12), a seita que controlava o Templo e, com ele, os centros nevrálgicos da vida espiritual e política de Israel.

Os saduceus existiram como grupo organizado até algum tempo após a destruição do Templo de Jerusalém em 70 d.C. Após esse desastre, viram-se suplantados da vida espiritual pelos fariseus e devem ter desaparecido como grupo coletivo talvez antes do final do século 1 d.C. Há uma enorme lógica em haver referências a eles antes da aniquilação do sistema religioso do Segundo Templo e também de, praticamente, desaparecerem depois. Na verdade, como teremos oportunidade de ver, essas circunstâncias permitem registrar alguns dos documentos do Novo Testamento com data bem recente e, claro, anterior ao ano 70 d.C.

Voltar ao fio condutor de nosso relato, de que os saduceus já haviam fixado os olhos em Jesus de modo negativo, nos faz pensar que as notícias acerca dele haviam chegado a Jerusalém e que não causaram um eco exatamente favorável. Essa é uma questão de enorme relevância à qual retornaremos mais tarde. Tal contexto hostil, que continuaria piorando, era acompanhado pela decepção das massas que tinham desejado coroá-lo rei, mas que não se sentiam igualmente atraídas por sua mensagem de conversão. Não nos pode surpreender que o contato de Jesus com o povo estivesse diminuindo e também que seu ensino se concentrasse mais do que nunca naqueles que julgariam Israel, nos Doze. Nos Evangelhos, temos notícias de pelo menos quatro retiros especiais de Jesus com o grupo dos discípulos mais próximos.

O primeiro aconteceu do outro lado do mar, depois que os Doze regressaram de sua missão (Mateus 14.13-21; Marcos 6.30-44; Lucas 9.10-17; João 6.1-13). O segundo aconteceu depois que Jesus se recusou a ser proclamado rei e, de modo bem expressivo, envolveu a partida para as regiões de Tiro e Sidom (Mateus 15.21-28; Marcos 7.24-30). O terceiro conduziu o grupo da Fenícia para o oriente, para o monte Hermom e para o sul, cruzando Decápolis e evitando passar pelo território de Herodes Antipas (Mateus 15.29-38; Marcos 7.31—8.9). Finalmente, o quarto aconteceu em Betsaida Júlia, na tetrarquia de Herodes Filipe (Mateus 16.5-12; Marcos 8.13-26). Esses quatro retiros com seus discípulos, que levaram o grupo além das estreitas fronteiras da terra de Israel, tiveram seu ápice em um território conhecido como Cesareia de Filipe, um lugar situado no ponto extremo do mundo judaico e na fronteira com os gentios.

O relato desse episódio nos foi transmitido de forma unânime pelas fontes sinópticas (Mateus 16.13-20; Marcos 8.27-30; Lucas 9.18-21), o que indica até que ponto teve uma importância transcendental. A fonte de Lucas o narrou da seguinte maneira:

> Aconteceu que, enquanto Jesus orava à parte, estavam com Ele os discípulos; e Ele lhes perguntou: Quem as pessoas dizem que eu sou? Eles responderam: Alguns, João Batista; outros, Elias; e outros, algum dos antigos profetas que ressuscitou. Ele lhes disse: E vós, quem dizeis que eu sou? Então, Pedro respondeu-lhe: O Messias de Deus. Porém, Ele lhes ordenou estritamente que não contassem isso a ninguém e disse: É necessário que o Filho do Homem padeça muitas coisas e seja rejeitado pelos anciãos, pelos principais sacerdotes e pelos escribas, e que morra e se levante ao terceiro dia (Lucas 9.18-22).

Como em tantas ocasiões, Jesus utilizou-se da formulação de perguntas para conduzir seus ouvintes ao lugar que desejava. A primeira — referente às pessoas — era apenas um passo para estimular os Doze a responder. Era óbvio que a multidão, uma multidão que já estava desiludida há algum tempo, tinha ideias confusas sobre sua identidade. Alguns, como Herodes Antipas, pensavam que era João

Batista, que fora executado. Outros o identificavam com Elias, o profeta que fora arrebatado por Deus ao céu. Por fim, não faltavam aqueles que o consideravam um *naví*, um profeta como aqueles que no passado haviam chamado Israel à conversão. Bem, essas eram as opiniões distintas, mas eles, os que compartilhavam a vida com Ele há cerca de dois anos, quem eles pensavam que Ele era?

A resposta do impetuoso Pedro foi, mais uma vez, categórica. Ele era o Messias de Deus. Jesus conteve seu discípulo imediatamente. Eles não deviam dizer nada daquilo às pessoas. Se o fizessem, só ajudariam a acirrar ainda mais os ânimos daqueles que buscavam unicamente um libertador político, daqueles que, depois de comer os pães e os peixes, haviam tentado torná-lo rei. A ordem de Jesus não pode ser interpretada apenas como uma demonstração de prudência tática. O motivo era muito mais profundo. É que, além disso, Ele não era esse tipo de Messias. Ele fora chamado a sofrer muito, a ser rejeitado pelos líderes espirituais de Israel, a morrer. Somente então, Ele se levantaria — significado literal do termo que geralmente se traduz por ressuscitar — no terceiro dia.

Tais palavras devem ter caído como um balde d'água fria sobre os Doze. Certamente, se eles esperavam um triunfo glorioso, fácil e imediato, Jesus não estava encorajando essa visão nem remotamente. A fonte de Marcos, diretamente ligada a Pedro, aponta que, ao ouvir a sombria exposição de Jesus, esse apóstolo se adiantou para lhe dizer que não deveria se expressar de tal maneira:

> Então, Pedro o chamou à parte e começou a repreendê-lo. Ele, porém, voltando-se e olhando para os discípulos, repreendeu Pedro e lhe disse: Aparta-te de mim, Satanás! Porque a tua maneira de ver as coisas não é a de Deus, mas a dos homens (Marcos 8.32,33).

É claro que Jesus podia entender a inquietação de Pedro, que provavelmente era a de outros discípulos. No entanto, Ele não estava disposto a fazer a menor concessão no que se referia ao cumprimento de sua missão. A maneira de Pedro ver as coisas era a dos homens, de todos aqueles que acreditam que o triunfo material é a verdadeira vitória, de todos aqueles que não sabem encontrar outro sentido na vida. O povo estava disposto a seguir um Messias nacionalista — sionista, diríamos hoje —, alguém que colocaria Israel como um reino que derrotaria triunfantemente seus inimigos e estabeleceria domínio absoluto sobre eles. No entanto, a ideia de um Messias sofredor podia causar desencanto, decepção e o abandono de muitos. A melhor parte é que Jesus não seguia por esse caminho. Ele respondeu a essa sugestão de maneira enérgica. Ver as coisas desse modo era, na realidade, enxergá-las como o próprio Diabo, que já o havia tentado com o poder político no deserto. Pelo contrário, Deus contempla tudo de um modo muito diferente, e essa era uma circunstância que aqueles que desejavam segui-lo não poderiam ignorar. Na verdade, imediatamente depois Jesus enfatizou o futuro que seus discípulos deveriam esperar:

> Aquele que desejar me seguir, negue a si mesmo, tome sua cruz a cada dia e venha após mim. Porque todo aquele que quiser salvar sua vida a perderá; e todo aquele que perder sua vida por minha causa a salvará. Por que de que adianta ao homem ganhar o mundo inteiro se ele se destruir ou perder a si mesmo? Porque todo aquele que se envergonhar de mim e das minhas palavras, o Filho do Homem se envergonhará dele quando vier na sua glória e na do Pai e dos santos anjos. Porém, em verdade vos digo que alguns dos que estão aqui não morrerão antes de ver o reino de Deus (Lucas 9.23-27).

Nas últimas décadas, tem-se tornado comum apresentar a vida cristã como uma conquista de sucessos materiais e sociais, sem a interferência de qualquer problema. Poder-se-ia dizer — e se diz — que ser cristão é um caminho para viver sem problemas, engordar a conta corrente, trocar de carro quanto antes e conseguir uma boa casa. A pregação desse tipo é popular e bem-sucedida, mas apresenta um problema muito sério, que é a incompatibilidade com os ensinamentos de Jesus sobre o que um discípulo deve ser. Como Jesus disse em Cesareia de Filipe aos apóstolos perplexos, certamente segui-lo não implicaria um passeio sossegado pelas veredas da glória material neste mundo. Pelo contrário, significava a possibilidade nada remota de ter que carregar a cruz. Tal expressão adquiriu um significado espiritualizado — e bastante falso, diga-se de passagem — ao longo dos séculos. Portanto, carregar a cruz seria equivalente a suportar uma sogra inconveniente, um marido de difícil trato ou uma doença física. Porém, na verdade, para Jesus — e para aqueles que o ouviam — a cruz nada tinha a ver com um sofrimento diário supostamente atribuído a Deus. A cruz era, no sentido mais literal, o instrumento de tortura e execução mais cruel da época.[1] Era o aparato de execução do qual pendiam os condenados, envoltos em dores terríveis, submetidos a piadas sarcásticas e contemplados em vergonhosa nudez, até que, finalmente, dessem o último suspiro. Isso, não um trono, uma conta corrente recheada ou uma vida de luxo, era o que podiam esperar os seguidores de Jesus. Nem eles deveriam se enganar nem Jesus tinha a menor intenção de fazê-lo. Somente o que estivesse disposto a seguir esse caminho, que podia acabar numa execução pública e vergonhosa, é que não se perderia. Somente o que agisse assim poderia ser considerado um verdadeiro discípulo.

No entanto, Jesus não era um pregador amargurado ou um asceta pessimista. Se no passado dissera como o acusavam de ser um glutão e bêbado (Lucas 7.34), agora Ele seguia com sua exposição, dizendo que alguns dos presentes não morreriam sem ver o reino de Deus. As interpretações dessas palavras renderam muito material escrito a respeito, mas mais pela imaginação do que por uma análise

---

[1] Sobre o significado da cruz na época, veja: M. Hengel, *Crucifixion*, Filadélfia, 1977.

séria das fontes. Longe de anunciar um "fim do mundo" próximo, tudo indica, nas fontes, que se referia a uma experiência que, seis dias depois, Pedro, Tiago e João, seus três discípulos mais próximos, tiveram ao lado de Jesus e que se conhece convencionalmente como a Transfiguração.[2] Como muitas experiências de natureza espiritual, essa também é difícil de descrever, entre outras razões porque seus termos transcendem amplamente a linguagem do meramente sensorial. O que é inegável é que os três discípulos desceram do monte convencidos de que Deus respaldava o fato de Jesus ser o Messias e que Moisés e Elias o reconheceram como tal. Se eles haviam se sentido deprimidos alguns dias antes com as palavras de Jesus, agora, mais uma vez, voltavam ao melhor momento da vida deles. Eles tinham visto o reino! Inclusive, enquanto desciam o monte, como judeus piedosos, ousaram perguntar a Jesus sobre o Elias anunciado pelo profeta Malaquias (Malaquias 4.5,6), aquele que deveria se manifestar antes do triunfo do Messias. A resposta de Jesus — mais uma vez — apontou para seu próprio destino, um destino concebido não em termos de vitória material, mas de sofrimento:

> Ao descerem do monte, ordenou-lhes que não contassem a ninguém o que tinham visto, exceto quando o Filho do Homem tivesse levantado dentre os mortos. E eles mantiveram o segredo, discutindo o que seria aquele levantar-se dentre os mortos. E perguntaram-lhe: Por que dizem os escribas que é necessário que Elias venha primeiro? Ele lhes respondeu: Elias certamente virá primeiro e restaurará todas as coisas. Por que, pois, está escrito que o Filho do Homem deve sofrer muito e ser visto como nada? Mas eu vos digo que Elias já veio, e lhe fizeram o que quiseram, como está escrito sobre ele (Marcos 9.9-13).

---

[2] A favor da historicidade do episódio, veja: C. Vidal, "Transfiguración", no *Diccionario de Jesús y los Evangelios*, Estella e, de maneira muito especial, D. Flusser, *Jesús en sus palabras y en su tiempo*, Madri, 1975, p. 114. Flusser entendeu perfeitamente como a ideia da autoconsciência de Jesus como Filho estava ligada à morte.

Mais uma vez, Jesus voltara a expor a situação nos termos que julgava apropriado. Os discípulos haviam lhe perguntado sobre Elias, e sua resposta direta fora que o Elias profetizado já viera, mas seu destino havia sido trágico. *Eles fizeram tudo o que queriam com ele.* Dito isso, por que eles pensavam que as Escrituras afirmavam que o Filho do Homem tinha de sofrer muito e ser desprezado? Acaso não percebiam o significado dessas palavras? Para os três, não foi difícil entender que o Elias a quem Jesus se referia não era outro senão João Batista (Mateus 17.13), mas a ideia de um Messias que sofreria — uma ideia que Jesus já lhes havia exposto — não penetraria com tanta força em seu ser. Jesus, porém, estava disposto a repeti-la com frequência. Na verdade, o segundo anúncio de que o Messias sofreria a morte após um processo de abandono e desprezo ocorreu alguns dias depois, na estrada para a Galileia. Mais uma vez, as fontes são unânimes a esse respeito e deixam claro que, em decorrência do comportamento do Messias, deveria ser revelado o de seus seguidores:

> Tendo saído dali, iam caminhando pela Galileia; e Jesus não queria que ninguém soubesse, porque ensinava aos seus discípulos e dizia-lhes: O Filho do Homem será entregue em mãos de homens, e o matarão; mas, depois de morto, se levantará ao terceiro dia. Porém, eles não entendiam esse ensinamento e tinham medo de lhe perguntar. E chegou a Cafarnaum; e, quando estava em casa, perguntou-lhes: O que discutíeis entre vós pelo caminho? Porém, eles ficaram calados, porque no caminho haviam discutido entre eles acerca de quem seria o maior. Então, Ele sentou-se, chamou os doze e disse: Se alguém quiser ser o primeiro, será o último e o servo de todos. E tomou uma criança e a pôs no meio deles; e, tomando-a nos braços, disse-lhes: Quem receber uma criança assim em meu nome, a mim recebe; e quem me recebe não recebe a mim, mas, sim, ao que me enviou (Marcos 9.30-37).

As fontes dificilmente poderiam ser mais íntegras na transmissão do que aconteceu naqueles dias. Por um lado, Jesus repetia cada vez mais claramente que seu destino passava pelo desprezo, pelo sofrimento e pela morte; que não haveria consumação do reino sem primeiro Ele cruzar o limiar de um fim vergonhoso e humilhante, e que não ver as coisas dessa forma deixava claro que, em vez de ter a visão de Deus, se possuiria apenas a do homem comum e ordinário. Por outro lado, seus discípulos continuavam ancorados em suas antigas concepções. Se perguntavam sobre Elias, era para saber o que faltava para ocupar posições importantes no reino e, se escutavam Jesus falar de sua morte, se sentiam confusos e inquietos.

Fosse como fosse, Jesus deixara bem claro quem Ele era. Além disso, o fizera usando categorias teológicas essencialmente judaicas, como teremos oportunidade de ver nas páginas seguintes.

Excurso. Quem é a pedra de Mateus 16.18?

O Evangelho de Mateus inclui, após a confissão de Pedro, uma referência de Jesus que não aparece nas demais fontes, a qual diz que Ele levantará sua igreja sobre uma pedra — literalmente, uma rocha —, que dará a Pedro as chaves do reino dos céus e que o que Pedro ligar e desligar na terra será ligado e desligado nos céus.

Não é necessário aprofundar-se em relação ao fato de que o texto sobre Pedro e a rocha é a base sobre a qual a Igreja Católica Romana alega respaldar a supremacia papal, ao afirmar que a pedra sobre a qual a igreja se sustenta é Pedro. A afirmação é repetida várias vezes, mas é preciso dizer que não são poucos os teólogos católicos sérios que não acreditam nela. De maneira um tanto reveladora, Bento XVI, em sua trilogia sobre Cristo, ao chegar a essa passagem — como acontece com outras —, evita defender a posição católica tradicional e se dedica a comentar outros assuntos. Joseph Ratzinger podia ser papa, mas não era ignorante e certamente não ignorava o que qualquer exegeta moderadamente rigoroso sabe, ou seja, que o texto de Mateus 16.18 não pode ser usado com integridade para respaldar o papado por várias razões mais do que sólidas.

Em primeiro lugar, ainda que a pedra mencionada por Jesus fosse Pedro, em nenhum caso se diz que se identificava com o bispo de Roma, muito menos que esse cargo fosse submetido à sucessão. Por mais que se queira pensar no assunto, a verdade é que nas palavras de Jesus não há a menor referência a Roma ou a uma sucessão de Pedro. Pelo contrário, o que é dito seria afirmado unicamente acerca de Pedro. Em segundo lugar, o texto grego desmente essa interpretação. Na verdade, indica uma separação clara entre a rocha-pedra (*petra*) sobre a qual se assenta a igreja e o fragmento de pedra (*petrós*) que é Pedro. Parafraseando Jesus, o texto diz: "Você é um fragmento de pedra, mas eu edificarei minha igreja sobre uma ROCHA". Em terceiro lugar — e isso é de enorme relevância —, o próprio Pedro mostrou quem era a pedra e, certamente, NÃO era ele. Em outras palavras, Pedro sempre foi ciente de que ele NÃO era a pedra. Ele sabia disso, entre outras razões, porque a Bíblia profetizava quem era essa pedra sobre a qual se ergueria o edifício de Deus conhecido como igreja. Assim, ao comparecer perante o Sinédrio, Pedro afirmou claramente que a pedra não era ele, mas, sim, Jesus, e para isso ele apelou para a profecia de Salmos 118.22:

> Saibam todos vós e todo o povo de Israel que em nome de Jesus Cristo de Nazaré, a quem vós crucificastes *e* a quem Deus ressuscitou dentre os mortos, por meio dele, este se acha são aqui diante de vós. Este *Jesus* é a PEDRA RE-JEI-TA-DA por vós, OS CONSTRUTORES, *mas* QUE VEIO A SER A PEDRA ANGULAR. E em nenhum outro há salvação, porque não há outro nome debaixo do céu dado aos homens no qual possamos ser salvos (Atos 4.10-12; ênfase do autor).

Em outras palavras, Pedro JAMAIS disse que ele era a pedra, mas apontou para Jesus, que havia cumprido a profecia como essa pedra, indicando ainda que a salvação não dependia da adesão a ele, Pedro — muito menos de se submeter ao bispo de Roma, conforme definido como dogma pelo papa Bonifácio VIII —, mas de acreditar em Jesus.

Essa posição foi mantida por Pedro até o fim de sua vida. Assim, por exemplo, em sua primeira carta, ele afirma:

> Deixando, pois, toda malícia, todo engano, hipocrisia, invejas e todas as difamações, desejai, como meninos recém-nascidos, o leite espiritual não adulterado, para que por ele cresçais para a salvação, se é que haveis experimentado a bondade do Senhor. Aproximando-vos dele, pedra viva, certamente rejeitada pelos homens, mas para Deus eleita e preciosa, também vós, como pedras vivas, sois edificados como casa espiritual e sacerdócio santo, para oferecer sacrifícios espirituais aceitáveis a Deus por meio de Jesus Cristo. Pelo que também diz a Escritura: Eis que ponho em Sião a principal pedra angular, eleita e preciosa; e quem acredita nele não será envergonhado.
>
> Para vós, pois, os que credes, ele é precioso; mas, para aqueles que não acreditam,
>
> A pedra que os edificadores rejeitaram
>
> Veio a ser a principal de esquina;
>
> e:
>
> Pedra de tropeço e rocha que faz cair, porque tropeçam na palavra, sendo desobedientes; para o que também foram destinados (1Pedro 2.1-8).

As palavras de Pedro são dignas de reflexão. A pedra NÃO é ele, mas Cristo. No máximo, outros crentes, como ele próprio, são fragmentos de pedra que se aproximam dessa Pedra que é o Messias. A declaração de Pedro é de especial relevância porque implica o cumprimento de duas profecias. A primeira já foi citada por Pedro em sua resposta ao Sinédrio e está no salmo 118. A segunda se encontra no capítulo 8.14 do profeta Isaías e se refere ao próprio Deus. Em outras palavras, a pedra sobre a qual se levanta o edifício de Deus — a igreja — não é um simples ser humano, mas o próprio YHWH, o Deus revelado desde o início e encarnado em Cristo. Disso se deduz que, se alguém finge ser essa pedra ou afirma que ela é alguém que não o Messias-Deus, está simplesmente se colocando no lugar de Deus, que é uma das características do homem de pecado apontada por Paulo em 2Tessalonicenses 2. Pedro certamente jamais incorreu nessa blasfêmia ou incitou alguém a fazê-lo, pois sempre ensinou que a pedra sobre a qual a igreja se erguia era Cristo.

Por fim, é preciso dizer que a maioria esmagadora dos primeiros cristãos não acreditou que a pedra fosse Pedro. O padre Launoy conduziu um estudo sobre as afirmações dos pais da igreja a respeito desse texto, e as conclusões a que ele chegou foram reveladoras. O número de pais da igreja que acreditavam que a pedra era o conteúdo da declaração de fé expresso por Pedro era de 44, o número daqueles que pensavam ser o próprio Cristo era de 16, o número daqueles que pensavam ser Pedro era de somente 17 e o número daqueles que pensavam ser a fé de todos os apóstolos se reduzia a 8. As diferentes opiniões dizem muito sobre o fato de que a posição que identificava a pedra com Pedro era minoritária, mas mesmo nesses casos não implicava sucessão, muito menos sucessão por meio do bispo de Roma.

Deve-se acrescentar a todos esses itens expostos acima que as declarações de Jesus sobre o ministério de Pedro foram cumpridas na vida de Pedro, e não foram passadas a mais ninguém. Se a referência às chaves de Pedro se relacionar ao fato de que Pedro abriria o reino aos judeus com sua pregação no Pentecostes (Atos 2) e aos gentios com a entrada do gentio Cornélio (Atos 10—11), é óbvio que foi uma missão cumprida ao longo da sua vida, a qual não pode ser repetida. Quanto ao ato de ligar e desligar, nem sequer foi exclusivo de Pedro. Na verdade, em João 20.23 essa ação é mencionada em relação a todos os apóstolos e, em Mateus 18.18, como manifestação da disciplina eclesial, a toda a igreja.

A afirmação de que Pedro é a pedra e que essa circunstância é, por sua vez, a base da Igreja Católica Romana, é, portanto, insustentável à luz das Escrituras. A pedra é Cristo, e Cristo confessado como o Messias e o Filho de Deus.

CAPÍTULO *dez*

Mais que um rabino (I):
O Filho do Homem e o
SERVO *de* YHWH

O FILHO DO HOMEM[1]

O fato de que Jesus era mais, muito mais do que um rabino, foi uma questão comprovada repetidas vezes. Não se tratava apenas de sua

---

[1] A literatura referente ao Filho do Homem é muito extensa. Para uma discussão das diversas posições com bibliografia abundante, veja: A. Bentzen, *Messias, Moses redivivus, Menschensohn*, Zurique, 1948; M. Black, "The Son of Man in the Old Biblical Literature", em *Expositure Times*, 40, 1948, p. 11-5; idem, The Son of Man in the Teaching of Jesus, em ibidem, 40, p. 32-6; idem, "The Servant of the Lord and the Son of Man", em *SJT*, 6, 1953, p. 1-11; T. W. Manson, "The Son of Man in Daniel, Enoch and the Gospels", em *BJRL*, 32, 1950, p. 171-93; J. A. Emerton, "The Origin of the Son of Man Imagery", em *JTS*, 8, 1958, p. 225-43; J. Coppens e L. Dequeker, *Le Fils de l'homme et les Saints du Très Haut en Daniel VII, dans les Apocryphes et dans le Nouveau Testament*, Louvain, 1961; O. Cullmann, *Christology of the New Testamente*, p. 137ss; S. Kim, "The Son of Manas the Son of God", Grand Rapids, 1983; B. Lindars, *Jesus Son of Man*, Grand Rapids, 1983; R. J. Bauckham, "The Son of Man: A Man in my Position or Someone", em *JSNT*, 2, 1985, p. 23-33 (uma resposta de B. Lindars em ibidem, p. 35-41); C. C. Caragounis, *The Son of Man*, Tubinga, 1986; M. Casey, *Son of Man*, Londres, 1979; idem, "General, Generic and Indefinite: The

autoridade não ser como a dos escribas e fariseus (Mateus 7.28,29). Não se tratava apenas de reivindicar a si a autoridade para perdoar pecados, algo que somente Deus pode fazer (Lucas 5.17-26). Tratava-se também do fato de que Ele não escondera que era alguém superior aos profetas e ao Templo, pois deixou isso claramente explícito em uma de suas controvérsias com os fariseus:

> Então, alguns dos escribas e fariseus responderam: Mestre, queremos ver um sinal que venha de ti. Ele lhes respondeu: A geração ímpia e adúltera exige um sinal, mas nenhum sinal lhe será dado, exceto o sinal do profeta Jonas. Porque, assim como Jonas esteve no ventre do grande peixe três dias e três noites, assim o Filho do Homem estará no seio da terra três dias e três noites. Os homens de Nínive se levantarão no juízo com esta geração e a condenarão, porque eles se arrependeram com a pregação de Jonas, e eis que aqui está quem é maior do que Jonas. A rainha do Sul se levantará no juízo com esta geração e a condenará porque ela veio dos confins da terra para ouvir a sabedoria de Salomão, e eis que aqui está quem é maior do que Salomão (Mateus 12.38-42 com Lucas 11.29-32).

Jesus não era apenas um mestre da moral ou algum outro rabino. Ele era alguém que estava acima dos profetas e do próprio Templo. Porém, além de tudo isso — e certamente não era pouco —, Jesus insistia em que era maior ainda, e assim deixaria claro nas declarações que fez de si mesmo.

Não deixa de chamar a atenção o fato de que, no episódio transcendental de Cesareia de Filipe, Jesus reconhecera que era o

---

Use of the Term Son of Man in Aramaic Sources and in the Teaching of Jesus", em *JSNT*, 29, 1987, p. 21-56; R. Leivestad, *Jesus in his own perspective*, 1987, p. 165ss; I. H. Marshall, "Son of Man", em *DJG*, 1992, p. 775-81. C. Vidal, "Hijo del Hombre", em *Diccionario de las tres teligiones monoteístas*, Madri, 1993, e idem, *El Primer Evangelio: el Documento Q*, Barcelona, 1993.

Messias e o Filho de Deus, porém preferiu se valer de um nome que utilizava com mais frequência que outros para se referir a si mesmo. Referimo-nos ao nome de Filho do Homem. Em algumas ocasiões, Jesus o juntou a outros títulos, como o de Servo de YHWH (Marcos 10.45), ao qual nos referiremos em outro capítulo. Em outras, o usou de modo independente (Mateus 8.20 e Lucas 9.58; Mateus 9.6, Marcos 2.10 e Lucas 5.24; Mateus 12.8, Marcos 2.28 e Lucas 6.5; Mateus 16.27; Mateus 25.3 etc.). Contudo, o que implicava tal título? Tem havido uma discussão científica considerável acerca desse tema nas últimas décadas, tornando-a uma das questões mais debatidas em relação à cristologia.

O termo grego *yios anzrópu* (Filho do Homem) é considerado equivalente ao aramaico *bar nasha*. Visto que a palavra *bar* é usada frequentemente em aramaico indicando procedência ou características ("filho da riqueza" seria equivalente a "rico"; "filho da mentira", a "mentiroso" etc.), H. Lietzmann concluiu, já no século 19, que "Filho do Homem" significava apenas "homem".[2] Baseado nisso, afirmou que a expressão não possuía conteúdo messiânico e que nem Jesus nem seus contemporâneos a entendiam como contendo esse sentido. Na verdade, segundo H. Lietzmann, Daniel 7.13 — onde a expressão aparece pela primeira vez — também não possuía significado messiânico.

A tese de H. Lietzmann atraiu J. Wellhausen, que a adotou, embora com algumas reservas,[3] porém sua refutação não tardaria em chegar com uma articulação tão consistente que o próprio Lietzmann acabaria voltando atrás e retirando-a.

O primeiro a levantar fortes oposições foi G. Dalman,[4] embora sua refutação não fosse contundente por se concentrar apenas no

---

[2] H. Lietzmann, *Der Menschensohn. Ein Beitrag zur neutestamentchen Theologie*, Berlim, 1896.
[3] J. Wellhausen, *Skizzen und Vorarbeiten*, VI, Berlim, 1899, p. 187ss.
[4] G. Dalman, *Die Worte Jesu*, Leipzig, 1898 e 1930.

fato de que *bar nasha* não era usado no aramaico galileu como "homem". Muito mais interessante, do nosso ponto de vista, foi a análise de P. Fiebig[5] sobre o assunto. Ele aceitava que *bar nasha*, em termos estritamente filológicos, significava "homem", mas mostrava que nem por isso deixava de ter um significado como título messiânico.

Para outros autores, a expressão simplesmente equivaleria a uma perífrase de "eu"[6] que era usada na literatura rabínica para indicar modéstia ou evitar dar a impressão de soberba, para tratar de temas como doença ou morte e para evitar ofender qualquer um dos ouvintes. A tese foi criticada de modo brilhante por J. Jeremias,[7] que deixou claro que *bar nasha* poderia ser, em alguns casos, um substituto para o impessoal — como o nosso "cansa-se de ler" —, mas nunca perífrase de "eu". A isso deve ser adicionado o fato de que se desconhece um uso semelhante de *bar nasha* antes do século 2 d.C., portanto não há relevância alguma para o uso que Jesus fez dele. A realidade é que, conforme apontou o rabino judeu Leo Baeck, "sempre que em obras posteriores se menciona 'esse Filho do Homem' , 'este Filho do Homem' ou 'o Filho do Homem', é

---

[5] A. P. Fiebig, *Der Menschensohn, Jesu Selbstzeichnung mit besonderer Berücksichtigung des aramäischen Sprachgebrauchs für "Mensch"*, Tubinga, 1901.
[6] M. Black, "Servant of the Lord and Son of Man" , em *SJT*, 6, 1953, p. 1-11; idem, "The Son of Man problem in recent research and debate", em *BJRL*, 45, 1963, p. 305-18; G. Vermes, "The use of br ns/ br ns in Jewish Aramaic", em M. Black, *An Aramaic approach to the Gospels and Acts*, Oxford, 1967, p. 310-28; idem, *Jesús el judío*, Barcelona, 1977, p. 174ss. Uma abordagem bastante próxima à de Vermes em B. Lindars, *Jesus Son of Man*, e M. Casey, *Son of Man*. Tanto Vermes como Lindars e Casey pretenderam estabelecer que as palavras do Filho do Homem são autênticas, descartando inicialmente as referentes a Daniel 7. Tal tese nos parece, na falta de uma justificativa convincente, carregada de arbitrariedade. J. D. G. Dunn, *Christology in the Making*, Filadélfia, 1980, formulou a hipótese discutível de que Jesus poderia ter utilizado desde o princípio a expressão "Filho do Homem" referente a si mesmo, chegando Ele mesmo a associá-la com o tempo ao "Filho do Homem" de Daniel 7, com base na vindicação que esperava para si e que procederia de Deus.
[7] J. Jeremias, "The Servant of God", 1980, p. 303ss.

a citação de Daniel que está falando".[8] Por outro lado, nenhum dos supostos usos parece se encaixar com o que sabemos de Jesus, o qual as fontes não apresentam particularmente preocupado em não ofender seus ouvintes, nem modesto em suas pretensões, nem inclinado a usar eufemismos na hora de falar sobre a enfermidade ou a morte. Para finalizar, como veremos nas páginas seguintes, a expressão "Filho do Homem" não apenas conta com um conteúdo messiânico no judaísmo, mas também aparece ligada à ideia do "servo" e até mesmo à ideia de divindade.

O título "Filho do Homem" realmente aparece pela primeira vez em Daniel 7.13. É comum para alguns autores interpretar o personagem como um símbolo do povo de Israel. Em outras palavras, o profeta Daniel estaria falando de como Deus (o Ancião de Dias) entregaria o domínio a Israel, e a pregação cristã — talvez começando com Jesus — estaria negando e deturpando esse fato. Tal interpretação, apesar de estar muito difundida, é insustentável e ainda se choca com o que encontramos nas fontes judaicas. Daniel Boyarin,[9] um autor judeu, tem recebido o mérito por lembrar aspectos que emergem da simples leitura do texto desprovida de preconceitos. Assim, as características do Filho do Homem em Daniel 7 são:

- É divino.
- Existe na forma humana.
- Pode ser bem retratado como uma divindade mais jovem que aparece ao lado do Ancião de Deus.
- Será entronizado nas alturas.
- A Ele é dado poder e domínio, inclusive soberania sobre a terra.[10]

---

[8]Leo Baeck, *Judaism and Christianity: Essays*, Filadélfia, 1958, p. 28-9.
[9]D. Boyarin, *The Jewish Gospels*, p. 25ss.
[10]D. Boyarin, *The Jewish Gospels*, p. 33.

Em outras palavras, o Filho do Homem não somente não é Israel, mas um ser que ultrapassa o meramente humano, entrando na categoria do divino. Como disse J. A. Emerton: "O ato de vir com as nuvens sugere uma teofania do próprio Yahweh",[11] e ele poderia ter acrescentado: como sabe qualquer pessoa que conhece o Antigo Testamento.

Esse Filho do Homem — humano e divino ao mesmo tempo — aparece nas fontes judaicas unido à ideia do Messias, do Servo de YHWH e do Filho de Deus. Assim, tanto o Enoque etíope como 4Esdras identificam o "Filho do Homem" como o Messias. Em 4Esdras, o "Filho do Homem" se manifesta voando com as nuvens do céu (4 Esdras 13.3), aniquila o inimigo com o sopro de sua boca (4Esdras 13.8ss., passagem que também pega os ecos messiânicos de Isaías 11.4) e junta uma multidão pacífica (4Esdras 13.12,13). Esse "Filho do Homem" é "aquele a quem o Altíssimo tem guardado por muito tempo, aquele que salvará pessoalmente a sua criação" (4Esdras 13.26), aquele a quem Deus chama de "meu Filho" (4Esdras 13.32,37,52) e que vencerá os inimigos de Deus (4Esdras 13.33ss). Da mesma forma, o "Filho do Homem" é identificado como o servo de Deus de quem Isaías fala (13.32-37; 14.9), o qual é preservado (13.26 com Isaías 49.2).

No Enoque etíope, o "Filho do Homem" provoca a queda de reis e poderosos (46.4), tem seu assento no trono da glória (45.3; 55.4; 61.8; 62.2; 69.27), administra o juízo (45.3; 49.4; 55.4; 61.8; 62.3; 69.27), será o sustento dos justos e dos santos, a luz das nações e a esperança dos oprimidos (48.4); e afirma-se que os justos e os eleitos desfrutarão a comunhão com Ele à mesa e na vida (62.14). O Enoque etíope também descreve o "Filho do Homem" com passagens tiradas das canções do Servo de YHWH. Assim, é "luz das nações" (48.4 com Is 42.6; 49.6), "escolhido" (39.6; 40.5

---

[11] J. A. Emerton, "The Origin of the Son of Man Imaginery", em *Journal of Theological Studies* 9, 1958, p. 231-2.

com Isaías 42.1), "o justo" (38.2; 53.6 com Isaías 53.11), seu nome é pronunciado antes da criação "na presença do Senhor dos espíritos" (48.3 com Isaías 49.1), estava oculto em Deus (48.6; 62.7 com Isaías 49.2), e a derrota de reis e poderosos é descrita por suas mãos (46.4; 62.1 com Isaías 49.7; 52.13-15).

Certamente, não deixa de ser significativo que todas essas passagens anteriores ao cristianismo já contenham uma visão do Filho do Homem que mais tarde encontramos em Jesus e em seus discípulos. O Filho do Homem não é nem remotamente um símbolo de Israel; pelo contrário, é um personagem descrito como o Servo de YHWH, o Messias e o Filho de Deus com base no próprio texto de Daniel 7.

Essa identificação do "Filho do Homem" como o Messias vai além do judaísmo da literatura apocalíptica. Daniel 7 foi certamente interpretado como uma passagem messiânica pelos rabinos. Assim, no Talmude (Sanh, 98a), o texto de Daniel 7.13 é considerado uma referência ao Messias, que, se Israel tivesse se comportado dignamente, teria vindo nas nuvens do céu; ao passo que, do contrário, seria obrigado a vir humilde e montado em um asno (veja Zacarias 9.9 com Marcos 11.1ss. e passagens paralelas). De maneira semelhante, Daniel 7.9 foi interpretado como uma referência ao trono de Deus e ao do Messias pelo rabino Aquiba (Hag. 14a), e Daniel 7.27 é entendido em Números Rab. 11 como relativo aos tempos do Messias.

Insistamos nisto: o "Filho do Homem" não era um nome para Israel, mas, sim, para o Messias. No entanto, não se tratava de qualquer concepção do Messias, e sim de um Messias descrito de acordo com as canções do servo em Isaías. Suas características eram divinas — para falar a verdade, as mesmas de YHWH —, e Ele receberia o poder de Deus para concluir a História, atraindo para si não apenas os judeus, mas também os gentios. Como teremos oportunidade de ver mais tarde, essa visão judaica não apenas foi aquela que Jesus aplicou a si mesmo, mas também aquela que desempenhou um papel essencial em sua condenação à morte pelo Sinédrio por causa do crime de blasfêmia.

Longe de se manifestar como um simples rabino ou um mestre da moral, Jesus se apresentava como o Filho do Homem, um ser de origem celestial que manifestava características que somente YHWH possuía, que imporia a justiça no mundo e que era identificado como Messias, mas em sua forma de Servo de YHWH.

O SERVO DE YHWH[12]

Em Marcos 10.45, somos informados de como Jesus se vinculou aos títulos de "Servo" e "Filho do Homem" para se definir e explicar sua missão. Ao se comportar dessa maneira, Jesus aplicava a si uma visão bem estabelecida no judaísmo.[13] Na verdade, o *Ebed*

---

[12]Sobre o Servo, com exposição de diferentes posições e bibliografia, veja: M. D. Hooker, *Jesus and the Servant*, Londres, 1959; B. Gerhardsson, "Sacrificial Service and Atonement in the Gospel of Mathew", em R. Banks (ed.), *Reconciliation and Hope*, Grand Rapids, 1974, p. 25-35; O. Cullmann, *The Christology of the New Testament*, Londres, 1975, p. 51ss; D. Juel, *Messianic Exegesis: Christological Interpretation of the Old Testament in Early Christianity*, Filadélfia, 1988; F. F. Bruce, *New Testament Development of Old Testament Themes*, Grand Rapids, 1989, p. 83-99; J. B. Green, "The Death of Jesus, God's Servant", em D. D. Sylva (ed.), *Reimaging the Death of the Lukan Jesus*, Frankfurt del Meno, 1990, p. 1-28 e 170-3.
[13]Parece-nos indiscutível que Jesus aplicou a si mesmo o título de "Servo". Assim, em termos gerais, endossamos a opinião de C. H. Dodd em *According to the Scriptures*, Londres, 1952, p. 110, de que "não pode haver nenhuma base razoável" para duvidar de que Jesus "associou a linguagem relativa ao Filho do Homem com aquela que havia sido usada em conexão com o Servo do Senhor e a empregou para expressar o significado e a situação de sua própria morte que se aproximava". Estudos sobre a questão, mantendo a mesma posição que expressamos aqui, em T. W. Manson, *The Servant-Messiah*, Cambridge, 1953; L. Morris, *The Apostolic Preaching of the Cross*, Grand Rapids, 1956, p. 9-59; R. T. France, "The Servant of the Lord in the Teaching of Jesus", em *TynB*, 19, 1968, p. 26-52; I. H. Marshall, "The Development of the Concept of Redemption in the New Testament", em R. Banks (ed.), *Reconcililation and Hope: New Testament Essays on Atonement and Eschatology presented to L. L .Morris*, Exeter, 1974, p. 153-69; R. Leivestad, *Jesus in his Own perspective*, Minneapolis, 1987, especialmente p. 169ss; F. F. Bruce, *New Testament Developments of Old Testament Themes*, 1989,

YHWH (Servo de YHWH)[14] é mencionado com especial relevância nas chamadas canções contidas no livro do profeta Isaías (42.1-4; 49.1-7; 50.4-11; 52.13—53.12). A leitura das passagens nos permitirá captar as reais dimensões do personagem mencionado:

> Aqui está meu servo. Eu o sustentarei. Meu escolhido, em quem minha alma se compraz. Coloquei meu Espírito sobre ele. Ele trará justiça às nações. Ele não gritará, nem levantará a voz, nem a fará ouvir nas ruas. Ele não quebrará a cana ferida, nem apagará o pavio que fumega. Trará a justiça por meio da verdade. Não se cansará nem desmaiará antes de estabelecer a justiça na terra; e as ilhas esperarão sua lei (Isaías 42.1-4).

> É pouco para mim que sejas meu servo, para levantar as tribos de Jacó e restaurar o remanescente de Israel. Também te dei por luz para as nações, para que sejas minha salvação até os confins da terra (Isaías 49.6).

> Quem creu em nossa pregação e sobre quem se manifestou o braço de YHWH? Subirá como renovo diante dele e como uma raiz que brota na terra seca. Nele não há atrativo nem beleza. Nós

---

p. 96ss. Também tratamos desse assunto anteriormente em "Jesús" e "Siervo de Yahveh", em C. Vidal, *Diccionario de las Três Religiones*, Madri, 1993.

[14]Para um estudo desse título numa perspectiva do Antigo Testamento, veja: C. R. North, *The Suffering Servant in Deutero-Isaiah*, Oxford, 1956; V. de Leeuw, *De Ebed Jahweh-Profetieen*, Louvain-Paris, 1956; H. H. Rowley, *The Servant of the Lord and other essays on the Old Testament*, Oxford, 1965, p. 1-93. Sobre o uso do título pela igreja primitiva, veja: A. Harnack, *Die Bezeichnung Jesu als Knecht Gottes und ihre Geschichte in der alten Kirche*, Berlim, 1926, p. 212ss; G. Vermes, *Jesús el judío*, Barcelona, 1977, p. 171ss; O. Cullmann, *Christology of the New Testament*, Londres, 1975, p. 51ss; idem, "Gésu, Servo di Dio", em *Protestantesimo*, 3, 1948, p. 49ss; W. Zimmerli e J. Jeremias, "The Servant of God", em *SBT*, 20, 1957, p. 43ss; T. W. Manson, *The Servant-Messiah. A Study of public ministry of Jesus*, Manchester, 1953, e César Vidal, "*Siervo de Yahveh*", em *Diccionario de Jesús y los Evangelios*, Estella, 1995.

o veremos, mas não com atração suficiente a ponto de o desejarmos. Desprezado e rejeitado pelos homens, homem de dores, que experimentará sofrimento. Foi desprezado quando dele escondemos nosso rosto e não o apreciamos. Na verdade, ele levou nossas enfermidades e sofreu nossas dores; e pensamos que estava açoitado, ferido por Deus e abatido. Porém, a verdade é que ele foi ferido por nossas rebeliões, moído por nossos pecados. O castigo que traria a nossa paz estava sobre ele, e fomos curados por sua chaga. Todos nós nos desviávamos como ovelhas. Cada um pelo seu caminho. Porém, YHWH levou sobre ele o pecado de todos nós. Embora sofresse angústia e aflição, ele não abriu a boca. Foi levado ao matadouro como um cordeiro. Como uma ovelha que se encontra diante dos que a tosquiam, ficou mudo, sem abrir a boca. Foi removido pelo juízo e pela prisão. Quem falará de sua linhagem? Porque ele foi arrancado da terra dos seres viventes e foi ferido pela rebelião do meu povo. E pensou-se em sepultá-lo entre os ímpios, mas, uma vez morto, esteve entre os ricos, embora nunca tenha feito o mal, nem tenha existido engano em sua boca. Apesar de tudo, YHWH quis quebrantá-lo, submetendo-o ao sofrimento. Depois de colocar sua vida em expiação pelo pecado, ele verá sua descendência, viverá longos dias, e a vontade de YHWH prosperará nele. Após a aflição de sua alma, ele verá a vida,[15] e ficará satisfeito. Por meio de seu conhecimento, meu servo justificará a muitos e levará seus pecados (Isaías 53.1-11).

As passagens anteriores, escritas vários séculos antes de Jesus (oito, embora alguns defendam que sejam apenas cinco), referem-se a um personagem cujas características parecem bem delineadas. Por um lado, restauraria o Israel perdido (e, portanto, não pode ser identificado como Israel ou como o povo judeu); por outro, sua missão incluiria também a salvação de não judeus. Além disso,

---

[15]Literalmente: "luz", de acordo com o pergaminho de Isaías de Qumran e a LXX.

traria uma nova Lei. Embora desse a sensação de que era executado por Deus, na realidade estaria morrendo para expiar os pecados de Israel. Ele não se oporia a ser executado, e, embora devesse ser enterrado com criminosos, a verdade é que seu corpo acabaria na tumba de ricos. Sua morte, contudo, não seria o fim da história. Após expiar o pecado com ela, ele "veria a luz", ou seja, voltaria à vida, ressuscitaria e serviria de salvação para muitos.

Esse servo, cuja morte teve um significado sacrificial e expiatório, já havia sido identificado como o Messias antes do nascimento de Jesus e até mesmo já se afirmara que sua morte seria em favor dos ímpios.[16]

No Enoque etíope, por exemplo, o "Servo" aparece identificado como a figura do "Filho do Homem" (13.32-37; 14.9; 13.26 com Isaías 49.2), que é descrito nos termos messiânicos tirados das canções do servo: "luz das nações" (48.4 com Isaías 42.6), "escolhido" (40.5 com Isaías 42.1), "justo" (38.2; 53.6 com Isaías 53.11), possuidor de um nome proclamado antes da criação, "na presença do Senhor dos espíritos" (48.3 com Isaías 49.1), "oculto em Deus" (48.6 e 62.7 com Isaías 49.2), "vencedor sobre os poderosos" (46.4; 62.1 com Isaías 49.7; 52.13-15) etc.

No entanto, a interpretação que via o Messias no servo de YHWH não se restringia, bem ao contrário, à literatura pseudepigráfica. Na verdade, o maior número de referências nesse sentido acha-se na literatura rabínica, onde não é incomum encontrar a ideia de um Messias-Servo sofredor. Assim, o servo de Isaías 42 foi identificado como o Messias pelo Targum de Isaías,[17] bem como

---

[16] G. H. Dix, "The Messiah ben Joseph", em *JTS*, 27, 1926, p. 136ss; W. D. Davies, *Paul and Rabbinic Judaism*, Londres, 1948, p. 247ss.

[17] P. Humbert, "Le Messie dans le Targum des prophètes", em *Revue de Théologie et Philosophie*, 43, 1911, p. 5ss; G. Kittel, "Jesu Worte über sein Sterben", em *DT*, 9, 1936, p. 177; P. Seidelin, "Der Ebed Jahve und die Messiasgestalt im Jesajatargum", em *ZNW*, 35, 1936, p. 197ss; H. Hegermann, "Jesaja 53 in Hexapla, Targum und Peschitta", Gütersloh, 1954.

pelo Midrash no salmo 2 e Yalkut II, 104.[18] O Targum também via o servo de Isaías 43.10 como "meu servo o Messias".

Algo semelhante acontece com o servo de Isaías 49, que é identificado como o Messias em repetidas ocasiões. Em Yalkut Shimoni II, 52b, Isaías 49.8 é citado como uma demonstração dos sofrimentos do Messias e, em Yalkut II, 52, Isaías 49.9 é interpretado como palavras do Messias. Isaías 49.10 é citado pelo Midrash de Lamentações precisamente em conexão com o texto messiânico de Isaías 11.12. Isaías 49.14 é aplicado messianicamente em Yalkut II, 52c. Isaías 49.21 também é citado como messiânico no Midrash sobre Lamentações, em associação com Salmos 11.12. Isaías 49.23 está conectado ao Messias em Levítico R. 27 e no Midrash de Salmos 2.2.

Embora atualmente se insista em identificar o servo de Isaías 53 com Israel, a verdade é que essa interpretação é muito tardia — possivelmente não anterior ao século 11 d.C. —[19] e, claro, não é a que existia na época de Jesus. Na verdade, a canção de Isaías 52.13 a 53.12 também tem ecos messiânicos claros na literatura judaica. Isaías 52.3 é citado como um texto messiânico no Talmude (Sanh. 97b). Isaías 52.7 é considerado messiânico pelo Yalkut II, 53c. Isaías 52.8 é citado como uma passagem que se refere ao Messias pelo Midrash sobre Lamentações, assim como mencionamos antes. Isaías 52.12 é aplicado ao Messias em Êxodo R. 15 e 19.

O Targum de Jonathan ben Uzziel traduz Isaías 52.13 da seguinte forma:

---

[18]A persistência, que veremos em vários exemplos, da ideia de um Messias-Servo sofredor em Yalkut não deixa de ser surpreendente, na medida em que revela o vigor dessa interpretação. O Yalkut, cujas referências consideramos mais apropriadas manter no corpo de nossa exposição, em vez de reuni-las em uma única nota ou em um excurso "ad hoc", foi possivelmente escrito por R. Simeon de Frankfurt no século 8 e editado pela primeira vez em Salônica em 1521.

[19]Nessa mesma linha, V. Buksbazen, *The Prophet Isaiah*, Bellmawr, 2012, p. 401.

> Veja, meu servo, o Messias, prosperará. Será exaltado e crescerá e será impressionantemente forte.

Em Yalkut Shim II, 53c, não somente lhe é dada uma interpretação messiânica, mas também se fala expressamente dos sofrimentos do Rei-Messias. Isaías 53 é associado de modo específico ao Messias no Targum, embora a ideia de seu sofrimento tenha sido excluída, possivelmente em reação ao cristianismo.[20] Entretanto, essa não foi uma postura generalizada. Assim, Isaías 53.5 se associa ao Messias no Midrash de Samuel e faz referência específica aos seus sofrimentos. Esse mesmo ponto de vista aparece refletido no Talmude (Sanh. 98b) — compilado no século 6 d.C. —, onde Isaías 53 também é interpretado messianicamente:

> O messias — qual é o seu nome? [...] Os da casa do Rabino dizem: "o enfermo", conforme se diz: "certamente levou nossas enfermidades".

De modo semelhante, o Midrash de Rute 2.14 relaciona essa passagem aos sofrimentos do Messias, declarando:

> Está falando do Rei Messias: "Vem, aproxima-te do trono e come do pão", esse é o pão do reino, "e molha o teu bocado no vinagre". Isso se refere aos seus sofrimentos, conforme se diz: "Porém, ele foi ferido por nossas transgressões, moído por nossas iniquidades".

Encontramos uma referência semelhante na Pesiqta Rabbati 36. Ainda mais relevante é uma oração atribuída a Eliezer Ha-Kallir (século 8 d.C.) relacionada à liturgia judaica para o Dia da Expiação, ou Yom Kippur, que está em alguns *sidurim* (livros de orações judaicos) e diz assim:

---

[20]Nessa mesma linha, veja: J. Jeremias, "The Servant of God", p. 71.

Estamos encolhidos em nossa miséria até agora! Nossa rocha não veio até nós. O Messias, nossa justiça, se afastou de nós. Estamos apavorados. E não há quem nos justifique! As nossas iniquidades e o jugo das nossas transgressões ele levará, *porque foi ferido pelas nossas transgressões*: ele levará os nossos pecados sobre seu ombro para que possamos encontrar o perdão das nossas iniquidades, e *pelas suas feridas somos curados*. Ó Eterno, chegou a hora de fazer uma nova criação, da abóbada do céu trazei-o, de Seir trazei-o para que possa fazer ouvir sua voz a nós no Líbano, uma segunda vez pela mão de Yinnon.[21]

É surpreendente perceber que os judeus — pelo menos o autor da oração — sabiam que o Messias viera, que morrera exatamente como Isaías profetizara sobre o Servo e que seria preciso esperá-lo uma segunda vez.

Apesar da controvérsia entre o judaísmo e o cristianismo posteriores, essa tradição que via o Servo de YHWH descrito por Isaías como o Messias continuou sendo preservada em certos setores do judaísmo durante a Idade Média. Tanto Rashi (em seu comentário sobre Sanh. 93) como R. Moshe Cohen Iben Crispin, R. Elías de Vidas, Alsec ou Isaac Abrabanel eram conscientes de que a passagem de Isaías 53 tinha sido tradicionalmente interpretada como messiânica, embora expressassem sua oposição a defender a interpretação histórica. No calor da controvérsia teológica com o cristianismo, o judaísmo foi abandonando cada vez mais a interpretação primitiva. Foi exatamente o rabino Joseph Ben Kaspi (1280-1340 d.C.) que advertiu outros rabinos de que "aqueles que explicam essa seção relacionando-a ao Messias dão oportunidade aos hereges (cristãos) de interpretá-la com referência a Jesus". Sobre essa afirmação, o rabino Saadia ibn Danan disse: "Que Deus o

---

[21]Driver e Neubauer, *The Suffering Servant of Isaiah*, p. 445.

perdoe por não ter falado a verdade".[22] De fato, a mudança na interpretação começou a se espalhar por volta do ano 1096 d.C., o que alguns autores associaram ao drama sangrento que as Cruzadas representaram para os judeus.[23] No entanto, a mudança encontrou resistências porque implicava substituir uma interpretação de milênios por outra nova, motivada pelo sentimento anticristão dos rabinos. A esse respeito, é significativo que o rabino Moshe Kohen ibn Crispin (século 13 d.C.) se queixasse amargamente de que aqueles que interpretavam Isaías 53 como uma referência a Israel violavam o real sentido do texto e seu verdadeiro significado, "havendo-se inclinado diante da teimosia dos próprios corações e da própria opinião. Alegra-me interpretar a Parasha (passagem) de acordo com o ensino de nossos rabinos sobre o Rei Messias [...] e aderir ao sentido literal. Logo, me verei livre das interpretações forçadas e desproporcionais das quais outras pessoas são culpadas".[24]

Apesar da clareza do texto e de séculos de interpretação, era óbvio para os rabinos que mantê-la implicava uma arma mais do que poderosa para os cristãos, e eles continuaram na linha de associar o servo de YHWH a Israel, não ao Messias. Não foi uma tarefa fácil. O famoso rabino Manasseh ben Israel de Amsterdã (1604-1657) — a quem o puritano Oliver Cromwell concedeu o retorno dos judeus à Inglaterra em 1655 — escreveu uma paráfrase do texto na qual não apenas introduziu palavras para distorcer o significado da passagem, mas também chegou a afirmar que aqueles que haviam se desviado como ovelhas eram os gentios — especialmente cristãos e muçulmanos —, que viriam a pedir perdão a Israel pelo dano que haviam causado.

Como se tudo isso não bastasse, Isaías 53 foi excluído das leituras na sinagoga. Sem dúvida, pouquíssimas vezes na História um

---

[22]S. R. Driver e Adolf Neubauer, *The Suffering Servant of Isaiah*, p. 203.
[23]Nessa mesma linha, V. Buksbazen, *The Prophet Isaiah*, p. 402.
[24]S. R. Driver e A. Neubauer, *The Suffering Servant of Isaiah*, p. 199ss.

texto foi tão perseguido para evitar que sua luz fosse lançada. Foi um triunfo parcial, porque o rabino Moshe Kohen ibn Crispin, escrevendo no século 13, afirmou o seguinte sobre Isaías 53:

> Essa profecia foi entregue por Isaías seguindo o mandamento divino com o propósito de nos fazer conhecer algo sobre a natureza do futuro messias, que virá e libertará Israel [...] de tal maneira que, se alguém surgir afirmando ser o messias, possamos refletir e contemplá-lo para ver se podemos observar nele qualquer semelhança com os traços aqui descritos: se houver semelhança, então podemos crer que ele é o Messias Nossa Justiça, mas, se não, não podemos crer.[25]

Agora precisamos fazer uma referência à ressurreição do Servo de YHWH, depois de ter dado sua vida como sacrifício expiatório pelos pecados. Em Isaías 53.8,10, somos informados não apenas de que o Servo "foi cortado da terra dos viventes", mas que também, depois de sua morte expiatória, "prolongará seus dias" e "verá a luz". A palavra "luz" não aparece no Texto Massorético, mas aparece na LXX e também está atestada em dois manuscritos hebraicos pré-cristãos da Caverna 1 de Qumran (1QIsa e 1QIsb). Não podemos ter certeza absoluta de que tal texto fora usado como "testemunho" da ressurreição do Messias pelos primeiros cristãos, mas a possibilidade não é, de forma alguma, de se menosprezar.[26]

A ideia de um Messias-Servo que cumpria as profecias de Isaías não foi, certamente, inventada pelos primeiros cristãos para explicar a crucificação de Jesus nem devia nada ao mundo gentio. Ao contrário, era fundamentalmente judaica, como se conclui das

---

[25] Driver e A. Neubauer, *The Suffering Servant of Isaiah*, p. 114.
[26] Em favor de seu uso como "testemunho" junto com Salmos 16.10 ou Isaías 55.3, veja: F. F. Bruce, *Paul, Apostle of the Heart Set Free*, Grand Rapids, 1990, p. 92.

fontes às quais nos referimos. Por séculos, antes e depois de Jesus, os judeus sabiam que o Servo de Isaías 53 era o Messias. Somente na Idade Média é que passou a predominar a interpretação que identificava o Servo com Israel, mas não sem a resistência de rabinos que consideravam que essa conduta implicava distorcer as Escrituras de forma absurda.

Essa controvérsia situou-se a séculos de distância de Jesus, que afirmou claramente que era o Filho do Homem, mas também o Servo de YHWH, o verdadeiro Messias.

CAPÍTULO *onze*

Mais que um rabino (II): O MESSIAS *e o* FILHO *de* DEUS

O MESSIAS[1]

Como tivemos a oportunidade de ver, a ideia de um Messias identificado como Filho do Homem e Servo de YHWH estava mais do que firmada no judaísmo do Segundo Templo. No entanto, deve-se

---

[1] O conjunto de obras relacionadas a esse título é imenso. Mencionamos nesta nota algumas das contribuições mais sugestivas, nas quais se inclui uma discussão da totalidade prática de pontos de vista, bem como uma considerável bibliografia: J. Klausner, The *Messianic Idea in Israel*, Londres, 1956; H. Ringgren, *The Messiah in the Old Testament*, Londres, 1956; J. Jeremias, *Teología del Nuevo Testamento, I: La predicación de Jesús*, Salamanca, 1974; S. Mowinckel, *El que ha de venir: mesianismo y mesías*, Madri, 1975; O. Cullmann, *Christology of the New Testamente*, p. 111ss; G. Bornkamm, *Jesús de Nazaret*, Salamanca, 1975; M. Hengel, *Between Jesus and Paul*, Londres, 1983, p. 65-77; J. Neusner, W. S. Green e E. Frerichs, *Judaisms and their Messiahs at the Turn of the Christian Era*, Cambridge, 1987; A. Edersheim, *Prophecy and History according to the Messiah*, Grand Rapids, 1980; idem, *La vida y los tiempos de Jesús el Mesías*, Tarrasa, 1988, v. II, p. 689ss. (sobre a interpretação rabínica do Messias); C. Vidal, "Mesías" no *Diccionario de las Tres Religiones Monoteístas*, Madri, 1993.

destacar que esse judaísmo tão dividido internamente carecia de um conceito uniforme do Messias. Às vezes, mas não sempre, o Messias era visto mais como um líder dotado de características que hoje consideraríamos não apenas religiosas, mas também políticas. As teses sobre o comportamento que o Messias teria com os gentios também eram contraditórias, e podemos até aceitar, de acordo com o que se conclui dos escritos de Qumran, e talvez da pergunta do Batista registrada em Mateus 11.3, que a crença em dois messias gozava de certo prestígio em algumas áreas.

O conceito de Jesus era diferente do conceito dos demais, mas, como veremos nas páginas seguintes, era essencialmente judaico e contava com paralelos claros no judaísmo do Segundo Templo.

A palavra hebraica *mashíah* significa "ungido". Nesse sentido, servia para designar o rei de Israel (1Samuel 9.16; 24.6) e, em geral, qualquer pessoa que recebesse uma missão específica de Deus, fosse um sacerdote (Êxodo 28.41), um profeta (1Reis 19.16) ou um simples instrumento — inclusive pagão — dos desígnios divinos, como foi o caso de Ciro, o rei persa (Isaías 45.1).

De acordo com 2Samuel 7.12ss. e Salmos 89.3ss., Davi recebera a promessa divina de que seu reino seria estabelecido para sempre. A decepção causada pelos acontecimentos históricos em relação a essa esperança foi sendo gradualmente articulada em torno da figura de um Ungido, um Messias concebido como personagem futuro e escatológico, embora seja raro o termo *mashíah* aparecer no Antigo Testamento com esse conteúdo; por exemplo, Salmos 2 e 72.

A literatura extrabíblica coincide com o Antigo Testamento na atribuição davídica à linhagem do Messias (Miqueias 5.2 etc.). Contudo, enquanto passagens do Antigo Testamento como Jeremias 30.8ss. e Ezequiel 37.21ss. consideram que a aparição desse rei nomeado por Deus implicaria uma salvação terrena, final e eterna, podemos ver em 4Esdras 7.26ss; 11-14; Baruque 29.30,40 ou Sanhedrin 96bss a ideia de que o reinado do Messias será apenas provisório, precedendo a outro definitivo implantado por Deus. Também é óbvio que as características desse monarca aparecem de maneira diversa nas diferentes fontes. No livro bíblico de Zacarias (9.9), nos encontramos diante do retrato de um Messias manso e pacífico.[2] No entanto, nos salmos extrabíblicos de Salomão (17 e 18), ao contrário, aparece a imagem de um monarca guerreiro que destruiria os inimigos de Israel. É verdade que essa ideia estava profundamente arraigada na época de Jesus, mas, como teremos ocasião de ver, não era exclusiva nem única.

Jesus afirmou, certamente, que era o Messias, mas um Messias com características muito específicas, que já contemplamos ao analisar categorias como o Filho do Homem ou o Servo de YHWH nas páginas anteriores.

O Filho de Deus

Associado aos títulos anteriores, acha-se o de "Filho de Deus". No Antigo Testamento, a expressão aparece vinculada a três circunstâncias diferentes. Por um lado, todo o povo de Israel é chamado por esse adjetivo (Êxodo 4.22; Oseias 11.1 etc.); por outro, era utilizado como título real (2Samuel 7.14; Salmos 2.7; Salmos 89.26) e, por fim, serve para designar uma série de personagens de certa estatura sobre-humana, como anjos (Jó 1.6; 2.1; 38.7 etc.). Com exceção da passagem de Isaías 9.6 e da referência aos anjos, Filho de Deus não é um título de caráter divino, mas, sim, humano. O Filho de Deus é, fundamentalmente, o monarca escolhido por Deus.

As referências ao Messias como "Filho de Deus" encontradas no Enoque etíope (105.2) e em 4 Esdras (7.28ss; 13.32; 37.52; 14.9) são duvidosas, porque é possível que no primeiro caso nos

---

[2]Sobre o tema do Messias pacífico no Targum palestino como consequência da rejeição da ação violenta contra Roma, veja: G. Pérez Fernández, *Tradiciones mesiánicas en el Targum palestinense*, Valência-Jerusalém, 1981, p. 141ss.

encontremos perante uma interpolação cristã e, no segundo, que devamos interpretar *pais* talvez não como "filho", mas como "servo". Tudo isso explica o fato de G. Dalman e W. Bousset terem negado que o judaísmo houvesse empregado o título de "Filho de Deus" em relação ao Messias[3] e que W. Michaelis[4] insistisse na novidade desse nome. Contudo, há dados que apontam na direção oposta. Em 4QFlorilegium, 2Samuel 7.14 é interpretado messianicamente, o que, conforme apontou R. H. Fuller,[5] indica que "Filho de Deus" já era usado como título messiânico no judaísmo anterior a Jesus. Certamente não se trata de um caso isolado. De fato, na literatura judaica, o salmo 2, no qual se faz referência explícita ao "Filho de Deus", é aplicado repetidas vezes ao Messias. Assim, o versículo 1 se refere ao Messias na Av. Zar., no Midrash de Salmos 92.11 e no Pirqué de R. Eliezer 28.[6] O versículo 4 é interpretado messianicamente no Talmude (Av. Zar.), e o 6 se refere ao Messias no Midrash de 1Samuel 16.1, relacionando-o também com a canção do Servo de Isaías 53. O versículo 7 é citado no Talmude com outras referências messiânicas em Suk 52a.

O Midrash dessa passagem é realmente notável, porque nela são associados à pessoa do Messias os textos de Êxodo 4.22 (que, evidentemente, se refere em sua redação original ao povo de Israel), de Isaías 52.13 e 42.1, que correspondem às canções do Servo, de Salmos 110.1 e de uma citação relacionada ao "Filho do

---

[3]G. Dalman, *Die Worte Jesus*; W. Bousset, *Kyrios Christos*, p. 53ss. Veja também E. Huntress, "Son of God in Jewish writings prior to the Christian Era", em *JBL*, 54, 1935, p. 117ss; V. Taylor, *Person of Christ in New Testament Teaching*, Londres, 1958, p. 173ss; W. G. Kümmel, *Heilsgeschehen und Geschichte*, Marburgo, 1965, p. 215ss.

[4]W. Michaelis, *Zur Engelchristologie im Urchristentum*, Bâle, 1942, p. 10ss.

[5]R. Fuller, *Foundations of New Testament Christology*, p. 32.

[6]Em Yalkut II, 620, p. 90a, indica-se que aqueles que confrontam Deus e seu Messias são "semelhantes a um ladrão que se rebela atrás do palácio de um rei e diz que, se encontrar o filho do rei, ele o agarrará, crucificará e o matará com uma morte cruel. O Espírito Santo, porém, zomba dele".

Homem que vem com as nuvens do céu". Menciona-se inclusive o fato de que Deus fará uma nova aliança. O versículo 8 se aplica ao Messias no Ber. R. 44 e no Midrash. Em Suk 52a também é mencionada a morte do Messias, filho de José.

Conclui-se do exposto anteriormente que o Messias era de fato chamado de "Filho de Deus" em algumas correntes interpretativas judaicas anteriores a Jesus e que em alguns casos sua figura era vinculada inclusive com a do Servo e do Filho do Homem, algo realmente notável se levarmos em consideração a maneira pela qual a controvérsia anticristã influenciou certos textos judaicos. Em todos os casos, "Filho de Deus" parece implicar a ideia de eleição para uma missão exclusiva e determinada e, mais especificamente, aquela ligada ao conceito de Messias.

Jesus certamente se apresentou como o Filho de Deus, e não é de surpreender que tal declaração fosse interpretada por alguns de seus contemporâneos como uma reivindicação de messianidade. Contudo, Ele introduziu um elemento totalmente novo e sugestivo. A maneira pela qual qualificava Deus como seu Pai e até o chamava de *Abba* (papai) excede em muito a messianidade e indica um relacionamento muito mais profundo. Jesus podia se referir a Deus como "meu Pai" (Mateus 18.19) e até mesmo mostrar como desfrutava um relacionamento exclusivo com Ele, fora do alcance de qualquer outro ser. Precisamente essa relação exclusiva achava-se na base das próprias afirmações de Jesus e das exigências que fazia aos seus contemporâneos:

> Naquele momento, respondendo Jesus, disse: Eu te louvo, Pai, Senhor do céu e da terra, porque escondeste isso dos sábios e entendidos e o revelaste aos pequeninos. É assim, Pai, porque assim agradou aos teus olhos. Tudo me foi entregue por meu Pai, e ninguém conheceu o Filho, exceto o Pai; nem ninguém conheceu o Pai, exceto o Filho, e aquele a quem o Filho escolhe revelá-lo. Vinde a mim os que estais cansados e sobrecarregados, que eu vos farei descansar. Colocai sobre vós o meu jugo e aprendei de mim, que sou manso e humilde de coração, e achareis descanso

para vossas almas. Porque meu jugo é suave, e minha carga é leve (Mateus 11.25-30).

Essas palavras se encontram no material narrativo comum a Mateus e Lucas,[7] o que destaca sua antiguidade e autenticidade, mas sobretudo nos indica que o fato de ser o Filho unigênito do Pai fundamentava o ensino de Jesus e, sobretudo, sua maneira de agir.[8] Ele era Filho de Deus, mas não no sentido meramente humano, meramente messiânico, que encontramos no judaísmo.

Para Jesus, Deus era *Abba* (papai), o que não era para nenhum outro judeu. Na verdade, passariam séculos até que outros judeus — talvez devido à influência cristã — se atrevessem a chamar Deus dessa forma.[9]

Essa autoconsciência de Jesus explica de modo mais que suficiente a autoridade da qual Ele se considerava investido e a forma pela qual determinou sua visão do que significava ser o Messias.

---

[7] Fora dos Evangelhos e no restante do Novo Testamento, Hebreus dedica mais de dois capítulos (1 e 2) para desenvolver sua visão do termo que equivale a afirmar a divindade do Filho, relacionando-a com a do Pai. Assim, o Filho é chamado de Deus (Hebreus 1.8), dele se diz que todos os anjos o adoram (Hebreus 1.6) e a Ele se aplicam textos originalmente relacionados a Yahweh (Hebreus 1.10 e Salmos 101.26-28). Quanto às cartas de João, elas lembram o uso do Evangelho (1João 2.23; 4.15). Por outro lado, Paulo usa o título somente três vezes (Romanos 1.4; 2Coríntios 1.19; Gálatas 2.20), e em contextos que não apresentam ecos de uma influência pagã, muito menos dos "filhos de Deus" do helenismo. Mas também o encontramos em referências como "Filho" ou "Seu Filho" (Romanos 1.3; 9.5; 10.8; 3.29,32; 1Coríntios 1.9; 15.28; Gálatas 1.16; 4.4,6; 1Tessalonicenses 1.10).

[8] A favor da tese de que Jesus se via como o Filho de Deus, veja, entre outros: C. Vidal, *Diccionario de Jesús y los Evangelios*, Estella, 1995; J. Jeremias, *Abba y el mensaje central del Nuevo Testamento*, Salamanca, 1983, p. 17ss. e 197ss; idem, *Teología*, v. I, p. 80ss; D. Flusser, "El Hijo del Hombre", em A. Toynbee (ed.), *El crisol del cristianismo*, Madri, 1988, p. 335, 344; D. R. Bauer, "Son of God", em *DJG*, p. 769ss.

[9] Sobre o assunto, de forma especial, veja: J. Jeremias, *Abba y el Mensaje Central del Nuevo Testamento*, Salamanca, 1983.

Jesus tinha uma autoconsciência clara de:

- Ser o Filho do *Abba,* não apenas mais um filho, como outros seres humanos poderiam ser. O Pai lhe havia revelado coisas às quais somente teriam acesso aqueles a quem Ele, o Filho, quisesse revelar.
- Ter recebido uma missão especial, a de pregar o reino, mas não como fizera João Batista, e sim como o personagem anunciado por João, ou seja, como o Messias.
- Que esse Messias era o Servo e o Filho do Homem, ou seja, um Messias vinculado a uma interpretação judaica secular e com antecedentes no judaísmo do Primeiro e do Segundo Templos, mas que ia de encontro às ambições de muitos de seus contemporâneos, inclusive de Pedro e seus seguidores.
- Que, exatamente por ser esse tipo de Messias, Ele tinha de morrer como um sacrifício expiatório pelos pecados do povo.
- Que retornaria dos mortos — Ele ressuscitaria — depois de oferecer sua vida como sacrifício.

Sem nenhum tipo de dúvida, essa autoconsciência de Jesus estava muito, muito além de ser um rabino ou um mestre da moral. Além disso, essa autoconsciência explica mais do que amplamente toda sua trajetória até a morte e também a frustração de não poucos de seus seguidores.

Excurso: A ascendência davídica de Jesus

O Messias poderia apresentar características diversas de acordo com as diferentes interpretações existentes durante o período do Segundo Templo. No entanto, havia uma clara coincidência no sentido de que Ele pertenceria à linhagem do rei Davi.

Em relação à linhagem davídica atribuída a Jesus pelos Evangelhos (especialmente as genealogias de Mateus 1 e Lucas 3), pode-se dizer que o mais seguro é afirmar que ela é historicamente correta.

É indiscutível que os primeiros cristãos a admitiam desde muito cedo, tanto em ambientes judaico-cristãos palestinos (Atos 2.25-31; Apocalipse 5.5; 22.16) como em ambientes judaico-cristãos extrapalestinos (Mateus 1.1-17,20; Hebreus 7.14), paulinos (Romanos 1.3; 2Timóteo 2.8) ou de Lucas (Lucas 1.27,32; 2.4; 3.23-28).

Por outro lado, os testemunhos do Novo Testamento certamente não foram os únicos. Eusébio (*História eclesiástica*, III, 19ss) inclui o relato de Hegésipo acerca de como os netos de Judas, o "irmão de Jesus", foram presos (e posteriormente libertos) pelo romano Domiciano, que procurava eliminar todos os judeus da linhagem davídica. Por meio desse autor, chegou-nos também a notícia da morte de Simeão, primo de Jesus, executado por ser descendente de Davi (*História eclesiástica*, III, 32, 3-6). Da mesma forma, Júlio Africano lembra que os parentes de Jesus se gabavam de sua linhagem davídica (*Carta a Arísteas*, LXI).

Claro, não há nas fontes judaicas nenhuma negação desse ponto, algo dificilmente crível se, de fato, Jesus não tivesse descendência davídica. Alguns autores até interpretaram o Sanhedrin 43a — no qual Jesus é descrito como *qarob lemalkut* (próximo ao reino) — como um reconhecimento dessa circunstância. Portanto, de uma perspectiva histórica, o mais provável é que Jesus foi descendente de Davi, embora alguns considerassem que, possivelmente, por meio de uma linhagem secundária.

CAPÍTULO *doze*

A LUZ *do* MUNDO

A OBSERVÂNCIA DAS FESTAS

É precisamente a partir dessa época do ministério de Jesus que temos vários testemunhos de sua vida como um judeu piedoso que obedecia fielmente aos mandamentos da Torá referentes às festas. Assim, sabemos que Ele desceu à Judeia e ali permaneceu aproximadamente três meses entre a Festa dos Tabernáculos e a Festa da Dedicação do ano 29 d.C.

As referências ao período mencionado da existência de Jesus nos foram transmitidas pela fonte de Lucas e, sobretudo, pela de João. Os irmãos de Jesus — que não acreditavam nele (João 7.3-5) — o incentivaram a ir à festa, supostamente para difundir seu ministério também na Judeia, ou talvez para deixar claro que seu alcance era limitado. Jesus acabou subindo a Jerusalém, mas sem a companhia de sua família e secretamente (João 7.1-11). O clima estava certamente tenso e, a essa altura, já se discutia se Ele enganava o povo ou se era bom, um debate mantido com certa discrição por medo de represálias (João 7.12). Inclusive, durante a Festa dos

Tabernáculos, havia uma enorme expectativa de que Jesus se proclamasse o Messias, o que não pode surpreender se levarmos em conta que pouco antes teriam desejado torná-lo rei (João 7.11-52). Também houve uma tentativa frustrada de prisão (João 7.32-36). De modo muito significativo, no último e grande dia da festa, Jesus comparou a libação cerimonial da água com a verdadeira água da vida que era Ele próprio. A fonte de João relatou o episódio da seguinte forma:

> No último e grande dia da festa, Jesus se pôs em pé e clamou dizendo: Se alguém tem sede, venha a mim e beba. Do interior daquele que crê em mim, como dizem as Escrituras, rios de água viva fluirão (João 7.37,38).

No entanto, é possível que o episódio mais significativo tenha ocorrido em relação a uma mulher apanhada em adultério. É lamentável que essa passagem — que alguns chamam de perícope da adúltera — tenha sido suprimida ou colocada entre parênteses em algumas novas traduções do Evangelho de João, pois sua autenticidade é indiscutível e possui documentos genuínos. O texto diz assim:

> Todos foram para suas casas, e Jesus foi para o monte das Oliveiras. Pela manhã, Ele voltou ao templo, e todas as pessoas foram até Ele, que, assentado, as ensinava. Então, os escribas e os fariseus trouxeram-lhe uma mulher que fora apanhada em adultério e, colocando-a no meio, disseram: Mestre, esta mulher foi apanhada no próprio ato de adultério, e, na lei Moisés, nos ordenou apedrejar esse tipo de mulheres. Tu, portanto, o que dizes? Contudo, eles diziam isso tentando-o, para poder acusá-lo. Jesus, porém, inclinado em direção ao solo, escrevia na terra com o dedo. E, como eles insistissem na pergunta, Ele se endireitou e lhes disse: Aquele que entre vós estiver sem pecado seja o primeiro a atirar a pedra nela. E, inclinando-se novamente em direção ao solo,

continuou escrevendo na terra. Porém, ao ouvirem isso, acusados por sua consciência, eles saíram um a um, começando pelos mais velhos até chegar aos jovens. E ficou somente Jesus e a mulher que estava no meio. Endireitando-se Jesus e não vendo ninguém senão a mulher, disse-lhe: Mulher, onde estão aqueles que te acusavam? Ninguém te condenou? Ela disse: Ninguém, Senhor. Então, Jesus lhe disse: Tampouco eu te condeno. Vai e não peques mais (João 7.53—8.11).

O episódio é relatado com toda a simples naturalidade de uma testemunha ocular. Sem dúvida, sua leitura comove ainda hoje, mas deve ter causado verdadeira irritação entre os contemporâneos de Jesus. Afinal, Ele não somente se recusara a condenar uma pessoa que fora indiscutivelmente apanhada em um pecado grave, mas também se permitira afirmar que o pecado era uma condição universal, exatamente a mesma declaração que vinha anunciando desde o início de sua pregação. Ao contrário de muitos moralistas de hoje, Jesus não minimizou a gravidade da ação da mulher — cujo companheiro, aliás, conseguira fugir do suposto anseio de justiça dos escribas e fariseus — e, além disso, deixou bem claro que ela não devia pecar mais. Jesus, é claro, não poderia ser tachado de um antinomiano que encontrava desculpas, mais ou menos românticas, para o adultério. Em vez disso, Ele sabia muito bem o que estava errado e o que se deveria parar de fazer. Porém, pela enésima vez, Ele insistiu em sua mensagem fundamental, que afirmava que todos os seres humanos são, em maior ou menor grau, pecadores; todos são incapazes de liquidar a dívida que têm com Deus; e todos dependem completamente do perdão gratuito e generoso de Deus para obter a salvação. Esse perdão era o que Jesus anunciava àqueles que, humildemente, desejaram recebê-lo pela fé.

Se tal pregação provocara uma enorme oposição na Galileia, na Cidade Santa, por antonomásia, causou uma verdadeira comoção. Não era oculto aos fariseus que Jesus relativizava todo o ensino deles de um modo que consideravam intolerável. Certamente, o fato de Ele ter se apresentado como a luz do mundo possivelmente no momento em que ocorria a iluminação do Templo não deve ter amenizado a situação. É novamente a fonte de João que nos transmite o episódio:

> Jesus lhes falou novamente, dizendo: Eu sou a luz do mundo. Quem me segue não andará nas trevas, mas terá a luz da vida. Então, os fariseus lhe disseram: Tu testificas de ti mesmo. Teu testemunho não é verdadeiro. Em resposta, Jesus disse-lhes: Embora eu testifique de mim mesmo, meu testemunho é verdadeiro, porque sei de onde vim e para onde vou, mas vós não sabeis de onde vim nem para onde vou. Vós julgais segundo a carne. Eu não julgo ninguém e, se julgo, meu julgamento é verdadeiro, porque eu não estou sozinho, mas estamos eu e aquele que me enviou, o Pai. E em vossa lei está escrito que o testemunho de dois homens é verdadeiro. Eu sou aquele que testifica sobre mim mesmo, e o Pai que me enviou testifica acerca de mim. Disseram-lhe eles: Onde está teu Pai? Jesus respondeu: Vós não conheceis a mim nem a meu Pai. Se me conhecêsseis, também conheceríeis meu Pai. Essas palavras Jesus falou no lugar das ofertas, enquanto ensinava no templo, e ninguém o prendeu porque sua hora ainda não havia chegado (João 8.12-20).

Sim, Jesus tivera a ousadia de se apresentar como a verdadeira luz do mundo em plena etapa da Festa dos Tabernáculos, em que a luz desempenhava um papel extraordinário na liturgia. Além disso, ao estilo dos antigos profetas e de João Batista, ele minimizava o fato de pertencer à linhagem de Israel como meio de salvação (João 8.39ss). Não é realmente de surpreender que em uma dessas ocasiões Ele tenha escapado por pouco de ser apedrejado (João 8.59), nem o fato de que espalharam calúnias de que Ele era um samaritano, um endemoninhado ou um filho bastardo

(João 8.41,48; 10.20), ou que tivessem proibido qualquer pessoa de reconhecê-lo como o Messias (João 7.41ss; especialmente João 9.22). Tampouco é de surpreender que, quando Jesus curou um cego, os fariseus se esforçaram para que este o renegasse (João 9.1-41). Afinal, ações como essas eram as que podiam provocar sua aceitação por parte de uma massa da qual não se podia esquecer, mas que, no fundo, os fariseus desprezavam como meros *am-ha-arets* [povo da terra].

Muito possivelmente, um dos momentos mais significativos dessa permanência de Jesus em Jerusalém foi quando Ele se apresentou como "a porta" e "o bom pastor", em contraste com outros pastores espirituais que eram falsos. Mais uma vez, a fonte que relatou esse episódio foi a de João:

> Em verdade, em verdade vos digo: quem não entra pela porta no aprisco das ovelhas, mas sobe por outro lado, é ladrão e bandido, mas quem entra pela porta é o pastor das ovelhas. O porteiro abre a porta para ele, as ovelhas ouvem sua voz, e ele as chama pelo nome e as conduz para fora. E, quando já conduziu todas para fora, ele vai adiante delas, e as ovelhas o seguem porque conhecem sua voz. Contudo, elas não seguirão o estranho, mas fugirão dele, porque não conhecem a voz de estranhos. Jesus lhes contou essa alegoria, mas eles não entenderam o que ele queria dizer. Portanto, Jesus voltou a lhes dizer: Em verdade, em verdade vos digo: Eu sou a porta das ovelhas. Todos os que me precederam são ladrões e bandidos, mas as ovelhas não os ouviram. E eu sou a porta. Quem entra por mim será salvo, entrará e sairá e achará pastagem. O ladrão somente vem para roubar, matar e destruir. Eu vim para que tenham vida e a tenham em abundância. Eu sou o bom pastor. O bom pastor dá a vida pelas ovelhas. Porém, o mercenário e que não é o pastor, a quem as ovelhas não pertencem, vê o lobo vir e abandona as ovelhas, e foge, e o lobo se apodera delas e as dispersa. Assim, o mercenário foge porque é mercenário e não

se importa com as ovelhas. Eu sou o bom pastor e conheço minhas ovelhas, e as minhas ovelhas me conhecem da mesma forma que o Pai me conhece e eu conheço o Pai e dou minha vida pelas ovelhas. Também tenho outras ovelhas que não são deste aprisco. Eu também tenho de trazer essas ovelhas, e ouvirão minha voz, e haverá um rebanho e um pastor (João 10.1-16).

Há uma tendência de interpretar as palavras precedentes de modo bucólico e romântico, mas não há nada mais distante da realidade. Jesus estava dissecando a situação espiritual de Israel, e a análise não foi lisonjeira. Certamente, antes dele haviam aparecido guias espirituais, mas tinham sido "ladrões e bandidos" (João 10.8). Aqueles líderes não faziam mais do que cumprir a obrigação de simples assalariados, assalariados que, é claro, nunca arriscariam sua existência pelas ovelhas (João 10.12ss). No entanto, Jesus, sim, estava disposto a dar sua vida por elas. Ele a daria voluntariamente, para depois tornar a tomá-la (João 10.16ss). As palavras de Jesus implicavam o questionamento de todas as regras dos líderes espirituais de Israel, mas, como se isso não bastasse, constituíam um eco mais do que identificável da crítica aos falsos pastores formulada por Ezequiel durante a pior crise sofrida pelo povo de Israel. Devemos reproduzir, mesmo que em parte, o texto do profeta para entender as palavras de Jesus:

Veio a mim a palavra de YHWH, dizendo: Filho do homem, profetiza contra os pastores de Israel. Profetiza e dize aos pastores: Assim diz YHWH, o Senhor: Ai dos pastores de Israel que apascentam a si mesmos! Acaso os pastores apascentam os rebanhos? Comeis a gordura e vos vestis com a lã. Degolais o cevado, mas não apascentais as ovelhas. Não haveis fortalecido as fracas nem curado as doentes. Não enfaixastes a que tinha a perna quebrada. Não levastes de volta ao aprisco a que se havia desgarrado nem buscastes a perdida, mas vos comportastes como se fossem seus senhores, de forma dura e violenta. E elas andam vagando por falta de um pastor e são presa de todas as feras do campo e se espalharam. Minhas ovelhas andaram perdidas por todos os montes e por todos os outeiros, e por toda a face da terra foram espalhadas minhas ovelhas, e não houve ninguém que as buscasse nem perguntasse por elas. Portanto, pastores, ouçam a palavra de YHWH: Tão certo como eu vivo, disse YHWH, o Senhor, visto que meu rebanho foi entregue ao roubo e minhas ovelhas passaram a ser presa de todas as feras do campo por não ter pastor, e meus pastores não buscaram minhas ovelhas, mas apascentaram a si mesmos e não apascentaram minhas ovelhas, portanto, ó pastores, ouvi a palavra de YHWH. Assim disse YHWH, o Senhor: Eis que sou contra os pastores, requererei minhas ovelhas das suas mãos e farei que deixem de apascentar as ovelhas. Os pastores também não apascentarão mais a si mesmos, porque eu livrarei minhas ovelhas de sua boca, e eles não poderão mais comê-las. Pois assim disse YHWH, o Senhor: Eis que eu, eu mesmo, buscarei minhas ovelhas e as reconhecerei. Assim como o pastor reconhece seu rebanho no dia em que está no meio de suas ovelhas dispersas, assim eu reconhecerei minhas ovelhas e as livrarei de todos os lugares onde estavam dispersas no dia de nuvens e escuridão. E eu as tirarei dos povoados e as reunirei das terras. Eu as trarei para sua terra e as apascentarei nos montes de Israel, pelas margens dos rios e em todos os lugares habitados do país [...] Eu apascentarei minhas ovelhas e lhes darei um aprisco, diz YHWH, o Senhor (Ezequiel 34.1–13,15).

O texto de Ezequiel nos fornece o contexto adequado para entender a transcendência das palavras de Jesus. No passado, o próprio YHWH havia contemplado com horror a dura situação espiritual das ovelhas de Israel. Seus pastores não apenas não cuidavam, mas também se aproveitavam delas. Eles não as serviam, mas se serviam delas. A profecia indica que YHWH havia anunciado juízo contra aqueles pastores malvados, prevendo a restauração das ovelhas e sua própria vinda para cumprir essa missão. Agora Jesus repetia a mensagem, mas, ao contrário de Ezequiel, não anunciava que YHWH viria como pastor, mas apresentava a si mesmo como o bom pastor. Não é de surpreender, dada a transcendência daquelas palavras, que aquele discurso acabasse por convencer a muitos de que Ele possuía um demônio — como era possível negar autoridade aos fariseus e identificar-se com a tarefa de YHWH, o pastor? —, mas também fez que outros se perguntassem se poderia estar endemoninhado aquele que era capaz de dar vista aos cegos (João 10.21). O ambiente devia estar suficientemente tenso para que, durante a Festa da Dedicação, Jesus evitasse se proclamar diretamente o Messias. Mesmo assim, Ele conseguiu, a duras penas, evitar outra tentativa de prisão (João 10.22-39). A prova de quanto a tensão havia aumentado é que a fonte de João nos informa que Ele se retirou para o outro lado do Jordão, para o lugar onde João batizava, e ali permaneceu por um tempo (João 10.22-39). As pessoas certamente continuaram vindo até Ele, e muitos creram naquele lugar; mas Jesus com certeza estava se refugiando em um lugar menos perigoso, comparado à Galileia ou à própria Judeia.

Independentemente de como fosse visto, o ensino de Jesus colidia de modo crítico com o de seus contemporâneos. Não significava uma ruptura com o conteúdo das Escrituras: para falar a verdade, coincidia com as declarações dos profetas, mas, assim como elas, colidia com o que muitos de seus correligionários acreditavam. Jesus, um judeu fiel e piedoso, não questionava as celebrações do Templo e, certamente, participava delas. No entanto, ao mesmo tempo, Ele mostrava que não viria delas a salvação. Jesus não negava o papel da Torá, que Ele, explicitamente, viera para cumprir, mas o aprofundava, atribuindo-lhe muitas vezes um significado diferente do que aquele dado pelos fariseus. Jesus aceitava — e como! — que existiam pecadores, mas, de forma impertinente e insultante a muitos, ressaltava que essa condição era comum a todos os seres humanos em maior ou menor grau e que era impossível aspirar à salvação sem se aproximar de Deus, sem pedi-la humildemente e aceitá-la não por méritos próprios — geralmente supostos —, mas pela fé. Para piorar, Jesus também tinha uma clareza cristalina na hora de anunciar que a salvação estava indissoluvelmente vinculada a Ele. Não é de surpreender que os líderes religiosos de sua época reagissem com hostilidade ao ensino de Jesus, porque hoje, com certeza, aconteceria o mesmo, não apenas na esfera religiosa. No entanto, as palavras de Jesus dificilmente poderiam ser mais óbvias. Agora era possível ouvir uma notícia verdadeiramente boa, agora se podia receber a vida eterna, agora se podia passar da morte para a vida caso se cresse em seus ensinamentos:

> Em verdade vos digo que todo aquele que ouve as minhas palavras e crê naquele que me enviou tem a vida eterna e não será condenado, mas já passou da morte para a vida (João 5.24).

Ao suplantar a importância do homem e focá-la em si mesmo, Jesus se tornava motivo de desânimo, confusão e até ira para aqueles que se viam dotados de algum tipo de relevância, e — não se pode esquecer — essa reação não exclui nem mesmo os Doze.

Autojustificação, ganância, ansiedade e juízo

Jesus voltaria para a Galileia pela última vez logo em seguida, embora tenha descansado por alguns dias na residência de Lázaro em Betânia, perto de Jerusalém (Lucas 10.38-42). Foi nessa ocasião que elogiou a atitude de Maria, irmã de Lázaro, em oposição à de Marta, já que a primeira reservava tempo para ouvi-lo. Pelo que a fonte de Lucas nos informa, sabemos que, naquela altura, embora o número de discípulos tivesse crescido e continuasse muito ativo (Lucas 10.1-24), a população, na grande maioria, continuava indiferente à pregação (Lucas 10.13ss). Na verdade, poderia ser dito que, mesmo que as pessoas pensassem o contrário, sua ignorância da Torá era mais do que grave. Esse ponto é ilustrado por um episódio vivido nessa época, na Judeia, muito possivelmente nas proximidades de Jerusalém. A fonte de Lucas o relata da seguinte forma:

> E eis que um intérprete da lei se levantou e, a fim de prová-lo, disse: Mestre, o que tenho de fazer para herdar a vida eterna? Jesus lhe disse: O que está escrito na lei? Como a lês? Ele, respondendo, disse: Amarás o Senhor teu Deus com todo o teu coração, com toda a tua alma, com todas as tuas forças e com toda a tua mente e amarás o teu próximo como a ti mesmo. E Jesus lhe disse: Respondeste bem. Faze isso e viverás. Porém ele, querendo justificar a si mesmo, disse a Jesus: E quem é o meu próximo? Jesus respondeu-lhe: Um homem descia de Jerusalém para Jericó e caiu nas mãos de ladrões que o despojaram e, depois de feri-lo, se foram, deixando-o meio morto. Aconteceu que um sacerdote descia por aquele caminho e, ao vê-lo, passou ao largo. Da mesma forma, um levita chegou, aproximou-se daquele lugar e o viu, mas passou ao largo. No entanto, um samaritano, que estava a caminho, aproximou-se dele e, ao vê-lo, sentiu-se movido a agir com misericórdia e, aproximando-se, atou-lhe as feridas, despejando nelas azeite e vinho e, colocando-o sobre seu cavalo, o levou para uma hospedaria e cuidou dele. No dia seguinte, ao partir, pegou dois denários, deu ao hospedeiro e disse-lhe: Cuida dele para mim e tudo o que gastares a mais eu te pagarei quando retornar. Quem, pois, desses três tu achas que foi o próximo daquele que caiu nas mãos dos ladrões? Ele disse: Aquele que agiu de modo misericordioso com ele. Então, Jesus lhe disse: Vai e faze tu o mesmo (Lucas 10.25-37).

Mais uma vez, estamos diante de uma passagem que costuma ser examinada com certo romantismo, mas que é uma rude refutação às pretensões de justiça dos religiosos. Nesse caso específico, um intérprete da lei se aproximou de Jesus para perguntar o que deveria fazer para obter a vida eterna. Jesus poderia ter respondido, de acordo com o que costumava ensinar, que ele precisava reconhecer seu pecado e voltar-se para Deus, mas preferiu optar por um caminho indireto para mostrar ao homem sua situação espiritual. Então, perguntou-lhe o que ele lia a respeito disso na Torá. A resposta do intérprete não se deteve nas afirmações referentes ao pecado e à necessidade de Deus perdoá-lo, mas apontou para os dois mandamentos mais importantes: o amor a Deus e o amor ao próximo. A resposta estava correta, mas, para qualquer um que tivesse parado para pensar, teria se tornado claro que ele não cumpria nenhum dos mandamentos e que, portanto, era culpado. O intérprete da lei tentou se autojustificar, apelando para um subterfúgio. É certo que ele cumpria os dois mandamentos e merecia a vida eterna, embora, está claro, precisasse explicar quem era seu próximo, porque, obviamente, essa expressão não tinha alcance universal. Exatamente por isso, a resposta de Jesus foi devastadora.

Na parábola, assistimos à descrição de um pobre homem que fora atacado e não socorrido por pessoas que, em teoria, cumpriam esses dois preceitos da Torá. Nem o sacerdote nem o levita quiseram socorrê-lo, e é possível que até tenham alegado justificativas religiosas para sua conduta, já que, se o homem estivesse morto, o simples contato com o cadáver lhes teria transmitido impureza ritual. No final, o único que teve piedade daquele infeliz foi um herege, um detestável samaritano, um inimigo histórico de Israel que não vinha ao templo em Jerusalém para orar, que tinha uma versão diferente da Torá e que inclusive tinha sangue impuro correndo em suas veias. Esse sujeito desprezível, que não adorava a Deus de acordo com a Torá, tinha demonstrado uma maior estatura moral no que tange a amar o próximo do que um sacerdote e um levita. Terminada a história, a pergunta que Jesus fez ao seu interlocutor foi direta: Quem havia demonstrado amor ao próximo? O intérprete da lei — certamente mergulhado em uma sensação mais que desconfortável — não se atreveu a dizer que era o samaritano e respondeu: "aquele que se comportou misericordiosamente com ele".

Foi uma resposta que permitiu a Jesus convidá-lo a se comportar da mesma maneira.

Se examinarmos o relato em seu contexto, é impossível negar seu caráter profundamente ofensivo para qualquer um que crer na autojustificação. Imaginemos, por um instante, que a história fosse a de um homem que se deslocava de uma cidade para outra em nosso Ocidente civilizado e cristão. A certa altura do caminho, o protagonista da história teria parado, e alguns ladrões teriam aproveitado para espancá-lo e roubar-lhe tudo o que ele carregava. Ele estaria estendido e meio morto na beira da estrada. Um sacerdote teria passado por ele, mas, entretido demais com a ideia de chegar a tempo de celebrar a missa, não teria parado para socorrê-lo. Depois dele, teria aparecido um pastor, o qual, querendo terminar o esboço de sua pregação, também não teria saído do carro para ajudá-lo, mas continuado seu caminho. Por fim, quem teria parado seria um muçulmano, talvez um imigrante ilegal nessa nação. O muçulmano teria se aproximado, aplicado os primeiros socorros à vítima do assalto e depois o levado a um hotel para se recuperar. Talvez tenha pensado em levá-lo a uma clínica, mas o medo de que lhe pedissem sua documentação o levou a rejeitar essa possibilidade. Porém, ao partir, deixou inclusive dinheiro com o funcionário do hotel, avisando que, quando retornasse, se houvesse algo mais a pagar, ele o faria. A pergunta agora seria quem teria agido da maneira adequada com seu próximo. Teria sido o sacerdote, o pastor ou o muçulmano? Se alguém que leu as linhas anteriores se incomodou com elas, é preciso dizer que essa pessoa experimentou apenas um pouco da sensação vivenciada pelo intérprete da lei que conversou com Jesus. É possível que aquele homem pudesse fazer comentários prudentes sobre como se deveria guardar o *shabbat* ou sobre os mandamentos mais relevantes da Torá, contudo, de fato, ele não era menos culpado do que outros por infringi-los.

Não sabemos se a tentação de ceder se apresentou diante de Jesus naquela época, em meio a uma hostilidade crescente que se revelava claramente em Jerusalém. Caso tenha se apresentado, Ele resistiu admiravelmente, porque, em um encontro com um fariseu, Ele voltou a pontuar as diferenças de modo considerável (Lc 11.37-54), a ponto de se referir ao juízo de Deus que cairia sobre a geração da época, uma geração que não desejara ouvir os profetas:

> Portanto, a Sabedoria de Deus também disse: Eu vos enviarei profetas e apóstolos; a alguns deles vocês matarão e a outros perseguirão; para que desta geração seja requerido o sangue de todos os profetas, que tem sido derramado desde a fundação do mundo, do sangue de Abel ao sangue de Zacarias, que morreu entre o altar e o templo. Portanto, vos digo: será requerido desta geração. Ai de vós, doutores da lei que tomastes a chave da ciência! Vós mesmos não entrastes e impedistes de entrar os que desejavam fazê-lo. E, enquanto lhes dizia isso, os escribas e fariseus começaram a atormentá-lo muito e a provocá-lo para que falasse muitas coisas, espreitando-o e tentando tirar de sua boca algo de que pudessem acusá-lo (Lucas 11.49-54).

As últimas pregações de Jesus na Galileia foram ainda mais insistentes nesses assuntos. Ele afirmou, por exemplo, que era tolice confiar nos bens materiais, como aquele rico infeliz que se pôs a fazer planos para o futuro e morreu naquela mesma noite:

> E disse-lhes: Olhai e guardai-vos de toda avareza, porque a vida do homem não se baseia na abundância dos bens que possui. Também lhes contou uma parábola, dizendo: A propriedade de um homem rico havia produzido muito, e ele pensava consigo mesmo: O que vou fazer, pois não tenho onde guardar meus frutos? E disse: É isto que vou fazer: derrubarei meus celeiros e os construirei maiores. Ali guardarei todos os meus frutos e meus bens e direi à minha alma: Alma, tu tens muitos bens guardados por muitos anos. Descansa, come, bebe, alegra-te. Porém, Deus lhe disse: Tolo, esta

noite virão pedir a tua alma, e o que tu planejaste, de quem será? Assim é aquele que constrói tesouros para si e não é rico para com Deus (Lucas 12.15-21).

É muito comum interpretar essa parábola de um modo convencional, segundo o qual nos encontraríamos diante de um homem rico que não previu o que poderia lhe acontecer no futuro e que, quando estava mais feliz contemplando suas riquezas, deu de cara com a morte. O ensino seria, então, que também se deve ser rico para com Deus, não apenas para si mesmo, porque a qualquer momento a morte pode vir. A realidade é que a mensagem da parábola é outra e, aliás, não menos angustiante. O homem rico não é censurado por ser rico. Tampouco somos informados de que ele tenha chegado a essa situação por falta de integridade ou pela exploração de seus trabalhadores. Ele era simplesmente alguém que, a certa altura, se viu em uma onda excepcionalmente boa de negócios e pensou em como sua existência seria maravilhosa com tanta abundância disponível. Naquele momento, vieram reivindicar sua alma. Porém, quem veio? Os anjos para levá-lo para o outro mundo? Não. Os que reivindicaram sua alma foram as coisas em que ele confiara para obter a felicidade. Talvez, ao não saber colocar os bens materiais em seu justo e devido lugar, aquele homem abrira a porta para ser escravo das coisas que acreditava possuir. Insistamos nisto: que ele acreditava possuir, porque eram as coisas que o possuíam a partir daquele momento.

É difícil não ver a atualidade milenar dessa história. As pessoas acreditam que serão felizes quando tiverem uma casa, um carro, até uma motocicleta, e não percebem que não são elas que possuem as coisas, mas que a casa, o carro ou a motocicleta é que as possuem. Sim, estão convencidas de que essa casa as fará felizes, mas, em geral, o que fazem é torná-las escravas de um banco ou de um agiota. Sim, pensaram que o carro mudaria sua vida, mas de repente tudo começa a girar sobre um veículo de quatro rodas.

Sim, depositaram suas esperanças de felicidade em uma motocicleta, mas o equipamento acaba tornando-se fonte de preocupações inimagináveis. Todos pensaram que sua alma se alegraria com essa situação específica e não percebem que a coisa em questão reivindica sua alma e se apodera dela.

Jesus podia olhar ao redor — a situação não seria tão diferente no mundo de hoje — e ver líderes espirituais capazes de citar as Escrituras, mas que, na verdade, as desconheciam e, além de tudo, exalavam autojustificação e sentimento de superioridade. Podia ver pastores que se consideravam importantes pelo simples fato de terem ovelhas sob seu comando, mas que não as serviam, e sim se serviam delas. Podia contemplar pessoas que supostamente pertenciam ao povo de Deus, mas que ignoravam que, acreditando encontrar felicidade nas coisas, tudo o que encontravam era a escravidão que as coisas impunham. Poderia ser surpresa que em um mundo tão desequilibrado — e que se aproximava a passos largos do juízo — a ansiedade fosse uma situação comum? Certamente que não.

É muito interessante como a fonte de Lucas situa no meio desse contexto o ensino de Jesus sobre não se deixar levar pela ansiedade. Tudo leva a crer que Ele teve de repeti-lo muitas vezes aos seus contemporâneos. Nesse contexto, era mais do que relevante. Não se tinha de esperar que as coisas materiais proporcionassem a felicidade — que maneira absurda de se tornar escravo delas! —, muito menos se devia deixar levar pela ansiedade. Em vez disso, era preciso colocar toda a confiança em Deus, que cuida até mesmo de seres menos importantes que os humanos, como os pássaros do céu e as flores do campo (Lucas 12.27-30). Em suma, era preciso buscar o reino de Deus e sua justiça, na certeza de que o restante seria dado em acréscimo (Lucas 12.31). É claro que haveria oposição, mas, mais uma vez, Jesus enfatizou que o único que merece o temor dos homens é Deus, a quem se haverá de responder um dia. Fossem eles conscientes disso ou não, a decisão mais séria nesta vida era a de se voltar para Deus ou rejeitar seu chamado.

Nem mesmo a realidade política mais próxima poderia mudar essa situação. A fonte de Lucas conservou um episódio particularmente revelador a tal respeito:

> Por essa mesma época, estavam ali alguns que lhe contaram o que acontecera aos galileus, cujo sangue Pilatos misturara com seus sacrifícios. Jesus respondeu-lhes: Pensais vós que esses galileus, por terem padecido tais coisas, eram mais pecadores do que todos os galileus?
> Escutai-me, pois: Eles não eram. Por outro lado, se não vos converterdes, todos perecereis da mesma maneira. Ou pensais que aqueles dezoito sobre os quais caiu a torre de Siloé e os matou eram mais culpados do que todos os homens que habitam em Jerusalém? Escutai-me, pois: Eles não eram. Por outro lado, se não vos converterdes, todos vós perecereis da mesma forma (Lucas 13.1-5).

A passagem dificilmente pode ser mais esclarecedora. Chegaram até Jesus algumas pessoas que lhe contaram como Pilatos havia tratado a repressão de alguns galileus de uma maneira particularmente apavorante. Ele esperou até que estivessem oferecendo sacrifícios, e, então, alguns soldados romanos que se haviam esgueirado pela multidão com disfarces adequados os mataram. Num sentido pavorosamente literal, haviam misturado o sangue dos animais sacrificados com o dos galileus. Desgraça semelhante ocorrera com aqueles que trabalhavam na torre de Siloé, uma das obras realizadas pelo poder romano. Talvez alguns pensassem que os galileus mereciam aquele destino por causa de como se opunham à política de Roma; talvez outros estivessem certos de que os trabalhadores da torre eram dignos da desgraça que lhes acontecera, já que haviam colaborado com um poder opressor. Pois bem, as duas conclusões, aparentemente sólidas e justas, eram lamentavelmente falsas. De acordo com o ensino de Jesus, independentemente de sua filiação política, todos os homens precisam de conversão. Não importa o que pensem, eles têm de se voltar para Deus, perante quem terão de comparecer mais cedo ou mais tarde. A mensagem não poderia ser mais clara: a menos que alguém se converta, perecerá qualquer que seja sua posição diante do poder romano. O dilema verdadeiramente central em toda a vida humana não é se a pessoa optou por esta ou aquela força política, mas se ela se voltou para Deus ou continuou dando-lhe as costas, atitude essa que podia coincidir inclusive com a prática religiosa. Afinal, era isso que ocorria com diversos contemporâneos de Jesus, cuja atitude foi simbolizada em um de seus *meshalim,* que a comparava a uma figueira que se recusa a dar fruto:

> Contou também esta parábola: Um homem tinha uma figueira plantada em sua vinha e veio procurar fruto nela, mas não encontrou. E disse ao viticultor: Olha, há três anos que venho procurar fruto nesta figueira e não consigo encontrar; corte-a; por que também usar mal a terra? Ele então lhe respondeu: Senhor, deixe-a ainda este ano, até que eu cave em torno dela e a esterque. E, se der fruto, ótimo; se não, será cortada (Lucas 13.6-9).

Afinal, esse era o grande drama cósmico em que Israel se achava imerso. Assim como Isaías já havia indicado séculos antes, Jesus podia dizer que Israel era uma vinha que, apesar dos cuidados de Deus, não dera fruto e que, por isso, receberia seu justo castigo (Isaías 5.1-7). Há quase três anos, Jesus pregava sobre a necessidade de ocorrer uma conversão nacional, mas essa conversão continuava sem acontecer. Mais um ano, e essa grande oportunidade que Jesus anunciava chegaria ao ponto final. Seria o ano que se passaria entre o momento em que Jesus deixasse a Galileia definitivamente e se dirigisse de uma vez por todas a Jerusalém. Seria o último ano em que, de forma diretamente pessoal, sua luz brilharia sobre a nação.

CAPÍTULO *treze*

O
ÚLTIMO
ANO

A AMEAÇA DE HERODES

Nada mudou na atitude de Jesus nos meses seguintes. Ao passar por cidades e vilas a caminho de Jerusalém, Ele continuou a insistir em seu chamado à conversão, a se voltar para Deus, a entrar no reino. O povo devia ver sua forma de pregar como algo muito direto, já que a fonte de Lucas nos diz que havia aqueles que chegavam a lhe perguntar se eram "poucos os que são salvos" (Lucas 13.23). A pergunta faz parte dessa lista de questões absolutamente inúteis com as quais os sujeitos que se sentem incomodados tentam evitar ter de responder ao chamado à conversão. Logo, é agregada a outras perguntas absurdas, como: "O que acontecerá no dia do juízo final aos esquimós que não ouviram falar de Jesus?" ou "O que acontecerá àqueles que de boa-fé rejeitam a pregação do evangelho?". Claro, Jesus não se perdeu em digressões acerca de uma pergunta tão estranha — e inútil. Pelo contrário, deixou-a de lado e voltou a se dirigir àqueles que o interrogavam. Eles não deveriam perder tempo com perguntas absurdas. Em vez disso, teriam de enfrentar o fato de que o chamado à conversão os afetava e que tinham de responder de maneira direta, não evasiva:

> Esforçai-vos para entrar pela porta estreita; porque vos digo que muitos tentarão entrar e não conseguirão. Uma vez que o pai de família tiver se levantado e fechado a porta, e vós ficardes de fora e começardes a chamar à porta, dizendo: Senhor, Senhor, abre-nos, ele vos responderá: Não sei de onde sois. Então, começareis a dizer: Comemos e bebemos diante de ti, e tu ensinaste em nossas praças. Porém, ele vos dirá: Eu vos digo que não sei de onde sois; apartai-vos de mim todos vós, praticantes da maldade. Ali haverá choro e ranger de dentes, quando virdes Abraão, Isaque, Jacó e todos os profetas no reino de Deus, e vós estiverdes excluídos. Porque virão do Oriente e do Ocidente, do Norte e do Sul, e se sentarão à mesa no reino de Deus. E haverá últimos que serão os primeiros, e primeiros que serão os últimos (Lucas 13.24-30).

A mensagem de Jesus, como fora outrora com os profetas, era fundamentalmente clara. Confrontava o homem com o dilema da conversão ou perdição. Não pode surpreender o fato de que os fariseus tentassem amedrontá-lo, inclusive chegando a dizer que o próprio Herodes buscava matá-lo (13.31). No entanto, a perspectiva de se ver submetido a um destino como o de João Batista não intimidou Jesus. Pelo contrário, a fonte de Lucas nos diz que Jesus comparou Herodes a uma raposa — uma referência à sua insignificância em contraposição ao leão — e que afirmou o propósito firme de continuar seu caminho até Jerusalém (Lucas 13.31,32). Em outras palavras, Herodes não o estava expulsando da Galileia. Era Ele que se dirigia à Cidade Santa para cumprir seu destino.

OS *MESHALIM* DA DESCOBERTA

Poder-se-ia pensar que a pregação de Jesus — claramente focada no chamado à conversão — tinha, nessa altura, uma nuance sombria.

No entanto, o que se conclui das fontes é exatamente o oposto. Na verdade, as parábolas de Jesus datadas dessa época estão entre as mais belas de seu repertório abundante e original. Em todas elas aparece um toque inegável de gozo, de alegria e de esperança que lança uma luz radiante sobre a tristeza que poderia afligi-lo pela incredulidade de seus contemporâneos. Como não se sentir compadecido ao perceber que a oportunidade de uma felicidade maior do que qualquer felicidade humana é desprezada ou rejeitada de imediato por aqueles a quem é oferecida? Como não experimentar a dor ao ver que Deus está chamando generosamente o coração de seres humanos totalmente perdidos e que estes persistem em sua perdição? Os *neviim* [profetas] haviam deixado claro no passado que não era possível.

Isaías clamara contra uma sociedade de Judá que se assemelhava moralmente a Sodoma e Gomorra e que receberia seu justo juízo (Isaías 1.10-31). Jeremias clamara a Deus para que descarregasse seu castigo sobre seus contemporâneos em Judá, surdos aos seus chamados ao arrependimento (Jeremias 18.18-23). Ezequiel esboçou quadros apocalípticos da futura destruição de Jerusalém e de seu templo (Ezequiel 9—10). Encontramos o mesmo, embora com muito mais sobriedade, em Jesus. É lógico que seja assim. Na verdade, é impossível não ser dessa forma, ainda mais se levarmos em conta a visão peculiar de Jesus acerca de Deus. De fato, as parábolas contadas nessa época são claramente significativas.

A primeira das parábolas desse período referia-se a uma grande ceia que se assemelhava ao reino de Deus e à qual os convidados se recusaram a comparecer. A fonte de Lucas a relata da seguinte forma:

> E, ao ouvir isso, um dos que estavam reclinados com ele à mesa disse-lhe: Bem-aventurado aquele que comerá pão no reino de Deus. Então, Jesus lhe disse: Um homem preparou uma grande ceia e convidou muitas pessoas. E, quando chegou a hora da ceia, mandou seu criado dizer aos convidados: Venham, está tudo

pronto. E todos eles começaram a se desculpar. O primeiro disse: Comprei uma fazenda e preciso sair para vê-la; imploro que me desculpes. E outro disse: Comprei cinco juntas de bois e vou testá-las; imploro que me desculpes. E outro disse: Acabei de me casar, então não posso ir. Quando retornou, o servo relatou essas coisas ao seu senhor. O dono da casa ficou zangado e disse ao seu servo: Vai imediatamente pelas praças e pelas ruas da cidade e traze aqui os pobres, os aleijados, os coxos e os cegos. E o servo disse: Senhor, foi feito como mandaste, e ainda há lugar. E o senhor disse ao servo: Vai pelas estradas e valados e faze-os entrar para que a minha casa se encha. Porque vos digo que nenhum dos que foram chamados provará a minha ceia (Lucas 14.15-24).

O contexto da história contada por Jesus é certamente comovente. Um dos que o estavam escutando falou de como talvez seria magnífico entrar no reino. A parábola mostra exatamente que essa possibilidade existia e que, de fato, Jesus a estava oferecendo continuamente. No entanto, seus compatriotas não paravam de encontrar desculpas para não entrar. Essas desculpas podiam até parecer razoáveis, mas não passavam de falácias com as quais tentavam esconder o desejo de ficar de fora. Em vez de pensar em como seria maravilhoso entrar no reino, aquelas pessoas deveriam dar o passo de entrar de uma vez. Porque, em última análise, o reino não ficaria vazio porque elas não quiseram entrar. Os rejeitados e marginalizados entrariam — como as prostitutas e os cobradores de impostos — e até mesmo pessoas que ninguém pensaria que pudessem desfrutar o banquete. No entanto, aqueles a quem o convite fora dirigido desde o início infelizmente não saboreariam a festa do reino.

Certamente, o paralelo entre a história contada por Jesus e o que Ele contemplava no dia a dia saltava aos olhos. Seu chamado principal fora dirigido às "ovelhas perdidas da casa de Israel". O sensato, o lógico, o esperado é que tivessem vindo em massa para entrar no reino, a essa ceia sem paralelo, a essa ocasião incomparável da História. No entanto, não havia sido assim. No final, é claro, o banquete não seria um lugar solitário, porque compareceriam muitos que ninguém teria imaginado que viriam, mas, dos primeiros convidados, quantos ficariam de fora!

Essa visão — semelhante à que Ele manifestara desde o início de seu ministério público — de um gênero humano perdido, sem exceção, e igualmente necessitado de salvação fora expressa em parábolas como a da dracma perdida, a da ovelha perdida (Lucas 15.1-10) e a dos dois filhos (Lucas 15.11-32).[1] Jesus rejeitava categoricamente a ideia de que alguém pudesse ser salvo pelos próprios méritos e deixou isso claro repetidas vezes em seus confrontos com escribas e fariseus. Havia — e como havia! — um caminho direto para entrar no reino de Deus proclamado pelos profetas ao longo dos séculos. Todavia, não era o de uma suposta acumulação de méritos, nem o da soma de supostas obras piedosas, nem o de sentimento de superioridade moral. O caminho passava por reconhecer a realidade — desagradável, mas difícil de negar — do próprio pecado; passava por aceitar que a salvação não poderia ser comprada nem merecida; e por vir a Deus humildemente, pedindo perdão e nova vida. Quando essa conversão acontecia, não apenas havia alegria para o arrependido, mas ela também se estendia até o céu (Lucas 15.10). Nessa visão, Jesus seguiu igualmente a tradição dos antigos profetas. Por acaso Deus não prometera a Salomão, quando da inauguração do Templo em Jerusalém, que, se o povo de Israel orasse e procurasse sua face e se convertesse de seus maus caminhos, Ele ouviria dos céus e perdoaria seus pecados e sararia a terra (2Crônicas 7.14)? Por acaso Deus não anunciara ao profeta Jeremias que, se houvesse conversão, haveria restauração (Jeremias 15.19)? Por acaso o profeta Joel não transmitira a mensagem de que o juízo cairia sobre Israel se a conversão não acontecesse (Joel 2.11,12)? Certamente o judeu

---

[1]Veja páginas anteriores.

Jesus nunca foi mais judeu e mais identificado com o destino de seu povo do que quando mostrou as terríveis consequências de não dar ouvidos ao chamado à conversão que Ele anunciava.

A passagem pela Pereia

A passagem de Jesus pela Pereia — uma jornada que esteve longe de ser feita às pressas e que merece atenção especial na fonte de Lucas — foi caracterizada pela perseverança na pregação de sua mensagem e por sua insistência na concepção peculiar da obra do Messias diante de seus discípulos. No entanto, não se pode dizer que tenha sido bem-sucedida quanto à compreensão. Um episódio correspondente a essa fase da vida de Jesus indica em que medida os preconceitos dos apóstolos se achavam profundamente arraigados em sua maneira de ver a vida e em seus comportamentos cotidianos. O fato nos foi transmitido por várias fontes:

> Estavam a caminho de Jerusalém, e Jesus os precedia. Eles estavam assustados e o seguiam com medo. E, tomando os Doze de lado novamente, começou a lhes dizer o que iria acontecer com Ele: Subamos a Jerusalém, e o Filho do Homem será entregue aos principais sacerdotes e aos escribas, e o condenarão à morte e o entregarão aos gentios; zombarão dele, o açoitarão, cuspirão nele e o matarão, mas ao terceiro dia Ele se levantará (Marcos 10.32-34; veja paralelos em Mateus 20.17-19 e Lucas 18.31-34).

Nas proximidades de Jerusalém, os discípulos haviam começado a mostrar uma inquietude compreensível. Possivelmente teriam acreditado nos fariseus que lhes haviam contado sobre as intenções assassinas de Herodes. Também não haviam deixado de perceber que as relações com as autoridades religiosas estavam longe de ser boas, considerando o que acontecera em visitas anteriores, nas quais Jesus escapara a duras penas de ser preso e apedrejado em várias ocasiões. Sem dúvida, eles se achavam numa situação de risco que não era insignificante. Jesus podia ter optado por animar seus seguidores escondendo o que pairava sobre Ele. No entanto, voltou a enfatizar o ensino dos últimos meses. Eles desceriam a Jerusalém, e ali Ele, o Filho do Homem, seria executado. As declarações eram óbvias e deveriam ter levado os Doze a refletir sobre as palavras de Jesus. No entanto, como afirma a fonte de Lucas, "eles não entendiam nada daquelas coisas, aquele ensinamento lhes era oculto e não entendiam o que era dito" (Lucas 18.34). Boa prova disso é a reação que dois do grupo dos três apóstolos mais unidos a Jesus tiveram imediatamente:

> Então, Tiago e João, filhos de Zebedeu, aproximaram-se dele e disseram: Mestre, gostaríamos que nos concedesses o que te pedimos. Ele lhes respondeu: O que quereis que eu vos conceda? Disseram-lhe: Concede-nos que nos sentemos um à tua direita e outro à tua esquerda, na tua glória. Então, Jesus lhes disse: Vós não sabeis o que pedis. Podeis beber do cálice que eu bebo, ou serdes batizados no batismo em que me verei batizado? Eles disseram: Podemos. Jesus lhes disse: Na verdade, do cálice que eu bebo, bebereis, e vos vereis batizados no mesmo batismo que eu. Contudo, quanto a sentardes à minha direita e à minha esquerda, não cabe a mim concedê-lo, mas será para aqueles a quem está preparado. Quando os dez ouviram isso, começaram a se enfurecer com Tiago e João. Porém, Jesus, chamando-os, disse-lhes: Sabeis que aqueles que são considerados governantes das nações se apropriam delas, e seus grandes se aproveitam da autoridade que têm sobre elas. Porém, não deve ser assim entre vós, mas o que quiser ser grande entre vós será vosso servo, e aquele de vós que quiser ser o primeiro será servo de todos. Porque o Filho do Homem não veio para ser servido, mas para servir e dar a sua vida em resgate de muitos" (Marcos 10.35-45).

Jesus podia anunciar seu futuro trágico repetidas vezes, mas seus discípulos não conseguiam arrancar de sua mente uma visão diferente do Messias, aquele que triunfaria sobre Roma e repartiria os despojos entre seus seguidores mais próximos. Possivelmente, a proximidade da Cidade Santa animara Tiago e João a pedir os primeiros lugares na glória. Não é de surpreender que os outros dez ficassem irritados. Decerto devem ter pensado que os dois irmãos estavam se aproveitando da proximidade com Jesus para obter uma vantagem injusta. Contudo, Jesus — como em outras ocasiões — recusou-se a entrar nesse tipo de disputa. Pelo contrário, disse que o que os seus discípulos deviam esperar era um destino semelhante ao seu e que, além disso, Ele não era o encarregado de distribuir cargos no reino de Deus. Não parou, porém, por aí.

Muitas pessoas têm uma ideia romântica e cor-de-rosa da política. Eles a veem carregada do idealismo que não existe, por exemplo, na agricultura ou na pecuária, e a imaginam como algo movido pelos melhores desejos. A verdade é que Jesus jamais compartilhou tal visão. É bastante revelador como, nessa ocasião, Ele enfatizou a diferença radical entre os governantes do mundo e o reino de Deus. Os políticos — Jesus bem devia saber depois de contemplar como Satanás lhe oferecera todos os governos do mundo e depois de se recusar enfaticamente a ser proclamado rei pelas multidões — costumam ser caracterizados por usar aqueles a quem supostamente servem e por exercer o senhorio e a dominação. É verdade que essa conduta é tão comum que muitas vezes nem se chega a percebê-la. No entanto, não era a apropriada no reino de Deus, e, portanto, seus discípulos não poderiam se comportar assim no futuro. Na verdade, Ele mesmo, o Rei-Messias, era o Filho do Homem que viera para viver como um servo e levar essa conduta a tal extremo que implicaria morrer entregando sua vida em resgate pela salvação de muitos (Marcos 10.45).

Lázaro e Zaqueu

Os últimos dias anteriores à entrada em Jerusalém foram marcados por alguns episódios carregados de importante conteúdo.

Um deles foi relacionado a Lázaro, um amigo de Jesus, e outro, a um publicano chamado Zaqueu. Temos dados muito interessantes sobre Lázaro, a quem algum exegeta, de modo bem discutível, passou a identificar com o "discípulo amado" do qual fala o Quarto Evangelho.² Já mencionamos que ele era de Betânia, um povoado perto de Jerusalém, que morava lá com suas irmãs Marta e Maria,³ que acreditava em Jesus e que este ficara em sua casa durante algumas das viagens a Jerusalém. Agora, estando Jesus a uma curta distância da Cidade Santa, Marta e Maria enviaram-lhe uma mensagem de que seu irmão estava para morrer. Jesus adiou a ida à casa alguns dias e mais tarde decidiu responder ao aviso. Tal decisão causou considerável inquietude nos discípulos. Jesus havia se livrado de um apedrejamento não muito antes, e aproximar-se daquele lugar não parecia a coisa mais prudente a fazer (João 11.8). Na verdade, quando Jesus manteve sua decisão de se aproximar de Betânia, alguns dos discípulos, como foi o caso de Tomé, chegaram à conclusão de que correriam claro risco de morte (João 11.16). No entanto, o que aconteceu foi algo muito diferente.

Quando Jesus apareceu na casa de Lázaro, este havia morrido vários dias antes, e apenas os lamentos das irmãs do falecido podiam ser ouvidos. Mais tarde, o povo teve a oportunidade de ver Jesus chorando, reação da qual não temos conhecimento em qualquer outro momento ou situação anterior em sua vida (João 11.35). Porém, o mais impressionante foi quando Jesus dirigiu-se ao sepulcro, ordenou que o cadáver saísse do túmulo, e ele obedeceu à ordem (João 11.41-44).

A ressurreição dos mortos era um dos sinais que deveriam acompanhar o Messias, qualquer que fosse o conceito que se tivesse dele.

---

²Oscar Cullmann, *The New Testament*, Londres, 1968, p. 52ss.
³Na Idade Média, essa Maria foi erroneamente identificada como Maria Madalena e como a pecadora de Lucas 8.2,3. Assim, toda uma mitologia foi criada, desprovida de base histórica, que rendeu numerosos frutos na literatura e na arte e persiste até hoje.

As fontes relatam que Jesus já havia protagonizado episódios desse tipo, mas haviam ocorrido na distante Galileia, sem ter provocado grandes reações (Lucas 7.11-17). Agora, no entanto, tudo acontecera a poucas horas do caminho de Jerusalém, entre pessoas conhecidas, com um homem que ninguém tinha a menor dúvida de que havia morrido poucos dias antes e, além disso, perto da grande Festa da Páscoa. Não é de surpreender que essa soma de circunstâncias tenha causado uma verdadeira comoção.

A fonte de João destaca que as notícias sobre a ressurreição de Lázaro provocaram duas reações diametralmente opostas. Por um lado, muitos se sentiam inclinados a acreditar em Jesus (João 11.45; 12.11) — quem não acreditaria em alguém que poderia ressuscitar os mortos? —, mas, por outro, as autoridades do Templo tomaram a última decisão sobre o destino que o aguardava.

> Então, muitos dos judeus que tinham vindo para fazer companhia a Maria e viram o que Jesus havia feito acreditaram nele. Porém, alguns deles foram até os fariseus e contaram o que Jesus havia feito. Então, os principais sacerdotes e os fariseus reuniram-se no Sinédrio e disseram: O que vamos fazer? Porque esse homem faz muitos sinais. Se o deixarmos assim, todos acreditarão nele, e os romanos virão e destruirão nosso lugar santo e nossa nação. Então, Caifás, um deles, que era sumo sacerdote naquele ano, disse-lhes: Vós não sabeis nada; nem vos apercebeis de que nos convém que um homem morra pelo povo, não que toda a nação pereça. Isso ele não disse por conta própria, mas, como era o sumo sacerdote naquele ano, profetizou que Jesus morreria pela nação; não apenas pela nação, mas também para congregar os filhos de Deus que estavam dispersos. Então, daquele dia em diante, eles concordaram em matá-lo. Portanto, Jesus já não andava mais abertamente entre os judeus, mas mudou-se dali para a região adjacente ao deserto, para uma cidade chamada Efraim; e ficou ali com seus discípulos, [...] E os principais sacerdotes e os fariseus tinham ordenado que,

se alguém descobrisse onde Ele estava, deveria denunciá-lo, para que o prendessem. (João 11.45-54,57)

Até então, Jesus havia despertado contra si a incredulidade de alguns de seus conterrâneos que não podiam aceitar sua importância; a decepção de outros que tinham dificuldade em compreender o motivo de seu afastamento de certa visão do Messias; a animosidade dos fariseus que achavam sua interpretação da Torá intolerável; a preocupação dos saduceus do Templo que haviam se incomodado com sua relativização do culto; e talvez até a hostilidade de Herodes, que se perguntava, atormentado, se Jesus não seria João Batista, a quem ele havia matado. Com o tempo, o desejo inicial de eliminá-lo havia dado lugar a calúnias e insultos, tentativas de prisão e de apedrejamento e até mesmo a ameaça de expulsão das sinagogas para aqueles que o reconhecessem como o Messias. Até esse momento, a hostilidade não havia parado de crescer e tinha muita semelhança com a que, em uma ocasião ou outra, diversos movimentos religiosos sofreram dentro do judaísmo, como foi o caso dos judeus hassídicos no início de sua jornada no século 18.[4] No entanto, agora as circunstâncias haviam levado as autoridades do Templo — especialmente o sumo sacerdote — a pensar em uma forma de ação mais drástica do que uma prisão ou mesmo apedrejamento público. Se as pessoas acreditassem que Jesus era capaz de ressuscitar os mortos — um fato que, para os saduceus, por definição, era totalmente inaceitável —, logo se reuniriam ao redor dele, aclamando-o como Messias. O que aconteceria então era fácil de prever. Os romanos não tolerariam distúrbios messiânicos e destruiriam Jesus e os seus de maneira tão rápida quanto o fizeram no passado com outros revoltosos. No entanto, agora o

---

[4] A esse respeito, veja: M. L. Wilensjy, "Hassidic-Mitnaggedic Polemics in the Jewish Communities of Eastern Europe: The Hostile Phase", em G. D. Hundert, *Essential Papers on Hasidism*, Nova York e Londres, 1991.

resultado poderia ser pior e levar à destruição de Jerusalém e do Templo. Precisamente por isso, o mais prudente, o mais sensato, o obrigatório era eliminar Jesus para que o perigo fosse cortado pela raiz.

As autoridades do Templo revelavam sua falta de escrúpulos morais — fato que também está registrado no Talmude —, mas não exageravam o perigo. Na verdade, depois de quarenta anos, o Templo desapareceria em chamas em meio a uma Jerusalém aniquilada pela ação tanto dos rebeldes nacionalistas judeus como dos legionários romanos enviados para acabar com eles. De maneira muito significativa, o historiador judeu Flávio Josefo, que nos deixou o melhor relato desse episódio, não hesitou em culpar seus correligionários pela tragédia nacional, a ponto de afirmar: "Acredito que Deus [...] decidira a destruição da cidade, já contaminada, e queria purificar o santuário com fogo" (*Guerra*, IV, 323). Porém, naqueles momentos, o sumo sacerdote pensava que podia controlar a situação, ainda mais levando-se em conta que Jesus não tinha dado sinais de promover a violência.

De modo bem expressivo, houve um episódio nesses mesmos dias que revela até que ponto Jesus estava longe de defender a sedição. Referimo-nos ao seu encontro com Zaqueu, um chefe dos publicanos, o odiado — e corrupto — corpo de cobradores de impostos a serviço do Império Romano. A fonte de Lucas relatou o episódio da seguinte maneira:

> Depois de entrar em Jericó, Jesus ia passando pela cidade. E aconteceu que um homem chamado Zaqueu, que era o chefe dos publicanos e rico, tentava ver quem era Jesus; mas não conseguia por causa das pessoas, porque ele era pequeno em estatura. Então, ele correu na frente e subiu em uma árvore de sicômoro para vê-lo, porque Jesus tinha de passar por ali. Quando Jesus chegou naquele lugar, olhou para cima, viu-o e disse: Zaqueu, desce depressa, porque hoje é necessário que eu fique em tua casa. Então, ele desceu

apressado e o recebeu com alegria. Ao verem aquilo, todos começaram a murmurar, dizendo que Ele havia se hospedado com um homem pecador. Então, Zaqueu, detendo-se, disse ao Senhor: Olha, Senhor, a metade dos meus bens dou aos pobres; e, se defraudei alguém em algo, eu o restituirei quatro vezes. Jesus lhe disse: Hoje a salvação chegou a esta casa; porque este também é filho de Abraão. Porque o Filho do Homem veio buscar e salvar o que estava perdido (Lucas 19.1-9).

A caminho de Jerusalém, na vizinha Jericó, Jesus pudera contemplar como o povo manifestava seu óbvio ressentimento contra o chefe dos publicanos, posicionando-se de tal forma que impediram que pudesse vê-lo ao entrar no local. Uma vingança tão pobre, até mesmo vil, fora possível porque se tratava de um homem de baixa estatura, que certamente não conseguia ver além dos ombros de seus conterrâneos. Porém, nem Zaqueu havia desistido nem Jesus o havia rejeitado. De modo surpreendente, Jesus lhe ordenara que descesse do sicômoro em que subira para vê-lo e anunciara que ficaria em sua casa. Não apenas isso. Quando Zaqueu mostrou sua disposição de se voltar para Deus, Jesus o reconheceu como um "filho de Abraão", categoria que, como João Batista fizera, não identificava qualquer descendente do patriarca, mas apenas aqueles que se voltavam para Deus. Jesus havia proclamado sua salvação, algo lógico se levarmos em conta que essa era a missão fundamental do Filho do Homem. Vista de uma perspectiva cristã — ou influenciada pela cosmovisão cristã —, a história pode ser comovente, até mesmo terna. No entanto, é duvidoso que muitos dos contemporâneos de Jesus a vissem assim. Afinal, aquele homem que poderia ser o Messias havia aceitado um lacaio dos romanos, e não apenas não havia condenado seu comportamento infame, mas também permitira que ele continuasse naquela posição, desde que não incorresse em corrupção. Em outras palavras, era óbvio que Ele considerava lícito ser um oficial do império opressor! Tal visão vai de encontro aos postulados como os da atual *teologia da libertação*, empenhada em usar a luta de classes da mesma forma que muitos judeus usavam os conflitos no tempo de Jesus. No entanto, tanto lá como agora, a razão para tal comportamento fora expressa com enorme clareza: o Filho do Homem NÃO viera para implantar o domínio de um povo sobre outros ou para derrubar uma classe dominante e substituí-la por outra. Ele chegara para salvar o que estava perdido. Não havia ninguém, absolutamente ninguém, não importa quão abjeta, vil e baixa pudesse ter sido sua existência, que não pudesse se valer do perdão de Deus, da mesma forma que não havia ninguém, absolutamente ninguém, que não pudesse contar com a esperança de ser ressuscitado, se cresse naquele que se manifestou como a ressurreição e a vida (João 11.25).

A última semana (I): de DOMINGO a TERÇA-FEIRA

Domingo: a entrada em Jerusalém

Seis dias antes da Páscoa do ano 30 d.C., na tarde de sexta-feira, Jesus estava novamente em Betânia, na casa de Lázaro (João 11.55—12.1,9-11). Muito possivelmente, esse era o único lugar seguro de que Ele poderia dispor nas proximidades de Jerusalém. Muitas pessoas foram lá esperando não só vê-lo, mas também a Lázaro, sobre quem pesava a ameaça de morte. Não sabemos o que Jesus conseguiu tratar com seus discípulos durante aqueles dias, mas é muito provável que tenha continuado a enfatizar sua mensagem dos últimos anos, uma mensagem anunciada de forma cada vez mais simplificada e distinta desde o episódio de Cesareia de Filipe.

No domingo, Jesus deu-lhes ordens para prepararem a entrada na Cidade Santa. A sensação que se tem das fontes é que Ele não tinha intenção de deixar nada à mercê da improvisação. Pelo contrário, sua maneira de agir corresponderia a padrões concretos e carregados de simbolismo, relacionados com o mais profundo da alma judia. A fonte de Lucas descreveu o episódio assim:

Jesus ia caminhando adiante, subindo para Jerusalém. E aconteceu que, ao se aproximar de Betfagé e de Betânia, ao monte chamado das Oliveiras, enviou dois de seus discípulos, dizendo-lhes: Ide à aldeia que está defronte e, ao entrarem nela, encontrareis um jumentinho amarrado, no qual nenhum homem já montou. Desamarrai-o e trazei-o. E, se alguém vos perguntar: Por que o desamarrais?, respondereis assim: Porque o Senhor precisa dele. Os que haviam sido enviados partiram e encontraram tudo exatamente como Ele lhes havia dito. E, quando estavam desamarrando o jumentinho, seus donos lhes disseram: Por que desamarrais o jumentinho? Eles disseram: Porque o Senhor precisa dele. E o trouxeram a Jesus; e, tendo lançado suas vestes sobre o jumentinho, montaram Jesus nele. Enquanto Ele ia passando, estendiam suas vestes no caminho. Quando já se aproximavam da descida do monte das Oliveiras, toda a multidão dos discípulos, repleta de alegria, começou a louvar a Deus em alta voz por todas as maravilhas que tinham visto, dizendo: Bendito o rei que vem em nome do Senhor; paz no céu e glória nas alturas! Então, alguns dos fariseus dentre a multidão disseram-lhe: Mestre, repreende os teus discípulos. Porém, Ele lhes respondeu: Digo-vos que, se estes se calassem, as pedras clamariam. E, quando estava perto da cidade, ao vê-la, chorou sobre ela, dizendo: Ah, se tu também percebesses, pelo menos neste teu dia, o que te levaria à paz! Mas isso agora está velado aos teus olhos. Pois dias virão sobre ti em que teus inimigos te cercarão com barreiras, e te sitiarão, e te estreitarão o cerco de todos os lados, e te destruirão e a teus filhos dentro de ti, e não deixarão em ti pedra sobre pedra, porque não percebeste o tempo da tua visita (Lucas 19.29-44).

A entrada de Jesus em Jerusalém fora carregada de um teor essencialmente messiânico. O simples fato de que Ele montara num jumentinho constituía um eco claro da profecia messiânica contida no livro de Zacarias:

Regozija-te muito, filha de Sião. Grita de alegria, filha de Jerusalém. Eis que teu rei virá a ti, justo e salvador, humilde e montado em um jumento, em um jumentinho, filho de jumenta. E de Efraim destruirei os carros e cavalos de Jerusalém, e os arcos de guerra serão quebrados, e anunciará paz às nações, e seu domínio será de mar a mar e desde o rio até os confins da terra. E tu também, pelo sangue da tua aliança, serás salva. Eu tirei teus prisioneiros da cisterna em que não há água (Zacarias 9.9-11).

O texto de Zacarias era plenamente esclarecedor, pois se referia a um messias totalmente pacífico que poria um ponto final nas guerras e no derramamento de sangue e que também salvaria o povo por meio do sangue da aliança. É bem possível que essas nuances, certamente nada insignificantes, tenham passado despercebidas a muitos dos presentes, mas o mesmo não aconteceu com o caráter messiânico do episódio. De fato, verdadeiramente entusiasmados, começaram a aclamar Jesus como o Messias. É bem possível que esperassem que naquele mesmo domingo Ele assumisse o controle da Cidade Santa. Contudo, não estava nos planos de Jesus, absolutamente, comportar-se dessa maneira. Também não agradaria a outros, bem diferentes da multidão empolgada.

Tratava-se de um grupo de fariseus cuja reação fora imediata. Do ponto de vista deles, Jesus talvez pudesse ser um mestre — pelo menos Ele cria na ressurreição, ao contrário dos saduceus, e alguns até haviam afirmado que Ele não se equivocava ao falar dos mandamentos mais importantes (Marcos 12.28-34) —, mas, obviamente, não era o Messias, de modo que sua obrigação era repreender aqueles que o aclamavam como tal. Como acontece com alguns autores judeus de hoje, poderia ser mais ou menos aceitável que Jesus fosse um simples rabino. O que não toleravam era que Ele fosse o Messias e que houvesse gente que o aclamava por isso. No entanto, Jesus não concordou com aquelas queixas. Pelo contrário, Ele apoiou o que a multidão gritava. Em outras palavras, reconheceu publicamente ser o Messias e considerou um absurdo esperar que essa realidade fosse silenciada.

No entanto, diz muito acerca do caráter de Jesus o fato de Ele não se deixar levar pelo entusiasmo ardente da multidão, muito menos ter pensado em uma tentativa de conquista da Cidade Santa, como muitos haviam desejado e que ocorreria décadas depois, durante a guerra contra Roma. Como afirmamos na introdução, alguns autores têm insistido em apresentar Jesus como um membro do violento grupo dos zelotes,[1] mas tal tese é absolutamente absurda. Como já mencionamos, os zelotes não somente não existiam nessa época, mas também Jesus tinha uma visão diametralmente oposta e estava convencido de que, tal como as Escrituras apontam sobre o Messias-Servo, Ele seria rejeitado. Não é de surpreender que, ao avistar Jerusalém, a cidade que não havia percebido a oportunidade que Deus lhe oferecera, Ele se sentiu dominado pela dor. Conhecendo as Escrituras, aquele que se havia comportado dessa maneira podia somente esperar as piores consequências. Não é de estranhar que Jesus tenha chorado ao refletir sobre essa perspectiva futura (Lucas 19.41), um comportamento, diga-se de passagem, que Ele tivera somente ao contemplar a sepultura de seu amigo Lázaro.

Naquele domingo, Jesus não apenas entrou em Jerusalém, mas também se aproximou do templo e curou alguns enfermos (Mateus 21.14), ouvindo novas queixas sobre as aclamações que a multidão lhe dirigira. Ele tinha consciência de que sua situação na cidade estava longe de ser segura. Justamente por isso, voltou a Betânia para passar a noite ali. Outros acontecimentos se dariam no dia seguinte.

Segunda-feira: a purificação do templo

Somos levados a especular sobre os sentimentos que devem ter se apoderado dos discípulos de Jesus durante a noite de domingo para

---

[1] Veja páginas anteriores.

segunda-feira. O que acontecera nas últimas horas deve ter estimulado muito sua imaginação e certamente não nos deveria surpreender. O Mestre deles fora objeto de uma recepção formada por uma verdadeira multidão. Não somente isso. Eles o haviam aclamado como Messias, e, diferentemente do que ocorrera nos meses anteriores, Jesus não apenas não se mostrara discreto diante daquela afirmação, mas a endossara publicamente. Seria possível que Ele finalmente tivesse agido como o Messias que esperavam havia anos? Eles estariam prestes a contemplar o tão esperado triunfo? Certamente, o que aconteceu nas primeiras horas da segunda-feira pode possivelmente tê-los levado a criar esperanças a esse respeito. A fonte de Lucas descreveu o que aconteceu ao chegarem, vindo de Betânia, à Cidade Santa:

> E, ao entrar no templo, começou a expulsar todos os que nele vendiam e compravam, dizendo-lhes: Está escrito: Minha casa é casa de oração; mas vós a transformastes em um covil de ladrões (Lucas 19.45,46).

A ação de Jesus colocava o dedo na ferida de uma das corrupções mais espantosas que assolavam o Templo de Jerusalém e, ao fazê-lo, pela enésima vez Ele se colocava em sintonia com os profetas de Israel, como Jeremias, ao qual citara literalmente (Jeremias 7.11), ou Ezequiel (Ezequiel 10). A Torá estabelecia que os sacrifícios oferecidos a Deus deveriam ser feitos com animais sem mancha nem defeito. Sem dúvida, tratava-se de uma disposição lógica com paralelos em outras religiões, pois, afinal, como algo ruim, enfermo ou impuro seria oferecido a Deus? No entanto, um setor dos sacerdotes — especialmente as famílias ligadas ao sumo sacerdócio — conseguira transformar aquele preceito em uma rica fonte de renda. Naturalmente, eles rejeitavam muitos dos animais que o povo trazia, e este, desejoso de cumprir os preceitos da Torá, no final acabava comprando a preços exorbitantes os animais que eram vendidos pelos próprios sacerdotes. Era um comportamento abusivo, mas, infelizmente, não o único. Como se não bastasse, a transação ainda deveria ser feita em moeda que não contivesse nenhuma representação humana, de acordo com o mandamento da Torá que proíbe a confecção de imagens e seu culto (Êxodo 20.4ss). Os cambistas, sob as ordens do sumo-sacerdote, também cuidavam do cumprimento dessa exigência, cobrando comissões que, como costuma acontecer com todos os monopólios, eram injustas e proibitivas. Como ápice daquela cadeia de extorsões, os negócios de troca, compra e venda ocorriam no pátio do Templo destinado aos gentios. Assim, a única parte do Templo onde os não judeus podiam adorar o único Deus verdadeiro achava-se transformada em um lugar barulhento no qual se misturavam sons de animais com o estrondear de pesos e medidas, além de gritos e conversas das pessoas. O Templo, por definição, devia ser um lugar para se aproximar de Deus, para chegar perto dele, para orar. Quem podia negar que ele havia perdido essa função, pelo menos em parte, e que se tornara um verdadeiro covil de ladrões?

A comercialização das práticas religiosas tem-se repetido continuamente ao longo da História. Basta lembrar o episódio de Martinho Lutero diante da compra e venda de indulgências para encontrar ecos da conduta de Jesus.[2] Todavia, Jesus era muito mais do que um reformador, como foi Lutero.

Na verdade, não se tratava unicamente de Ele ter executado uma ação justa. O fato é que aquele comportamento continha uma riqueza de significados que deve ter provocado uma enorme reação nas pessoas que o contemplaram. Para começar, apenas Deus ou seu Messias tinha legitimidade para agir daquela maneira que confrontava as ações do sumo sacerdote. Ou Jesus era um farsante perigoso ou um doente mental — ou o Messias. Porém, fato é que, ao explicar sua ação perante os que haviam protestado, Ele citara

---

[2] Nessa linha, veja C. Vidal, *El legado de la Reforma*, 2016.

uma passagem do profeta Jeremias (7.11). Por certo que o texto era inteiramente oportuno, mas, além disso, trazia lembranças trágicas de um Templo que existira em Jerusalém quase seis séculos antes e que fora arrasado pelos babilônios como punição pela impiedade do reino de Judá. Traçar paralelos com aquela experiência pavorosa não era difícil, embora inquietante. Por fim, Jesus mostrou com suas ações que Deus se preocupava com os não judeus, justamente aqueles que eram obrigados a permanecer naquela parte do Templo contaminada pela ganância do clero.

Naquela segunda-feira, pouquíssimos devem ter entendido o verdadeiro significado do que Jesus fizera no Templo. É muito possível que esse tenha sido o caso de alguns gregos que tentaram se aproximar de Jesus, comovidos pela maneira pela qual Ele deixara purificada a área do Templo em que eles podiam adorar a Deus (João 12.20ss). A atitude de Jesus para com os *goyim* [não judeus ou gentios] é um aspecto que muitas vezes tem sido esquecido, talvez porque a maioria daqueles que historicamente afirmaram ser seus seguidores não era formada por judeus, desde a segunda metade do século 1. Para começar, é necessário destacar o fato de que Jesus manteve uma posição muito coerente. Por um lado, via com horror aqueles que, como os fariseus, tentavam converter os *goyim* ao judaísmo (Mateus 23.15), mas, por outro, na qualidade de Servo de YHWH, aceitava sua missão de ensinar as nações (Isaías 42.1ss). Justamente por isso, Jesus podia deixar claro que havia sido enviado às "ovelhas perdidas da casa de Israel", mas, ao mesmo tempo, atender a uma mulher gentia que pedira ajuda para uma filha doente (Mateus 15.21-28) e elogiar a fé de um centurião romano de Cafarnaum (Mateus 8.5-13; Lucas 7.1-10). Essa recusa em impor o jugo da Torá aos gentios e, ao mesmo tempo, a disposição em receber aqueles que se aproximavam dele com fé constituem um claro precedente da postura que seguiria mais tarde o cristianismo judaico e, claro, Paulo de Tarso. Um dos grandes dramas da história posterior do cristianismo e do judaísmo tem sido, sem sombra de dúvida, o de não compreender esse aspecto do ensino de Jesus, totalmente a favor da observância total da Torá em Israel e determinado a que não fosse imposta aos *goyim*.

Quanto à maioria, esta interpretou a purificação do Templo de acordo com os próprios preconceitos. Para começar, ao tomarem ciência do ocorrido, o sumo sacerdote e outras pessoas ligadas ao Templo reafirmaram, de maneira clara, a necessidade de matar Jesus (Lucas 19.47). Outros viram o episódio como sinal de uma mudança imediata na situação política. É muito possível que os nacionalistas judeus tivessem esperado que Jesus aproveitasse aquele episódio — cujos últimos significados não devem nem ter considerado — para se proclamar Messias e partir para a conquista do poder na Cidade Santa. Tentativas como essa haviam ocorrido antes e seriam repetidas durante a grande guerra contra Roma nos anos 66-73 d.C. Possivelmente, os Doze também tinham essa mesma esperança. Como veremos, o que mais os preocupava era se o tempo da glória do Messias estava próximo, esse momento em que receberiam poder sobre as doze tribos de Israel e desfrutariam as bênçãos do reino de Deus. Mas Jesus voltou a se afirmar em sua posição de maneira sólida e sem concessões. Restava pouco tempo, e sua missão só seria plenamente cumprida quando, como se fosse um grão de trigo, Ele morresse para depois dar frutos (João 12.23-50). Na verdade, quando o dia terminou, a Cidade Santa ainda estava nas mãos do sumo sacerdote, e Jesus voltou para Betânia encorajando os Doze a terem fé e confiar que Deus ouviria suas orações (Mateus 21.19-22; Marcos 11.19-26; ; Lucas 21.37,38).

Terça-feira (I): polêmicas com os adversários

No dia seguinte, Jesus voltou com seus discípulos a Jerusalém. A essa altura, seus adversários estavam mais do que determinados a desacreditá-lo, como uma antecipação à sua já prevista condenação.

A primeira abordagem questionou a autoridade de Jesus para fazer o que havia feito no dia anterior no Templo. É possível que, por trás disso, estivesse escondido o desejo de apanhar Jesus em uma declaração que facilitaria sua prisão. A fonte de Lucas relatou o episódio da seguinte maneira:

> Aconteceu certo dia que, enquanto Jesus estava ensinando o povo no templo e anunciando o evangelho, os principais sacerdotes e escribas chegaram com os anciãos e se dirigiram a Ele, dizendo: Dize-nos: Com que autoridade fazes essas coisas? Ou quem te deu essa autoridade? Em resposta, Jesus disse-lhes: Eu também vos farei uma pergunta. Respondei-me: O batismo de João era do céu ou dos homens? Então, eles começaram a discutir entre si, dizendo: Se dissermos: do céu, ele vai dizer: Então, por que não crestes nele? E se dissermos: dos homens, todo o povo nos apedrejará porque estão convencidos de que João era profeta. E responderam que não sabiam de onde era. Então, Jesus disse-lhes: Nem eu direi com que autoridade faço estas coisas (Lucas 20.1-8, veja também Mateus 21.23-27; Marcos 11.27-33).

O breve episódio é uma amostra do talento prodigioso de Jesus na hora de lidar com situações delicadas. O questionamento que lhe fizeram foi: quem era Ele para ter realizado a purificação do Templo ou de onde vinha sua autoridade para se comportar dessa maneira. Se respondesse que era o Messias, Jesus se colocaria em uma situação muito vulnerável e poderia ser detido imediatamente. Se, por outro lado, negasse, era de esperar que seus seguidores o abandonassem por desilusão. Contudo, Jesus não se deixou enredar em uma discussão que sabia que não levaria a lugar nenhum. Em vez disso, antes de responder, exigiu que lhe dissessem qual era a fonte da autoridade de João Batista. Os adversários de Jesus compreenderam imediatamente o impasse em que tal questão os colocava. Se respondessem que João Batista tinha apenas autoridade humana, corriam o risco de serem linchados por uma multidão que o considerava profeta, mas, se alegassem que ele havia sido enviado por Deus, com certeza Jesus lhes perguntaria por que não lhe obedeceram. Além disso, podia até apelar para o reconhecimento messiânico que João Batista havia proferido em relação a Ele. De modo bastante compreensível, os adversários de Jesus decidiram dizer que não sabiam. Então, sua resposta foi curta e objetiva: visto que eles não lhe responderam, Ele também não lhes responderia. No entanto, não estava disposto a deixá-los ir assim. Logo em seguida, lhes relatou dois *meshalim* que chegaram até nós pela fonte de Mateus:

> Que vos parece? Um homem tinha dois filhos e, dirigindo-se ao primeiro, disse-lhe: Filho, vai hoje trabalhar na minha vinha. Ele respondeu: "Não quero"; mas depois, arrependido, foi. E, dirigindo-se ao outro, falou-lhe da mesma forma; e, respondendo ele, disse: Sim, senhor, vou, mas não foi. Qual dos dois fez a vontade do pai? Eles disseram: O primeiro. Jesus lhes disse: Em verdade vos digo que os publicanos e as prostitutas vos precedem no caminho para o reino de Deus. Pois João veio a vós no caminho da justiça, e não crestes nele; mas os publicanos e as prostitutas creram; e vós, mesmo vendo isso, não vos arrependestes para depois crer. Ouvi outra parábola: Havia um homem, um chefe de família, que plantou uma vinha, cercou-a com um muro, cavou nela um lagar, edificou uma torre, arrendou a alguns lavradores e foi para longe. E, quando se aproximou o tempo dos frutos, enviou seus servos aos lavradores, para que recebessem os seus frutos. Os lavradores, porém, agarrando os servos, espancaram um, mataram outro e a outro apedrejaram. Ele enviou novamente outros servos, de maior importância do que os primeiros; e eles se comportaram com eles da mesma maneira. Finalmente, lhes enviou seu filho, dizendo: Eles respeitarão meu filho. Contudo, os lavradores, quando viram o filho, disseram a si mesmos: Esse é o herdeiro; vamos matá-lo e,

assim, tomaremos sua herança. E, agarrando-o, lançaram-no fora da vinha e o mataram. Então, quando o senhor da vinha vier, o que fará com aqueles lavradores? Disseram-lhe: Ele destruirá os ímpios sem misericórdia e arrendará sua vinha a outros lavradores, que lhe paguem o fruto no tempo devido. Jesus lhes disse: Nunca lestes nas Escrituras: *A pedra que os construtores rejeitaram tornou-se pedra angular. O Senhor fez isso, e é algo que nos surpreende?* Portanto, eu vos digo que o reino de Deus será tirado de vós e entregue a pessoas que produzam os frutos do reino. E quem cair sobre esta pedra será despedaçado; e sobre quem ela cair, o triturará (Mateus 21.28-44).

A resposta de Jesus — ainda que envolta em linguagem de parábola rabínica, *mashal* — foi extraordinariamente clara. Era verdade que seus interlocutores fingiam fazer a vontade de Deus, mas a realidade é que não o consideravam na vida deles. Boa prova disso é que, de fato, no passado eles desprezaram os profetas e João. Agora o rejeitavam e até tinham o propósito claro de tirar sua vida. Pois bem, que não tivessem dúvidas de que Deus acabaria executando seu juízo sobre eles. De fato, a fonte de Mateus afirma que, "ao ouvir suas parábolas, os principais sacerdotes e os fariseus entenderam que Ele estava falando deles" (Mateus 21.46). A única coisa que os impediu naquele momento de prender Jesus foi que "temiam o povo, porque este o considerava um profeta" (Mateus 21.47).

No entanto, apesar daquele contratempo, não haviam desistido de forma alguma de sua intenção de desacreditar Jesus. Durante o restante do dia, seus diversos inimigos tentaram apanhá-lo em alguma contradição que permitisse detê-lo sob algum pretexto de legalidade e se livrar dele ou, ao menos, desprestigiá-lo decisivamente. O aguçado talento de Jesus brilhou de maneira extraordinária naquela terça-feira de sua última semana de vida, quando os partidários do rei Herodes e dos fariseus lhe perguntaram se deveria ser pago tributo ao imperador romano:

Então, os fariseus, retirando-se, consultaram acerca de como surpreendê-lo em alguma palavra e enviaram seus discípulos com os herodianos para dizer-lhe: Mestre, sabemos que amas a verdade, que ensinas o caminho de Deus com verdade e que ninguém te assusta, porque não olhas para a aparência dos homens. Portanto, dize-nos o que te parece: É lícito pagar tributo a César ou não? Porém, Jesus, conhecendo sua má intenção, disse-lhes: Por que me tentais, comediantes? Mostrai-me a moeda do tributo. E eles lhe mostraram um denário. Então, lhes disse: De quem é esta imagem e a inscrição? Disseram-lhe: De César. E disse-lhes: Devolvei a César o que é de César, e a Deus, o que é de Deus. Ouvindo isso, se maravilharam e, abandonando-o, foram embora (Mateus 22.15-22; veja também Marcos 12.13-17 e Lucas 20.20-26).

O episódio da pergunta acerca do tributo tem sido objeto de constantes interpretações errôneas, geralmente enviesadas, ao longo dos séculos. Existem aqueles que justificam as mentiras que contam afirmando que Jesus não respondeu com um sim ou um não a uma pergunta complicada. Há também quem afirme que a passagem justifica uma obediência absoluta ao Estado, praticamente semelhante à que se deve dispensar a Deus, visto que é necessário dar a Ele, é claro, mas também a César. A realidade é que, por mais difundidas que sejam essas interpretações, elas não fazem justiça ao que é relatado nas fontes históricas nem à resposta de Jesus.

Ao responder a uma pergunta feita com a intenção clara de apanhá-lo, Jesus não endossou a tese contrária a pagar o tributo, por parte dos nacionalistas judeus, nem a favorável a fazê-lo, apoiada pelos herodianos aliados de Roma e pelos líderes judeus complacentes com o poder estrangeiro. Não. Jesus pediu que mostrassem a moeda e perguntou de quem era a efígie que aparecia nela, um detalhe que, diga-se de passagem, mostra quanto Jesus tinha um raro contato com o dinheiro. Depois de vê-la, concluiu que era necessário "devolver a César o que é de César, e a Deus, o que é de Deus" (Mateus 22.21; Marcos 12.17; Lucas 20.25). Tal resposta dificilmente poderia agradar a uns e a outros, mas, como bem disseram seus interlocutores, Jesus não se importava com a opinião alheia; antes, amava a verdade. Por um lado, Jesus aceitava o pagamento do tributo e até reconhecia que o governo de César podia exigir que algo lhe fosse devolvido; por outro, era evidente que não permitia colocar os interesses dos políticos à frente dos mandamentos de Deus, a quem tudo se deve. Tal resposta excluía tanto mentir como conceder ao Estado um poder absoluto sobre seus súditos, paralelo ao poder de Deus. Pelo contrário, deixava claro os limites desse poder: o de devolver o que era devido. Nada mais. A resposta — verdadeira, inteligente, profunda — também evitou que Jesus pudesse ser acusado de qualquer coisa.

A pergunta feita pelos saduceus da mesma forma não teve êxito em apanhar Jesus. A fonte de Mateus diz o seguinte:

> Naquele dia, vieram a Ele os saduceus, aqueles que dizem que não há ressurreição, e perguntaram-lhe: Mestre, Moisés disse: Se alguém morrer sem filhos, seu irmão se casará com sua esposa e suscitará descendência a seu irmão. Pois entre nós houve sete irmãos. O primeiro se casou e morreu e, não tendo filhos, deixou a esposa ao seu irmão. Da mesma forma aconteceu com o segundo e o terceiro, até chegar ao sétimo. E, depois de todos, a mulher também morreu. Na ressurreição, portanto, de qual dos sete será a mulher, visto que todos a tiveram? Então, Jesus lhes respondeu: Vós vos enganais ao ignorar as Escrituras e o poder de Deus. Porque na ressurreição não se casarão nem serão dados em casamento, mas serão como os anjos de Deus no céu. Porém, em relação à ressurreição dos mortos, acaso não lestes o que Deus vos disse, quando afirmou: Eu sou o Deus de Abraão, o Deus de Isaque e o Deus de Jacó? Deus não é Deus de mortos, mas, sim, de vivos. Ao escutar isso, as pessoas se maravilhavam de sua doutrina (Mateus 22.23-33; veja também Marcos 12.18-27; Lucas 20.27-40).

Como já mencionamos,[3] ao contrário dos fariseus, os saduceus não acreditavam na ressurreição e tentaram ridicularizar o que consideravam uma crença absurda ao apresentar a Jesus o caso de uma mulher que, depois de ficar viúva, se casara com um irmão de seu falecido marido, cumprindo o disposto na Torá. Para mostrar a hipótese como algo ainda mais absurdo, os saduceus afirmaram que a mulher em questão fora contraindo um matrimônio após outro com os sete irmãos da família e, em seguida, perguntaram com quem ela seria casada quando houvesse a ressurreição. Como tantas perguntas relacionadas a assuntos espirituais, aquela não pretendia elucidar a verdade, mas apenas zombar de uma crença que, em hipótese alguma, se pretendia aceitar. É exatamente a mesma atitude que encontramos em pessoas carregadas de preconceitos que podem parecer dialogar, mas que, na verdade, só querem mostrar como são risíveis as posições do adversário.

Como em ocasiões anteriores, Jesus não se deixou enredar em uma disputa inútil e colocou o foco em seus interlocutores. O problema deles não era, realmente, que desejavam saber a verdade. De fato, a verdade não importava nem um pouco para eles. O grande drama deles era que, afinal, nem conheciam as Escrituras nem acreditavam no poder de Deus. Caso contrário, teriam se lembrado de que, nas Escrituras, Deus é apresentado como o Deus de Abraão, Isaque e Jacó, seres que deviam estar vivos, porque Deus não era Deus dos mortos. Além disso, também não teriam duvidado de que, em seu infinito poder, Deus podia trazer à vida aqueles que jaziam entre os mortos. Dito isso — e a questão pairava, de maneira elegante, porém inegável —, como os saduceus podiam manter a pretensão de controlar o culto do Templo se nem conheciam o que a Torá ensinava nem confiavam no poder do Deus ao qual supostamente serviam?

Aquela resposta de Jesus suscitou, da parte de alguns fariseus, uma onda passageira de simpatia por Ele. Afinal, eles de fato criam

---

[3]Veja páginas anteriores.

na ressurreição, e aquele homem havia defendido essa doutrina de maneira eficaz, sólida e racional. Inclusive podia se dizer que não fora defendida sem uma graça especial. Naqueles momentos, Jesus não se importou em reconhecer que algum escriba poderia se achar perto do reino dos céus (Marcos 12.28-34), mas não se enganava quanto ao futuro dos líderes religiosos de Israel em geral e dos fariseus em particular. Eles não eram — nem seriam — capazes de reconhecer o Messias, nem de compreender sua verdadeira natureza, que ia além do meramente humano, como o próprio rei Davi reconhecera ao falar dele no salmo 110 (Mateus 22.41-46; Marcos 12.35-37; Lucas 20.41-44). Pelo contrário, eles continuariam a esmagar seus seguidores com regras cada vez mais complicadas de interpretação da Torá, possivelmente lucrativas, mas ineficazes para as pessoas viverem de acordo com a vontade de Deus e se tornar verdadeiramente próximas a Ele. Mateus relatou precisamente um desses argumentos de Jesus em seu quinto e último discurso (Mateus 23).

Como já mencionado anteriormente, o Evangelho de Mateus reproduz ao longo do livro cinco grandes discursos ou seções didáticas que têm paralelos com os cinco livros de Moisés. Jesus está dando uma reinterpretação à Torá, e isso é evidente não apenas no Sermão do Monte — o Gênesis da vida do discípulo —, mas em outros segmentos do livro. Com a entrada em Jerusalém, essa estrutura do Evangelho é consumada, e há também uma referência paralela ao quinto livro da Torá, Deuteronômio. Geralmente, os comentaristas consideram que essa seção engloba os capítulos 24 e 25 e lhe conferem, além disso, um forte teor futurístico. Não é assim. O último grande discurso registrado por Mateus vai do capítulo 23 ao 25, e desmembrá-lo significa apenas perder de vista a perspectiva global. Assim, o capítulo 23 é um argumento contra a corrupção do sistema religioso judaico do Segundo Templo; o 24 anuncia o fim desse sistema; e o 25 projeta uma realidade futura mais plena que o fim de uma aliança e sua substituição por uma nova.

O início do capítulo 23 é devastador, porque fala de uma casta religiosa que se colocou no lugar de Moisés e que pode até ministrar alguns ensinamentos corretos, mas que não correspondem nem de longe à sua conduta (23.1-3). Esses tipos de grupos autoproclamados como detentores da suposta representação de Deus não apenas revelam suas inconsistências com frequência, mas também têm uma série de características muito específicas que se repetem ao longo da História. A primeira é que colocam fardos pesados sobre os seres humanos, fardos pesados que eles não ajudam a tornar mais leves (23.4). Supõe-se que ninguém deveria acrescentar nada ao ensino das Escrituras e que o dever de quem ensina é ajudar aqueles que recebem seu ensino a viver de acordo com essa realidade. No entanto, essas pessoas agem de maneira totalmente oposta, o que é lógico, porque o poder de impor proibições proporciona uma aura de autoridade espiritual. Essa aura, essa aparência, essa exibição de relevância mais imposta do que real, é a segunda característica dos falsos mestres (23.5-7). Eles agem para serem vistos, até vestem roupas que destacam sua posição espiritual e, claro, ambicionam os lugares de maior destaque, além de que se dirijam a eles reconhecendo sua transcendência autoimposta. Essa conduta é exatamente oposta à que os seguidores de Jesus deveriam ter. A fraternidade está à frente da relação mestre-discípulo, porque, na realidade, o único Mestre verdadeiro é o Messias (23.8,10). Uma autoridade espiritual jamais deveria ser chamada de padre — muito menos de Santo Padre! —, porque o único Pai é Deus (23.9), e deve-se ter em mente que o servo é o que verdadeiramente é grande (23.11).

Essa visão mais do que oposta de Jesus às autoridades judaicas de sua época leva à fonte de Mateus, em um conjunto de ais que têm paralelos com aqueles emitidos pelos profetas do Antigo Testamento (Amós 6). Ai desses mestres, porque eles não entram no reino e, além de tudo, se encarregam de que outros também não possam entrar, com seus ensinamentos humanos e suas práticas soberbas (23.13)! Ai desses mestres, porque são movidos pela ganância e, sob o pretexto de repartir bênção espiritual, saqueiam as propriedades dos fiéis, ainda que estes sejam os mais necessitados (23.14), uma conduta que é digna de especial condenação! Ai desses mestres, porque podem ter um zelo proselitista imenso, mas a realidade é que nem por isso contribuem para a salvação de alguém, mas apenas para a criação de seguidores que acabam sendo tão ou mais dignos do inferno do que eles mesmos (23.15)! Ai desses mestres, porque suas pregações, embora incluam referências ao Templo, a Deus e aos ensinamentos divinos, na verdade escondem uma avareza espantosa que os leva a relativizar os mandamentos de Deus, para que tudo sirva aos seus propósitos mundanos (23.16-22)! Ai desses mestres, porque transformam a ordem do dízimo em algo essencial e, ao mesmo tempo, deixam de lado o que realmente importa na Torá, que é a justiça, a misericórdia e a fé (23.23)! Ai desses mestres que se esforçam em sua aparência externa e desprezam toda a miséria espiritual que abrigam (23.25), mostrando que são cegos (23.26)! Ai desses mestres cujo exterior é uma maravilha de adorno — como os túmulos caiados por fora —, mas por dentro apenas escondem uma podridão cadavérica (23.27)! Ai desses mestres que consideram com admiração o valor, a fé, a coragem dos que foram fiéis a Deus no passado, mas a verdade é que, se tivessem vivido naquela época, agiriam como aqueles que os perseguiram! Na verdade, eles fazem assim com os profetas de hoje, como fizeram com Jesus (23.29-31).

Essa série de oito ais — número perfeito mais um — leva a uma conclusão irrefutável: aqueles que se autoproclamaram pastores do povo e que impuseram sua suposta superioridade espiritual não passam de serpentes, as quais não escaparão da condenação do inferno (23.33). Pouca dúvida pode haver de que eles rejeitarão todos aqueles que são verdadeiramente enviados de Deus (23.34), e também pouca dúvida pode haver de que tal conduta não ficará impune pelo Senhor (23.35). No caso daquele judaísmo do Segundo Templo, tal juízo ocorreria dentro de uma geração, um período de tempo que se provou correto porque, desde o juízo pronunciado por Jesus no ano 30 até a destruição de Jerusalém e seu Templo no ano 70, se passaram exatamente quarenta anos.

Não é questão de Deus ter prazer no juízo. Na verdade, Jesus mostra como havia amorosamente procurado proteger Jerusalém, apesar de ter consciência de que essa cidade mata os profetas e apedreja os enviados (23.37), mas o tempo havia se esgotado, o Templo — a casa — ficaria desolado (23.39), e o único caminho para seguir em frente seria reconhecer o Messias (23.39).

As palavras de Jesus — repletas de tristeza — foram ocasionalmente interpretadas como um argumento global contra o judaísmo e os judeus. Certamente não. Jesus reconhecia que parte do ensino dos fariseus era correto. De fato, esse ensinamento deveria ser seguido, mas não as ações que o acompanhavam.

A soberba, a avareza, o monopólio da religião, a exploração dos necessitados sob o pretexto de orações — tudo isso era absolutamente intolerável. Ao formular essa crítica, Jesus estava colocando-se em linha com o judaísmo, como o próprio Talmude testifica. De fato, enquanto Alexandre Janeu qualificou os fariseus de "manchados",[4] e os essênios de Qumran os chamaram de "estuques",[5] Jesus os chamou de "sepulcros caiados" (Mateus 23.27,28). De uma forma muito reveladora, o Talmude afirma que havia sete classes de fariseus. Dessas, duas correspondiam aos hipócritas, enquanto apenas duas eram positivas.[6]

Porém, além disso, a diatribe de Jesus pode ser aplicada a todos aqueles que, ao longo dos séculos, inclusive entre aqueles que afirmam ser seus seguidores, colocaram o dogma na frente da prática, esmagaram os homens com regulamentos, usaram a religião para aumentar sua fortuna e poder e, em vez de abrir a porta do reino dos céus, a fecharam para aqueles que gostariam de entrar.

---

[4]Sotah 22b.
[5]Documento de Damasco 8.12; 19, 25 (de acordo com Ezequiel 13.10).
[6]Sotah 22b; TJ Berajot 14b.

Vistas de uma perspectiva histórica, essas palavras de Jesus aos seus contemporâneos têm um efeito verdadeiramente avassalador. Em uma geração, os escribas e fariseus, o Templo e os dízimos, os sumos sacerdotes e os sacrifícios teriam desaparecido. Ficariam de fora da História da mesma forma que aconteceu com a geração que pereceu no deserto, dando lugar a outra que recebeu o Deuteronômio. No entanto, apesar de seu cumprimento histórico, seríamos muito tolos se não percebêssemos que os ensinamentos de Jesus transcendem as pessoas de seu tempo. Em vez disso, eles contêm valor universal e nos mostram os mestres espirituais dos quais deveríamos fugir como de uma praga. Aqueles que ensinam valores que depois desmentem com sua conduta; aqueles que gostam dos primeiros lugares e dos elogios; aqueles que se desmancham de prazer quando são chamados por algum título — não importa se santidade, eminência ou apóstolo —; aqueles que não têm o menor escrúpulo em pegar dinheiro, inclusive dos mais necessitados, apelando para a obra de Deus; aqueles que gostam de fazer prosélitos, mas não para Deus, e sim para glória própria, transformando-os em seres piores do que eles próprios; aqueles que distorcem os mandamentos de Deus para lucrar com eles; aqueles que não têm um cuidado escrupuloso com a verdade; aqueles que insistem em exigir dízimos enquanto negligenciam ensinamentos verdadeiramente importantes como os referentes à justiça, à misericórdia e à fé; aqueles que cuidam muito das aparências, mas têm um interior espiritual sujo; aqueles que se opõem aos verdadeiros enviados de Deus — ai de todos eles, porque, apesar de atacarem aqueles que proclamam a verdade, não escaparão do juízo de Deus, e esse juízo costuma permanecer por mais de uma geração! Jesus ensinaria seus discípulos muito em breve sobre essa circunstância.

Terça-feira (II): O anúncio do juízo

Aquelas polêmicas que se prolongaram ao longo de toda a manhã da terça-feira e que se vinculavam aos novos anúncios de juízo feitos por Jesus devem ter confirmado os antigos preconceitos de seus discípulos. Como acontece tantas vezes com muita gente, eles eram tão apegados aos seus desejos que não estavam dispostos a permitir que a realidade que vinha se manifestando por meses os separasse deles. A mente dos discípulos bloqueava os anúncios claros de Jesus sobre seu destino próximo e trágico, enquanto eles se apegavam à expectativa de uma mudança em Israel. Tal mudança envolveria o castigo divino que cairia sobre os sacerdotes, escribas e fariseus, ao mesmo tempo que derrotaria os romanos e os expulsaria de um território sagrado. A situação precisava mudar; o reino tinha de surgir o mais rápido possível, e o que eles queriam era que Jesus lhes dissesse imediatamente quando essa sucessão de eventos esperados ocorreria. Naquela mesma tarde, essa mentalidade se manifestaria novamente quando Jesus e seus discípulos já tivessem deixado a Cidade Santa.

O conteúdo da conversa chegou até nós transmitido por várias fontes. Aparentemente, todo o episódio começou quando, ao sair do Templo, um dos discípulos falou com Jesus sobre a grandiosidade da construção (Mateus 24.1; Marcos 13.1; Lucas 21.5). O comentário era pertinente, e a verdade é que o único resquício daquelas construções que ainda permanece até hoje — o chamado Muro das Lamentações — continua a impressionar enormemente aqueles que o contemplam. No entanto, a resposta de Jesus foi no mínimo desconcertante. Em vez de corroborar a observação a respeito da grandiosidade da construção do Templo, Jesus afirmou que chegaria uma época "em que não haverá pedra sobre pedra que não seja derrubada".

Aquele comentário teve um efeito imediato na mente inquieta dos discípulos. Tão logo chegaram ao monte das Oliveiras, Pedro, Tiago, João e André se aproximaram para perguntar sobre o que Ele havia afirmado ao sair do Templo. A pergunta que lhe fizeram se referia a "quando serão essas coisas" e "que sinais haverá" antes de acontecerem (Marcos 13.4 e Lucas 21.7).

A fonte de Mateus contém a pergunta de modo ligeiramente diferente: "Que sinal haverá de tua *parúsia* e do fim desta era?", o que tem rendido muitos comentários na hora de interpretar a passagem vinculando-a com a segunda vinda de Jesus. Nem é preciso dizer que tal interpretação serviu para dar uma suposta base a algumas das exegeses mais absurdas da História, disparates em que se viram incorridas, é claro, grupos milenaristas como Adventistas do Sétimo Dia ou Testemunhas de Jeová, mas também intérpretes de confissões cristãs menos dados a se deixar levar pelo que poderíamos chamar de ficção escatológica. Para começar, é preciso enfatizar que a palavra grega *parousía* — que, na verdade, é usada em textos cristãos posteriores para se referir à segunda vinda de Cristo — significa unicamente *vinda* ou presença, e com esse sentido a encontramos em diferentes ocasiões no Novo Testamento, sem qualquer referência escatológica relacionada à segunda vinda (1Coríntios 16.17; 2Coríntios 7.6; Filipenses 1.26). Contudo — e isso é essencial —, nem Pedro, nem Tiago, nem João, nem André (que não podiam sequer conceber a ideia de um Messias sofredor) a teriam usado naquele momento para se referir a uma segunda vinda de seu Mestre. O que esperavam não era mais nem menos que o reino fosse implantado de um momento para o outro e, ao ouvir as palavras de Jesus sobre a destruição do Templo, chegaram à conclusão de que esse devia ser o sinal de que tal era estava prestes a ser inaugurada. Porém, quando seria exatamente? Quando esse evento de extraordinária relevância ocorreria?

A resposta de Jesus atendeu precisamente a essas perguntas e nada tem a ver — logicamente — com eventos que presumivelmente aconteceriam no mínimo dois mil anos depois, antes de sua segunda vinda.[7] Quando se leva em consideração tal circunstância — e o leitor não se perde em especulações insensatas sobre a

---

[7] Um estudo notável sobre o tema em D. Chilton, *The Great Tribulation*, Fort Worth, 1987.

relação entre as palavras de Jesus e o último conflito no Oriente Médio, o processo de construção europeia ou a chegada do Anticristo como uma espécie de ditador mundial —, o texto se torna bastante fácil de entender.

Para começar, Jesus afirmou que se deve rejeitar naturalmente aqueles que se apresentarão como o Messias ou que afirmem que "o tempo está próximo" (Lucas 21.8). Essa afirmação já é em si razão suficiente para não se acreditar na pessoa que espalha certas afirmações e para não se deixar "enganar" (Lucas 21.8 e paralelos). Nem seus discípulos deveriam incorrer no erro de identificar "guerras e rumores de guerras" com sinais do fim, porque uma circunstância não teria relação com a outra (Lucas 21.9 e paralelos). Nem mesmo a perseguição aos discípulos seria um sinal do fim. Eles certamente seriam levados perante as autoridades — por acaso não foram advertidos ao lhes falar da cruz que teriam de levar (Mateus 16.24,25)? —, porém não deviam se inquietar nem temer, mas apenas deixar que o Espírito Santo testemunhasse por meio deles (Lucas 21.12ss. e paralelos). O verdadeiro sinal de que a era atual estava prestes a acabar seria ver Jerusalém cercada por exércitos (Lucas 21.20). Quando tal eventualidade ocorresse, os seguidores de Jesus deveriam fugir (Lucas 21.21ss. e paralelos), porque o destino da Cidade Santa já estaria selado. Precisamente então, quando se visse destruída, todos entenderiam que o Filho do Homem agira, que estivera presente, que fora reivindicado, que protagonizara uma vinda de juízo semelhante àquelas realizadas por Deus na história passada de Israel (Lucas 21.27 e paralelos).

Exatamente por isso, assim como acontecera na época do Primeiro Templo, quando houve aquele desastre nacional, eles não deveriam se lamentar (Lucas 21.28 e paralelos). Por mais paradoxal que pudesse parecer, a destruição do Templo e de Jerusalém significaria que Deus havia consumado sua redenção (Lucas 21.28 e paralelos). Tampouco os discípulos deviam se preocupar, mas, sim, estar continuamente preparados porque tudo aconteceria de modo inesperado, mas aconteceria com certeza (Lucas 21.34ss. e paralelos).

A pregação de Jesus sobre o final trágico do Templo tem paralelos não apenas em sua época, mas também — e isso é de especial relevância — na obra de profetas anteriores. Para começar, não eram poucos os judeus que já pensavam que, mais cedo ou mais tarde, Deus acabaria destruindo aquele lugar que se tornara um "covil de ladrões". Claro, essa era a visão dos sectários de Qumran, mas também do fariseu Flávio Josefo quando o Templo foi destruído em 70 d.C. pelas legiões romanas.[8] Porém, o próprio profeta Jeremias — ou Ezequiel — não havia anunciado no passado a destruição do Templo de Jerusalém por pecados semelhantes? Não, a pregação de Jesus não era extravagante, nem lhe faltavam precedentes na história do povo de Israel. Muito menos os dados registrados nas fontes são *vaticinum ex eventu*, ou seja, uma profecia escrita posteriormente aos acontecimentos. Pelo contrário, Jesus apontou, de fato, para uma "vinda" em juízo como outras com as quais Deus já fizera sentir sua presença na História. No entanto, também havia diferenças.

Não deixa de ser expressivo que, após o anúncio da destruição do Templo, Jesus o tenha abandonado para todo o sempre. Conforme a narrativa de Mateus, Ele o fez em uma comparação exata a como Ezequiel descreve que a glória de YHWH deixou o Templo antes de sua destruição por Nabucodonosor. Como a glória de YHWH, Jesus deixou para trás aquele santuário que, desprovido da presença divina, estava reduzido a ser não uma casa de oração, mas um covil de ladrões (Mateus 21.12,13). Aquele edifício, apesar de sua imensa grandiosidade, podia esperar somente a destruição.

A catástrofe que já se desenhava no horizonte não seria temporária. Constituiria o justo castigo de Deus para aqueles que não quiseram receber o filho do senhor da vinha, basicamente porque haviam se apoderado injustamente dela. Revelaria, de forma visível

---

[8]Josefo relata alguns desses avisos, mas dá ênfase especial a um tal Jesus — não o de Nazaré — em *Guerra*, IV, 238-269.

e inegável, o fim de toda uma era, aquela que agora viviam, e o início de outra, aquela que Jesus estava inaugurando com sua morte próxima. Na verdade, naquela mesma terça-feira à tarde — já início da quarta-feira, segundo o cálculo judeu para medir os dias —, Jesus anunciou novamente sua morte, uma morte que ocorreria apenas "dois dias" depois (Mateus 26.1,2). Para facilitar esse final, um de seus discípulos teria um papel fundamental, justamente o que o trairia nas próximas horas.

Excurso: O discurso sobre Jerusalém de Mateus 24

Tanto Mateus (24) como Marcos (13) e Lucas (21) contêm porções substanciais referentes à tomada de Jerusalém e à destruição do Templo. No entanto, das três fontes, apenas a de Mateus coloca o discurso em um contexto que é precedido por outro discurso que anunciava o juízo que cairia sobre os líderes espirituais de Israel (Mateus 23), seguido por outro que explica a necessidade de vigiar (Mateus 25). Essa circunstância lança luz considerável à interpretação do discurso de Jesus, um discurso que sem dúvida se referia a todo um sistema espiritual e a toda uma geração que não receberiam a salvação esperada e que seriam substituídos por uma entidade espiritual diferente. Assim como sucedera com a geração perdida no deserto após o Êxodo, eles próprios, com seu comportamento, se excluíram da bênção, e seriam outros que entrariam no cumprimento das promessas, embora, também como no caso do Êxodo, alguns pertencessem aos dois sistemas. Os mestres da Torá poderiam e deveriam ter ajudado outros a chegar ao Messias, mas a triste realidade é que eles nem haviam entrado no reino dos céus nem permitiram que outros entrassem (Mateus 23.13). No final, haviam construído um sistema baseado na soberba e na ganância desprovidas de qualquer compaixão, por mais que se cobrissem de densa religiosidade (Mateus 23.14), um sistema que criava discípulos que — poderia ser de outra maneira? — eram ainda piores do que os mestres, um sistema que, no final, preferia a si mesmo a aceitar o Messias. Como era de esperar, um sistema espiritual com essas características, surdo e cego diante da realidade do reino, tornara-se objeto do juízo futuro de Deus. A confirmação desse juízo foi anunciada por Jesus quando Ele estava saindo do Templo e assim aparece registrada no capítulo 24 de Mateus.

Certamente, tem sido muito comum ler esse capítulo com as lentes dos sistemas escatológicos que surgiram no século 17 ou de romances de enorme sucesso de vendas no século 20, mas é preciso notar que nenhuma dessas duas plataformas é apropriada para abordar o texto com exatidão. Para começar, Jesus deixou bem estabelecido que TUDO o que Ele disse nesse capítulo aconteceria na geração em que Ele vivia (Mateus 24.34). Alguns intérpretes têm insistido em interpretar geração como raça — a raça judaica —, mas tal possibilidade é claramente absurda. Na verdade, no ensino de Jesus, a geração é sempre as pessoas que vivem em uma época específica, os contemporâneos (Mateus 1.17; 11.16; 12.39, 41, 42, 45; 16.4; 17.17; 23.36; 24.34; Marcos 8.12,38; 9.19; 13.30; Lucas 1.48,50; 7.3; 9.41; 11.29-32,50,51; 16.8; 17.25; 21.32). Em outras palavras, Jesus ensinou sobre acontecimentos que teriam seu cumprimento TOTAL no intervalo de uns quarenta anos. Era a geração perversa cujo juízo Ele anunciara várias vezes antes (Mateus 12.39,45; 16.4; 17.17) e sobre a qual recairia o sangue derramado dos santos (Mateus 23.35-38).

Como vimos no capítulo 23, as palavras de Jesus eram inequivocamente claras, mas qualquer um poderia objetar que o Templo ainda era impressionante. Na verdade, era tão impressionante que os próprios discípulos ficaram pasmados diante das construções e, ao que parece, esqueceram tudo o que haviam escutado sobre a casta religiosa judaica e a corrupção do Templo. Dá a sensação de que nada ficara em sua mente e coração ao contemplarem aquele edifício extraordinário. Obviamente, não se pode deixar de pensar em paralelos nos dias de hoje. As pessoas ouvem com alívio visível o ensinamento contra os personagens espirituais do capítulo 23, mas logo pasmam novamente diante da exibição de poder desse mesmo sistema que, satisfeitas, ouviram ser criticado (24.1).

A resposta de Jesus não poderia ter sido mais contundente: não sobraria nada daquilo que tanto lhes chamava a atenção (24.2). Tal afirmação enfática provocou uma reação compreensível dos discípulos, que, uma vez no monte das Oliveiras, se aproximaram dele para perguntar quando essas coisas aconteceriam e, aliás, qual seria o sinal de sua presença — o sentido literal — e do fim da era. Nesse sentido, o termo grego *aion* indica uma época, uma era, um período, não, como alguns afirmam, o mundo.

A resposta de Jesus foi clara e abrangeu tudo o que os discípulos indagaram. Ele descreveu o fim do Templo e, com ele, o fim da era, uma era que terminava com o fato de que o reino fora tirado de Israel e dado a outro povo (Mateus 21.43). Nessa época, o Templo de Jerusalém — centro da vida espiritual de Israel — deixaria de existir, e os verdadeiros adoradores adorariam a Deus em espírito e verdade, não em um santuário (João 4.21-23).

Os sinais do fim da era não se reduziriam a um, como os discípulos pensavam, mas compreenderiam o número de sete:

1. Falsos messias: Em primeiro lugar, deviam evitar ser enganados, porque muitos apareceriam dizendo que eram o Messias e, sem dúvida, conseguiriam enganar a muitos.
2. Guerras: Como as notícias de guerras também seriam abundantes, alguns aproveitariam para dizer que era o fim, mas a verdade é que ainda não seria (24.5,6).
3. Desastres naturais: Fomes e terremotos se delineariam no futuro, porém seriam apenas o início das dores de parto (24.7,8).
4. Perseguição: Catástrofes, guerras e terremotos seriam apenas o começo das dores da aflição. Mais sério seria o que se seguiria, uma tribulação em que os discípulos de Jesus seriam perseguidos até a morte (24.9).

5. Apostasia: A perseguição resultaria no afastamento de muitos e até mesmo na prática de traição (24.10). A apostasia também contribuiria para o aparecimento de falsos profetas com enorme poder de sedução (24.11) e, como resultado, o amor de muitos esfriaria (24.12). Na verdade, em meio a tal situação, apenas os perseverantes se salvariam (24.13).
6. Difusão universal do evangelho: A perseguição e tribulação se dariam paralelamente a um evento de especial relevância. O evangelho seria pregado a todas as nações antes do fim da era, um fato que ocorreu na geração de que Jesus falava, a julgar pelas afirmações de Paulo na década de 50 do primeiro século. Assim diz o apóstolo em Colossenses 1.5,6: "por causa da esperança que vos está reservada no céu, da qual já ouvistes pela palavra verdadeira do evangelho, que chegou até vós, *bem como a todo o mundo*, e dá fruto e cresce em vós também, desde o dia em que ouvistes e conhecestes a graça de Deus em verdade". Da mesma forma, em Colossenses 1.23 ele afirma: "se de fato permanecerdes fundados e firmes na fé, sem vos afastar da esperança do evangelho que ouvistes, *o qual é pregado em toda a criação que está debaixo do céu*; do qual eu, Paulo, fui feito ministro". Podemos ver o mesmo em Romanos 1.8: "Primeiramente, dou graças ao meu Deus por meio de Jesus Cristo no tocante a todos vós, porque vossa fé é difundida *por todo o mundo*" ou em Romanos 10:18: "Mas digo: Não ouviram? Sim, por certo, pois por toda a terra saiu a voz deles e *até os confins da terra* suas palavras" (ênfase do autor).
7. A abominação da desolação: A referência aos exércitos pagãos nas proximidades de Jerusalém seria outro sinal de que a era estava chegando ao fim. O texto de Lucas 21.20-22 é ainda mais claro quando afirma: "Porém, quando virdes Jerusalém rodeada de exércitos, sabei que é chegada a sua destruição. Então, os que estiverem na Judeia, fujam para os montes; e os

que se acharem dentro dela, vão embora; e os que estiverem nos campos não entrem nela. Porque esses são dias de retribuição, para que se cumpram todas as coisas que estão escritas".

As palavras de Jesus foram inexoravelmente cumpridas, e não deveria surpreender que os céticos insistam em considerar que o texto foi escrito em 70 d.C., porque, de fato, corrobora com enorme força a autoridade de Jesus. Assim, seus discípulos não somente sofreram perseguição desde o início — basta ler o livro de Atos, Apocalipse e boa parte das Epístolas —, mas também textos como *Guerra dos judeus*, de Flávio Josefo, nos dão um relato detalhado dos falsos messias e mestres que arrastaram a muitos nos anos que antecederam a destruição do Templo.

Em 66 d.C., em resposta a um levante nacionalista dos judeus, as legiões romanas chegaram às portas de Jerusalém e a cercaram. No entanto, inesperadamente para os judeus, os romanos levantaram o cerco por causa dos conflitos internos do império. Os que acataram as palavras de Jesus deixaram a cidade e se refugiaram no povoado de Pela, do outro lado do Jordão, salvando-se assim do destino que cairia sobre Jerusalém. Os nacionalistas judeus, que, ao contrário, acreditavam que Roma havia sido derrotada, apressaram-se em cunhar uma moeda proclamando sua vitória sobre os pagãos. A alegria deles durou pouco, porque, sob o comando de Tito, os romanos voltaram e, em 70 d.C., capturaram Jerusalém e destruíram a cidade e o Templo. Jamais, nem antes nem depois — nem mesmo durante o Holocausto —, o povo judeu sofreu uma tragédia semelhante. Se aproximadamente um terço de seus membros morreu no Holocausto, na guerra do Templo morreram dois terços dos judeus. Além disso, nada da presença judaica como entidade política sobreviveu, Jerusalém foi destruída, e do Templo, como Jesus afirmou, não ficou pedra sobre pedra. Tudo isso se cumpriu no prazo de uma geração, de maneira quase meticulosamente matemática: dos anos 30 a 70 d.C.

É verdade que o sionismo tem feito uma leitura da guerra contra Roma em que os rebeldes são romanticamente retratados como heróis nacionais. Essa versão dos acontecimentos é enviesada e historicamente falsa. O historiador Flávio Josefo não hesitou em afirmar repetidas vezes que todo o conflito contra Roma — incluindo a destruição do Templo — foi algo decidido por Deus como castigo pela impiedade daquela geração. Assim ele disse ao se referir ao desaparecimento de alguns sacerdotes importantes:

> Creio que Deus, que determinara a destruição da cidade, já contaminada, e que queria purificar com fogo o santuário, tirou do meio aqueles que eram consagrados e amavam o Templo.[9]

A razão que Josefo dá para tal desastre nacional é dupla. Primeiro, houve o fato de que os judeus se recusaram a ouvir os sinais que Deus lhes dava:

> Não é possível aos homens evitar o Destino, mesmo que tentem. A alguns dos sinais eles interpretaram como quiseram, e a outros, não prestaram atenção, até que, com a conquista de sua pátria e com sua própria destruição, perceberam sua tolice.[10]

Em segundo lugar, para Josefo está claro que aquela geração era extraordinariamente má e merecia o juízo de Deus que caiu sobre ela:

> Esta cidade (Jerusalém) teria sido digna de toda inveja se tivesse desfrutado, desde sua fundação, tantos bens quanto desgraças sofreu durante seu cerco. No entanto, não mereceu tamanhas desgraças por outra causa senão a de ter criado a geração que causou sua própria ruína.[11]

---

[9] *Guerra*, IV, 323.
[10] *Guerra*, VI, 315.
[11] *Guerra*, VI, 408.

Se aos dados fornecidos por Josefo for acrescentada a circunstância de que aquela geração não hesitara em rejeitar cruelmente o Messias e perseguir seus discípulos, é difícil negar a lógica de suas declarações.

Há mais dois aspectos que levam à conclusão de que as palavras de Jesus se cumpriram com exatidão no grande drama da guerra contra Roma. A primeira é que basta ler — e é leitura obrigatória — *Guerra dos judeus,* do historiador judeu Flávio Josefo, para perceber que Jesus estava prevendo de modo extraordinariamente exato o processo de aniquilação do sistema religioso judaico, sistema, aliás, que não foi reconstruído como era até os dias de hoje.

Em segundo lugar, pode-se ver com enorme facilidade que os juízos de Jesus sobre essa geração não foram exagerados. Josefo, que não acreditava que houvesse ocorrido um castigo por se rejeitar o Messias, escreveu, contudo, o seguinte sobre essa geração:

> Embora seja impossível relatar detalhadamente todos os seus crimes, pode-se dizer, em síntese, que nenhuma outra cidade sofreu atrocidades dessa natureza e jamais houve uma geração na História que tenha produzido tantas iniquidades.[12]

Não deixa de ser significativo o fato de que Josefo tenha adicionado o que segue:

> Esses indivíduos acabaram atraindo o desprezo pela raça dos hebreus [...] eles levaram a cidade à ruína.[13]

O juízo expresso por Flávio Josefo não era o de um fanático antissemita. Procedia de um judeu, fariseu e patriota que, como Jesus, não era enganado pela realidade deplorável daquela geração (observe o

---

[12] *Guerra dos judeus,* V, 442.
[13] *Guerra,* V, 443-4.

significado da palavra "geração", semelhante à que vemos em Jesus) e sabia onde residia a responsabilidade pelo que acontecera.

Certamente, as palavras claras de Jesus contidas nos primeiros 28 versículos do capítulo 24 de Mateus tiveram seu cumprimento no ano 70, e quem ler, por exemplo, o relato de Flávio Josefo sobre a guerra dos judeus, o comprovará sem dificuldade. No entanto, no versículo 29, Jesus descreve uma série de acontecimentos que, para muitos, somente podem se referir à sua segunda vinda. Assim, de acordo com essa interpretação, Jesus teria afirmado que, exatamente após a destruição de Jerusalém e do Templo, da tribulação daqueles dias que aconteceria nessa geração, aconteceriam eventos que muitos identificam com a segunda vinda de Cristo. Tal interpretação tem sido usada pelos céticos para dizer que a profecia de Jesus deu errado, mesmo que parcialmente, porque é óbvio que a segunda vinda de Cristo não ocorreu imediatamente após o ano 70 d.C.[14] Em outras palavras, essa circunstância demonstraria, sem dúvida, que Jesus foi um personagem falível e sujeito a erro, bem como provocaria equívoco quanto ao momento em que viria o fim do mundo e o início de um novo.

Por outro lado, para exegetas conservadores, a passagem pode somente se referir à segunda vinda na medida em que usa uma linguagem catastrófica que, obrigatoriamente, deve ser colocada nesse contexto. Sem querer dogmatizar, do nosso ponto de vista ambas as posições estão erradas e não tratam com justiça o texto que inclui a profecia de Jesus sobre a destruição do Templo.

No versículo 29, há certamente uma referência à queda dos astros, à falta de resplendor da lua ou ao obscurecimento do sol. Para aqueles

---

[14] Uma exposição dessa posição em J. A. T. Robinson, *Can We Trust the New Testament?*, Grand Rapids, p. 19. De modo bem expressivo, Robinson considera que Jesus se equivocou em sua predição e que o Novo Testamento contém erros, mas, ao mesmo tempo, considera que ele fornece um material historicamente valioso.

que não conhecem o simbolismo das Escrituras, seriam referências a eventos astronômicos cataclísmicos e anteriores à segunda vinda de Cristo. Isso pode levar ao anúncio de profecias relacionadas a eclipses ou fenômenos lunares que, é óbvio, nunca se cumprem. No entanto, o estudo rigoroso da Bíblia ensina que as palavras usadas por Jesus jamais têm um significado literal, mas fazem parte de uma linguagem simbólica que se refere aos juízos de Deus ao longo da História. Assim, por exemplo, quando Isaías anunciou a destruição da Babilônia que ocorreria em 537 a.C., escreveu:

> Eis que o dia de YHWH vem, terrível, dia de indignação e ira ardente, para transformar a terra em solidão e para exterminar dela os seus pecadores. Portanto, *as estrelas dos céus e seus astros não darão sua luz; e o sol escurecerá ao nascer, e a lua não dará seu resplendor*. E castigarei o mundo por sua maldade e os ímpios, por sua iniquidade; e farei cessar a arrogância dos soberbos e abaterei a altivez dos fortes (Isaías 13.9-11; itálicos meus).

De modo semelhante, ao se referir à destruição do reino de Edom, Isaías observou:

> E todo o exército dos céus se dissolverá, e os céus se enrolarão como um livro; e todo o seu exército cairá, como cai a folha da videira e como cai a folha da figueira. Pois nos céus minha espada se embriagará; eis que descerá sobre Edom em juízo, e sobre o povo do meu anátema (Isaías 34.4,5).

Certamente, essa não é uma linguagem limitada a Isaías. Amós, ao anunciar a destruição do reino de Israel em 721 a.C., declarou:

> Acontecerá naquele dia, diz o Senhor YHWH, que *farei o sol se pôr ao meio-dia e cobrirei a terra de trevas em pleno dia*. E transformarei suas festas em choro, e todas as suas canções em lamentações; e farei colocar pano de saco sobre todo lombo e que se rape a

cabeça; e a tornarei em pranto de unigênito, e seu fim, como um dia amargo (Amós 8.9,10; itálicos meus).

O mesmo é encontrado no profeta Ezequiel, que, ao anunciar a destruição do Império Egípcio, escreveu:

> Depois de tê-lo destruído, cobrirei os céus e escurecerei suas estrelas; cobrirei o sol de nuvens, e a lua não dará a sua luz. Escurecerei por tua causa todos os astros brilhantes do céu e porei trevas sobre a terra, declara YHWH Deus (Ezequiel 32.7,8).

Em todos os casos, a linguagem profética está anunciando o fim de um poder por causa do juízo de Deus, e o faz usando imagens cósmicas que não são literais, mas poderosamente reveladoras. Isso não deveria nos surpreender, porque geralmente falamos do eclipse de um império, do obscurecimento de uma carreira política, do declínio de uma nação etc. No entanto, algo tão simples passa despercebido por muitas pessoas que leem as palavras de Jesus nesse discurso. A realidade é que o que Ele estava dizendo aos seus discípulos sobre Jerusalém e a nação judaica era exatamente a mesma coisa que outros profetas disseram sobre Edom, Babilônia ou Egito: o castigo de Deus seria tão radical que poderia ser simbolizado pela perda de luz do sol e da lua, inclusive pelo colapso das estrelas. Não foi outra coisa que aconteceu em Jerusalém no ano 70 d.C.

Precisamente quando todo o sistema religioso judaico fosse aniquilado, o sinal do Filho do Homem seria revelado no céu. O texto original não diz que o sinal do Filho do Homem seria visto no céu, mas, sim, que o sinal do Filho do Homem, que está no céu, seria revelado. Esse Filho do Homem estaria vindo nas nuvens, com poder e grande glória. Novamente, interpretar o texto como uma referência à segunda vinda é tentador, mas, uma vez mais significa ignorar a linguagem das Escrituras. A vinda nas nuvens, o juízo e o lamento das tribos da terra (isto é, as tribos de *Ha-arets*: Israel) foram cumpridos em 70 d.C.

Mais uma vez, a linguagem profética usual nos mostra o uso desse vocabulário para se referir ao juízo de Deus *em qualquer época da História*. Assim, a imagem do Deus que cavalga nas nuvens para enfrentar os seus inimigos é muito comum na Bíblia, e podemos encontrá-la, por exemplo, em Salmos 104.3, onde nos é dito que Ele é "aquele que estabelece suas moradas entre as águas, aquele que faz das nuvens o seu carro, aquele que anda sobre as asas do vento". Nem é preciso dizer que as expressões poéticas não são, nem de longe, uma descrição literal. Porém, além disso, muitas vezes os profetas descrevem Deus como alguém que vem nas nuvens para executar o juízo. Assim, em Isaías 19.1, podemos ler:

> Oráculo acerca do Egito. Eis que YHWH *cavalga em uma nuvem ligeira* e entrará no Egito; e os ídolos do Egito estremecerão diante dele, e o coração dos egípcios desfalecerá dentro deles (itálicos meus).

Mais eloquente, se é que se aplica, é o início do livro de Naum, onde a destruição do Império Assírio é anunciada da seguinte maneira:

> Profecia sobre Nínive. Livro da visão de Naum, o elcosita. YHWH é um Deus zeloso e vingador. YHWH é vingativo e cheio de indignação. Ele se vinga de seus adversários e reserva a ira contra seus inimigos. YHWH é tardio para a ira e grande em poder, e não terá por inocente o culpado. YHWH marcha na tempestade e no redemoinho, e *as nuvens são o pó de seus pés* (Naum 1.1-3; itálicos meus).

Em cada um dos casos, não há referência a uma visão literal de Deus nas nuvens, mas a uma simbologia referente ao juízo, um juízo que é executado historicamente sobre as nações, sem excluir o povo de Israel.

Aliás, não deixa de chamar atenção o fato de que Josefo narra que os judeus que sofreram o cerco de Jerusalém — e que em muitos casos sabiam que estavam diante de um juízo de Deus —, "quando a máquina era colocada em funcionamento e a pedra era lançada, avisavam e gritavam em sua língua materna: O filho está chegando!", uma expressão sobre a qual valeria a pena refletir.[15]

No caso de Jesus, o Messias, essa simbologia da vinda sobre as nuvens era ainda mais reforçada pelo fato de que, nas nuvens, Ele teria comparecido diante do Pai precisamente como o Filho do Homem. Assim, em Daniel 7.13,14, havia sido profetizado:

> Eu estava olhando na minha visão da noite, e eis que aqui com as nuvens do céu vinha um como que um filho de homem, que veio ao Ancião de Dias, e o fizeram chegar perto dele. E a ele foi dado domínio, glória e reino, para que todos os povos, nações e línguas lhe servissem; seu domínio é domínio eterno, que nunca passará, e seu reino, um reino que não será destruído.

É bastante revelador que ambas as fontes, Lucas e Mateus, indiquem que, na última vez que os discípulos viram Jesus, eles o contemplaram subindo em uma nuvem (Marcos 16.19; Atos 1.9) para o Pai, para se sentar à sua direita, o que é um claro cumprimento da profecia de Daniel. Porém, o que acontecera realmente para os discípulos — o Filho do Homem estava no céu sentado com poder à direita do Pai — seria revelado no ano 70 d.C., quando todo o sistema religioso judaico entrasse em colapso com a destruição do Templo. Então, não poderia haver dúvida de que a antiga aliança fora substituída por uma nova. Assim, o significado da morte de Jesus seria especialmente revelado. Como o autor da Carta aos Hebreus escreveria (8.13): "Ao dizer nova aliança, considerou antiga a primeira; e a que é considerada antiga e continua

---

[15] *Guerra dos judeus*, V, 272.

envelhecendo está prestes a desaparecer". Essa nova aliança estava em vigor desde o ano 30 d.C., mas, em 70 d.C., com a destruição do Templo e de Jerusalém, o sinal de que o Filho do Homem estava no céu e a nova aliança estava em vigor seria irrefutável.

Essa nova aliança também teria uma consequência mais do que clara, isto é, não passaria pelo sistema judaico do Templo, mas implicaria que os anjos de Deus reuniriam os escolhidos em todo o mundo (24.31). O texto grego deixa claro que esse não é um arrebatamento, mas uma reunião dos eleitos. O fato de *angueloi* ser traduzido por "anjos", no sentido de um enviado celestial de Deus, ou simplesmente "enviados", como em Tiago 2.25, é, em grande parte, secundário. O que é óbvio é que haveria uma grande reunião dos eleitos de Deus depois de ser revelado que o Senhor executara seu julgamento no sistema judaico cujo centro era o Templo. A esse respeito, os anjos (ou mensageiros) realizariam a tarefa de "reunir em sinagogas" os eleitos, o significado literal do termo que algumas versões traduzem por "reunir" ou "congregar". Ambos os aspectos — sinagoga e eleição — são repetidos em outras partes da Bíblia. Com relação ao termo "sinagoga", é curioso que, por exemplo, em Tiago 2.2 o local de reunião dos seguidores de Jesus seja denominado pela palavra grega "sinagoga", ou, em Hebreus 10.25, quando se fala em não esquecer de se reunir com outros crentes, o mesmo verbo seja empregado como aquele que Jesus usou para descrever a obra dos anjos que irão reunir os eleitos. Após a destruição do Templo que revelaria que Jesus era o Filho do Homem, a congregação dos verdadeiros crentes se tornaria evidente.

No que diz respeito à eleição, é exatamente o que vemos em Atos 2.47, quando somos informados de que o Senhor acrescentava à sua igreja a cada dia aqueles que deveriam ser salvos, ou em Romanos 8.28-39, que descreve como Deus primeiro predestinou e depois executa todas as etapas para garantir a salvação de seus eleitos. Justamente porque tudo isso iria acontecer na geração em que Jesus falava (24.34), tinham de estar atentos ao que iria acontecer (24.33). Porque a verdade é que aconteceria inevitavelmente (24.35), embora Jesus não fosse dizer aos discípulos o dia e a hora (24.30). Para muitos, seria uma catástrofe imprevista como nos dias de Noé, uma circunstância que os obrigaria a estar alertas (24.43,44). Na verdade, a conduta dos seguidores de Jesus devia ser como a de um servo fiel e prudente (Mateus 24.45-51), não como a de alguém que pensasse que os juízos de Deus não têm lugar na História.

Para muitas pessoas, Mateus 24 é simplesmente uma desculpa para se envolver no exercício estéril de especular o futuro acaloradamente. É triste que seja assim, porque, ao caírem nesse comportamento deplorável, perdem totalmente de vista o ensino de Jesus. Na verdade, o capítulo 24 de Mateus contém ensinamentos que são gloriosos e assustadores. O primeiro ensinamento que o crente deve ter em mente é que Deus não faz acepção de pessoas. Israel pode ter sido seu povo escolhido, mas, quando eles rejeitaram o Messias e preferiram se apegar a um sistema religioso corrupto, seu julgamento tornou-se inevitável, e o reino foi dado a outro povo que produziria seus frutos (Mateus 21.43). Jesus apontou que tudo viria sobre aquela geração (Mateus 23.36; 24.34), e, de fato, a profecia foi inexoravelmente cumprida. Esse fato de importância transcendental deveria nos levar a lembrar, com Paulo, de que os ramos judeus que não creram foram arrancados da oliveira e que os ramos gentios que creram foram enxertados. No entanto, esses ramos gentios, se caírem na incredulidade, podem ser cortados como os judeus, e, da mesma forma, os judeus podem ser enxertados de volta se acreditarem que Jesus é o Messias (Mateus 23.38,39 e Romanos 11.17-23).

O segundo ensinamento que todo crente deveria assimilar é que Deus sempre cumpre suas profecias. O sinal do Filho do Homem fora profetizado por Daniel, teve seu cumprimento no ano 30 d.C. com a ascensão do Messias ao céu e foi revelado com a destruição de Jerusalém, do Templo e da nação no ano 70, exatamente como Jesus anunciou.

O terceiro ensinamento é que a morte, a ressurreição e a ascensão de Jesus, o Messias, têm um significado muito maior do que aquilo que entendem muitos que afirmam ser cristãos. Em muitos casos, sua vida se estende desde uma suposta conversão — ou pior, um batismo infantil — até que também supostamente vão para o céu. Em nenhum instante, entendem a relevância total da nova aliança nem como ela se aplica à vida deles. Esse capítulo 24 permite que você se aproxime de alguns desses aspectos.

O quarto ensinamento é que Deus pode pedir a prestação de contas a qualquer momento, e seria sensato viver vigilante. Certamente, o Templo — como judeus piedosos como Flávio Josefo reconheciam — perdera seu valor espiritual, apesar de sua majestade, e dele não restaria pedra sobre pedra. No entanto, realmente importante não era o fim merecido do Templo e de seu sistema religioso, mas a chegada do Messias e a consumação de sua obra.

A última semana (II): de QUARTA a QUINTA-FEIRA

QUARTA-FEIRA (I): JESUS VOLTA A ANUNCIAR SUA MORTE

"Até o homem da minha paz, aquele em quem eu confiava, aquele que comia meu pão comigo, ergueu o calcanhar contra mim." Com essas palavras, Salmos 41.10 relatava como o Messias seria traído por um dos seus. Tratava-se de uma experiência que Jesus atravessaria com extrema tristeza. Naquela noite de terça-feira — já quarta-feira, segundo o cálculo judaico —, Ele voltou com seus discípulos a Betânia. O jantar não aconteceu na casa de Lázaro dessa vez, mas de certo Simão, o leproso (Mateus 26.6; Marcos 14.3). O personagem em questão devia ter alguma relação com a família de Lázaro, porque este foi ao jantar, e sua irmã Marta, uma mulher notavelmente prestativa, ocupou-se de servir à mesa (João 12.2). Com esses dados, não é difícil pensar na possibilidade de que se tratasse de um encontro de amigos que queriam prestigiar Jesus. Precisamente nesse contexto, ocorreria um episódio de confronto entre Jesus e Judas, o qual foi relatado pelas fontes de Mateus, Marcos e João. Este último o descreve da seguinte maneira:

> E eles fizeram (para Jesus) ali (em Betânia) uma ceia; Marta servia, e Lázaro era um dos que estavam à mesa com Ele. Então, Maria pegou uma libra de bálsamo de nardo puro, muito caro, e ungiu os pés de Jesus, e os enxugou com os cabelos; e a casa encheu-se da fragrância do perfume. Porém, um de seus discípulos, Judas Iscariotes, filho de Simão, aquele que o entregaria, disse: Por que esse perfume não foi vendido por trezentos denários e dado aos pobres? Porém, ele disse isso não porque se importasse com os pobres, mas porque era ladrão e, como cuidava da bolsa, subtraía do que nela se colocava. Então, Jesus disse: Deixai-a; ela realizou este ritual para o dia da minha sepultura. Porque vós sempre tereis os pobres convosco, mas a mim nem sempre (João 12.2-8).

A história, de uma brevidade comovente, traz uma luz extraordinária. No meio do jantar, Maria, irmã de Lázaro, decidiu homenagear Jesus de uma maneira especial. É bem possível que ela estivesse repleta de gratidão ao recordar que seu irmão retornara do mundo dos mortos em virtude do poder sagrado de Jesus. Por isso, adquiriu um frasco de perfume de nardo e com ele ungiu os pés do Mestre. Mal podia suspeitar a mulher que, séculos depois, exegetas descuidados a confundiriam com a pecadora da Galileia que agradecera o perdão de Jesus com lágrimas (Lucas 7.36-50) e que, como resultado dessa péssima leitura dos Evangelhos, seria tecida toda uma lenda que se desenvolveria com o catolicismo romano medieval e renderia frutos artísticos notáveis, mas que, na realidade, não teria base histórica.

Nessa ocasião, a ação da mulher não provocou a reação contrária de um fariseu escandalizado, mas, sim, de Judas. O discípulo responsável por carregar a bolsa do grupo protestou amargamente contra tal desperdício. Visto que aquele perfume devia ter custado cerca de trezentos denários — uma quantia muito alta se for levado em conta que o salário diário de um trabalhador era de um denário —, a obrigação, segundo Judas, teria sido dar tal valor aos pobres (João 12.5). Aparentemente, a objeção fazia sentido. Jesus e seus discípulos levavam uma vida de considerável austeridade e, a julgar pelo que Judas apontou, uma parte de suas poucas posses era destinada aos necessitados. Que sentido fazia aceitar aquele desperdício em algo tão volátil (melhor forma de expressar) como o perfume? Não teria sido mais apropriado Maria ter dado o dinheiro gasto no frasco de nardo para que com ele se ajudasse os necessitados?

Contudo, como era seu costume, Jesus não se deixou enredar por palavras. Na verdade, Ele conhecia Judas muito bem. Ele mesmo o escolhera três anos atrás; Ele mesmo o encarregara da administração do patrimônio do grupo, confiando-lhe a bolsa; Ele mesmo percebera, mais de um ano atrás, que Judas era o único do grupo que havia começado a se desviar do caminho. É muito possível que, a essa altura, Ele soubesse que Judas se sentia decepcionado pelo modo em que os acontecimentos vinham se desdobrando. Os demais discípulos se debatiam entre o temor e a perplexidade, entre as ilusões de um futuro triunfal próximo e a confusão, entre as disputas por posições no reino que em breve seria inaugurado e os ensinamentos sobre o Messias que padeceria como o Servo de YHWH. Contudo, apesar daquela série de circunstâncias, todos permaneciam apegados a Ele e à esperança do reino. Certamente não era o caso de Judas. Aos poucos, sua fé fora desmoronando, embora ele não tivesse abandonado o grupo de Jesus. Fosse como fosse, Judas havia decidido tirar algum proveito de uma situação que, em termos gerais, considerava perdida. Dedicou-se a roubar da bolsa coletiva e, aparentemente, encobriu sua imoralidade com uma das desculpas preferidas de quem se apropria do dinheiro alheio: afirmar que ele deveria ser dado aos pobres.

Podemos apenas imaginar a tristeza que deve ter invadido Jesus ao contemplar a reação de um homem que Ele escolhera anos atrás, a quem confiara uma tarefa de responsabilidade e que agora via manifestar-se com uma das piores facetas do ser humano, a do uso hipócrita da suposta preocupação com os outros que apenas esconde a própria ganância. Mais uma vez, Jesus evitou habilmente ser enganado por frases que não comunicavam a verdade, mas pretendiam unicamente ocultá-la. Em seguida, colocou o dedo na ferida, repreendendo Judas publicamente. Aquela mulher agira bem, certamente melhor do que poderia imaginar, porque o ungira, algo que se costumava fazer com mortos e que era especialmente apropriado no caso dele, já que morreria em breve. Tratava-se do enésimo anúncio de sua morte, mas Ele não havia terminado o que tinha a dizer. O que quer que Judas afirmasse, o que quer que pensasse, eles sempre teriam os pobres com eles. Sua existência seria uma realidade diária no futuro, e não faltariam oportunidades para ajudá-los. Com Ele não seria assim, já que morreria em alguns dias.

Talvez naqueles momentos Judas tenha chegado à conclusão de que já não tinha nada a fazer — nem ganhar — ao lado de Jesus e que o melhor era tirar algum benefício daquela situação, isto é, o benefício que as autoridades do Templo poderiam lhe proporcionar por entregar Jesus. O caminho da traição se abrira.

Quarta-feira (II): a traição

As autoridades do Templo haviam decidido há muito tempo acabar com Jesus, e essa decisão fora se fortalecendo nos dias que antecederam a Páscoa. Afinal, Ele não apenas consentira que o povo — os imundos, os *am-ha-arets* gentios — o aclamasse como Messias, mas também se permitira purificar o Templo, expondo a corrupção imunda a que se encontrava sujeito o lugar sagrado. Para piorar as coisas, as tentativas de desacreditá-lo haviam falhado dramaticamente, deixando seus articuladores numa situação embaraçosa. Era óbvio que a única saída viável seria acabar com sua vida. No entanto, cumprir tal propósito suscitava alguns problemas importantes. O mais simples, é claro, não era como prender Jesus. Este tinha anos de experiência em evitar situações perigosas e, mesmo quando elas surgiam, Ele sempre escapava com maestria. Agora, prudentemente, Ele havia evitado passar a noite em Jerusalém para evitar ser preso. Era de esperar que comemorasse a Páscoa na cidade, mas essa circunstância específica não facilitava as coisas. Pois, durante a festividade, a Cidade Santa se enchia de peregrinos — centenas de milhares — e não seria simples encontrar, identificar e deter Jesus. Precisamente por tudo isso, o fato de Judas, um de seus discípulos mais próximos, ter entrado em contato com eles, oferecendo-se para entregá-lo, causou-lhes grande alegria (Marcos 14.11; Lucas 22.5).

Como em todas as traições, uma das questões que precisava ser esclarecida desde o início era o preço. As autoridades do Templo estavam longe de ser inocentes, acostumadas a chafurdar diariamente em um mar de corrupção, violência e suborno, como as próprias fontes judaicas reconhecem. Precisamente por isso, devem ter percebido que Judas aceitaria uma quantia não muito exagerada como pagamento por sua traição. Assim, ofereceram-lhe trinta moedas de prata, aproximadamente o pagamento de um trabalhador por um mês de trabalho.

Não temos a menor notícia de que Judas tenha barganhado com seus interlocutores. A essa altura, ele estava mais do que desapontado com o Mestre; é muito possível que suspeitasse que Jesus havia descoberto seu comportamento impróprio e deve ter pensado que, no mínimo, tiraria alguma vantagem do erro de tê-lo seguido por mais de três anos. Ele aceitou o valor! Como acontece com tantos traidores, é bem possível que o ressentimento, a frustração e a rejeição do que outrora fora amado falassem mais alto que o dinheiro.[1] A partir desse momento, Judas se dedicou à tarefa de

---

[1] Em uma linha muito semelhante, veja C. H. Dodd, *The Founder of Christianity*, Londres, 1971, p. 152ss.

encontrar a melhor maneira de entregar aquele que fora seu Mestre (Mateus 26.16; Marcos 14.11; Lucas 22.6).

Posteriormente, os seguidores de Jesus encontrariam no episódio da traição e no preço fixado o cumprimento da profecia de Zacarias (11.12,13), a qual afirma que o próprio YHWH seria avaliado por trinta moedas de prata. Dessa forma, veriam confirmada sua crença na messianidade de Jesus. No entanto, enquanto os fatos ocorriam, a ideia de uma possível traição não passava nem de longe pela cabeça dos discípulos.

Quinta-feira: a preparação da última Páscoa

Não sabemos o que aconteceu desde a noite de terça — quarta-feira, segundo os cálculos judaicos —, quando Jesus repreendeu Judas, até quinta-feira, quando começaram os preparativos para a Páscoa. O mais provável é que Jesus decidira prudentemente permanecer em Betânia. Ele não deve ter falado especificamente acerca de seus propósitos mais imediatos, porque na quinta-feira de manhã os discípulos ainda não sabiam onde Ele queria cear a Páscoa e se viram obrigados a se aproximar dele para perguntar-lhe (Mateus 26.17; Marcos 14.12; Lucas 22.7). Como em tantas ocasiões, Jesus não havia deixado nada ao improviso. Ele tinha comunicado a dois de seus discípulos — a fonte de Lucas (Lucas 22.8) afirma que eram Pedro e João — que deviam descer à Cidade Santa para cuidar de tudo. Bastaria encontrar um homem carregando um cântaro na entrada de Jerusalém — uma circunstância um tanto peculiar, caso se considere que normalmente eram as mulheres que se encarregavam dessas tarefas — e o seguirem. O sujeito em questão os levaria a um local já preparado para a ceia da Páscoa.

Na verdade, os acontecimentos se desenrolaram exatamente como Jesus lhes havia dito (Mateus 26.18ss; Marcos 14.13ss. Lucas 22.8ss). O lugar esperava Jesus e seus discípulos com tudo preparado para a celebração. É mais do que provável que o local em questão tenha sido a casa dos pais de João Marcos. Esse local, após a morte de Jesus, seria uma das casas onde a comunidade primitiva de discípulos se reuniria (Atos 12.17), e o próprio João Marcos seria chamado a realizar tarefas relevantes no cristianismo primitivo. Na verdade, sabemos que ele foi companheiro de Barnabé e Paulo em sua primeira viagem missionária[2] e depois acompanhou Pedro como intérprete. Para dizer a verdade, como já mencionado, a tradição que o aponta como o autor do segundo Evangelho a partir das memórias de Pedro tem todos os sinais de corresponder à realidade histórica.[3]

Com toda a certeza, a ceia da Páscoa aconteceu na noite de quinta-feira, embora, segundo o cálculo judaico, que situa o final do dia no pôr do sol, a celebração tenha ocorrido já na sexta-feira. Aquela última Páscoa celebrada por Jesus com seus discípulos seria carregada de um enorme drama.

Quinta e sexta-feiras: a última Páscoa

Para milhões de pessoas, a Última Ceia foi basicamente o contexto em que Jesus instituiu um sacramento. No entanto, o fato de ser um número tão grande não torna essa visão correta, mesmo havendo quem creia assim. Na verdade, essa interpretação está errada, pois é dissimulada por uma teologia de vários séculos depois do próprio Jesus. Naquela noite, como centenas de milhares de judeus piedosos, Jesus se reuniu com seus discípulos mais próximos para celebrar a Páscoa, a festividade judaica em que o povo de Israel comemorava como Deus o libertara da escravidão no Egito.

Também o fez seguindo a ordem específica dessa festa judaica. As palavras e as ações de Jesus afirmam isso. Na verdade, quando

---

[2] Sobre o personagem, veja C. Vidal, *Pablo, el judío de Tarso*, Madri, 2006, p. 161ss.
[3] Tratei o tema de maneira romantizada em C. Vidal, *El testamento del pescador*, Barcelona, 2004. Veja especialmente a Nota do Autor.

reclinados à mesa, Jesus falou aos discípulos sobre o desejo que tinha de celebrar aquela Páscoa antes de padecer, já que não a comeria novamente até que o reino de Deus fosse consumado (Lucas 22.15,16). Sem dúvida, as palavras de Jesus enfatizaram sua morte iminente, uma morte à imagem e semelhança daquela do cordeiro, cujo sangue salvara o povo de Israel de ser objeto do juízo de Deus sobre o Egito (Êxodo 12.21ss). Todavia, mais uma vez, os preconceitos prevaleceram na mente de seus discípulos, que, de modo seletivo, se apegaram à referência ao reino para se envolver, logo em seguida, em uma discussão sobre as posições que ocupariam após o triunfo do Messias. Pela enésima vez, Jesus voltou a enfatizar que a mentalidade do reino de Deus era diametralmente oposta à dos políticos do mundo. Se quisessem ser os primeiros no reino — um reino do qual certamente desfrutariam, porque haviam crido nele e lhe foram fiéis em tempos de dificuldade —, eles tinham que imitar o Rei-Servo (Lucas 22.24-30).

Sem dúvida, Jesus tinha um forte desejo de que o ensinamento que vinha ressaltando durante anos ficasse gravado na memória dos Doze porque, de forma surpreendente e inesperada, em vez de oferecer água aos convidados para lavarem as mãos, Ele optara por lavar pessoalmente os pés deles. Esse episódio da lavagem dos pés nos foi transmitido pela fonte de João:

> Antes da festa da Páscoa, sabendo Jesus que chegara sua hora de passar deste mundo para o Pai, e havendo amado os seus que estavam no mundo, amou-os até o fim. E, quando ceavam, visto que o Diabo já colocara no coração de Judas Iscariotes, filho de Simão, que o entregasse, sabendo Jesus que o Pai havia confiado todas as coisas às suas mãos e que viera de Deus e para Deus voltava, levantou-se da ceia, tirou o manto e, tomando uma toalha, cingiu-se. Depois, colocou água em uma bacia e começou a lavar os pés dos discípulos e a enxugá-los com a toalha com que estava cingido. Então chegou a Simão Pedro, e este lhe disse: Senhor, vais

lavar-me os pés? Jesus respondeu: O que estou fazendo não entendes agora, mas vais entender depois. Pedro lhe disse: Tu nunca me lavarás os pés. Jesus respondeu: Se eu não te lavar, não terás parte comigo. Simão Pedro lhe disse: Senhor, não só os meus pés, mas também as mãos e a cabeça. Jesus lhe disse: Quem está lavado não precisa lavar mais que os pés, porque está todo limpo, e vós estais limpos, embora não todos. Porque Ele sabia quem ia entregá-lo, por isso disse: Nem todos estais limpos. De modo que, depois de lhes lavar os pés, Ele pegou seu manto, voltou à mesa e lhes disse: Vós sabeis o que eu vos fiz? Vós me chamais de Mestre e Senhor e dizeis bem, porque eu o sou. Pois se eu, o Senhor e o Mestre, vos lavei os pés, também deveis lavar os pés uns dos outros. Porque vos tenho dado exemplo, para que, como fiz convosco, também façais. Em verdade, em verdade vos digo: O servo não é maior do que o seu senhor, nem o enviado é maior do que aquele que o enviou. Se sabeis essas coisas, bem-aventurados sereis se as praticardes. Não estou falando de todos vós — eu sei quem escolhi —, mas para que se cumpra a Escritura: Aquele que come pão comigo levantou o calcanhar contra mim. Desde já o digo a vós, antes que aconteça, para que, quando acontecer, creiais que eu sou. Em verdade, em verdade vos digo: quem recebe aquele que enviei a mim recebe; e quem recebe a mim recebe aquele que me enviou (João 13.1-20).

Pode-se deduzir a importância desse episódio pelo fato de que, no Evangelho de João, ele substitui completamente a menção da passagem do pão e do cálice relatada pelos Sinóticos. Para o autor do Quarto Evangelho, a mensagem mais significativa daquela noite não foi, como se insistiria a partir da Idade Média, o fato de que Jesus dera sua carne e sangue literais para serem comidos na forma de pão e vinho. Na verdade, essa ideia é completamente estranha ao Novo Testamento. Nem o simbolismo da ceia da Páscoa atraiu de forma tão poderosa a testemunha ocular que esteve ali naquela ocasião e que deixou suas memórias registradas na fonte de João. Para ele, o genuinamente importante foi que aquele que era, sem dúvida, "Senhor e Mestre" (João 13.13) se comportou como um servo, inclusive se humilhando em favor daquele que havia decidido traí-lo (João 13.18). Até certo ponto, essa conduta não era senão uma corroboração das palavras e ações que indicavam que o Messias era o Servo de YHWH e que seria sacrificado "por muitos".

Mal podemos imaginar os sentimentos que podem ter se apoderado de Jesus ao saber que Judas, um de seus discípulos mais próximos, era um traidor. Sabemos que, a princípio, ao ter acabado de lavar os pés dos discípulos, Ele se limitou a citar um versículo do salmo 41, que afirma que "o que come pão comigo levantou contra mim o calcanhar". No entanto, com exceção de Judas, ninguém entendeu o significado dessas palavras. Em grande parte, há lógica, porque, no clima de celebração da Páscoa, a ideia de uma traição parecia totalmente inadmissível. Então, "angustiado no espírito" (João 13.21), Jesus revelou o que estava acontecendo: um dos Doze o entregaria.

As palavras de Jesus causaram um impacto considerável entre os discípulos. Apesar de suas dissensões e disputas, apesar de suas rivalidades e controvérsias, apesar de seus confrontos e discussões, até esse momento eles se viam como um grupo unido em torno de Jesus. Na verdade, sua reação foi, em primeiro lugar, de profunda tristeza (Mateus 26.22; Marcos 18.19). Pedro — que não tinha a menor dúvida de sua própria lealdade — desejara perguntar a Jesus em particular sobre a pessoa a quem Ele se referia. No entanto, no triclínio onde ceavam, ele estava sentado em frente a Jesus, a uma distância considerável. Não havia, portanto, a possibilidade de perguntar discretamente, já que teria de gritar, muito menos de que o Mestre respondesse também discretamente. João, o discípulo amado, estava ao lado de Jesus. Embora poucas semanas antes tivesse ocorrido uma discussão com João e seu irmão Tiago referente aos cargos que deveriam ocupar no reino,[4] a verdade é que Pedro tivera uma relação muito especial com eles, fruto não apenas dos anos que fazia que eles se conheciam, mas também do fato de constituírem o grupo dos três discípulos mais próximos de Jesus. Nesse momento, ele não hesitou em "gesticular" para que João perguntasse a Jesus a quem Ele se referira (João 13.24). João então se inclinou em direção a Jesus e perguntou sobre a identidade do traidor. Jesus disse que ele poderia verificar observando aquele a quem Ele ofereceria o pão molhado, um gesto de cortesia típico da celebração da Páscoa. Então, "molhando o pão, o deu a Judas Iscariotes, filho de Simão" (João 13.26).

Obviamente, Judas não podia interpretar aquele gesto como um sinal de que Jesus sabia que ele era o traidor. No entanto, as dúvidas que pudessem ter a respeito foram dissipadas de imediato. Após a reação de medo, os discípulos — como Pedro — também começaram a se perguntar quem era o traidor. No entanto, ao contrário do impetuoso galileu, nem todos estavam tão seguros de sua perseverança futura. Certamente, não podiam acreditar que algum deles o fosse naquele momento, mas estaria Jesus indicando que no futuro algum deles incorreria num comportamento tão indigno? Assustados, alguns dos discípulos começaram até a perguntar se Jesus estava se referindo a eles. Jesus, porém, não respondeu de maneira direta. Limitou-se a dizer que era um dos que participavam da ceia de Páscoa e que seu destino seria trágico (Mateus 26.22-24; Marcos 14.19-21). Inclusive, quando Judas fez a mesma pergunta, talvez tentando encobrir as aparências, Jesus se limitou a responder que era ele mesmo, aquele que lhe perguntava (Mateus 26.25). Em seguida, acrescentou: "O que pretendes fazer, faze-o depressa" (João 13.27).

A fonte de João destaca que, naquele exato momento, Satanás entrou em Judas (João 13.27), o que, indiscutivelmente, é uma

---

[4] Veja páginas anteriores.

interpretação espiritual do que aconteceu a seguir. Judas, é claro, não desistiu de suas intenções. Ao contrário, é mais do que possível que suas intenções tenham sido confirmadas ali. Se Jesus já sabia ou simplesmente suspeitava do que ele poderia ter feito, era melhor agir rapidamente antes que a presa escapasse ou os outros discípulos percebessem o que estava acontecendo. Assim, Judas acabou de comer o bocado que Jesus lhe dera e deixou o local para mergulhar na noite (João 13.30). Seu comportamento não atraiu a atenção daqueles que até então haviam sido seus companheiros. Afinal, ele era o apóstolo encarregado da bolsa, e pensaram que Jesus havia acabado de lhe dar a ordem de comprar algo necessário para a festa ou dar algo aos pobres (João 13.29).

CAPÍTULO *dezesseis*

Prisão e condenação (I): O Sinédrio

Sexta-feira (I): o adeus

Após a despedida de Jesus, Judas deve ter se apressado para encontrar com as autoridades do Templo. Com sorte, poderia colaborar mais com a prisão se regressasse antes de Jesus sair da casa onde estivera comendo a Páscoa ou se não se encontrasse muito distante dela. Porém, mesmo que isso não acontecesse, Judas era a garantia de que os enviados das autoridades judaicas contariam com a possibilidade de identificar Jesus entre a multidão de peregrinos e detê-lo para matá-lo.

A amargura daquela noite de Páscoa acabava de começar para Jesus e seus discípulos. Ele lhes anunciou que fugiriam quando o próprio Pastor fosse ferido (Mateus 26.31; Marcos 14.27) — uma referência às palavras proféticas em Zacarias 13.7 — e, quando Pedro insistiu que jamais se comportaria assim, Jesus anunciou que, antes de o galo cantar, antes de amanhecer, ele o teria negado três vezes (Lucas 22.34). Então, de uma forma inesperada, Jesus reinterpretou totalmente os elementos pascais presentes na mesa. Como no passado usara metáforas para dizer que era a porta (João 10.9) ou uma fonte de água viva (João 7.37-39), agora Ele afirmava que o pão sem fermento que eles compartilhavam era seu corpo que seria entregue por eles (Marcos 14.22), e o cálice de vinho que deveria ser consumido após a ceia era a nova aliança baseada em seu sangue, que seria derramado em breve para a remissão dos pecados (Mateus 26.28). Inaugurava-se assim a nova aliança que os profetas haviam anunciado (Jeremias 31.31; Zacarias 9.11). No futuro, seus discípulos continuariam a participar da Páscoa, comendo daquele pão e bebendo daquele cálice, mas deveriam fazê-lo com um significado adicional ao que tivera até então, porque Ele mesmo não beberia daquele "fruto da videira" até que o reino de Deus, o reino de seu Pai, fosse consumado (Mateus 26.9; Marcos 14.25). No passado, Deus libertara Israel, tirando-o da escravidão do Egito. Era isso que haviam comemorado todas as gerações de judeus ao longo dos séculos. O que seria comemorado no futuro seria uma libertação ainda maior, que se consumaria nas próximas horas.

Durante os séculos seguintes, as diferentes confissões cristãs teceram interpretações — quase sempre sofisticadas e, em todos os casos, contraditórias — sobre o significado das palavras de Jesus. Em 1215, por exemplo, a Igreja Católica Romana declarou o dogma da transubstanciação, ou seja, a crença de que, no momento da consagração, as substâncias do pão e do vinho eram substituídas pelas substâncias do corpo e do sangue de Cristo. Essa mudança de substâncias era acompanhada por uma permanência dos acidentes de tal forma que estes permaneciam, e a cor, o sabor ou o cheiro do pão e do vinho não se alteravam. Essa definição dogmática apresenta vários problemas. Em primeiro lugar, deparamos com a enorme desvantagem de que o referido dogma se baseia na física do filósofo grego Aristóteles, uma física que há muito tempo sabemos que não corresponde à realidade. Contudo, a maior objeção é que ela não tem base bíblica real, conforme enxergavam diversos autores católicos, incluindo Erasmo, que zombava elegantemente daqueles que acreditavam que poderiam defender tal dogma. Na verdade, com sua ironia e erudição especiais, ele afirmou em sua obra magistral, *Elogio da loucura*, que, se os apóstolos tivessem sido questionados sobre a transubstanciação, "eles não teriam sido capazes de responder", porque "adoravam a Deus", mas em espírito e com nenhuma outra regra senão aquele preceito evangélico que diz: "Deus é espírito, e devemos adorá-lo em espírito e verdade".[1] Como muito bem alegou esse autor, não é exagero afirmar que diversas doutrinas católicas, por causa do seu forte componente helenístico, teriam sido totalmente incompreensíveis para judeus como Jesus e seus discípulos.

Mais relevante do que essa circunstância é que, várias décadas depois daqueles acontecimentos, o que as primeiras comunidades cristãs acreditavam foi expresso por Paulo com enorme clareza — e incomparável simplicidade — ao escrever aos coríntios que eles comessem pão e bebessem vinho, símbolos do corpo de Cristo dado em sacrifício e de seu sangue derramado por todos na cruz, para lembrar o que havia acontecido naquela noite e até que o Senhor Jesus voltasse (cf. 1Coríntios 11.25,26). Como diversos exegetas souberam enxergar ao longo dos séculos, afirmar algo que vai além da ingestão de pão ázimo e vinho, típicos da celebração da Páscoa judaica, em memória da última ceia celebrada por Jesus com seus discípulos, excede — às vezes com enorme facilidade — o que o próprio Mestre disse a seus seguidores naquela noite triste.

Estando a ceia concluída, Jesus dedicou certo tempo tentando consolar alguns discípulos que se tornavam cada vez mais confusos e perplexos. A tradição de João informou-nos uma parte daquelas palavras pronunciadas no cenáculo (João 14). Também registrou outras que Ele disse quando, como judeus piedosos, depois de cantar os salmos rituais do Hallel, eles saíram para a rua, a caminho

---

[1] Erasmo, Laus Moriae, LIII.

do Getsêmani (João 15—16). Embora muito se tenha insistido em atribuir essas passagens à simples inventividade do autor do Quarto Evangelho, a verdade é que elas têm todos os sinais de autenticidade que só uma testemunha ocular pode informar, e, sobretudo, o que nelas podemos ler se encaixa perfeitamente com o que sabemos do caráter essencialmente judaico de Jesus por meio de outras fontes históricas. O Jesus que encontramos é o bom pastor preocupado com o destino dos seus, ciente de que vai morrer em breve, porém cheio de esperança. Um bom pastor moldado ao padrão de passagens bíblicas como Ezequiel 34 ou salmo 23. Sem dúvida, o que o aguardava era ficar sozinho e contemplar a dispersão dos seus, mas, no final, seus discípulos desfrutariam uma paz que o mundo — um mundo que seria vencido por meio de sua morte — não pode dar jamais (João 16.32,33). Longe de depararmos com um fruto da imaginação do autor do Quarto Evangelho, certamente sublime se assim fora, esses capítulos nos aproximam de Jesus da perspectiva privilegiada de uma testemunha ocular.

Sendo já noite avançada, o Mestre e seus discípulos chegaram ao Getsêmani. O nome deriva do aramaico *Gad-Smane*, que significa "prensa de azeite", ou seja, um lugar onde as azeitonas das oliveiras em redor eram prensadas para obter o alimento precioso. Atualmente, existem quatro lugares que competem pela honra de ser o local em que Jesus orou naquela noite triste, a saber, a Igreja de Todas as Nações, que teria uma vista panorâmica do jardim e contaria com a rocha da agonia; a localização perto da tumba de Maria, a mãe de Jesus, ao norte; o local ortodoxo grego a leste; e o jardim da Igreja Ortodoxa Russa perto da Igreja de Maria Madalena. No final do século 19, William McClure Thomson afirmou que o terreno ainda estava aberto para todos na primeira vez em que ele chegou a Jerusalém e que qualquer pessoa poderia chegar ali para orar ou meditar. No entanto, os católicos romanos tomaram esse lugar gradualmente e acabaram cercando-o com um muro alto. Então, os gregos ortodoxos responderam inventando outro local ao norte.

De acordo com McClure Thomson, nenhum dos dois lugares foi aquele usado por Jesus, já que estavam muito próximos da agitação da cidade, e certamente o Getsêmani localizava-se várias centenas de metros a nordeste do que agora se ensina como o local de que os Evangelhos falam. A verdade é que a única coisa que podemos afirmar com certeza é que se tratava de um pomar situado entre o ribeiro de Cedrom e o sopé do monte das Oliveiras. Dizer mais que isso é entrar no reino da especulação.

Jesus queria que pelo menos Pedro, Tiago e João, seus três discípulos mais próximos, o acompanhassem em oração em momentos especialmente difíceis. No final, não foi assim que aconteceu. Com muito sono — já era tarde da noite, e a refeição da Páscoa exigia o consumo de pelo menos quatro cálices de vinho —, eles caíram no sono repetidas vezes, deixando Jesus totalmente sozinho nas horas mais amargas que vivera até então (Mateus 26.36-46; Marcos 14.32-42; Lucas 22.39-46). Quando Jesus estava tentando acordá-los pela terceira vez, Judas chegou.

SEXTA-FEIRA (II): A PRISÃO

Jesus ainda estava se dirigindo aos discípulos sonolentos, instando-os a orar, quando um grupo de pessoas armadas apareceu com a intenção de prendê-lo. O autor Rudolf Bultmann,[2] tentando se basear no texto de João 18.3,12, que fala de uma *speira* (tropa) comandada por um *khiliarkhos* (comandante), alegou que se tratava de soldados romanos. Essa mesma posição tem sido seguida por judeus desejosos de isentar seus correligionários de qualquer responsabilidade no trágico destino de Jesus.[3] No entanto, como

---

[2] R. Bultmann, *Das Evangelium des Johannes*, 1941, p. 493.
[3] Este é especialmente o caso do livro de Paul Winter *On the Trial of Jesus*, Berlim, 1961. Winter sofrera o imenso drama do Holocausto e estava determinado a colocar a culpa do julgamento e execução de Jesus exclusivamente no poder romano. A consequência foi que seu livro não constitui um exercício de

em tantas ocasiões, Bultmann — e aqueles que o seguiram — revela um desconhecimento perturbador das fontes judaicas, as quais são muito claras quanto ao uso do termo *speira*. Para começar, todas as fontes concordam que os acusados de prender Jesus foram enviados pelas autoridades do Templo (Mateus 26.47; Marcos 14.43; João 18.2). É improvável que um poder romano se colocasse sob o comando do sumo sacerdote judeu e, mais ainda, que concordasse em lhe entregar o detido em vez de entregá-lo ao seu superior hierárquico. Além disso, as fontes judaicas são muito claras quanto ao uso do termo. Na Septuaginta, *speira* é um termo usado para indicar tropas não romanas e, além disso, não com o sentido de tropa, mas de grupo ou companhia (Judite 14.11; 2Macabeus 8.23; 12.20,22). Já a palavra *khiliarkhos* — que aparece 29 vezes — se aplica a funcionários civis ou militares, nunca a um tribuno romano. Um uso semelhante é encontrado em Flávio Josefo, onde *speira* e *khiliarkhos* são usados em relação a esquadrões militares judeus (*Antiguidades*, XVII, 9, 3; *Guerra*, II, 1, 3; II, 20, 7). Há uma lógica enorme em que assim fosse, porque na língua grega a palavra *khiliarkhos* — que literalmente significa "um chefe de mil homens" — é usada pelos autores clássicos como sinônimo de funcionário, inclusive civil.[4]

O que a fonte de João afirma, portanto, é o mesmo que os dados contidos nos Sinóticos, ou seja, que um destacamento da guarda do Templo viera prender Jesus, e à frente vinha seu chefe acompanhado por Judas. Havia com eles alguns oficiais enviados

---

pesquisa histórica, mas antes um corte de todos os dados das fontes que pudessem entrar em conflito com sua visão preconcebida. Nesse sentido, seu valor histórico é nulo, apesar de ter recebido o endosso entusiástico de outros autores judeus. Nesse sentido, não deixa de ser significativo que Geza Vermes lhe tenha dedicado seu livro *Jesús el judío*, Barcelona, 1977, p. 7.

[4] R. W. Husband, *The Prosecution of Jesus*, Princeton, 1916, p. 96, com referências expressas a Ésquilo e Xenofonte. Nessa mesma linha, J. Blinzler, *The Trial of Jesus*, Westminster, Maryland, p. 67ss.

diretamente do Sinédrio (João 18.3) e Malco, um servo do sumo sacerdote Caifás (Marcos 14.47; João 18.10), designado talvez a dar um relato direto a seu amo acerca de qualquer eventualidade que pudesse ocorrer.

Na época de Jesus, o termo "Sinédrio"[5] servia para designar o concílio aristocrático — uma espécie de senado — de Jerusalém. Derivava da palavra grega *synedrion*, que poderíamos traduzir por "concílio" ou "conselho". A primeira notícia que temos dessa instituição — ou talvez de outra muito semelhante — encontra-se numa carta de Antíoco III (223-187 a.C.) em que é chamada de *guerusía*, termo grego usado para nomear o Senado ou o Conselho de Anciãos. A palavra *guerusía* é mencionada várias vezes nos livros de Macabeus e, possivelmente, continuou a existir com os asmoneus. Durante o reinado de Herodes, o Grande, tal instituição devia estar sujeita ao domínio ferrenho do monarca, embora alguns até discutissem se poderia continuar existindo naquela época. No século 1 d.C., os romanos — seguindo um sistema com paralelos em outros lugares — usaram o Sinédrio para controlar a Judeia, embora sem dúvida lhe concedessem uma autonomia notável.

Não é fácil ter uma ideia exata de como era essa instituição. Josefo, por exemplo, usa o termo *synedrion* para se referir a várias instituições, tanto judaicas quanto romanas. Suas competências eram civis e religiosas,[6] embora, em uma sociedade como a judaica daquela época, em muitos casos não fosse fácil distinguir a diferença entre as duas. Sabemos que o Sinédrio não tinha a competência de aplicar a pena de morte e que o chamado *ius gladii* — o direito de espada ou de executar a pena de morte — estava nas mãos do governador romano.

---

[5]Sobre o Sinédrio, veja: C. Vidal, *Diccionario de Jesús y los Evangelios*, Estella, 1995.
[6]Essa circunstância levou alguns autores a postular a existência de dois sinédrios, um político e outro religioso, porém tal hipótese não é segura.

Na literatura rabínica, o Sinédrio é chamado de *Bet Din* (Casa do Juízo). De acordo com essas fontes, que não refletem necessariamente o Sinédrio da época de Jesus, havia um grande Sinédrio com 71 membros que se reuniam no Templo, três tribunais com 23 membros e outros tribunais formados por 3 membros. Sua composição tendia a priorizar as classes dominantes, embora a necessidade de erudição para fazer parte dele fosse muito relevante. Se essa classificação — o que não é seguro — existisse na época de Jesus, é possível que a investigação sobre suas ações tivesse sido realizada por um dos tribunais de apenas 23 membros.

Ao contrário do que se tem dito em muitas ocasiões, a prisão de Jesus não ia de encontro aos regulamentos penais judaicos por ter ocorrido à noite,[7] nem por ter se valido de um informante[8] para sua realização. Este, é claro, era essencial para identificar Jesus. Muito possivelmente, Judas havia conduzido a guarda do Templo até a casa onde ficava o cenáculo e, não encontrando Jesus ali, conduziu-a ao Getsêmani. O monte das Oliveiras estava cheio de peregrinos que subiram a Jerusalém para celebrar a festa, e a noite tornava ainda mais difícil localizar alguém. Judas, portanto, foi a chave para resolver esses dois problemas. Conforme dissera aos seus contratantes, o sinal que usaria para indicar quem era Jesus seria um beijo (Mateus 26.48; Marcos 14.44).

Não deve ter sido difícil encontrar Jesus, nem prendê-lo. Conforme combinado, Judas se aproximou dele, cumprimentou-o e beijou-o (Mateus 26.49; Marcos 14.45; Lucas 22.47). Jesus não mostrou o menor ressentimento, a menor agressividade, a menor amargura para com o traidor; ao contrário, segundo a fonte de Mateus, ao mesmo tempo que lhe perguntou se ia dar-lhe um

---

[7]Sanhedrin IV I h costuma ser citado a esse respeito, mas esta passagem não se refere às prisões, e sim à execução de sentenças de morte.

[8]O texto citado a esse respeito é o de Levítico 19.16-18, mas, na realidade, a passagem trata de uma proibição de calúnias e não diz nada sobre prisões.

beijo, chamou-o de "amigo" (Mateus 26.50). É bem possível que a palavra tenha causado alguma impressão em Judas. De qualquer modo, Jesus, como o Messias Servo sobre quem o profeta Isaías havia escrito, não ofereceu resistência alguma (Isaías 53.7), nem permitiu que seus seguidores o fizessem.

Assim, Ele ordenou a Pedro, que havia ferido Malco, que embainhasse sua espada (João 18.10-12) e afirmou que tudo aquilo nada mais era do que o cumprimento das Escrituras (Mateus 26.52-56; Marcos 14.48,49). Jesus agia em total coerência com os ensinamentos transmitidos aos seus discípulos, nos quais incluíra o mandamento de oferecer a outra face (Mateus 5.38-42; Lucas 6.27-31) e do amor ao próximo (Mateus 22.36-40). Naquele momento, todos os seus discípulos, talvez cientes pela primeira vez do que seu Mestre lhes havia anunciado por tanto tempo, fugiram aterrorizados.

Sexta-feira (III): a condenação religiosa

A partir da Idade Média, as explosões de antissemitismo que a História tem testemunhado começaram a se vir tingidas de um argumento teológico que consiste em afirmar que os judeus são um povo deicida. Tal afirmação passou a fazer parte da liturgia, e, no caso da Igreja Católica, essa acusação global contra os "judeus pérfidos" não desapareceu até o Concílio Vaticano II e especialmente até a declaração *Nostra Aetate* (1965). Não é de surpreender nesse contexto de séculos que, na tentativa de se libertar desse estigma, tenham existido autores judeus, como Paul Winter,[9] que tentaram mostrar — certamente sem sucesso — que a condenação de Jesus teve a ver apenas com autoridades romanas, jamais com autoridades judaicas. Nem é de surpreender que haja quem se refira a um antissemitismo explicitamente cristão, diferente daquele que existia havia séculos no mundo clássico.

---

[9] P. Winter, *On the Trial of Jesus*.

Essa polêmica, sem dúvida, envolve questões que vão além da esfera histórica e que adentram o terreno político, social e até militar. Justamente por isso, o historiador não pode se deixar desviar de sua tarefa por considerações que não são históricas, mas, ao contrário, precisa reconstruir a realidade daquilo que ocorreu. Certamente, a responsabilidade pela prisão, condenação e morte de Jesus não pode ser transferida para os judeus de todas as épocas, enquanto os romanos são escandalosamente eximidos. No entanto, também não é aceitável fingir que não houve judeus envolvidos no trágico destino de Jesus.

Como no caso de todos os grupos humanos, ao longo dos séculos houve confrontos civis entre os judeus, confrontos sociais eclodiram e inocentes foram assassinados por motivos políticos e religiosos. A própria história dos profetas é uma sucessão interminável de rejeições e perseguições que afetaram personagens como Jeremias ou Amós, e, da mesma forma, é obrigatório falar da dor que Josefo expressa em sua obra *Guerra dos judeus*, ao narrar a guerra civil, de cunho sociorreligioso, que irrompeu em Israel em paralelo ao levante contra Roma em 66 d.C. Foi o judeu Josefo, não um antissemita, que, ao se referir à geração que testemunhou a destruição do Templo de Jerusalém e o fim do sistema religioso judaico da época, escreveu: "Jamais existiu na História uma geração que tenha causado tantas iniquidades. Esses sujeitos acabaram atraindo o desprezo à raça dos judeus para parecerem menos ímpios diante dos estrangeiros e reconhecerem que eram o que de fato eram: escravos, ralé, escória bastarda da nação".[10]

Esse juízo quase contemporâneo do Novo Testamento também tem sido assumido por estudiosos judeus contemporâneos. Robert L. Lindsey registrou o testemunho de como o professor judeu David Flusser lhe relatara que, "diferentemente dos judeus que ele

---

[10]Flávio Josefo, *Guerra dos judeus*, V, 442.

conheceu enquanto crescia na Tchecoslováquia, ao longo dos anos suas centenas de estudantes israelenses jamais acharam difícil acreditar que na época do Segundo Templo teria havido judeus capazes de matar outros judeus por todas as razões comuns. 'Não somos pessoas como quaisquer outras?', eles dizem, 'não tivemos nossos terroristas e nossos assassinos nos tempos modernos?'. Não é nada difícil acreditar que alguns judeus poderiam ter instigado a morte de Jesus se tivessem ciúmes dele ou o vissem como algum tipo de ameaça".[11] Na verdade, as fontes históricas nos obrigam a compartilhar o julgamento do estudioso judeu David Flusser e de seus alunos israelenses. Alguns podem considerar mais ou menos especulativa a ideia da existência de judeus que invejavam Jesus, embora os dados das fontes históricas sejam esmagadores, e certamente não há dúvida de que as autoridades do Templo o viam como uma ameaça que tinha de ser evitada, ainda que por meio da morte.

Após a prisão, um Jesus de mãos amarradas foi conduzido à cidade de Jerusalém. Ele não foi levado diretamente perante o Sinédrio que deveria estudar seu caso, mas — e os dados são muito significativos — para a casa de Anás, um sumo sacerdote antigo que detinha considerável poder e influência (João 18.12-14,19-23). A prova do que isso significava é que, além de se tornar um sumo sacerdote em 15 d.C., teve a satisfação de seus cinco filhos também ocuparem essa posição tão importante.[12] Como se isso não bastasse, Jesus, filho de Set, sumo sacerdote pouco antes do ano 6 a.C., era seu irmão; um dos últimos sumos sacerdotes antes da destruição do Templo, Matias (65-67), era seu neto, e José Caifás, que ocupou o cargo de 18 a 37 d.C., era seu genro (João 18.13). Como já mencionamos, Lucas o considerava, de modo correto, o verdadeiro

---

[11]R. L. Lindsey, *Jesus, Rabbi and Lord*, p. 139.
[12]Eleazar, que o sucedeu em 16-17 d.C.; Jônatas (37); Teófilo (de 37 a uma data incerta); Matias (43-44) e Anás II, que ordenou a morte de Tiago, irmão de Jesus.

sumo sacerdote, embora o cargo fosse ocupado por outra pessoa. Na verdade, o fato de ele ter podido fazer um interrogatório prévio com Jesus nos mostra que Lucas não estava exagerando nem um pouco e que Anás tinha uma autoridade *de facto*, que inclusive o sumo sacerdote em exercício reconhecia.

O objetivo do interrogatório de Anás[13] era estabelecer quais eram a doutrina e os ensinamentos de Jesus (João 18.29), talvez com o intuito de deixar claro que Ele era o líder de um movimento que deveria ser destruído, como já havia proposto seu genro. No entanto, Jesus insistiu em que não havia nenhum segredo em seu comportamento e que seu ensino fora ouvido em muitas ocasiões, tanto no Templo como nas sinagogas, de forma aberta e clara (João 18.20,21).

Foi a resposta tranquila de quem não somente sabia que era inocente, mas que também deixava claro o absurdo e a injustiça de sua prisão. No entanto, alguns dos oficiais de Anás interpretaram esse comportamento como uma demonstração de atrevimento, a qual um deles decidiu punir, batendo em Jesus (João 18.22). No final, Anás decidiu que era melhor mandar o detido para Caifás.

Anás e seu genro moravam em alas diferentes do mesmo edifício,[14] de modo que deve ter demorado alguns minutos para levar Jesus a Caifás. Além disso, era noite e estava frio, pois os servos do sumo sacerdote precisaram acender uma fogueira no pátio para se

---

[13]Alguns autores questionaram a historicidade do interrogatório perante Anás. No entanto, o que sabemos de fontes judaicas nos força a concluir que isso de fato aconteceu. Foi a mesma conclusão a que chegou o estudioso judeu Joseph Klausner ao chamá-lo de "inteiramente possível" (*Jesús von Nazareth*, Berlim, 1934, p. 471). Na mesma linha, J. Blinzler, *The Trial of Jesus*, p. 86ss.

[14]As fontes parecem apontar na mesma direção. Por exemplo, a negação de Pedro aconteceu, segundo os Sinóticos, na casa de Caifás, mas João a situa na de Anás, o que é lógico se levarmos em conta que era o mesmo lugar e que o autor do Quarto Evangelho também sabe captar o papel de Anás de uma forma extraordinariamente cuidadosa. Em uma linha semelhante para a localização da morada de Anás, K. Galling, *Biblisches Reallexikon*, 1937, p. 270 e 414.

aquecer. Na morada de Caifás, reuniram-se "sacerdotes, escribas e anciãos" (Marcos 14.53), ou seja, as três categorias que, segundo o testemunho de Flávio Josefo, constituíam o Sinédrio. Os sacerdotes não eram todos os levitas, mas a aristocracia sacerdotal, uma classe a cuja corrupção já nos referimos. Os anciãos correspondiam à aristocracia latifundiária, certamente não melhor em termos morais do que a formada pelo clero e à qual pertencia José de Arimateia, um dos discípulos secretos de Jesus. Finalmente, os escribas eram estudiosos da classe média, de cujos grupos costumavam surgir os membros da seita farisaica. Se os primeiros dois grupos tinham bons motivos para se livrar de Jesus, o terceiro tinha motivos ainda maiores para se voltar contra Ele. Aquele pregador da Galileia não apenas não compartilhava de boa parte de suas interpretações da Torá, mas também as atacara publicamente. Não somente isso. Como já tivemos oportunidade de ver, Jesus havia denunciado publicamente que os ensinos dos fariseus em muitos casos se opunham à Torá e a invalidavam, substituindo-a por tradições e mandamentos de origem meramente humana. Ele até se permitira anunciar o juízo de Deus sobre eles (Mateus 23)!

No entanto, entre os reunidos havia alguns homens que preservavam certo senso de legalidade e justiça, como foi o caso de Nicodemos, personagem que, como já apontamos,[15] aparece em fontes rabínicas com o nome de Nakdemon ben Goryon.

O processo contra Jesus começou com a apresentação de provas contra Ele (Marcos 14.55). Não temos notícias de que houvesse quaisquer testemunhas de defesa, e é muito provável que esse fato deva ser atribuído ao medo que inspirava a ideia de comparecer perante o sumo sacerdote em defesa de Jesus.[16] No que diz respeito às testemunhas de acusação, elas representavam o papel do nosso

---
[15] Veja páginas anteriores.
[16] *Atos de Pilatos*, um texto apócrifo, apresenta uma série de discípulos favoráveis a Jesus, mas a notícia não parece historicamente confiável.

promotor no processo penal judaico. Ainda era noite, mas eles já estavam prontos para acusar Jesus. Não sabemos se agiram assim por fanatismo, conveniência ou suborno, algo que não se pode descartar com personagens como Caifás. Pode-se afirmar que seus esforços foram malsucedidos, talvez porque, ao convocá-los em horas tão inoportunas, não tivesse existido a possibilidade de treiná-los adequadamente para que fornecessem uma base legal para a condenação de Jesus. Na verdade, as primeiras afirmações não se encaixavam, como a fonte de Mateus registra:

> E os chefes dos sacerdotes e os anciãos e todo o conselho estavam procurando um falso testemunho contra Jesus, para matá-lo, e não o encontraram, apesar do fato de que muitas testemunhas falsas foram apresentadas. No entanto, no final, duas falsas testemunhas apareceram, dizendo: Este disse: Eu posso derrubar o templo de Deus e reconstruí-lo em três dias (Mateus 26.59,60; veja também Marcos 14.55,56).

Aparentemente, aquelas duas falsas testemunhas permitiram avançar em uma acusação muito perigosa da qual, para dizer a verdade, havia precedentes na história de Israel. O caso do profeta Jeremias, por exemplo, é um dos mais notáveis (Jeremias 26.1-19) quando se trata de entender como uma proclamação da destruição do Templo podia ser considerada punível com pena de morte. No entanto, as palavras de Jesus estavam desprovidas de qualquer tom conspiratório, violento[17] ou desabonador que pudesse justificar sua conexão com a acusação de blasfêmia tipificada em Levítico 24.16. Por outro lado, negar que era uma profecia já poderia dividir o Sinédrio, pois, enquanto os saduceus rejeitavam tais fenômenos espirituais, os fariseus acreditavam neles.

---

[17]Tais palavras aparecem reproduzidas em João 2.21ss.

No final, as contradições das testemunhas e a falta de consistência de seus depoimentos acabaram colocando o tribunal em uma situação delicada. Se nenhuma evidência incriminadora pudesse ser encontrada, era óbvio que Jesus teria de ser liberto, algo que o sumo sacerdote Caifás não estava disposto a tolerar. Não parece, portanto, estranho que, na sua qualidade de presidente, ele tenha decidido fazer o interrogatório de Jesus.

Caso esperasse que o fato de fazer as perguntas pessoalmente mudaria o estado das coisas, Caifás deve ter se decepcionado logo. Jesus — como o Messias Servo a quem Isaías (53.7) havia se referido séculos atrás — se manteve em silêncio (Mateus 26.63; Marcos 14.61).

Da maneira mais inesperada, o processo entrara em um beco sem saída. As testemunhas não apresentavam provas suficientes para fundamentar uma condenação, e o réu recusava-se a pronunciar uma única palavra que pudesse servir para incriminá-lo. Foi quando, numa tentativa certamente desesperada de sair daquela situação irritante, Caifás optou por levantar diretamente a questão da messianidade de Jesus e se dirigiu a Ele, dizendo:

> Eu te conjuro pelo Deus vivo. Dize-nos se és o Messias, o Filho de Deus[18] (Mateus 26.63).

A pergunta de Caifás eliminou o recurso ao silêncio ao ter invocado o próprio Deus, o que obrigava o réu a dar uma resposta verdadeira, mas também o colocava diante de uma situação delicada. Se respondesse afirmativamente, era óbvio que o Sinédrio teria elementos para condená-lo como um falso Messias, um agitador que

---

[18] Marcos 14.61 contém a expressão "o Filho do Deus bendito" em vez de "Filho de Deus". É mais do que possível que Caifás tenha usado precisamente essa circunlocução eufemística para se referir a Deus. Da mesma forma, "Filho de Deus" seria um termo usado como mera aposição a Messias, sem o conteúdo que Jesus e seus discípulos lhe proporcionavam.

deveria ser entregue à autoridade do invasor romano como qualquer outro rebelde. Se, por outro lado, respondesse negativamente, talvez tivessem de colocá-lo em liberdade, mas toda a atração que Ele tinha sobre as massas seria irremediavelmente afetada, e ainda haveria o risco de poder se ver rejeitado. Jesus não parece ter hesitado um só momento ao responder:

> Eu sou. E vereis o Filho do Homem assentado à direita do Todo-Poderoso e vindo sobre as nuvens do céu (Marcos 14.62).

A resposta foi delicadamente cortês, a ponto de não usar o nome de Deus e substituí-lo pelo eufemismo Todo-poderoso, uma circunstância que, mais uma vez, aponta para a conduta de um judeu meticulosamente piedoso. Ao mesmo tempo, foi convincente e esclarecedora. Sim, ele era o Messias, e também um Messias que cumpriria — como teriam a oportunidade de ver — as profecias contidas no salmo 110 e no capítulo 7 de Daniel, aquelas que diziam respeito a como Deus o faria sentar-se à sua direita e lhe entregaria um reino em sua qualidade de Filho do Homem para estender seu domínio sobre toda a terra. No entanto, Jesus não se limitou a essas afirmações. Além delas, incluiu outra que selou seu destino.[19] Assim, Ele fez uma referência clara à vinda nas nuvens do céu, uma circunstância reservada ao próprio YHWH no Antigo Testamento, e que, como tivemos oportunidade de ver, já levara, bem antes do nascimento de Jesus, muitos judeus a contemplar o Filho do Homem não como um mero ser humano, mas como um ser divino investido de aspecto humano. Sim, Jesus reconhecia que Ele era o Messias, mas fora muito além. Ele era o Messias divino ao qual Daniel se referiu em sua profecia, um Messias

---

[19]Pode-se argumentar se nessa ocasião Jesus teve a ousadia de se apresentar como o EU SOU, isto é, o nome que Deus usou para responder a Moisés no Sinai (Êxodo 3.14). Neste caso, parece que o EU SOU é apenas uma resposta à pergunta sobre sua messianidade.

divino ungido pelo Ancião de Dias e que viria nas nuvens, como o próprio YHWH, para trazer juízo àquele sistema espiritualmente corrupto. O dilema do sumo sacerdote não era mais se Jesus estava dizendo uma verdade ou uma blasfêmia afirmando ser o Messias, mas se estava falando uma verdade ou uma blasfêmia, dessa vez, sim, indiscutivelmente digna da pena de morte.[20]

Não são poucos os autores que afirmaram que o Sinédrio não podia condenar Jesus à morte simplesmente por se proclamar Messias, já que essa declaração não implicava blasfêmia. Inclusive, não faltam aqueles com intenção de negar a historicidade da condenação pelas autoridades do Templo baseando-se nesse argumento. A realidade é que, ao argumentar assim, eles deixam claro que não conseguiram compreender — como fez Caifás — a verdadeira importância da resposta de Jesus, uma resposta que ia muito além de uma simples afirmação de messianidade.

A reação do sumo sacerdote foi a que se poderia esperar. Ele rasgou suas vestes, alegou que Jesus havia pronunciado uma blasfêmia e concluiu que essa circunstância tornava desnecessária a declaração de qualquer testemunha de acusação (Mateus 26.65; Marcos 14.63).[21] Em termos estritamente legais, Caifás estava certo. Na verdade, a única alternativa que ele tinha era confessar que Jesus era quem dizia ser.

---

[20]Em um sentido semelhante ao indicado aqui, veja: D. Boyarin, *The Jewish Gospels*, p. 56ss. Boyarin também tem a honestidade intelectual de reconhecer que tal declaração, longe de ser estranha à fé de Israel, tinha antecedentes anteriores a Jesus.

[21]Tem-se insistido que o processo penal judaico não permitia condenações baseadas no testemunho do acusado. O argumento não se sustenta, uma vez que esse princípio não é encontrado antes de Maimônides, já no século 12-13. Por outro lado, se encaixa no espírito da Mishná, como bem esclareceu I. Abraham, em *Studies in Pharisaism and the Gospels*, II, 1924, p. 132ss. Caifás podia até agir pelos motivos mais perversos, mas, em termos formais, não deixou de ser meticuloso no processo.

Nem é de surpreender que, quando Caifás solicitou a opinião dos membros do Sinédrio, estes também afirmaram que as palavras proferidas por Jesus eram dignas da pena de morte (Marcos 14.64; Mateus 26.66). Nesse momento, alguns dos que guardavam Jesus começaram a zombar dele, cuspir nele e esbofeteá-lo (Mateus 26.67,68; Marcos 14.65; Lucas 22.63-65).

Nessa altura, já não poderia haver mais dúvidas sobre qual seria o destino final de Jesus. Como já mencionamos, no século 20 e no presente, existem autores judeus que tentam distanciar seus correligionários da condenação à morte de Jesus, e as razões para tal conduta podem ser compreensíveis. No entanto, essa atitude não pode ocultar o fato de que durante séculos o judaísmo se gabou da execução de Jesus, assumindo-a como mérito próprio. Não seria nada menos que o Talmude afirmar séculos depois[22] que Jesus era um blasfemo, que merecia a morte e que, de forma totalmente justificada, havia sido condenado. É bastante significativo que nessa referência talmúdica toda a responsabilidade pela condenação de Jesus é atribuída às autoridades judaicas, sem qualquer menção ao governador romano.

No entanto, apesar da convicção sobre a justiça de sua decisão, o Sinédrio não cometeu o erro de infringir qualquer formalidade legal. Esperou até o amanhecer para emitir uma sentença condenatória (Mateus 27.1; Marcos 15.1; Lucas 22.66-71) e, em seguida, ordenou que Jesus fosse levado para a residência do governador romano, já que este era o único que possuía o *ius gladii* e podia cumprir uma pena de morte (Mateus 27.2; Marcos 15.1; Lucas 23.1; João 18.28).

---

[22]Sanhedrin 43a. Não é o único texto talmúdico que, apesar de sua visão militantemente agressiva contra Jesus, coincide com o que está registrado no Evangelho. Assim, por exemplo, em Sanhedrin 107b e Sotah 47b afirma-se que Jesus havia feito milagres e que muitas pessoas o seguiram, embora tudo isso se devesse ao fato de ele ser um feiticeiro e blasfemo. Existem paralelos no Novo Testamento em Marcos 11.62, João 5.18,19 e 19.7.

Hoje sabemos que Pilatos seria a causa de algumas demoras na consumação do destino final de Jesus, mas, na madrugada de sexta-feira, essa eventualidade não parecia possível ao Sinédrio. Nem Judas pensou assim. Quando soube que Jesus havia sido condenado pelas autoridades judaicas, não teve dúvidas de que seu destino seria a morte. Consumido pela culpa, ele foi até os membros do Sinédrio que haviam acabado de condenar Jesus e que não tinham ido à residência do governador romano para pedir a execução da sentença (Mateus 27.3). Diante deles, confessou que havia "pecado ao entregar sangue inocente" (Mateus 27.4), mas, como era de esperar, não foi capaz de comovê-los. Convencidos como estavam de que Jesus era um blasfemo e um perigo e que sua sentença era, portanto, justa e pertinente, lhe disseram claramente que nada daquilo importava para eles e que o problema era dele. Horrorizado, Judas atirou as moedas que lhe haviam sido entregues como preço por sua traição e deixou o local onde se encontrara com as autoridades judaicas (Mateus 27.5).

Apesar da insistência de alguns autores contemporâneos em afirmar o contrário, a condenação de Jesus podia ser injusta, mas, do ponto de vista formal, as autoridades do Sinédrio conseguiram torná-la impecável. Como em tantas ocasiões ao longo da História, por um lado caminhavam as formalidades legais e, por outro, bem diferente, a justiça. As autoridades judaicas consideraram, sem dúvida, que os requisitos legais foram respeitados escrupulosamente, e o Talmude afirmava exatamente isso, mas ainda mais revelador é que esta é também a maneira pela qual os primeiros discípulos de Jesus enxergaram. Eles — diferentemente de outros que viriam mais tarde reivindicando a figura do Mestre — poderiam estar convencidos de que a maioria dos membros do Sinédrio se reunira não para elucidar a verdade, mas para encontrar um motivo que lhes permitiria condenar Jesus à morte (Marcos 14.1,55), vendo nele inclusive o cumprimento de profecias contidas nas Escrituras (Atos 4.24-28, citando o salmo 2). Porém, na controvérsia teológica entre os judeus e os primeiros cristãos, estes jamais alegaram que as disposições legais[23] haviam sido infringidas, muito menos consideraram que a ilegalidade poderia ser usada para perseguir o povo em cujo seio nascera Jesus.

As autoridades judaicas não foram menos meticulosas com a aplicação da lei dali em diante. Assim, quando por volta das seis da manhã chegaram à residência do governador Pôncio Pilatos, recusaram-se a entrar para não se contaminarem ritualmente pela proximidade com um gentio. Claro, uma coisa era pedir-lhe que confirmasse a sentença condenatória que haviam decretado contra Jesus; outra coisa era que, para isso, tivessem de incorrer em um estado de impureza ritual.

Nesse momento, toda a obra de Jesus parecia estar prestes a desaparecer como fumaça, porque era de esperar que Pilatos aceitasse as reivindicações das autoridades judaicas. Pedro, um dos discípulos mais próximos de Jesus, o negara naquela noite, aterrorizado por uma simples criada (Mateus 26.58,69-75; Marcos 14.54,66-72; Lucas 22.54-62; João 15.15-18,25-27), e o paradeiro do restante dos discípulos não era conhecido. Porém, quem poderia garantir que eles não seriam objeto de represálias cruéis por terem seguido seu Mestre? Por fim, Judas, o traidor, desesperado, saiu para os arrabaldes da cidade. Ali se matou, enforcando-se, talvez simbolizando dessa forma que se considerava maldito. Na verdade, a Torá mosaica conferia essa condição a qualquer um que morresse pendurado em um madeiro ou árvore (Deuteronômio 21.23).

Por um tempo, seu cadáver balançou entre o céu e a terra. Então, o cinto ou a corda que prendia seu pescoço se rompeu, deixando-o cair ao chão. O impacto fez que o defunto Judas se abrisse e suas entranhas se esparramassem. Esse dado não aparece registrado nos Evangelhos, talvez na tentativa de isentar de

---

[23]Nessa mesma linha, P. E. Davies, "Early Christian Attitudes toward Judaism and the Jews", *JBR*, 13, 1945, p. 73-82; J. Blinzler, *The Trial of Jesus*, p. 144ss.

dramaticidade uma história centrada na paixão e na morte de Jesus. No entanto, ele nos foi disponibilizado por meio do relato do autor da fonte de Lucas (Atos 1.18). Com sua traição consumada horas atrás, seu destino final agora parecia não preocupar ninguém. No entanto, Judas deixava em aberto um problema que as autoridades do Templo tinham de resolver. Tratava-se do uso que se devia dar às trinta moedas de prata que, em seu remorso, o traidor havia devolvido. A Torá impedia que fossem usadas para esmolas, pois era preço de sangue (Deuteronômio 23.18). Portanto, a decisão foi a de comprar um campo para enterrar estrangeiros (Mateus 27.7), o mesmo em que Judas se suicidara (Atos 1.18,19), o mesmo ao qual o povo, sabedor da história, chamaria de Acéldama, que significa "Campo de Sangue" (Mateus 27.8; Atos 1.19). O conhecimento de sua localização não ocorreria até o final do século 20.[24]

---

[24]Sobre sua descoberta, veja Leen e Kathleen Ritmeyer, "Akeldama: Potter's Field or High Priest's Tomb?", *Biblical Archaeology Review* 20 (1994), p. 23-35, 76, 78.

CAPÍTULO *dezessete*

Prisão e condenação (II):
A CONDENAÇÃO ROMANA

SEXTA-FEIRA (IV): A CONDENAÇÃO POLÍTICA

No ano de 1961, descobriu-se uma inscrição em uma pedra que mencionava Pôncio Pilatos e seu título. Foi a primeira prova arqueológica de sua existência, mas, independentemente de tal fato, ninguém poderia negar a realidade histórica do governador romano. Na inscrição, ele aparece descrito como o quinto governador (prefeito) da província da Judeia, de 26-27 a 36-37 d.C. As fontes extrabíblicas relacionadas a Pilatos são muito menores do que as que se referem a Jesus, mas incluem Tácito, Fílon e Flávio Josefo. Sucessor de Valério Grato no ano 26 d.C. e membro da ordem equestre, Pilatos foi um personagem pragmático e pouco limitado pelos escrúpulos morais. Na verdade, ele foi deposto após reprimir impiedosamente um levante samaritano e chegou a Roma após a morte do imperador Tibério. Em uma carta do rei Herodes Agripa a seu amigo Calígula, o imperador romano, que sucedeu a Tibério, Pilatos é descrito como um sujeito de "um caráter inquebrantável e impiedosamente duro", que caracterizou seu governo por "corrupção, violência, roubo, opressão, humilhações, execuções constantes sem julgamento e crueldade ilimitada e intolerável". No entanto, toda essa descrição não ilustra a década de governo de Pilatos. Desde o início, deve-se notar que Pilatos foi um antissemita elevado ao poder por estímulo do não menos antissemita Sejano, o favorito onipotente por anos do imperador Tibério. Além disso, ele atuava com notável independência, mas sempre de acordo com o que considerava serem interesses de Roma — e, se isso não explicar sua nomeação, explica o fato de o imperador Tibério mantê-lo no poder por tanto tempo. Se tais interesses coincidissem com o que as autoridades judaicas queriam, muito bom para ambas as partes; do contrário, o benefício — e o direito — de Roma devia prevalecer. Perante esse homem, foi levado Jesus, o qual já havia sido condenado à morte pelas autoridades do Templo.

As autoridades judaicas apresentaram o caso a Pilatos de um modo que obrigaria o governador a executar a sentença condenatória. Jesus, de acordo com a versão deles, afirmara ser "o rei dos judeus". A informação não era falsa, mas também não passava de uma manipulação vil da verdade que pretendia apresentá-lo como um rebelde, cuja eliminação era obrigatória para as autoridades romanas. Pilatos, logicamente, perguntou a Jesus se Ele era realmente o rei dos judeus (Mateus 27.11; Marcos 15.2; Lucas 23.3; João 18.33), mas a resposta de Jesus não foi, de forma alguma, satisfatória. A forma em que a fonte de João a relata está imbuída de todas as características de autenticidade:

> Pilatos tornou a entrar no pretório, chamou Jesus e lhe disse: És tu o rei dos judeus? Jesus lhe respondeu: Isso tu dizes por ti mesmo ou outros te disseram sobre mim? Pilatos respondeu-lhe: Por acaso eu sou judeu? Tua nação e os principais sacerdotes te entregaram a mim. O que fizeste? Jesus respondeu: Meu reino não é deste mundo. Se meu reino fosse deste mundo, meus servos lutariam para que eu não fosse entregue aos judeus; mas meu

reino não é daqui. Pilatos lhe disse: Então, tu és rei? Jesus respondeu: Tu dizes que eu sou rei. Eu para isso nasci, e para isso vim ao mundo, para dar testemunho da verdade. Todo aquele que é da verdade escuta a minha voz. Pilatos lhe disse: O que é a verdade? (João 18.33-38ss).

A troca de palavras entre Jesus e Pilatos — mais do que provavelmente em grego e sem um intérprete — expusera a base de toda a questão muito além do que pudessem ter pretendido as autoridades do Templo. Pilatos queria saber se Jesus era um rebelde, tal como diziam os enviados do Sinédrio, portanto merecedor de que fosse ordenada a sua execução. A resposta de Jesus fora muito clara. Pilatos teria prova do que lhe diziam ou baseava-se apenas no que as pessoas do Templo afirmavam? Sua resposta foi ríspida. Ele não era judeu e pouco se importava — se é que se importava — com as disputas entre judeus. Porém, foram outros judeus e seus governantes que entregaram Jesus, e este tinha de esclarecer o que fizera exatamente. Mais uma vez, Jesus apontou para o cerne da questão. Ele não era um rebelde, um inimigo, um nacionalista. Se isso fosse verdade, seus seguidores teriam lutado para impedir sua entrega às autoridades judaicas. Então, Pilatos tentou aprofundar mais a questão. Deveria ele concluir que Jesus era um rei — e, portanto, um rebelde merecedor da morte? Mais uma vez, a resposta de Jesus foi categórica. Essa ideia de rei podia ser de Pilatos, mas não dele. Ele não viera para reunir um exército a fim de derrubar o poder romano ou impor uma monarquia pelo uso da violência. Ele nascera para dar testemunho da verdade. Naturalmente, todo aquele que fosse da verdade o escutaria.

Pode-se apenas imaginar o choque do romano após aquele diálogo. Sim, Jesus reconhecia possuir um reino, mas não era um reino como o dos homens. Seus seguidores, por exemplo, não pegariam em armas — como acontece nos reinos humanos — para defendê-lo, por mais que isso parecesse a causa mais nobre. Seu reino definitivamente não era deste mundo, e as definições de um rei com as quais Pilatos podia lidar não tinham relação com as dele. Sua missão era divulgar a verdade, sabendo que seria ouvida por aqueles que eram da verdade. Quase se pode imaginar a perplexidade de Pilatos diante de alguém que não falava seu idioma imperativo. Sim, as palavras podiam ser as mesmas, mas conceitos como reino, rei ou servo tinham um teor totalmente diferente. A própria palavra "verdade" significava algo radicalmente diferente. Não é de surpreender que Pilatos perguntasse o que era a verdade. Afinal, Jesus certamente tinha uma visão radicalmente tão incomum desse termo quanto dos outros.

Apesar de tudo, Pilatos se convencera de que não havia base para apoiar uma condenação à morte de Jesus, e foi isso que comunicou às autoridades judaicas que o haviam entregado (Lucas 23.4). A reação dessas autoridades foi imediata. Inesperadamente, o que parecia seguro ameaçava escapar-lhes das mãos. Então, recorreram a acusar Jesus de perturbar o povo na Judeia, como já havia começado a fazer na Galileia (Lucas 23.5). O esperado fora que Pilatos se visse forçado a confirmar a sentença proferida pelo Sinédrio, mas a artimanha não funcionou. O governador romano estava convencido de que Jesus era inocente das acusações feitas contra Ele (Lucas 23.4; João 18.38). Em sua opinião, estava evidente que se tratava apenas de uma disputa pertencente aos odiosos judeus. Ele não estava absolutamente disposto a ajudar a impor os pontos de vista das autoridades de uma nação a qual odiava. Se fosse o caso, a possibilidade maior seria de ele se sentir tentado, como tantas vezes, a lhes demonstrar o desprezo que lhe inspiravam. Visto que Jesus era da Galileia, a competência para julgar aquele caso, de acordo com o princípio jurídico de *forum delicti commissi*,[1] pertencia a Herodes. A ele, portanto, o réu deveria ser levado

---

[1] T. Mommsen, *Römisches Strafrecht*, 1899, p. 114ss. e 356ss.

(Lucas 23.6,7). Com essa decisão, Pilatos certamente esperava ter tirado de suas mãos um problema.

Cedo de manhã, a guarda do Templo levou Jesus perante a presença de Herodes. O rei descera para celebrar a Páscoa, como centenas de milhares de judeus, e naqueles dias estava hospedado no palácio dos asmoneus, uma residência próxima à de Pilatos e localizada a oeste do Templo.[2] Responsável pela execução de João Batista, Herodes, que, como vimos, acabara manifestando algum interesse por Jesus, fora utilizado por seus inimigos com a intenção, certamente frustrada, de intimidá-lo. Herodes esperava então que Jesus realizasse algum daqueles milagres que lhe eram atribuídos (Lucas 23.8), mas Jesus não estava disposto a se tornar o mágico de um monarca entediado. Assim, persistiu no silêncio que deveria caracterizar o Messias Servo (Lucas 23.9). Finalmente, Herodes e seus acompanhantes, certamente frustrados com a falta de espetáculo, optaram por se entregar a uma zombaria desprezível. Ao longo de toda a sua vida, Herodes aspirara a ser rei com todo o poder do falecido Herodes, o Grande. Pelo visto, Jesus também não avançara muito no caminho de conseguir a realeza, de modo que Herodes o vestiu com roupa própria de um monarca e ordenou que Ele fosse devolvido a Pilatos (Lucas 23.11). Com esse gesto, ele estava muito possivelmente dando a entender que, em sua opinião, Jesus era mais um ser pateticamente ridículo do que um agitador perigoso.

Aquela coincidência de critérios — tanto na apreciação das acusações contra Jesus como no desprezo pelas autoridades do Templo — teria uma consequência indireta, a de Herodes e Pilatos, numa então condição de inimizade, se aproximarem politicamente (Lucas 23.12). Em muitas ocasiões, um inimigo comum une mais do que um objetivo nobre, e assim foi com Herodes e Pilatos. No entanto, o problema de o que fazer com Jesus persistia no momento.

---

[2] *Guerra*, II, 16, 3; *Antiguidades*, XX, 8, 11.

A essa altura, o governador romano estava ainda mais convencido da inaceitabilidade das reivindicações das autoridades judaicas e decidira libertar Jesus. Para isso, ele usaria o privilégio de libertar um réu durante a festa da Páscoa (Mateus 27.15; Marcos 15.6).

A historicidade desse episódio tem sido discutida vez ou outra, mas a verdade é que tal objeção revela novamente uma deplorável ignorância das fontes judaicas. Já em 1906, publicou-se pela primeira vez um papiro de 85 d.C. que contém o protocolo de um julgamento realizado perante C. Septímio Vegeto, governador do Egito, no qual se observa como o referido magistrado romano decidiu libertar um acusado chamado Fibion, apesar de este ser culpado de um crime de sequestro. Era óbvio, portanto, que os governadores tinham tal competência. Além disso, o tratado Pesachim VIII 6a3 da Mishná nos informa que, de fato, havia o costume de libertar um ou mais presos em Jerusalém durante a Páscoa.

A alternativa que Pilatos oferecia então era a de apresentar às massas o dilema de libertar Jesus ou um criminoso comum chamado Barrabás (Mateus 27.17; Marcos 15.9; João 18.39). Esse ponto de vista encontrava respaldo inclusive na esposa do governador, que estava convencida da inocência de Jesus e que, muito possivelmente, temia as consequências que o procedimento de condenação de alguém que não era culpado de nenhum crime poderiam ter para seu marido (Mateus 27.19). Sem dúvida, o romano esperava que o veredicto favorável recaísse sobre o inocente Jesus, não sobre um criminoso, porém esse foi um erro de cálculo que teria consequências péssimas.

Por um lado, era duvidoso que a multidão, antirromana em si, estivesse disposta a ajudar o governador romano ou a apoiar alguém que tivesse frustrado suas expectativas, como foi o caso de Jesus. Por outro lado, as autoridades do Templo já a haviam treinado

---

[3] Um magnífico estudo sobre essa questão, no mesmo sentido que indicamos aqui, encontra-se em J. Blinzler, *The Trial of Jesus*, p. 218ss.

adequadamente (Mateus 27.20; Marcos 15.11). É claro, não teria sido a primeira nem a última multidão na História em que se veria uma massa de pessoas reunindo-se de forma supostamente espontânea e, ao mesmo tempo, obedecendo a palavras de ordem tão definidas. Contudo, em todo caso, se Jesus fora condenado pelo próprio Sinédrio, não seria normal vê-lo "golpeado por Deus", visto que Isaías 53.4 afirmava que Israel consideraria erroneamente o Messias Servo? Confrontada com o dilema de libertar alguém condenado pelo Sinédrio ou um simples delinquente, a multidão que se reunia diante de Pilatos não teve problemas em optar pelo segundo (Lucas 18.40; 23.8).

O fato de a multidão aglomerada diante da residência de Pilatos ter rejeitado sua proposta causou-lhe um sentimento de surpresa que dificultou suas ações posteriores. A rigor, ele poderia ter soltado Barrabás e depois continuado o procedimento com Jesus, considerando que não havia fundamento para a condenação e, consequentemente, soltando-o. Porém, como tantos outros líderes ao longo da História, em vez de se impor à multidão, ele primeiro se sentiu intimidado por ela e depois pensou que convencê-la talvez estivesse dentro de suas possibilidades. Foi outro erro, porque as multidões raramente pensam por si mesmas, mas costumam fazê--lo pelos ímpetos daqueles que a agitam. Agora, entregue à agressividade cínica que nasce do sentimento de impunidade e, muito possivelmente, agitada pelas autoridades que haviam prendido Jesus, a massa começou a gritar que o governador devia crucificá-lo (Marcos 15.13 e paralelos).

Pilatos foi vítima da perplexidade. Embora não tivesse nenhuma simpatia pelos judeus, ele não conseguia entender por que eles desejavam tão apressadamente a execução de um dos seus que, além disso, era inocente (Marcos 15.14 e paralelos). Possivelmente, percebeu então o enorme erro que cometera ao colocar a decisão do caso nas mãos da multidão. Agora não tinha a menor chance de voltar atrás nos passos já dados e adiar a resolução. Muito menos quando a situação ameaçava degenerar em um tumulto geral (Mateus 27.24). Ao mesmo tempo que punha Barrabás em liberdade, ele ordenou que Jesus fosse açoitado (Marcos 15.15; João 19.1).

A fonte de Mateus registra que, precisamente nesse momento, Pilatos realizou um ato simbólico. Lavou as mãos diante da multidão, anunciando que era inocente da execução de um homem inocente. Então, a multidão respondeu: "Seu sangue caia sobre nós e nossos filhos" (Mateus 27.24). Ambos os fatos têm sido ocasionalmente rejeitados como invenções do primeiro evangelista. A verdade, porém, é que eles contam com um respaldo impressionante em paralelos contidos em outras fontes históricas. Para começar, o costume de lavar as mãos como um ato de purificação ocorria entre judeus e gentios. A Bíblia o menciona em Deuteronômio 21.6ss. ou em Salmos 26.6, mas também encontramos referências na literatura rabínica,[4] inclusive em autores clássicos como Virgílio,[5] Sófocles[6] e Heródoto,[7] para citar alguns. O fato de Pilatos ter se purificado ritualmente do ato de ter condenado um homem inocente, tentando transferir sua responsabilidade para outros, não é uma invenção dos evangelistas, mas uma conduta que podemos considerar totalmente segura em termos históricos.

No que diz respeito à ratificação da multidão, sua historicidade tem sido rejeitada com o argumento — político, não histórico — de que se trata simplesmente de uma manifestação do caráter antissemita do evangelista. Inclusive, quando foi lançado o filme *A paixão de Cristo*, dirigido por Mel Gibson, diversas organizações judaicas pressionaram para que a frase em questão fosse retirada da filmagem. Tal comportamento pode ser compreendido, mas a verdade é que essa passagem apresenta todas as marcas de autenticidade

---

[4]Billerbeck, I, 1032.
[5]*Eneida*, II, 719.
[6]Ajax, 654.
[7]*História*, I, 35.

histórica, e seu paralelo é da mesma importância, com referências encontradas em fontes judaicas. Na verdade, a expressão "Seu sangue esteja sobre nós e nossos filhos" é um ditado judeu que encontramos na Bíblia (2Samuel 1.16; 3.29; Jeremias 28.35; Atos 18.6) e significa que se está tão seguro da justiça do veredicto que se aceita que a responsabilidade e a culpa recaiam tanto sobre aqueles que pronunciam a sentença quanto sobre seus filhos.[8]

Isso porque não há a menor sensação de se ter agido em desacordo com o que a lei estabelece. É claro que derivar daí uma legitimação para o antissemitismo constitui uma péssima leitura histórica, inclusive uma torpeza moral. Contudo, também não é lícito negar os fatos históricos com base no que hoje consideramos politicamente correto. As autoridades judaicas haviam condenado Jesus e buscavam sua morte. Inesperadamente barradas por Pilatos em seus esforços próprios para atingir o objetivo, essas autoridades recorreram à agitação da multidão em seu apoio. Que essa multidão estava convencida da justiça exigida e que chegara inclusive a pronunciar uma fórmula ritual própria desses casos, não apenas não parece falso, mas na realidade era a única atitude plausível. Por outro lado, em sua descrição, a passagem não chega nem perto do nível de crítica às autoridades do Templo ou à multidão, como, por exemplo, no livro *Guerra dos judeus*, de Josefo. O autor judeu afirmaria precisamente de que modo a geração de judeus, que contemplara a destruição do Templo, mereceu passar por isso, já que

> Ao refletir-se sobre o ocorrido, percebe-se que Deus cuida dos homens e anuncia à sua raça, de todas as formas possíveis, como poder se salvar. No entanto, eles se perdem por sua loucura e por ter escolhido pessoalmente as próprias desgraças.[9]

---

[8]Nessa mesma linha, Billerbeck, I, 1033, e Steinwenter, "Il processo di Gesú", em *Jus*, 3, 1952, p. 481, n. 6.
[9]*Guerra*, VI, 310.

Afinal, como ele havia afirmado no livro anterior,

> Embora seja impossível descrever detalhadamente seus crimes, pode-se, contudo, dizer, de forma resumida, que nenhuma outra cidade sofreu tais atrocidades e que jamais houve na História uma geração que tenha realizado tantas iniquidades.[10]

Não deixa de ser expressivo o fato de que Jesus e Josefo compartilharam o juízo sobre a mesma geração, destacaram a justiça da destruição do Templo e da cidade de Jerusalém e insistiram em que Deus avisara aquelas pessoas, não poucas vezes, que elas deveriam mudar alguns caminhos, que, para sua desgraça, não mudaram.

Por via das dúvidas, pode-se dizer que, para falar a verdade, em termos comparativos, o relato que encontramos nos Evangelhos, inclusive o de Mateus, se sobressai pela austeridade narrativa; entretanto, não ocorreu a ninguém — com razão, por outro lado — acusar Josefo de ser antissemita. A descrição de Mateus não o era, mas apenas mostrava com dor o futuro trágico que aguardava o povo judeu, um futuro que Josefo descreveria algumas décadas depois, de maneira incomparável, como passado.

Tem-se especulado sobre a possibilidade de que a ordem de Pilatos de açoitar Jesus constituía uma última tentativa do romano de salvá-lo da morte.[11] A hipótese não é impossível, porque as fontes romanas nos falam de pessoas entregues ao açoite para acalmar as massas ou como advertência para que não voltassem a delinquir.[12] Se assim foi, Pilatos teria talvez esperado que, se a multidão visse o detido destruído pelos açoites romanos, visse que ele não escapara

---

[10] *Guerra*, V, 442.

[11] A. N. Sherwin-White, *Roman Society and Roman Law in the New Testament*, Grand Rapids, 1978, p. 27ss.

[12] Julius Paulus, *Digesto*, I. 15. 3. 1; Calístrato, *Digesto*, 48.19.28.3; e Julius Paulus, *Sentenças*, V. 21. 1, em que se fala de, no caso de perseverar no mal, como eles podiam ser lançados na prisão ou deportados para uma ilha depois de serem açoitados.

ileso da detenção e percebesse que ele havia recebido uma punição cruel e suficiente, seria, então, aplacada, desistindo de sua intenção de que ele fosse crucificado. Se foi esse o caso, mais uma vez Pilatos teria se equivocado.

É claro, os soldados romanos açoitaram Jesus dentro do pretório — ao contrário do que estabelecia a lei judaica, eles não tinham um limite de chicotadas que não pudessem ultrapassar — e, além do castigo do açoite, acrescentaram as zombarias, os insultos, os golpes e os cuspes. Inclusive se permitiram o terrível escárnio de disfarçar Jesus de rei, certamente na tentativa de mostrar seu desprezo pelos judeus. Contudo, se o plano de Pilatos era comover a multidão, sem dúvida ele fracassou. Mais uma vez, a multidão reagiu seguindo regras de comportamento conhecidas por qualquer psicólogo especialista. Ao contemplar Jesus fragilizado pelos açoites, ela não se conformou, e sim sentiu-se mais confiante em seu poder de conseguir o que queria. Então, lançou outros gritos que exigiam sua crucificação e insistiam que tinha de ser assim porque Ele se fizera Filho de Deus. A esse respeito, a descrição da fonte de João tem o sabor intenso da testemunha ocular:

> Então, Pilatos saiu de novo e disse-lhes: Olhai, vou trazê-lo para fora, para que compreendais que não acho nele nenhum crime. E Jesus saiu, usando a coroa de espinhos e o manto de púrpura. E Pilatos disse-lhes: Eis o homem! Quando os principais sacerdotes e guardas o viram, gritaram: Crucifica-o! Crucifica-o! Pilatos disse-lhes: Tomai-o vós mesmos e crucificai-o, porque não acho nele nenhum crime. Os judeus responderam-lhe: Temos uma lei e, segundo a nossa lei, ele deve morrer, porque fez a si mesmo Filho de Deus. Ao ouvir isso, Pilatos sentiu um medo enorme (João 19.4-8).

O estado de espírito que Pilatos experimentou ao ouvir aquelas palavras dos acusadores que apontavam Jesus como o Filho de Deus é descrito pela fonte de João como *mallon ephobēthē* (João 19.8). O que se apoderou então do romano foi uma agitação, um medo, uma inquietação extrema. O governador dificilmente poderia ter interpretado o termo "Filho de Deus" como sinônimo de Messias, e certamente deve ter pensado que poderia estar envolvido em um problema de natureza sobrenatural. Ao contrário do que se costuma pensar, os romanos podiam ser impiedosos, egoístas e corruptos, mas não descrentes. Na verdade, seu comportamento era exatamente o oposto. Por isso, não é estranho que Pilatos tenha se perguntado se poderia haver algo sobrenatural naquele réu. A fonte de João registra da seguinte forma:

> E entrou novamente no pretório e disse a Jesus: De onde tu és? No entanto, Jesus não lhe respondeu. Então, Pilatos lhe disse: Não me falas? Não sabes que tenho autoridade para crucificar-te e que tenho autoridade para libertar-te? Jesus respondeu. Não terias nenhuma autoridade sobre mim se não te fora dada de cima. Portanto, aquele que me entregou a ti tem maior pecado. Desde então, Pilatos procurava soltá-lo (João 19.9-12a).

Angustiado, o governador questionara Jesus, porém este novamente optara por se calar como o Servo de YHWH profetizado em Isaías 53.7. Quando o romano tentou pressioná-lo a responder, recorrendo ao argumento de que ele era o único que poderia libertá-lo, Jesus respondeu-lhe que seu poder simplesmente derivava de uma autoridade superior e que, é claro, aqueles que o haviam conduzido até ali eram mais culpados do que Pilatos acerca do que estava acontecendo.

Pilatos ainda precisava refletir sobre o que estava diante de seus olhos quando, aos seus ouvidos, chegaram novos gritos de uma multidão cada vez mais inflamada. Não somente insistiam que Jesus fosse crucificado, mas ameaçavam denunciar o governador a César por não punir alguém que se havia proclamado rei

(João 15.12b). Foi nesse momento que a resistência do romano se rompeu. O temor que o imperador Tibério lhe inspirava era superior, claro, à inquietação que aquele réu estranho lhe provocava. Pilatos acabou cedendo à pressão da multidão. Assim, ele agiu de um modo totalmente consistente com sua personalidade. Afinal, era exatamente o mesmo comportamento que exibira anos antes no hipódromo de Cesareia, onde sua convicção chegou justamente até o ponto em que temeu perder seu cargo.[13] Ele odiava os judeus, mas, se o preço de evitar complicações era ceder às suas reivindicações, mais uma vez ele estava disposto a fazê-lo. Havia somente um caminho para sair daquela situação.

---

[13]Veja páginas anteriores.

CAPÍTULO *dezoito*

A CRUCIFICAÇÃO

A SENTENÇA

Por volta das seis horas da manhã (João 19.14), Pilatos ordenou que o prisioneiro fosse retirado do pretório e sentou-se no tribunal, que em grego se chama *Lithostrōton* e, em hebraico, *Gabbatha*, ou seja, o pavimento (João 19.13). Era óbvio que ele proferiria a sentença de modo apropriado e, *superiori* e publicamente, perante o réu e seus acusadores. O delito era o *crimen laesae maiestatis*, uma infração da lei que, nas províncias, como era o caso, punia-se sempre com a cruz. A sentença proferida por Pilatos reduzia-se à fórmula instituída: *Ibis in crucem*.[1]

O relato das fontes históricas, longe de constituir um exemplo de antissemitismo, como já foi dito, é chocante por sua sóbria objetividade. Como no caso da sentença proferida pelo Sinédrio, todos os requisitos legais foram respeitados e também, como em tantos

---

[1] Numa linha semelhante, encontramos referências em Petrônio, *Satíricon*, 137, 9, e Plauto Mostell, III, 2, 63.

casos da História — Jeremias no século 6 a.C., Huss no século 15, Tyndale e Lutero no século 16 ou, em outras épocas, vários judeus na Europa católica —, a condenação derivou de uma aliança clara entre o poder religioso e o poder político. Talvez se deva reconhecer — e certamente é uma experiência amarga — que tal conduta é humana demais para não ser repetida diversas vezes ao longo dos séculos nos mais diversos contextos.

Uma vez pronunciada a sentença, a confirmação do imperador não era necessária. Por outro lado, a possibilidade de recurso de apelação era descartada, uma vez que tal autoridade fora delegada aos governantes locais.[2] O prazo para execução da sentença ficava a critério do juiz — nesse caso, Pilatos —, mas, via de regra, esse procedimento era executado imediatamente após o anúncio.[3] Na verdade, a resolução do Senado do ano 21 d.C., que fixava um prazo de dez dias entre a sentença de morte e sua execução, não se referia aos tribunais ordinários — como o de Pilatos —, mas apenas às resoluções emitidas pelo Senado.

Depois do julgamento de Jesus, Pilatos muito provavelmente partiu para processar e condenar os dois ladrões que seriam crucificados com Ele. Essa circunstância explicaria por que eles também foram executados no mesmo dia e por que Jesus não foi levado ao Gólgota até cerca das nove da manhã. Ali, nas imediações da cidade, Ele foi crucificado.

A VERGONHA DA CRUZ

Ao longo dos séculos, a cruz[4] tornou-se algo tão enraizado em nossa cultura que, entre as implicações de tal atitude, inclui-se até mesmo

---

[2]T. Mommsen, *Römisches Strafrecht*, p. 276, 468.
[3]Nessa mesma linha, Tácito, *Anais* III, 51; XIV, 64.
[4]Sobre a cruz e a crucificação, além das referências clássicas mencionadas no texto, veja: Blinzler, *The Trial of Jesus*; E. Grässer, "Der politisch gekreuzigte Christus", em *Text und Situation. Gesammelte Aufsätze zum Neuen Testament*,

a existência de pessoas que lhe rendem culto ou a usam como um símbolo pendurado no pescoço ou no peito. Como tantas práticas nascidas do atavismo de séculos, essas implicações contribuem de maneira substancial para distorcer e diluir o significado que a cruz tinha e que, é claro, era mais do que óbvio para Jesus e seus contemporâneos. Portanto, é essencial mostrar o que a cruz significava em termos históricos e sociais.

Como forma de morte, a cruz não foi uma invenção romana. Costuma-se afirmar de forma convencional que os persas foram os primeiros a recorrer a essa forma de execução, inclusive de maneira massiva,[5] mas também encontramos a cruz nos povos bárbaros,[6] citas,[7] assírios,[8] índios,[9] celtas — que chegaram inclusive a acrescentar às execuções um teor religioso —[10] e até nos judeus. Na verdade, Alexandre Janeu ordenou a execução na cruz de oitocentos fariseus,[11] e na Mishná somos informados de que Simeão b. Shetah crucificou setenta ou oitenta bruxas em Ascalom.[12]

Os gregos e os romanos também crucificaram condenados, mas não deixa de ser impressionante que eles contrastavam suas execuções com as dos bárbaros, aparentemente mais terríveis.[13] A realidade, porém, é que a penalidade da cruz, tal como executada na

---

Gütersloh, 1973, p. 302-320; M. Hengel, *The Cross of the Son of God*, Londres, 1986, p. 91-185; J. Vergote, "Les principaux modes de supplice chez les anciens et dans les textes chretiens", em *Bulletin de l'Institut Historique Belge de Rome*, 20, 1939, p. 141-63; P. Winter, *On the trial of Jesus*.
[5]Alguns exemplos podem ser vistos em Heródoto, I.128.2; 3.125,3; 3.132.2; 3.159.1; Tucídides 1.110,1; Plutarco, Artaxerxes, 17.5.
[6]Justo Lipsio, *De Cruce*, Amsterdam, 1670, p. 47ss.
[7]Diodoro Sículo, 2. 44. 2.
[8]Diodoro, 2. 1. 10.
[9]Diodoro Sículo, *Biblioteca*, 2. 18. 1.
[10]Diodoro Sículo, 5.32.6, acusa-os de serem monstruosamente ímpios ao oferecerem os crucificados aos seus deuses.
[11]Josefo, *Guerra*, I. 97ss.
[12]Sanhedrin 6. 5.
[13]Um exemplo em Diodoro Sículo, 33.15.1.

esfera do poder romano, era, de fato, aterrorizante. Sêneca, por exemplo,[14] mostrou-nos que não era estranho os executados serem pregados de cabeça para baixo na cruz ou empalados por suas partes íntimas. Como em uma das cenas finais do filme *Spartacus*, também havia casos de prisioneiros de guerra que eram forçados a lutar entre si, sendo depois crucificados, não raras vezes após terem sido açoitados ou torturados.[15] Da mesma forma, Tácito transmitiu a notícia de como os cristãos crucificados por Nero também foram submetidos a outros tormentos e até mesmo incendiados.[16]

Mesmo que as penalidades adicionais tivessem sido suprimidas, a crucificação continuaria sendo um castigo espantoso. Nesse sentido, os romanos não se enganavam. Cícero, no século 1 a.C., qualificava a cruz como *summum suplicium*, isto é, o suplício supremo.[17] Ele não estava exagerando. O grande jurista romano Julius Paulus afirmou em suas *Sentenças* que a cruz era o primeiro dos três *summa suplicia*, os três suplícios maiores. Logo depois da cruz vinha a fogueira (*crematio*) e a decapitação (*decollatio*).[18]

A crucificação não era uma punição de pessoas com certa prosperidade econômica, mas aplicada apenas aos membros de classes muito inferiores, os chamados *humiliores*. Da mesma forma, sua aplicação era restrita às categorias consideradas especialmente odiosas em Roma. Era o caso de rebeldes estrangeiros, como os cantábricos espanhóis que cantavam desafiadoramente enquanto os romanos os crucificavam,[19] ou dos judeus revoltados contra Roma em 66 d.C.[20] A cruz também era aplicada a criminosos violentos e bandidos, como foi certamente o caso de Barrabás e dos

---

[14]*De Consolatione ad Marciam*, 20. 3.
[15]Josefo, *Guerra*, V. 449-51.
[16]*Anais* XV. 44,4.
[17]Cícero, *En Verrem*, II. 5. 168.
[18]Julius Paulus, *Sentenças*, V. 17. 2.
[19]Estrabão, III. 4. 18.
[20]Josefo, *Guerra*, III. 321.

condenados a sofrer tortura ao lado de Jesus. Finalmente, aplicava-se aos escravos rebeldes. Portanto, não é de surpreender que, quando as forças de Espártaco foram derrotadas, seu vencedor, Crasso, ordenou a crucificação de seis mil derrotados na Via Ápia, que ia de Cápua a Roma.[21]

Apesar de tudo isso, a crucificação não implicava apenas um suplício doloroso reservado aos que eram considerados a escória da sociedade — os réus eram cravados na cruz e não raramente torturados de antemão —, mas era, isso sim, a humilhação máxima. O crucificado era um verdadeiro rejeitado da sociedade, perante o qual as testemunhas da execução só podiam mostrar desprezo e repulsa. Não é de surpreender que as fontes romanas evitem referir-se à crucificação e os testemunhos sejam muito escassos. É compreensível, porque o condenado era exibido nu à vergonha pública; era exposto como a classe social mais baixa e, além disso, submetido a dores horríveis que podiam se prolongar por dias. Na verdade, não se pode descartar que o açoite impiedoso dos soldados romanos tenha debilitado Jesus de tal maneira que apressou sua morte.

A vergonha indescritível — em todos os sentidos — que o suplício da cruz trazia consigo permite entender não poucas referências bíblicas e extrabíblicas cuja importância negligenciamos com lamentável frequência. O fato de Jesus ter ensinado a seus discípulos que aqueles que desejassem segui-lo deveriam tomar a cruz (Mateus 16.24) não era um ensinamento — como tantas vezes foi dito — que se referia a suportar pacientemente uma doença chata, uma sogra desagradável ou um chefe irritante. Na verdade, trata-se de uma advertência mais do que pungente e comprometedora de que o fato de seguir a Jesus implica ter que sofrer não apenas a dor máxima, mas também a vergonha máxima e a rejeição máxima da sociedade. Também explica por que, apenas alguns anos depois, o apóstolo Paulo foi capaz de falar que a palavra da cruz era uma

---

[21]Apiano, *Bella Civilia*, I. 120.

loucura (1Coríntios 1.18). O apóstolo não estava se referindo a uma mera controvérsia intelectual — como muitos acreditam —, mas ao fato de que era profundamente repugnante a ideia de seguir um rejeitado da sociedade pregado numa cruz. É claro, o filósofo Sócrates fora executado injustamente pela cidade de Atenas, e ocorreu a morte de um ou outro deus da mitologia clássica, mas, em nenhum caso, nem mesmo de longe, eles haviam seguido o destino repugnante dos mais miseráveis rejeitados da sociedade, exatamente o destino padecido por Jesus.

Pode-se ver também nos textos dos apologistas cristãos quanto a loucura da cruz não era uma simples questão intelectual, mas algo muito mais sério. Minúcio Félix, em sua obra *Otávio* — em que um cristão confronta um opositor pagão que o acusa de adorar um criminoso e sua cruz (*hominem noxium et crucem eius*) —,[22] observa que os cristãos não cultuam imagens, nem mesmo a cruz,[23] ao contrário dos pagãos, que veneram imagens de madeira. Contudo, isso é quase entrar na discussão da morte na cruz consciente e até que ponto essa morte constituía uma realidade que podia somente causar profundo desprezo e nojo em seus interlocutores.

Quando essa circunstância é compreendida, também é possível entender o interesse dos adversários judeus de Jesus para que sua morte fosse na cruz e seu empenho em gritar "Crucifica-o!" diante de Pilatos. Jesus não apenas agonizaria em meio a dores indescritíveis, não apenas se veria exposto à vergonha pública e à terrível zombaria, mas também se tornaria um desacreditado maldito para sempre. Essa seria a realidade para os judeus, porque assim estabelecia a Torá (Deuteronômio 21.22,23), e para os gentios, porque deixava claro que o executado era um lixo, uma carniça, uma escória a cujos ensinamentos ninguém com o mínimo de dignidade poderia dar ouvidos. Somente quando essa realidade é compreendida se

---
[22]*Otávio*, XXIX, 2.
[23]XXIX, 6ss.

pode dizer que alguém se aproximou minimamente do significado humano da cruz.

A AGONIA

Podemos ter uma ideia do estado deplorável em que Jesus ficou depois de ter sido submetido às torturas e à pena de açoites quando percebemos que Ele não conseguia carregar a cruz e, portanto, teve de recorrer à ajuda de um transeunte. Tratava-se de um homem de Cirene — possivelmente um estrangeiro — chamado Simão. Não deixa de ser bastante expressivo a fonte de Marcos afirmar que esse homem era o pai de Alexandre e Rufo, personagens conhecidos dos primeiros cristãos e que estavam vivos uns trinta anos após os eventos (Marcos 15.20-23). Não sabemos o que aconteceu a Simão ou o que ele viu daquele prisioneiro destroçado cuja cruz ele carregava. Porém, não é difícil perceber que deve ter sido algo extraordinário, já que seus filhos acabaram fazendo parte do grupo de discípulos do crucificado. A criatividade de séculos vem descrevendo um conjunto de quedas de Jesus no caminho para o Calvário, que até se transformou na base de cerimônias, mas sem a menor base histórica. Na verdade, é necessário destacar a imensa sobriedade dos evangelistas ao relatar um episódio especialmente doloroso e cruel. Somente Lucas acrescenta o detalhe das mulheres que choravam na passagem dos condenados (Lucas 23.27ss). Trata-se de um dado muito preciso, pois havia grupos de mulheres piedosas que acompanhavam os réus para tentar amenizar um pouco o caminho antes do suplício. Fala muito sobre Jesus, que lhes disse que não chorassem por Ele, mas derramassem lágrimas pelo futuro que esperava os habitantes de Jerusalém e seus filhos. Se com o Messias — o madeiro verde — havia-se chegado àquele grau de iniquidade, o que se poderia esperar de um sistema religioso já seco (Lucas 23.31)? A pergunta de Jesus tinha uma resposta óbvia, que seria vista em sua total intensidade em 70 d.C., quando a cidade de Jerusalém foi devastada pelas forças romanas e o templo foi totalmente destruído.

Por volta das nove da manhã, Jesus chegou com os outros dois condenados ao Gólgota. Antes de ser pregado naquele horrível instrumento de morte que era a cruz, ofereceram-lhe uma bebida para aliviar as terríveis dores que o aguardavam. Era um vinagre no qual alguma substância era jogada para aliviar o próximo suplício. No entanto, Jesus o rejeitou, o que parece ser um gesto inegável de disposição de sofrer toda a dor sem nada para amenizá-la (Mateus 27.34; Marcos 15.23).

Em seguida, os soldados despiram Jesus de suas vestes. Tanto as produções gráficas da Idade Média — era impensável para os cristãos dos primeiros séculos representar Jesus, especialmente na cruz — como o cinema nos habituaram a imagens floreadas da crucificação. Por decoro, Jesus sempre aparece vestido com pelo menos um pedaço de pano enrolado em volta da cintura. A realidade era muito pior. Jesus, como qualquer outro homem condenado, foi deixado completamente nu, exposto à vergonha pública. Na verdade, como indicam as fontes, eles o despiram de suas vestes, sem faltar nenhuma. Em seguida, repartiram as peças, como era de costume. A túnica, por ser inteira, os soldados que a guardavam optaram por sortear (Mateus 27.35; Marcos 15.24; Lucas 23.24; João 19.24). Assim, as últimas horas de Jesus recordaram, de maneira chocante, a descrição registrada no salmo 22, um texto escrito quase um milênio antes:

> O meu vigor secou-se como um caco, a língua se me pegou ao paladar, e me puseste no pó da morte. Porque cães me rodearam, uma quadrilha de malfeitores me cercou. Eles transpassaram as minhas mãos e os meus pés. Posso contar todos os meus ossos. Eles me olham, me observam. Repartiram entre si minhas vestes e lançaram sortes sobre minha roupa (Salmos 22.15-18).

Além disso, é significativo que Jesus, naqueles momentos, implorasse a seu Pai que perdoasse aqueles que não sabiam o que estavam fazendo (Lucas 23.34). David Flusser sugeriu que a oração de Jesus suplicava não o perdão das autoridades judaicas que o haviam condenado, mas o dos romanos miseráveis, que desconheciam quem era o réu que estavam crucificando.[24] Em nossa opinião, essa é uma conclusão hipotética.

As três horas seguintes foram uma interface violenta entre dor, humilhação e insultos. Aqueles que passavam não perdiam a oportunidade de zombar e expressar seu desprezo por alguém de quem se dizia ter anunciado que derrubaria o Templo e que, no entanto, agora estava nu e pregado numa cruz da qual não podia descer (Mateus 27.39,40; Marcos 15.29). Naquele abatimento pelo sofrimento, os outros dois réus o insultavam (Mateus 27.44) enquanto os soldados (Lucas 23.36,37) e os sacerdotes — que haviam protestado perante Pilatos porque o título da condenação fixado na cruz chamava Jesus de "Rei dos judeus" (João 19.20-22) — não perdiam a oportunidade de zombar (Mateus 27.41-43; Marcos 15.31,32; Lucas 23.35).

É mais do que possível que tenha sido a paciência tranquila de Jesus durante aquelas primeiras três horas na cruz que levou um dos ladrões a descobrir nele alguém que não somente era diferente dele mesmo e seu companheiro. É bem possível que tenha sido esse mesmo ladrão o que creu no *titulus* de condenação pregado na cruz: "o Rei dos judeus". Era óbvio que ele e seu companheiro padeciam uma punição justa por suas ações (Lucas 23.41), mas também era óbvio que Jesus não causara nenhum mal (Lucas 23.41). Ir dessa constatação à súplica de que Jesus se lembrasse dele quando viesse em seu reino foi um ato natural e até obrigatório. Aquele corpo pendendo de uma cruz não era o de um malfeitor executado justamente, mas o do Messias sofredor que tantos judeus conheciam porque as profecias de Isaías o haviam anunciado. Próximo do momento de cruzar a fronteira da morte, aquele criminoso suplicou a Jesus, e este lhe respondeu, como fizera com muitos outros

---

[24] D. Flusser, *The Sage from Galilee*, p. 158.

ao longo de sua vida. Naquele mesmo dia, ele estaria com Jesus no paraíso (Lucas 23.43).

É possível que também tenha sido durante essas três horas que Jesus confiou ao discípulo amado o cuidado de sua mãe (João 19.25-27). Ao longo dos séculos, essas palavras têm sido reivindicadas como aquelas que designam Maria como a mãe dos discípulos de Jesus. Tal conclusão choca diretamente com o próprio ensino de Jesus, que afirmou que sua mãe e seus irmãos eram os que ouviam a Palavra de Deus e viviam de acordo com ela (Mateus 12.46-50; Marcos 3.31-35; Lucas 8.19-21). Em vez disso, o ato de confiar sua mãe a um discípulo digno de especial confiança encontrava sua lógica no fato de que os irmãos de Jesus não acreditavam nele e, muito possivelmente, naquela época andavam distantes de uma mãe que tinha fé nele (João 7.5).

Por volta do meio-dia — hora sexta —, o sol escureceu, possivelmente por causa de um eclipse. Foi um momento carregado de especial transcendência. As palavras de Jesus — *Eloí, Eloí, lamá sabactaní*, Meu Deus, meu Deus, por que (ou para que) me desamparaste? — são um eco evidente do salmo 22, no qual encontramos tantos paralelos com o sofrimento e a morte de Jesus. É possível que Jesus estivesse recitando o salmo. Não é menos possível que experimentasse um sentimento insuportável de solidão, um distanciamento angustiante de Deus, uma alienação absoluta do Senhor, como descreve Isaías:

> Certamente Ele levou sobre si nossas enfermidades e padeceu nossas dores, e nós o consideramos açoitado, ferido por Deus e abatido. Na realidade, Ele foi ferido por causa de nossas rebeliões, triturado por nossos pecados. Sobre Ele foi colocado o castigo da nossa paz, e por sua ferida fomos curados. Todos nós nos perdemos como ovelhas. Todos nós seguimos cada qual o seu caminho. No entanto, YHWH levou o pecado de todos nós sobre Ele (Isaías 53.4-6).

Jesus mostrou que estava com sede — uma verdadeira tortura dos crucificados —, em claro paralelo com o que é dito em Salmos 69.21. Em seguida, afirmou que tudo estava consumado (João 19.30), confiou seu espírito ao Pai (Lucas 23.46) e deu um grito antes de expirar (Mateus 27.50; Marcos 15.37), um sintoma comum nas pessoas que morriam na cruz, resultante de um processo de tetanização. Eram três da tarde.

É muito significativo que as três fontes sinóticas coloquem a morte de Jesus lado a lado com o rompimento do véu do templo (Mateus 27.51-56; Marcos 15.38-41; Lucas 23.45), justamente o véu que separava todo o recinto do lugar em que se realizava uma vez por ano o sacrifício de expiação pelo pecado. Longe de ser uma ficção, fontes judaicas nos fornecem referências acerca de eventos estranhos que aconteceram no lugar onde a cerimônia de expiação era realizada, onde nada mais seria igual. Nesse sentido, não deixa de ser significativo como foi narrado de que modo o lugar da expiação foi submetido a alterações que apontavam para o fim do Templo.[25] De forma bastante reveladora, esse fato aparece situado quarenta anos antes da destruição do Templo de Jerusalém em 70 d.C., ou seja, estaríamos falando do ano 30 d.C., exatamente o ano em que Jesus foi crucificado.[26]

A morte — contemplada de longe por algumas mulheres que haviam seguido Jesus (Mateus 27.55,56; Marcos 15.40) —

---

[25] Robert L. Plummer, "Something Awry in the temple? The Rending of the Temple veil and early jewish sources that report unusual phenomena in the temple around ad 30", em *JETS* 48/2, junho de 2005, p. 301-16.

[26] No Talmude, Yoma 6:3, pode-se ler: "Foi ensinado: quarenta anos antes da destruição do templo, a luz ocidental foi extinta, o fio escarlate permaneceu escarlate, e a parte do Senhor sempre aparecia à esquerda. Fecharam as portas do Templo à noite e se levantaram pela manhã e as encontraram abertas, de par em par. O rabino Yohanan b. Zakkai disse: 'Templo, por que nos assustas? Sabemos que estás destinado a ser destruído. Porque foi dito: "Abre tuas portas, ó Líbano, para que o fogo devore os teus cedros"'. Não deixa de ser significativa a maneira em que se narra como, no ano 30 d.C., o lugar da expiação foi submetido a alterações que apontavam para o fim do Templo.

impressionou o centurião que comandava a guarda responsável pelos condenados. Como no caso do ladrão arrependido, ele também percebera que aquele homem era diferente, embora, em termos de aparência, pouca importância pudesse ter (Mateus 27.54; Marcos 15.39; Lucas 23.47), assim como pouca relevância têm os lamentos para alguém que já expirou. Já fora dito que tudo estava concluído.

CAPÍTULO *dezenove*

"NÃO BUSQUEIS *entre os mortos ao que* VIVE"

A FERIDA DE LANÇA

A agonia na cruz era um suplício terrível. O condenado percebia como lhe falhava a respiração, e eram espantosas as dores causadas pelos cravos nas mãos e nos pés. Não querendo se afogar, levantava o tórax para absorver um pouquinho de ar que lhe permitisse continuar respirando. Para realizar esse esforço, precisava se apoiar em seus pés, com a consequência de que um novo esforço era demandado dos pés e mãos cravados e estes enviavam terríveis ondas de uma dor aguda ao corpo. Aos poucos, o réu — que fora vítima do calor, da sede, dos insetos e das zombarias — não apenas não podia suportar aqueles movimentos extremamente dolorosos, porém necessários para respirar, mas também sofria ao sentir seu corpo passando por um processo de tetanização que acabava, em geral, num último grito antes de morrer. Às vezes, para apressar a morte dos condenados, os romanos recorriam a um terrível artifício conhecido como *crurifragium*, ou seja, a fratura das pernas. Com cassetetes, quebravam as extremidades inferiores do condenado de tal forma que, não tendo apoio, os réus acabavam sufocando com mais rapidez. A solução era brutal, certamente, mas acelerava o fim de um suplício que podia se arrastar por dias.

Essas terríveis condições da execução na cruz mais do que explicam o assombro de Pilatos ao receber a notícia da morte de Jesus e seu desejo de comprová-la quando José de Arimateia pediu o cadáver (João 19.44). A realidade é que, a essa altura, o *crurifragium* havia sido aplicado aos dois ladrões crucificados com Jesus para que eles não permanecessem no madeiro durante o sábado (João 19.32). Quanto ao corpo de Jesus, a guarda romana não queria correr o menor risco. Tudo indicava que Ele estava morto, porém certificaram-se cravando uma lança em seu lado (João 19.34). Pela descrição, parece que o ferro destruiu alguns dos órgãos internos de Jesus (João 19.35). Anos mais tarde — possivelmente menos de duas décadas —, uma testemunha ocular relataria ter visto o ferimento de lança e, acima de tudo, ter constatado que nenhum osso de Jesus havia sido quebrado, como afirmavam as Escrituras (Êxodo 12.46; Números 9.12; Salmos 34.20) e que haviam olhado para Ele ao perfurá-lo, como o profeta Zacarias anunciara séculos antes (12.10). Longe de ser o último elo de uma cadeia de afrontas injustas que culminara na morte vergonhosa, o ferimento de lança insinuava — e aquela testemunha ocular compreendeu assim — que em Jesus se consumara um plano divino anunciado séculos atrás.

A SEPULTURA

Como no caso do Messias Servo profetizado por Isaías (53.9), fora decretado que a morte de Jesus aconteceria ao lado de malfeitores, mas sua sepultura, conforme dizia a profecia, era de um homem rico, um tal de José de Arimateia, que tinha sido amigo de Jesus e reivindicara seu corpo (João 19.31-42; Lucas 23.50-54; Mateus 27.57-60; Marcos 15.42-46). Na verdade, o relato que aparece nos Evangelhos corresponde meticulosamente ao que conhecemos tanto da lei romana quanto dos costumes judaicos. Pilatos entregou o corpo porque tinha poderes para fazê-lo a pedido dos parentes do executado. Quanto a José de Arimateia e às mulheres, eles se comportaram de acordo com os costumes da época, exatamente como conhecemos de outras fontes.

Hoje temos milhares de sepultamentos documentados em Jerusalém e no restante da Judeia. Além dos achados arqueológicos, Flávio Josefo nos comunicou, por exemplo, a notícia do sepultamento de Herodes,[1] e também encontramos dados na literatura rabínica.[2] Há até referências a ervas aromáticas (*besamim shelametim*) que eram usadas no corpo dos mortos,[3] conforme indicam as fontes evangélicas (João 19.39,40). O corpo de Jesus foi envolto em um sudário que continha essas especiarias (Mateus 27.59; Marcos 15.46; Lucas 23.53). Há séculos, insiste-se em identificar o sudário de Jesus com o que está em exibição em Turim. No entanto, tal eventualidade é absolutamente impossível. O chamado Santo Sudário de Turim é uma fraude perpetrada na Idade Média e conhecida como tal há séculos. De fato, a primeira referência histórica de que dispomos é de 1390, quando o bispo Pierre D'Arcis escreveu um memorando ao papa Clemente VII, informando-o de que o sudário era uma fraude, e até mesmo o artista que o pintou confessou o fato.[4] Essas questões foram confirmadas pela datação realizada pela própria Santa Sé em duas ocasiões e revelaram que a origem do sudário era medieval, mais precisamente do século 14.[5] Em outras palavras, distanciava-se da

---

[1] *Antiguidades*, XVII, 196-99.
[2] Nessa mesma linha, veja: Moed Qat, 1.5; B. Bat 6. 8.
[3] Ber. 8. 10.
[4] Nessa mesma linha, veja E. Pouelle (dezembro de 2009), "Les sources de l'histoire du linceul de Turin. Revue critique", *Revue d'Histoire Ecclésiastique*, 104 (3–4), dezembro de 2009, p. 747-82.
[5] Um exame abrangente das pesquisas do Sudário em Joe Nickell, *Inquest on the Shroud of Turin: Latest Scientific Findings*, 1998.

época de Jesus por quase um milênio e meio.[6] As supostas manchas de sangue na roupa também não são autênticas.[7]

Também encontramos referências ao tipo de sepulcro em que o corpo de Jesus foi depositado. Conhecidas como *ma'arot* — literalmente, cavernas —, eram tumbas de famílias que, às vezes, podiam ser primorosamente ornamentadas. Não era esse o caso da tumba de Jesus, pois era nova e escavada na rocha (Mateus 27.60; Lucas 23.53), embora saibamos que se situava em um pomar ou jardim (João 19.41).

O interior destas tumbas costumava ter um pequeno *hall* de entrada e logo depois uma dependência quadrangular onde se depositava o corpo. Sabemos, por meio da literatura rabínica,[8] que sua superfície média era de seis côvados por oito, ou seja, uns três metros por quatro. Era comum as paredes de pedra serem esculpidas para acomodar o sepultamento de vários membros da família, mas, no caso de Jesus, é óbvio que isso não aconteceu.

A maioria das tumbas era selada com uma pedra que a criatividade popular — e Hollywood — imaginava ser redonda, possivelmente porque assim ela se encaixa mais com a ideia de que poderia ser movida. A realidade, porém, é que as pedras com as quais um sepulcro era selado eram comumente de formato retangular. No entanto, é mais do que possível que a pedra que fora rolada sobre a tumba de Jesus não fosse o tipo de porta selada que se encontra em alguns sepulcros de pessoas da classe alta, já que esse procedimento foi realizado às pressas para não ser interrompido pelo início da celebração do sábado (Lucas 23.54; João 19.42). No final, apenas algumas das mulheres que haviam seguido Jesus — incluindo Maria Madalena e Maria, mãe de José — estavam presentes quando o sepulcro foi fechado (Mateus 27.61; Marcos 15.47). Sua intenção,

---

[6] www.livescience.com/28276-shroud-of-turin.html.
[7] www.livescience.com/63093-shroud-of-turin-is-fake-bloodstains.html.
[8] B. Bat. 6. 8.

muito reveladora, era voltar depois do sábado para completar a tarefa de cuidar adequadamente do corpo, pensando, por certo, no fato de que o haviam colocado ali às pressas (Lucas 23.55,56). De modo compreensível, observaram cuidadosamente onde ficava a tumba para que pudessem retornar após um dia (Marcos 15.47). É verdade que elas retornariam ao sepulcro, mas o que aconteceu depois excedeu em muito suas expectativas.

A TUMBA VAZIA

No início do *shabbat*, assim que o corpo de Jesus foi depositado na tumba, o cenário mostrava-se com clareza. Quem tivesse assistido ao que ocorrera naquela sexta-feira de Páscoa em Jerusalém não teria dúvidas de que a história de Jesus — e com Ele a de seus seguidores — acabara. Aquela morte fora tão vergonhosa, tão repugnante, tão horrível que era impossível relacioná-la com a gloriosa salvação de Deus.

Na verdade, as autoridades do Templo — e seus aliados entre os judeus — podiam respirar tranquilas, porque o perigo que Jesus representava estava eliminado. Tudo se acabara. Talvez Pilatos padecesse certa sensação de orgulho ferido por não ser capaz de se impor ao Sinédrio, mas, se assim foi, estaria acompanhada de alívio, por ter se livrado de um incidente desagradável, e até mesmo de certa satisfação em ver suas relações com Herodes restauradas. Sem dúvida, os que vivenciaram aquela situação como um verdadeiro trauma foram os discípulos. Conforme afirmariam dois seguidores de Jesus, usando termos essencialmente judaicos: "esperávamos que fosse Ele que redimiria Israel, e agora acontece isso" (Lucas 24.21). Eles esperavam um triunfo, mas, em vez disso, encontraram a pior execução imaginável, o pior final previsível, a pior das decepções.

Ninguém pode se surpreender pelos seguidores mais próximos de Jesus, de forma bem compreensível, terem se escondido por medo de algum tipo de retaliação. Afinal, seria tão absurdo que, após a execução do pastor, eles viessem contra seus seguidores? O que garantiria que, após a terrível morte de seu Mestre, as autoridades do Templo e o invasor romano não continuariam a repressão contra eles? A prudência — sem falar no medo — aconselhava esconder-se até que a cena se acalmasse.

Assim, no final, apenas as mulheres que tinham vindo para sepultar Jesus na tarde de sexta-feira, antes do início do *shabbat* (Mateus 27.61-66; Marcos 15.47; Lucas 22.55,56), deveriam então terminar as honrarias fúnebres. Ao findar o dia de descanso prescrito pela Torá, Maria Madalena, Maria de Tiago e Salomé compraram algumas ervas aromáticas com a intenção de ir e ungir o falecido naquele mesmo domingo (Marcos 16.1). Porém, quando de manhã bem cedo chegaram ao sepulcro, elas descobriram que a pedra que o tampava fora removida e que o interior estava vazio (Marcos 16.2; Lucas 24.1; João 20.1). Assombradas com a situação imprevista, entraram na tumba e encontraram um homem que lhes causou profundo temor (Mateus 28.5,6; Marcos 16.6; Lucas 24.3-6) e lhes anunciou que não deveriam procurar Jesus entre os mortos porque Ele ressuscitara, exatamente como fora anunciado quando ainda estavam na Galileia (Mateus 28.7; Marcos 16.7; Lucas 24.6).

O anúncio não deixava de ser revelador. Sim, Jesus morrera conforme o anúncio que fizera repetidas vezes, mas também, como havia previsto, Ele ressuscitara. Não surpreende que essas mulheres tenham sentido medo — assombro seria uma palavra mais adequada para descrever a sensação que as dominava — e que tenham corrido para contar aos discípulos o que acabavam de presenciar. A tumba estava vazia, mas dentro dela haviam sido informadas de que Jesus não estava entre os mortos, mas havia ressuscitado.

A reação dos discípulos foi absolutamente lógica. Eles não acreditaram nas mulheres e até pensaram que o que elas haviam acabado de lhes dizer era loucura (Lucas 24.10,11). Somente Pedro (Lucas 24.12) e o discípulo amado (João 20.2-10) decidiram ir até a tumba para descobrir o que poderia ter acontecido. A fonte de João é mais detalhada que a de Lucas, mas ambas coincidem num fato bastante revelador: Pedro maravilhou-se ao descobrir a tumba vazia, mas não creu na ressurreição de Jesus por isso. Em vez disso, mergulhou em um assombro profundo e compreensível. O discípulo amado — que não entrou no lugar onde o corpo de Jesus fora depositado, embora tenha contemplado os panos e o sudário em outra circunstância — acreditou. É verdade que ele não relacionou o que estava diante de seus olhos com o que diziam as Escrituras, mas se convenceu de que, de fato, Jesus havia ressuscitado. No entanto, a descoberta da tumba vazia foi apenas o início de uma série prodigiosa de eventos que se desenrolariam nas horas seguintes.

AS APARIÇÕES

Depois de informar os discípulos sem sucesso, Maria Madalena voltou ao sepulcro. Ela não pensava em encontrar Jesus, mas, ao contrário, em recuperar o corpo. Na verdade, a fonte de João indica que o medo de Maria Madalena — pode surpreender? — era que o corpo tivesse sido levado. O que ela queria saber era onde o corpo estava (João 20.13). De fato, quando uma figura masculina se dirigiu a ela e lhe perguntou por que estava chorando e a quem buscava, a resposta de Maria Madalena foi a mesma. Na verdade, até acreditou que o encarregado de cuidar do jardim era quem falava com ela e se apressou em informá-lo de que, se fosse ele que levara o corpo, rogava-lhe que lhe dissesse onde o havia depositado para que ela pudesse cuidar dele (João 20.15). Maria Madalena podia demonstrar ali um turbilhão de sentimentos confusos, mas entre esses sentimentos não estava a expectativa de um Jesus ressurreto. De fato, somente quando o recém-chegado a chamou pelo nome, Maria Madalena percebeu que diante dela estava Jesus (João 20.16). A cena — como tantas vezes na fonte de João — inspira autenticidade. Maria Madalena não esperava que Jesus ressuscitasse. Ela o considerava irremediavelmente morto e somente queria descobrir quem levara o corpo e para onde a fim de poder cuidar dele adequadamente. Mergulhada na escuridão, com os olhos cheios de lágrimas, sem esperar ver Jesus vivo, afundada na tristeza, ela não percebeu quem se dirigia a ela até o momento em que seu nome foi pronunciado. Outrora, Jesus afirmara que suas ovelhas conheciam sua voz (João 10.4), e aquelas palavras foram confirmadas no caso da mulher. No entanto, Maria Madalena não aceitou totalmente o que se apresentava diante de seus olhos. De fato, sua reação foi então de começar a apalpá-lo — a ordem de Jesus em João 20.17 não é "não me toques", mas "pare de me tocar" — para ter certeza de que o que estava acontecendo diante de seus olhos era real. É mais do que possível que ela continuasse a se comportar assim se não fosse Jesus lhe dizer que era imperativo que ela fosse e contasse aos seus irmãos o que tinha visto (João 20.18).

Poucas horas depois da aparição diante de Maria Madalena (Marcos 16.9-11; João 20.11-18), outras aconteceram e tiveram como testemunhas outras mulheres (Mateus 28.8-10) e dois discípulos que estavam a caminho de Emaús. Da última, temos dois relatos. Um — muito breve — aparece registrado na fonte de Marcos (Marcos 16.12,13), e outro, mais detalhado, foi transmitido pela fonte de Lucas (Lucas 24.13-35). Ao contrário do que se possa pensar, é mais do que possível que o relato mais antigo seja o de Lucas e que, na verdade, Marcos constitua um breve resumo compreensível pelo que já se sabia do episódio. Vale a pena revisar o que Lucas relatou:

> E eis que, naquele mesmo dia, dois deles estavam indo para uma aldeia chamada Emaús, que ficava a sessenta estádios de Jerusalém. E iam conversando sobre todas aquelas coisas que aconteceram. Aconteceu que, enquanto estavam conversando e discutindo, o próprio Jesus se aproximou e começou a caminhar com eles. No entanto, seus olhos estavam velados para que não o

reconhecessem. E ele lhes disse: Sobre o que conversais enquanto caminhais e por que estais entristecidos? Respondendo um deles, chamado Cleopas, disse: Você é o único estranho em Jerusalém que não soube o que aconteceu nela durante estes dias? Então, ele lhes respondeu: O quê? Eles responderam: O que aconteceu a Jesus de Nazaré, que era um homem profeta, poderoso em obras e em palavra perante Deus e todo o povo, e como os principais sacerdotes e os nossos governantes o entregaram à morte e o crucificaram. No entanto, esperávamos que fosse Ele quem redimiria Israel, e agora, depois de tudo isso, já se passaram três dias desde que tais fatos aconteceram. No entanto, algumas das mulheres entre nós também nos deixaram atônitos, pois, antes do amanhecer, foram ao sepulcro e, como não encontraram seu corpo, vieram dizendo que também haviam contemplado uma visão de anjos que lhes disseram que Ele está vivo. E alguns dos nossos foram ao sepulcro e encontraram exatamente o que as mulheres haviam dito, embora não o tenham visto. Jesus lhes disse então: Ó tolos e tardios de coração para crer em tudo o que os profetas disseram! Acaso não era necessário que o Messias sofresse essas coisas e entrasse em sua glória? E, começando com Moisés e passando por todos os profetas, foi lhes mostrando em todas as Escrituras o que elas diziam sobre Ele. Quando chegaram à aldeia para onde se dirigiam, Ele fez como se fosse continuar seu caminho. Porém, eles o obrigaram a ficar, dizendo: Fica conosco porque está tarde e o dia já declina. Então, Ele entrou para ficar com eles. E aconteceu que, quando estava sentado à mesa com eles, pegou o pão e o abençoou, partiu-o e o deu a eles. Então, seus olhos foram abertos, e eles o reconheceram, mas Ele desapareceu de sua vista. E diziam uns aos outros: Acaso não ardia nosso coração dentro de nós enquanto Ele nos falava pelo caminho e quando nos abria as Escrituras? E, levantando-se na mesma hora, voltaram a Jerusalém e encontraram os onze reunidos e os que estavam com eles, que diziam: O Senhor realmente ressuscitou e apareceu a Simão.

Então, eles começaram a contar as coisas que aconteceram com eles no caminho e como eles o reconheceram quando partiu o pão (Lucas 24.13-35).

O episódio registrado na fonte de Lucas inspira, mais uma vez, a autenticidade de uma testemunha ocular. Como tantos outros, os dois discípulos que estavam no caminho para Emaús eram vítimas da desilusão e do espanto. Como tantos outros, eles esperavam que Jesus os libertasse da opressão e redimisse Israel. Como tantos outros, haviam deparado com os horríveis acontecimentos da Páscoa, durante a qual Jesus não apenas não fora reconhecido como um redentor, mas também fora rejeitado pelas autoridades espirituais de Israel e acabara morrendo de forma embaraçosa. É verdade que algumas das mulheres que seguiam Jesus afirmaram que a tumba estava vazia e que até viram anjos, mas seu testemunho não convencera ninguém. De fato, os que foram ao sepulcro o encontraram vazio, mas não tinham visto Jesus. Em outras palavras, a sensação que aqueles dois homens tiveram não era a de que Jesus ressuscitara, mas, pelo contrário, a de uma mistura de frustração, ira e desespero. De maneira nenhuma acreditavam que o que as mulheres haviam dito poderia ser verdade. Mas, precisamente nesse momento do encontro, tudo virou de cabeça para baixo. O homem que haviam encontrado no caminho começou a citar as Escrituras para mostrar que a morte de Jesus não fora um fracasso ou deslegitimação. Pelo contrário, era a confirmação conclusiva de que se tratava do Messias.

Entretanto, a experiência não pararia por aí. A forma como o pão foi partido, como Ele desapareceu diante dos seus olhos e como eles entenderam o ensino que acabavam de receber mostrou a eles que Jesus havia ressuscitado dentre os mortos e os motivou a regressar a Jerusalém para compartilhar o que havia se passado com eles. Foi então que descobriram que Simão também fora objeto de uma das aparições do ressuscitado (Lucas 24.34; 1Coríntios 15.5).

Em apenas algumas horas naquele domingo, todas as peças começaram a se encaixar. Um dos Cânticos do Servo contidos no livro do profeta Isaías dizia que o Messias sofredor, "depois de ter posto sua vida por expiação" (Isaías 53.10,11), voltaria a viver. Era uma conclusão alegre e esperançosa para uma história de sofrimento e agonia cujo protagonista era um judeu fiel, a quem boa parte de seu povo, perdido em seus pecados, não entenderia e até mesmo consideraria punido por Deus, quando somente o que acontecera era que Ele havia morrido para expiar seus pecados. A referência era evidente e clara, e, como já tivemos oportunidade de ver, geração após geração de judeus, antes, durante e depois do ministério de Jesus, interpretaram que o Servo de YHWH não era outro senão o Messias. Acabava de ficar claro que aquelas profecias haviam se cumprido.

Nas primeiras horas da noite, os onze passaram pela mesma experiência (Marcos 16.14; Lucas 24.36-43; João 20.19-25). Já não seriam mais as mulheres que afirmariam que o Jesus ressuscitado havia aparecido. Nem seria um discípulo que acreditara ao contemplar a tumba vazia. Tampouco seria o testemunho de Pedro, a quem Jesus também apareceu, mas cujos detalhes não conhecemos. Agora, aqueles discípulos aterrorizados tiveram a oportunidade de contemplar aquilo em que não acreditavam: Jesus não estava morto. Ele ressuscitara.

Aproximadamente algumas décadas mais tarde, Paulo, outro personagem que veria Jesus ressuscitado não porque assim o esperasse, mas justamente por não crer nele, faria um resumo[9] do que foram aqueles episódios que se estenderam por alguns dias depois do domingo de Páscoa:

> Porque, em primeiro lugar, eu lhes ensinei o que também recebi: que o Messias morreu por nossos pecados, segundo as Escrituras; que foi sepultado e que ressuscitou ao terceiro dia, de acordo com

---

[9]Sobre essa passagem, veja C. Vidal, *Pablo, el judío de Tarso*, Madri, p. 246-7.

as Escrituras; que apareceu a Pedro e depois aos doze. Mais tarde, apareceu a mais de quinhentos irmãos ao mesmo tempo, muitos dos quais ainda estão vivos, embora outros já tenham morrido. Então, apareceu a Tiago; mais tarde, a todos os apóstolos. E, por último, como a um abortivo, apareceu a mim (1Coríntios 15.1-9).

O resumo de Paulo — que poderia facilmente ser desmentido dada a proximidade dos fatos que relatou — nos permite ter um registro das aparições mais importantes. Primeiro, a Pedro, porque mencionar primeiro as mulheres e, especialmente Maria Madalena, não teria sido confiável perante um tribunal humano. Em seguida, ao restante dos apóstolos. Sabemos que essa circunstância se repetiu várias vezes. Uma sem Tomé, no mesmo domingo de ressurreição (Marcos 16.14; Lucas 24.36-43; João 20.19-25), e outra uma semana depois, com Tomé (João 20.26-31). Houve mais uma aparição, mas no mar da Galileia, para vários discípulos, incluindo Pedro e o discípulo amado (João 21). Outra para mais de quinhentas pessoas — mencionada por Paulo —, que poderia ser aquela relatada brevemente pela fonte de Mateus, na qual se afirma que alguns duvidaram (Mateus 28.16-20). Em algum momento, Ele apareceu a Jacó (Tiago), seu irmão, tendo como importantíssima consequência o fato de Tiago passar do não crer ao crer nele e a se tornar um dos personagens centrais da comunidade de Jerusalém (João 7.5; Gálatas 2.9).[10] A todas essas pessoas teríamos de adi-

---

[10] Tem-se especulado sobre a possibilidade de que a inclusão de Tiago nesse texto não tenha partido dos escritos de Paulo, mas de uma tentativa de incluir um personagem que teria considerável relevância em Jerusalém. Tal fato, em nossa opinião, não tem a menor probabilidade. Em primeiro lugar, a evidência textual da passagem exclui a possibilidade de uma interpolação desse tipo, pois não aparece sequer uma mínima variante a esse respeito. Em segundo lugar, o texto paulino recebe uma corroboração indireta no *Evangelho dos hebreus*, no qual se menciona — seguindo a mesma tradição de João 7.5 — a incredulidade dos irmãos de Jesus e como a de Tiago desaparecera ao ser objeto de uma visão. Enfim, é somente isso que pode explicar de maneira coerente que, em um prazo

cionar mais uma em Jerusalém, onde Jesus instruiu os discípulos (Lucas 24.44-49), e a última,[11] também na capital, no monte das Oliveiras, entre essa cidade e Betânia, para se despedir deles antes de subir ao Pai e para lhes anunciar sua missão evangelizadora mais uma vez, bem como a necessidade de esperar a chegada do Espírito Santo em Jerusalém (Marcos 16,19,20; Lucas 24.50-53; Atos 1.9-12). Por último, cerca de três anos depois, Jesus apareceria novamente, dessa vez a outro personagem que não acreditava nele: o fariseu Saulo de Tarso, chamado a se tornar o apóstolo Paulo.

É óbvio que não faltam autores que negam a veracidade desses dados atribuindo-os à imaginação — se não a algo pior — dos autores dos Evangelhos. No entanto, reduzir os dados das fontes a mera fraude, doença mental ou fábulas é totalmente inaceitável do ponto de vista da pesquisa histórica. Para o historiador imparcial e desprovido de preconceito, certamente alguns fatos são óbvios e inegáveis. Em primeiro lugar, é inegável que o processo e posterior morte de Jesus, ambos facilitados, segundo as fontes, pela ação de um de seus discípulos, representaram, sem dúvida, um grande golpe emocional e espiritual em seus seguidores. Parece comprovado que, no momento da detenção, praticamente todos optaram por se esconder e que até mesmo um deles, Pedro, o negou repetidas vezes e publicamente para se livrar de uma situação comprometedora.[12] Alguns dias após a execução, as fontes mencionam que os discípulos se escondiam em casas de conhecidos por medo de que a reação causada pela morte de seu Mestre chegasse a eles também (João 20.19ss). Eles não esperavam que seu Mestre regressasse

---

muito curto, os irmãos de Jesus deixassem de ser incrédulos e passassem a fazer parte da comunidade de Jerusalém (Atos 1.14), embora sem desempenhar a importância que teriam mais tarde.

[11]Alguns autores consideram que essas duas últimas aparições foram uma só, mas acreditamos que o estudo das fontes históricas se refere a episódios diferentes.

[12]Sobre o assunto, recomendamos a leitura de C. Vidal, *Jesús y Judas*, Barcelona, 2008, no qual também se analisa o chamado *Evangelho de Judas*.

dentre os mortos e certamente estavam mais do que preocupados em não engrossarem a estatística dos executados pelos poderes que operavam na Judeia.

Em segundo lugar, não é menos inegável que num espaço muito curto de tempo houve uma mudança radical nos seguidores de Jesus e que a comunidade de fiéis, com seu núcleo em Jerusalém, recobrou o entusiasmo e uma capacidade de expansão que certamente não chegara a ter nem mesmo nos dias do ministério de Jesus. A mudança foi simples, suave e claramente espetacular, causando uma reviravolta histórica cujas consequências são percebidas hoje, quase dois mil anos mais tarde.

Terceiro — e repito, o fato é inegável —, a chave para entender a transformação total dos discípulos do executado é mencionada nas fontes do Novo Testamento de forma unânime em relação às aparições de Jesus como ressuscitado dentre os mortos. A fonte possivelmente mais antiga e que já mencionamos (1Coríntios 15.1ss)[13] refere-se às aparições, por vezes coletivas (os apóstolos, mais de quinhentos irmãos) e por vezes individuais (Tiago, Pedro e, mais tarde, Paulo). Todas as fontes concordam que a possibilidade da ressurreição foi inicialmente rejeitada pelos discípulos (Mateus 28.16,17; Marcos 16.11; Lucas 24.13ss; João 20.24ss) e que somente a importância das sucessivas aparições do Jesus ressuscitado, como uma realidade que se repetia, os levou a mudar de ideia.

Quarto, vale ressaltar que não pode haver dúvidas de que o fato decisivo que impediu a dissolução do grupo de seguidores de Jesus, depois de sua vergonhosa execução na cruz, foi a firme crença em sua ressurreição, crença essa provocada não pela tumba vazia, mas pelas aparições do ressuscitado.

De uma perspectiva histórica, esses fatos são todos tão inegáveis que não são poucas as teorias para tentar explicá-los. Dentre elas

---

[13]Uma discussão das tradições contidas nesta fonte em C. Rowland, *Christian Origins*, Londres, 1989, p. 189ss.

se destacam, em razão da posterior repetição e com poucas variações, a do roubo, já antecipada pelos adversários judeus de Jesus (Mateus 28.11-15) e levada em frente por seus sucessores ao longo dos séculos (H. M. Reimarus),[14] a do "desmaio" (H. Schonfield)[15] e a da confusão das tumbas (K. Lake).[16] Porém, sem dúvida, as mais convincentes, na medida em que permitem fazer jus aos dados das fontes, a da suposta reação psicológica dos discípulos de Jesus e a da conversão dos incrédulos opostos ao coletivo (Paulo, Tiago), são as teses que admitem a veracidade das aparições, quer proporcionando-lhes um conteúdo subjetivo quer objetivo.

Um exemplo clássico da primeira tese é a afirmação de R. Bultmann alegando que "o historiador pode, talvez até certo ponto, explicar essa fé com base na intimidade pessoal que os discípulos tiveram com Jesus durante sua vida terrena e, dessa forma, reduzir as aparições da ressurreição a uma série de visões subjetivas".[17] No entanto, embora tal tese tivesse grande aceitação entre os discípulos

---

[14]Em 1778, H. M. Reimarus alegou que a ressurreição de Jesus foi uma fraude dos discípulos, que roubaram o cadáver. Mais tarde, estes proclamariam que Jesus estava vivo e regressaria como Messias (H. M. Reimarus, *The Goal of Jesus and His Disciples*, Leiden, 1970).

[15]H. Schonfield, *El complot de Pascua*, Barcelona, 1977. Schonfield defende — assim como Paulus em 1828 — que Jesus sofreu um desmaio na cruz (causado por uma droga dada a Ele por um discípulo) e que isso foi interpretado como sua morte. Tirado da cruz, mostrou-se ainda vivo a alguns discípulos, mas morreu pouco depois por causa de seus ferimentos. A obra de Schonfield não apenas padece de um imaginário ficcional, mas vai a extremos, como dizer que certas aparições de Jesus podem ser explicadas com base em princípios próprios do espiritismo. Por isso, não é de estranhar que D. Flusser, *Jesús*, p. 117, qualificasse o livro de Schonfield como "ideias absurdas".

[16]K. Lake, *The Resurrection of Jesus Christ*, Londres, 1912, admite a historicidade da tradição relativa à tumba vazia, mas ressalta que não era a de Jesus. As mulheres que foram visitar o sepulcro confundiram as duas, e a partir daí começou a crença na ressurreição. A explicação é realmente engenhosa, mas K. Lake não explica como o mal-entendido pôde ser mantido ao longo do tempo.

[17]R. Bultmann, *Kerygma and Myth*, Londres, 1953, p. 42.

de Bultmann e outros autores,[18] não parece que o próprio Bultmann estivesse completamente convencido dela.[19] Por outro lado, tanto W. Milligan,[20] no passado, quanto W. Pannenberg,[21] numa época mais recente, o refutaram veementemente. Para dizer a verdade, a única explicação que faz jus aos fatos registrados nas fontes consiste em reconhecer que as aparições do Jesus ressuscitado foram fatos objetivos, tão numerosos e tão evidentes que mudaram radicalmente a percepção e a vida dos discípulos, bem como as dos ex-incrédulos e até de seus inimigos. Como G. E. Ladd bem mostrou em sua época, "a fé não criou aparições, mas, sim, as aparições criaram a fé", embora "dizer que essas aparições milagrosas forçavam a fé seja ir longe demais".[22] No mesmo sentido, F. F. Bruce[23] afirmaria que "essa fé dos discípulos na ressurreição é um fato histórico de importância primordial, mas identificá-lo com o resultado da ressurreição é confundir a causa com o efeito. Se não fosse pelo resultado da ressurreição, não teria havido fé em tal ressurreição. Mas a fé na ressurreição reuniu novamente os seguidores de Jesus que estavam dispersos e que, poucas semanas após sua morte, surgem como uma comunidade consistente, vigorosa e autodisseminadora em Jerusalém".

---

[18]Nessa mesma linha, veja: J. Weiss, *Earliest Christianity*, Nova York, 1959, I, p. 30 ("As aparições foram [...] o produto e resultado de sua fé") ou M. Enslin, *The Prophet from Nazareth*, Nova York, 1961, p. 213 (os discípulos se recusaram a acreditar que a morte pudesse ter frustrado as intenções de Jesus) etc. A influência de M. Enslin é evidente em uma série de trabalhos teológicos da década de 1970 que, no entanto, jamais o citam como a origem de suas teorias.

[19]Como o próprio Bultmann diz: "Uma visão jamais é puramente subjetiva. Sempre tem uma base objetiva [...] É absurdo considerar sonhos e visões como experiências subjetivas. Eles são, em um sentido real, encontros objetivos", citado por H. Thielicke, *The Easter Message Today*, Londres e Nova York, 1964, p. 152.

[20]W. Milligan, *The Resurrection of our Lord*, Nova York, 1927, p. 81-114.

[21]W. Pannenberg, *Jesus – God and Man*, Filadélfia, 1968, p. 65ss.

[22]G. E. Ladd, *The Resurrection of Jesus*, Grand Rapids, 1975, p. 181.

[23]*The Gospel of John*, 1980, p. 205-6.

Somente a aceitação de que ocorreu uma série de acontecimentos de caráter histórico[24] e de que os discípulos creram neles como prova inegável da ressurreição de Jesus permite compreender a evolução do movimento "machucado" pelo duro golpe, sua atração de ex-incrédulos e inimigos e seu posterior potencial de expansão.[25] Basta dizer que, como já mencionado anteriormente, a ressurreição não foi apenas concebida como base fundamental da fé em Jesus, mas também influenciou decisivamente a conversão de personagens originalmente hostis a ela.

A forma pela qual o historiador deve abordar essa experiência concreta foi explicada de forma exemplar, em nossa opinião, por J. P. Meier: "Que houve testemunhas conhecidas pelo nome que afirmaram que o Jesus ressuscitado lhes aparecera (1Coríntios 15.5-8); que essas testemunhas incluíam discípulos do Jesus histórico que o abandonaram por medo e que realizaram uma notável reviravolta após sua morte infeliz; que esses discípulos não eram incompetentes loucos, mas pessoas capazes da propagação inteligente de um novo movimento; e que alguns desses discípulos deram a sua vida pela verdade de suas experiências relacionadas com a ressurreição — são todos fatos históricos. A forma pela qual as pessoas reagem a esses eventos e ao Jesus histórico as leva além da pesquisa empírica, introduzindo-as na esfera da decisão religiosa, da fé e da incredulidade".[26]

---

[24]Para uma lista de autores que alegam alguma forma de historicidade nos relatos da ressurreição, veja: W. Craig, *New Testament Studies*, 31, 1985, 67, p. 88ss. Um ponto de vista muito semelhante àquele apresentado por nós, com discussão atualizada, em G. R. Osborne, "Resurrection", em *DJG*, 1992, p. 673-88.

[25]Pode-se discutir se entre os fatos se considera a tradição de uma tumba vazia que, por si só, não prova a ressurreição, mas, ligada a outras circunstâncias, apoia sua crença. Do nosso ponto de vista, o episódio da tumba vazia — como K. Lake soube observar — contém notas que indicam seu caráter primitivo, bem como sua historicidade. Um estudo rigoroso e recente das fontes chega às mesmas conclusões em C. Rowland, *Christian Origins*, Londres, 1989, p. 187ss.

[26]J. P. Meier, "Jesus", em *The New Jerome Biblical Commentary*, Englewood Cliffs, 1990, p. 1328.

A esse respeito, não deixa de ser significativo o fato de ter sido um estudioso judeu, David Flusser, quem afirmou:

> Não temos razão nenhuma para duvidar de que o Crucificado apareceu a Pedro, "depois aos Doze, depois a mais de quinhentos irmãos ao mesmo tempo [...] depois a Tiago; mais tarde a todos os apóstolos" e, finalmente, a Paulo no caminho de Damasco (1Coríntios 15.3-8).[27]

Tampouco é de surpreender que outro estudioso judeu, Pinchas Lapide, tenha defendido o mesmo ponto de vista, também destacando o caráter judaico do fato ocorrido:

> Aceito a ressurreição do Domingo de Páscoa não como uma invenção da comunidade de discípulos, mas como um acontecimento histórico...[28]

Mais tarde, Lapide acrescentaria em uma monografia dedicada ao assunto:

> Sem a experiência do Sinai, não há judaísmo; sem a experiência da Páscoa, não há cristianismo. Ambas foram experiências judaicas de fé cujo poder irradiante, de maneira diferente, tinha como objetivo o mundo das nações. Por motivos inescrutáveis, a fé na ressurreição do Gólgota foi necessária para levar a mensagem do Sinai ao mundo.[29]

Na realidade, o fato de Jesus ter regressado dentre os mortos teria consequências muito mais amplas do que levar a mensagem do Sinai ao mundo. Afinal, Ele não havia sido um rabino, mas muito mais.

---

[27] D. Flusser, *Jesús*, Madri, 1975, p. 138.
[28] P. Lapide e J. Moltmann, *Jewish Monotheism and Christian Trinitarian Doctrine: A Dialogue*, Filadélfia, p. 59.
[29] P. Lapide, *The Resurrection of Jesus: A Jewish Perspective*, Minneapolis, 1983, p. 92.

CAPÍTULO *vinte*

Até os CONFINS *da* TERRA

Testemunhas da ressurreição

Na sexta-feira de Páscoa do ano 30 d.C., qualquer observador teria dado por encerrado o grupo de seguidores de Jesus. Seu inspirador e Mestre — que afirmara ser mais que um rabino — morrera no pior martírio da época, uma forma de execução que conferia desonra eterna ao réu. Do grupo de seguidores mais próximos, um — aquele que o vendera ao Sinédrio — havia se suicidado por desespero e remorso. Os outros se escondiam, apavorados com a ideia de que o poder do Sinédrio ou de Roma pudesse atacá-los. Quanto ao restante dos seguidores, a perplexidade os derrotava, e os mais valentes — um pequeno grupo de mulheres — só pensavam em prestar uma honra maior ao corpo de Jesus, que fora depositado às pressas em uma tumba alheia. Como tivemos a oportunidade de ver no capítulo anterior, tal situação sofreu uma mudança radical no domingo, quando uma pessoa após outra começou a afirmar que presenciara uma aparição do Crucificado.

As diferentes fontes sinóticas (Mateus 28.18-20; Marcos 16.14-20; Lucas 24.47-53) concluem com diferentes episódios de aparições, mas todas coincidem com o mandamento do Ressuscitado para que fossem testemunhas do evangelho até os confins da terra. Basta ler a segunda fonte de Lucas, que chegou até nós com o nome de Atos dos Apóstolos, para perceber que aqueles seguidores assustados eram, depois de apenas algumas semanas, um grupo de discípulos entusiastas a colocar a vida em risco para transmitir a mensagem: "Este Jesus é a pedra rejeitada por vós, os construtores, a qual se tornou a pedra angular; e em nenhum outro há salvação, porque não há outro nome debaixo do céu, dado aos homens, no qual possamos ser salvos" (Atos 4.11,12).

Não deixa de ser expressivo que, apenas uma década após a crucificação, as autoridades romanas tenham se sentido inquietas com aqueles que pregavam a ressurreição de Jesus. É assim que se conclui, por exemplo, de uma peça arqueológica conhecida como Decreto de Nazaré.

Desde 1879, o Cabinet des Médailles, em Paris, tem uma peça inscrita em mármore que fazia parte da coleção Froehner, cujo único dado de sua origem é a nota que aparece no inventário manuscrito do próprio Froehner, onde é qualificada como "Dalle de marbre envoyée de Nazareth en 1878" [Lápide de mármore enviada de Nazaré em 1878].

A primeira pessoa a mostrar interesse pela peça foi M. Rostovtzeff, cerca de cinquenta anos depois de sua suposta chegada a Paris. Esse historiador chamou a atenção de F. Cumont para a peça, e Cumont a publicou em 1930.[1] A inscrição está em grego, embora exista a possibilidade de ter sido originalmente escrita em latim, e tem como título "Diátagma Kaí-saros" (Decreto de César). Segue seu texto traduzido do grego:[2]

---

[1] "Un rescrit impérial sur la violation de sépulture" em *Revue Historique*, 163, 1930, p. 241ss.
[2] Traduzimos do texto grego fornecido por M. P. Charlesworth, *Documents Illustrating the Reigns of Claudius and Nero*, Cambridge, 1939, p.15, n. 17. O mesmo também aparece reproduzido em grego em S. G. F. Brandon, *The Fall of Jerusalem and the Christian Church*, Londres, 1951, p. 123.

É meu desejo que os sepulcros e as tumbas que foram erigidos como memoriais solenes a antepassados, filhos ou parentes, permaneçam perpetuamente intactos. Fica estabelecido que àqueles que tiverem destruído ou tiverem tirado de alguma forma os corpos que ali estavam enterrados ou os tiverem levado a outro lugar com o intuito de enganar, cometendo assim crime contra os ali enterrados, ou tiverem retirado as lápides ou outras pedras, ordeno que contra estes tais seja executada a mesma pena — dos memoriais solenes dos homens — que aquela estabelecida por respeito aos deuses. Pois há de se dar muito mais respeito aos enterrados. Que ninguém os perturbe de forma alguma. Outrossim, é minha vontade que tal pessoa seja condenada à morte pelo crime de pilhagem de túmulos.

A análise paleográfica revela que a inscrição pertence à primeira metade do século 1 d.C. Contudo, Nazaré está localizada na Galileia, e essa região foi incorporada à província da Judeia — consequentemente, ao domínio imperial — somente em 44 a.C. De 37 a 4 a.C., pertencera ao reino de Herodes, o Grande; de 4 a.C. a 39 d.C., à tetrarquia de Herodes Antipas; e de 39 a 44 d.C., ao reino de Herodes Agripa. Portanto, se a inscrição pertence à primeira metade do século 1 d.C. e não pode ser datada antes de 44 d.C., o imperador a quem o decreto se refere deve ser necessariamente Cláudio.

Infelizmente, nem todos os detalhes relacionados ao decreto são tão fáceis de resolver. Para começar, conviria perguntar se a peça — que foi enviada de Nazaré a Paris — foi encontrada na própria cidade de Nazaré. Se for o caso, também seria importante determinar se ela foi usada em Nazaré e o que motivou tal uso. A *ratio legis* do decreto e a explicação quanto à gravidade da pena não são menos problemáticos de determinar. Claro, o saque de tumbas não era algo novo que se tivesse iniciado durante o reinado de Cláudio. Porém, deparamos aqui com uma ordem que emanou diretamente do imperador e que também deve ser sancionada com o exercício da pena de morte.

Uma das explicações sugeridas refere-se ao fato de que Cláudio já pudesse ter conhecimento da capacidade do cristianismo de se propagar. Se tivesse investigado o assunto minimamente, teria descoberto que a base de sua energia repousava em grande parte na afirmação de que seu fundador, um judeu executado, agora estava vivo.[3] Certamente, a explicação lógica e simples da história era afirmar que o corpo havia sido roubado pelos discípulos para enganar as pessoas com o relato da ressurreição de seu Mestre (cf. Mateus 28.13). O imperador, então, considerando que a praga espiritual que se supunha ser o cristianismo nascera da violação de uma tumba, poderia ter determinado a imposição de uma pena duríssima destinada a impedir a repetição de tal crime na terra de Israel. A ordem — seguindo essa linha de suposição — poderia ter assumido a forma de um decreto dirigido ao procurador da Judeia ou ao legado na Síria e, presumivelmente, cópias teriam sido distribuídas em locais da Palestina especificamente associados ao movimento cristão, o que envolveria Nazaré e, possivelmente, Jerusalém e Belém.

Essa tese foi aceita por A. Momigliano,[4] embora mais tarde[5] ele a tenha rejeitado, sem mencionar os motivos que o levaram a mudar de opinião.[6] Certamente, a inscrição de Nazaré não é anterior a 44 d.C., mas também não pode ser muito posterior. A fonte de informação de Cláudio poderia ter sido seu amigo Herodes Agripa, que se caracterizava por uma animosidade especial contra os judeus que acreditavam em Jesus. Pouco depois da morte de

---

[3]Compare com a atitude de Festo conforme registrada em Atos 25.19.
[4]A. Momigliano, *Claudius*, Oxford, 1934, p. 34ss.
[5]Idem, *Claudius*, Cambridge, 1961, p. IX.
[6]Mais opiniões sobre esta questão em H. J. Cadbury, *The Book of Acts in History*, Nova York, 1955, p. 117ss; e E. M. Blaiklock, *Out of the Earth*, p. 32ss. Uma visão moderada do assunto — com algumas ressalvas sobre a interpretação mencionada do decreto — em F. de Zulueta, "Violation of Sepulture in Palestine at the Beginning of the Christian Era", em *Journal of Roman Studies*, 22, 1932, p. 184ss.

Jesus, Cláudio poderia ter decidido limitar as atividades deles na terra de Israel. No entanto, Agripa era capaz de distinguir o cristianismo judaico do judaísmo com uma facilidade que Cláudio não possuía. Quando a disseminação do cristianismo causou problemas dentro da colônia judaica de Roma, Cláudio não se preocupou em fazer digressões, mas ordenou a expulsão de todos os judeus da cidade. É bem possível que tenha decidido fazer o mesmo na Galileia. Quase uma década e meia após a execução de Jesus e das aparições, o imperador de Roma teria de confrontar os seguidores do Crucificado, bem como a pregação de que Ele ressuscitara dentre os mortos.

Excede os limites deste estudo narrar a jornada histórica dos primeiros seguidores de Jesus, mas é preciso referir-se ao trabalho de testemunho que realizaram nas décadas imediatamente seguintes e que se consolidou na escrita dos Evangelhos. Conforme alegou em sua época o estudioso judeu David Flusser, ao contrário do que se costuma afirmar, os quatro Evangelhos são fontes historicamente confiáveis que conseguiram fazer que a mensagem de Jesus[7] jamais se perdesse. Podemos acrescentar que, além disso, são fontes muito antigas. Acima de tudo, constituem um testemunho — não raramente ocular — do ocorrido. Portanto, dedicaremos as últimas páginas deste livro às questões relativas à sua aparição.

A DATA DA ESCRITA DOS EVANGELHOS (I): LUCAS

Ao contrário do que se costuma supor, nas últimas décadas a datação dos Evangelhos vem sofrendo um retrocesso progressivo no que tange à sua localização no tempo. Se durante o século 19 era comum situá-la no século 2 (no caso de João, inclusive na segunda metade do século 2), hoje existe unanimidade prática em colocá-la durante

---

[7] D. Flusser, *The Sage from Galilee*, p. 164.

o século 1. As datas mais comuns seriam entre 60 e 65 d.C. para Marcos (de qualquer modo, antes de 70 d.C.), entre 70 e 90 para Mateus e Lucas, e entre 90 e 100 para João. Embora neste momento seja majoritária, essa posição começou a ser contestada de forma bastante consistente há algumas décadas e, em nossa opinião, precisa ser revista. Uma vez que é de aceitação geral que o Evangelho de Marcos foi escrito antes de 70 d.C., deixaremos sua discussão para o final. Começaremos, em vez disso, com o Evangelho de Lucas, que já foi apontado por estudiosos como Lindsey e Flusser como o primeiro dos quatro que chegaram a nós.[8]

Lucas faz parte de um díptico muito interessante formado por esse Evangelho e Atos dos Apóstolos. Há uma unanimidade quase total em aceitar que ambas as obras pertencem ao mesmo autor e que, é claro, o Evangelho foi escrito anteriormente, conforme indicam os primeiros versículos do livro de Atos. Partindo da datação dessa obra, entretanto, devemos situar a escrita de Lucas antes do ano 70 d.C.

Pelo menos a partir do século 2, o Evangelho — e, portanto, o livro de Atos — foi atribuído a um tal de Lucas. Referências a esse personagem, que supostamente foi um médico, aparecem já no Novo Testamento (Colossenses 4.14; Filemom 24; 2Timóteo 4.11). A linguagem e o estilo do Evangelho não nos permitem, por si sós, rejeitar ou aceitar essa tradição sem contestar. O britânico Hobart[9] — e, nessa mesma linha, A. Harnack —[10] tentou mostrar que no vocabulário do Evangelho apareciam traços do conhecimento médico do autor; por exemplo: 4.38; 5.18,31; 7.10; 13.11; 22.14 etc. Conclusões semelhantes foram defendidas posteriormente por A.T Robertson.[11] Certamente, o

---

[8]D. Flusser, *The Sage from Galilee*, p. 4, e R. L. Lindsey, *A Hebrew Translation of the Gospel of Mark*, Jerusalém, 1973, p. 9-84.
[9]W. K. Hobart, *The Medical Language of Saint Luke*, Dublin, 1882, p. 34-7.
[10]*Lukas der Arzt*, Leipzig, 1906.
[11]A. T. Robertson, *Luke the Historian in the Light of Research,* Nashville, 1977.

texto de Lucas revela um conhecimento médico maior do que o dos autores dos outros três Evangelhos, embora também seja verdade que muitos desses termos podem ser encontrados em autores de alguma formação cultural como Josefo ou Plutarco. Por outro lado, o interesse especial do terceiro Evangelho nos pagãos se encaixaria na suposta origem gentia do médico Lucas. Do nosso ponto de vista, defendemos a visão de O. Cullmann de que "não temos nenhuma razão importante para negar que o autor pagão-cristão seja o próprio Lucas, companheiro de Paulo".[12] Como veremos mais adiante, a possível datação do texto sustenta ainda mais essa possibilidade.

Quanto à data de escrita da obra de Lucas, hoje se defende, em geral, que no caso de Atos seria entre 80 e 90 d.C. Na verdade, as variações a esse respeito são mínimas. Para citar apenas alguns dos exemplos, diremos que N. Perrin[13] definiu o ano 85 com uma margem de cinco anos para cima ou para baixo; E. Lohse[14] definiu o ano de 90 d.C.; P. Vielhauer,[15] uma data próxima a 90; e O. Cullmann[16] defende uma data entre 80 e 90. No entanto, esse ponto de vista nos parece historicamente muito questionável.

O *terminus ad quem* da data de escrita da obra é fácil de fixar, visto que o primeiro testemunho externo que temos dela se encontra na *Epistula Apostolorum*, datada da primeira metade do século 2. Quanto ao *terminus a quo*, este tem sido objeto de grande controvérsia. Para alguns autores, deveria ser 95 d.C., com base na ideia de que Atos 5.36ss. depende de Josefo (*Antiguidades,* XX, 97ss). Tal dependência, apontada em sua época por E. Schürer, é mais do que discutível, embora tenha sido sustentada por algum autor

---

[12]O. Cullmann, *El Nuevo Testamento*, Madri, 1971, p. 55.
[13]*The New Testament*, 1975, p. 167ss.
[14]*The formation of the New Testament*, 1971, p. 77.
[15]*Geschichte der urchristlichen Literatur*, 1981, cap. VII.
[16]*Christology of the New Testament*, 1974, p. 195ss.

relevante.[17] Na verdade, hoje pode ser considerada quase totalmente abandonada.[18]

Tampouco ajudam as teses que partem da não utilização das cartas de Paulo, ainda mais se levarmos em conta que chegam a conclusões diametralmente opostas. A de que ainda não existia uma coleção das cartas de Paulo (então, o livro teria sido escrito no século 1 e, possivelmente, em uma data muito anterior)[19] opõe-se à de que o autor ignorou conscientemente as cartas (então, a obra poderia ser datada entre 115 e 130 d.C.). Contudo, a aceitação dessa segunda tese suporia uma tendência do autor a subestimar as cartas paulinas em favor de uma glorificação do apóstolo, o que, como P. Vielhauer apontou,[20] parece improvável e, em contrapartida, torna mais plausível a primeira tese. A tudo isso, que requer a fixação de uma data no século 1 (algo que não é discutido hoje por praticamente ninguém), deve-se adicionar a circunstância de que existem algumas indicações internas que nos obrigam a reconsiderar a possibilidade de Lucas e Atos terem sido escritos antes do ano 70 d.C.

A primeira dessas razões é o fato de que Atos termina com a chegada de Paulo a Roma. Não há menção de seu processo nem da perseguição de Nero, muito menos de seu martírio. A isso soma-se o fato de que o poder romano é visto com apreciação (embora não com adulação) em Atos, e a atmosfera no livro não parece predizer qualquer perseguição futura pelas atividades do império, nem que já se tenha passado por ela umas décadas antes. Não há, certamente,

---

[17] Veja: F. C. Burkitt, *The Gospel History and its Transmission*, Edimburgo, 1906, p. 109ss.
[18] Veja: F. J. Foakes Jackson, *The Acts of the Apostles*, Londres, 1931, XIVss; W. Kümmel, *Heilgeschehen und Geschichte*, p. 186; G. W. H. Lampe, *PCB*, p. 883; T. W. Manson, *Studies in the Gospels and Epistles*, Manchester, 1962, p. 64ss. Possivelmente, a revelação dessa tese pode ser atribuída a A. Harnack, *Date of Acts and the Synoptic Gospels* Londres, 1911, cap. 1.
[19] Nessa mesma linha, veja: W. Kümmel, *Heilgeschehen und Geschichte*, p. 186, e T. Zahn, *Introduction to the New Testament*, III, p. 125ss.
[20] *Geschichte der urchristlichen Literatur*, 1981, cap. VII.

nenhuma indicação de que o conflito com o poder romano tenha surgido no horizonte antes da escrita da obra. Então, essa circunstância parece defender uma data no início dos anos 60 para o livro de Atos, mais possivelmente antes do que depois do ano 70 d.C. e, portanto, de Lucas em uma data anterior. Como B. Reicke[21] apontou, "a única explicação razoável para o fim abrupto de Atos é a suposição de que Lucas nada sabia sobre os eventos posteriores ao ano 62 d.C., quando escreveu seus dois livros".

Em segundo lugar, embora Tiago tenha sido martirizado no ano 62 por seus compatriotas judeus, o fato não é registrado em Atos. É conhecida a postura de Lucas em relação à classe sacerdotal e religiosa judaica. O fato de relatos como a morte de Estêvão, a execução do outro Tiago, a perseguição de Pedro ou as dificuldades causadas a Paulo por seus ex-correligionários serem registrados em Atos torna extremamente difícil justificar a omissão desse episódio, mais ainda se levarmos em conta que inclusive permitiria apresentar os judeus (não os romanos) como inimigos do evangelho, visto que o assassinato ocorreu na ausência transitória do procurador romano, por ocasião da morte de Festo. O que se poderia esperar é que a morte de Tiago, da qual Atos apresenta uma imagem conciliatória, positiva e prática, fosse registrada por Lucas, caso o texto tivesse sido escrito depois de 62 d.C. O fato de que tal episódio poderia ter combinado com um claro efeito apologético também argumenta a favor dessa tese. Em vez disso, temos apenas o silêncio, algo que só pode ser explicado de modo lógico se aceitarmos que Lucas escreveu antes do fato mencionado ocorrer, ou seja, antes de 62 d.C.

Em terceiro lugar, o livro de Atos não menciona a destruição de Jerusalém e o subsequente desaparecimento do Segundo Templo.

---

[21]Veja: B. Reicke, "Synoptic Prophecies on the Destruction of Jerusalem", em D. W. Aune (ed.), *Studies in the New Testament and Early Christian Literature: Essays in Honor of Allen P. Wikgren*, Leiden, 1972, p. 134.

Esse fato serviu para corroborar boa parte das teses defendidas pela igreja primitiva e, de fato, foi repetidamente utilizado por autores cristãos em sua controvérsia com os judeus. É precisamente por isso que é muito difícil admitir que Lucas omitisse um argumento tão útil numa perspectiva apologética. Mas essa omissão é ainda mais incompreensível se considerarmos que Lucas costumava mencionar o cumprimento das profecias cristãs para respaldar a autoridade espiritual desse movimento espiritual. Um exemplo disso é a maneira com que ele narra o caso específico de Ágabo, como prova da veracidade das profecias cristãs (Atos 11.28).

O fato de que ele pudesse citar Ágabo e omitir o cumprimento de uma profecia de Jesus sobre a destruição do Templo só pode ser explicado, em nossa opinião, pelo fato de a última ainda não ter ocorrido, o que nos situa, indesculpavelmente, em uma data de escrita antes do ano 70 d.C. Acrescentemos ainda que a descrição da destruição do Templo encontrada em Lucas 21 também não parece ter se baseado em um conhecimento prévio da ocorrência desse evento. Na verdade, como autores de várias tendências revelaram, o relato contém elementos suficientes do Antigo Testamento para não precisar ser considerado *prophetia ex eventu*, nem, portanto, posterior ao ano 70.

A tese de que a profecia sobre a destruição do templo NÃO é uma previsão *ex eventu* tem enormes possibilidades de estar correta, especialmente se considerarmos este cinco pontos:

1. Os antecedentes judaicos do Antigo Testamento em relação à destruição do Templo (Ezequiel 40—48; Jeremias etc.).
2. A coincidência com prognósticos contemporâneos no judaísmo anterior ao ano 70 d.C. (p. ex., Jesus, filho de Ananias, em *Guerra*, VI, 300-9).
3. A simplicidade das descrições nos Sinóticos, que, presumivelmente, teriam sido mais prolixas se tivessem sido escritas após a destruição de Jerusalém.

4. A origem terminológica das descrições no Antigo Testamento.
5. A acusação feita contra Jesus referente à destruição do Templo (Marcos 14.55ss).

Já em sua época, C. H. Dodd[22] destacou que o relato dos Sinóticos não partia da destruição realizada por Tito, mas da captura da cidade por Nabucodonosor em 586 a.C., e afirmou que "não há uma única característica da predição que não se possa documentar diretamente com base no Antigo Testamento". Anteriormente, C. C. Torrey[23] também indicara a influência de Zacarias 14.2 e outras passagens no relato de Lucas sobre a futura destruição do Templo. Da mesma forma, N. Geldenhuys[24] aponta a possibilidade de que Lucas tenha utilizado uma versão previamente escrita do Apocalipse sinóptico que recebeu especial interesse com a tentativa, no ano 40 d.C., de colocar uma estátua imperial no Templo, a qual encontraria eco em 2 Tessalonicenses 2.[25] Concluindo, então, podemos afirmar que, embora até o momento a datação de Lucas e Atos entre 80 e 90 seja majoritária, existem argumentos poderosos, de natureza fundamentalmente histórica, que nos obrigam a questionar esse ponto de vista e considerar seriamente a possibilidade de que a obra tenha sido escrita em um período anterior ao ano 62, ano em que ocorre a morte de Tiago, o autêntico *terminus*

---

[22] C. H. Dodd, "The Fall of Jerusalem and the Abomination of Desolation", em *Journal of Roman Studies*, 37, 1947, p. 47-54.
[23] C. C. Torrey, *Documents of the Primitive Church*, 1941, p. 20ss.
[24] N. Geldenhuys, *The Gospel of Luke*, Londres, 1977, p. 531ss.
[25] Também a favor da veracidade da profecia sobre a destruição de Jerusalém e do Templo, recorrendo a outros argumentos, veja: G. Theissen, *Studien zur Sociologie des Urchristentums*, Tubinga, 1979, cap. III; B. H. Young, *Jesus and His Jewish Parables*, Nova York, 1989, p. 282ss; R. A. Guelich, "Destruction of Jerusalem", em *DJG*, Leicester, 1992; C. Vidal, "Jesús", em *Diccionario de las três religiones monoteístas*, Madri, 1993, e idem, "El Documento Q y la fecha de redacción de los Evangelios", em *El Primer Evangelio: el Documento Q*, Barcelona, 1993.

ad quem da obra. Por isso, não nos parece surpreendente que o próprio Harnack[26] tenha chegado a essa conclusão ao final de seu estudo sobre o assunto, datando Atos no ano 62, e que, por caminhos distintos, a mesma tese tenha sido afirmada para o Evangelho de Lucas[27] ou o conjunto dos Sinóticos por outros autores.[28] Na verdade, o conjunto de evidências históricas nos força a situar o Evangelho de Lucas em algum ponto entre o primeiro ano da década de 60 do século 1, o mais tardar, e, mais provavelmente, no final da década de 50. A coleta de materiais históricos — em muitos casos exclusivos e de testemunhas orais — pode ter ocorrido durante o período em que Lucas acompanhou Paulo em sua prisão em Cesareia, período que durou mais de dois anos (Atos 24.25). Em suma, portanto, o Evangelho de Lucas é um texto meticulosamente histórico, baseado em relatos de testemunhas oculares e escrito muito possivelmente algumas décadas após a crucificação de Jesus, se não antes.

---

[26]A. Harnack, *Chronologie der altchristlichen Litteratur bis Eusebius*, 1911, p. 90-135.

[27]Não mencionamos aqui — embora suas conclusões sejam muito semelhantes — as teses da escola dos Sinóticos de Jerusalém (R. L. Lindsey, D. Flusser etc.), que visam considerar o Evangelho de Lucas como o primeiro de todos cronologicamente. Veja: R. L. Lindsey, *A Hebrew Translation of the Gospel of Mark*, Jerusalém, 1969; idem, *A New Approach to the Synoptic Gospels*, Jerusalém, 1971. Em nossa opinião, a tese está longe de ser apresentada de forma indiscutível, mas a sólida defesa que dela foi feita obriga-nos a considerar seu estudo de maneira inevitável. Um estudo recente dela em B. H. Young, *Jesus and His Jewish Parables* Nova York, 1989.

[28]Veja: J. B. Orchard, "Thessalonians and the Synoptic Gospels", em *Biblica*, 19, 1938, p. 19-42 (data Mateus entre 40 e 50, visto que Mateus 23.31-35,46 parece ser conhecido por Paulo); idem, *Why Three Synoptic Gospels*, 1975, data Lucas e Marcos no início dos anos 60 d.C.; B. Reicke, "Synoptic Prophecies on the Destruction of Jerusalem", p. 227, também situa os três Sinóticos antes do ano 60. Em uma linha semelhante, J. A. T. Robinson, *Redating the New Testament*, Filadélfia, 1976, p. 86ss. O autor dessas linhas também situou a redação dos Evangelhos antes de 70 d.C. Veja: C. Vidal, *El Primer Evangelio: el Documento Q*, Barcelona, 1993.

A DATA DA ESCRITA DOS EVANGELHOS (II): JOÃO[29]

Em relação ao Evangelho de João, existe uma tendência moderna (Barrett, Beasley-Murray, Brown, Schnackenburg etc.) de negar que o autor tenha sido João, filho de Zebedeu. A primeira identificação nesse sentido é relativamente precoce (Irineu, *Contra heresias*, 3, 1, 1, citado por Eusébio em *História eclesiástica*, 5, 8, 4) e tenta se basear no testemunho do próprio Policarpo. Apesar de tudo, a informação é menos correta do que pode parecer à primeira vista. Assim, nenhuma outra literatura relacionada a Éfeso (p. ex., a *Epístola de Inácio aos efésios*) cita a suposta relação entre o apóstolo João e essa cidade. Além disso, é possível que Irineu tenha ficado confuso com a informação que, supostamente, recebeu de Policarpo. Dessa forma, Irineu afirma que Pápias era um ouvinte de João e companheiro de Policarpo (*Contra heresias*, 5, 33, 4), mas, de acordo com o testemunho de Eusébio (*História eclesiástica* 3, 93, 33), Pápias era, de fato, um ouvinte de João, o presbítero — que ainda vivia nos dias de Pápias (*História eclesiástica* 3, 39, 4) —, não do apóstolo. Poderia ser, portanto, que Policarpo se referisse àquele João. Finalmente, outras referências a uma autoria de João, o Apóstolo (Clemente de Alexandria, citado em *História eclesiástica* 6, 14, 17 ou o Cânon Muratoriano), são muito tardias ou lendárias para serem totalmente convincentes.

No entanto, apesar do já mencionado, a análise das evidências internas permite o acesso, com bastante segurança, aos dados relativos à escrita e ao personagem conhecido como o "discípulo amado". As referências registradas em 21.24 e 21.20 identificam o autor com o discípulo amado, ou, pelo menos, como a principal fonte do

---

[29]Para esse Evangelho com bibliografia e exposição das diferentes posições, veja: R. Bultmann, *The Gospel of John*, Filadélfia, 1971; C. K. Barrett, *The Gospel According to St. John*, Filadélfia, 1978; R. Schnackenburg, *The Gospel According to St. John*, 3 vols., Nova York, 1980-1982; F. F. Bruce, *The Gospel of John*, Grand Rapids, 1983; G. R. Beasley-Murray, *John*, Waco, 1987.

conteúdo em questão. Apesar de tudo, isso não nos permite esclarecer, sem sombra de dúvida, se diz respeito a João, o Apóstolo. Quanto ao discípulo amado, há menção explícita dele em 13.23; 19.26,27; 20.1-10; 21.7,20-24; e, talvez, em 18.15,16; 19.34-37, inclusive em 1.35,36. Pela leitura desse material, conclui-se que o Evangelho não identifica o discípulo amado pelo nome (embora também não o faça com João, o Apóstolo). É claro, se apenas os Doze estiveram presentes na Última Ceia, é óbvio que o discípulo amado teria que ser um deles, mas tal circunstância não é totalmente certa.

Apesar de tudo isso, acreditamos que há dados que apontam nessa direção. Primeiro, existem os aspectos geográficos. Assim, no Evangelho de João, o ministério de Jesus na Galileia teve enorme importância, a ponto de a região ser mencionada nele mais vezes do que em qualquer outro (veja especialmente 7.1-9). Nessa região, Cafarnaum, uma área intimamente ligada a João, filho de Zebedeu (Marcos 1.19; Lucas 5.10), recebe uma ênfase muito especial (2.12; 4.46; 6.17) em contraste com o que outros Evangelhos chamam de lugar de origem de Jesus (Mateus 13.54; Lucas 4.16). A mesma sinagoga de Cafarnaum é mencionada mais vezes no Evangelho de João do que em qualquer um dos outros três. Da mesma forma, esse Evangelho menciona o ministério de Jesus em Samaria (cap. 4), algo explicável se nos lembrarmos da relação de João, filho de Zebedeu, com a evangelização judaico-cristã de Samaria (Atos 8.14-17).

Esse elo foi observado por diversos autores anteriormente[30] e é, em nossa opinião, de fundamental importância. Acrescente-

---

[30] Este ponto foi estudado em profundidade por vários autores. A respeito disso, veja: J. Bowman, "Samaritan Studies: I. The Fourth Gospel and the Samaritans", em *BJRL*, 40, 1957-1958, p. 298-327; W. A. Meeks, *The Prophet-King: Moses Traditions and the Johannine Christology*, Leiden, 1967; G. W. Buchanan, "The Samaritan Origin of the Gospel of John", em J. Neusner (ed.), *Religion in Antiquity: Essays in Memory of E. R.Goodenough*, Leiden, 1968, p. 148-75; E. D. Freed, "Samaritan Influence in the Gospel of John", em *CBQ*, 30, 1968, p. 580-7; idem, "Did John write his Gospel partly to win Samaritan Converts?", em *NovTest*, 12, 1970, p. 241-6.

mos também nesta seção que as descrições de Jerusalém antes de 70 d.C. que aparecem nesse Evangelho condizem com o que sabemos da estada de João nessa cidade após o Pentecostes. Na verdade, sabemos pelos dados fornecidos por Atos 1.13—8.25 e por Paulo (Gálatas 2.1-10) que João ainda estava na cidade antes de 50 d.C.

A esses aspectos geográficos devemos acrescentar outros de caráter pessoal que também se enquadram no que sabemos de João, filho de Zebedeu. Para começar, ele fazia parte do grupo dos três (Pedro, Tiago e João) mais próximos de Jesus. É um tanto estranho que um discípulo supostamente tão próximo de Jesus como o discípulo amado, se não for João, nem mesmo seja mencionado em outras fontes. Teria, sim, uma enorme lógica ele ser um dos membros do trio mais próximo de Jesus. Da mesma forma, João foi um dos líderes judaico-cristãos que teve contato com a Diáspora, assim como Pedro e Tiago (Tiago 1.1; 1Pedro 1.1; João 7.35; 1Coríntios 9.5), o que encaixaria com algumas das notícias contidas em fontes cristãs posteriores a respeito do autor do quarto Evangelho. Essa obra também parte de um testemunho que se apresenta como ocular, circunstância que, mais uma vez, se cumpre em João, filho de Zebedeu. Com relação ao vocabulário e estilo do quarto Evangelho, eles apontam para uma pessoa cuja primeira língua era o aramaico e que escrevia em grego correto, mas repleto de expressões aramaicas, algo que, mais uma vez, encontra paralelos em João, filho de Zebedeu.

Por fim, o contexto social desse personagem harmoniza-se perfeitamente com o que se esperaria de um "conhecido do sumo sacerdote" (João 18.15). De fato, a mãe de João era uma das mulheres que serviam Jesus "com suas posses" (Mateus 27.55,56; Lucas 8.3), tal como a esposa de Cuza, administrador das finanças de Herodes. Também sabemos que ele tinha empregados sob sua responsabilidade (Marcos 1.20). Talvez alguns membros da aristocracia sacerdotal pudessem olhá-lo com desprezo por ser um leigo (Atos 4.13), mas a personagem deve ter passado longe de ser medíocre, a julgar pela maneira rápida como se tornou um dos primeiros líderes da comunidade de Jerusalém, colocado apenas atrás de Pedro (Atos 1.13; 3.1; 8.14; Gálatas 2.9 etc.).

Caso João, filho de Zebedeu, não fosse o autor do Evangelho — e, como se pode ver, as razões a favor são consideráveis —, este teria que ser algum discípulo muito próximo de Jesus (p. ex., como os mencionados em Atos 1.21ss), que tivesse importância considerável dentro das comunidades judaico-cristãs de Israel, mas cujo nome, inexplicavelmente, não fora preservado, o que torna a hipótese altamente conjectural. Portanto, quando todos os dados são examinados, sua importância praticamente obriga a reconhecer João, filho de Zebedeu, na identidade do discípulo amado.

Quanto à datação dessa obra, não pode haver dúvida de que o consenso tem sido quase unânime nas últimas décadas. Geralmente, os críticos conservadores a situam no final do século 1 ou início do século 2, enquanto os radicais, como Baur, a situam por volta de 170 d.C.[31] Um dos argumentos utilizados como justificativa dessa posição era afirmar que em João 5.43 havia uma referência à rebelião de Bar Kochba (132-135 d.C.). O fator deter-

---

[31] J. L. Martyn, *The Gospel of John in Christian History*, Nova York, 1979 (uma primeira fase de redação por judeus cristãos palestinos entre antes do ano 66 d.C. e os anos 80; um período intermediário no final dos anos 80; e um período final posterior a 80); M. E. Boismard, *L'Évangile de Jean*, Paris, 1977 (uma primeira redação no ano 50, talvez por João, filho de Zebedeu; uma segunda em 60-65 por um judeu cristão de Israel, talvez João, o presbítero, ao qual Pápias se refere; uma terceira redação por volta do ano 90 d.C. por um judeu cristão palestino que emigrou para Éfeso; redação definitiva em Éfeso por um membro da escola de João, no início do século 2); W. Langbrandtner, *Weltferner Gott oder Gott der Liebe. Die Ketzerstreit in der johanneischen Kirche*, Frankfurt, 1977 (redação inicial não anterior a 80 d.C., dentro de uma comunidade que não precede o ano 66 d.C.; a redação final se situaria em torno do ano 100 d.C.); R. E. Brown, *The Community of the Beloved Disciple*, Nova York, 1979, Tabelas de resumo (a comunidade joanina se origina na Palestina em meados da década de 50 e desenvolve uma "alta cristologia" de preexistência do Filho que leva a conflitos com outros judeus; esse período terminará no final da década de 80, sendo o Evangelho escrito por volta do ano 90 d.C.).

minante para refutar essa datação tardia foi a descoberta, no Egito, do Papiro 52, pertencente à última década do século 1 ou primeira do século 2, onde aparece escrito um fragmento de João. Esse achado arqueológico obriga a situar a data de escrita do quarto Evangelho no máximo por volta de 90-100 d.C. Apesar de tudo, acreditamos que existem razões poderosas para situar a escrita em uma data anterior.

C. H. Dodd,[32] por sua vez, apesar de seguir a tendência de datar a obra entre 90 e 100, atribuindo-a a um autor situado em Éfeso, reconheceu que o contexto do Evangelho está relacionado às circunstâncias "presentes na Judeia antes do ano 70 d.C., não depois, nem em outro lugar".[33] Precisamente por isso, não hesitou em afirmar que a obra é "dificilmente inteligível"[34] fora de um contexto puramente judaico, anterior à destruição do Templo e até mesmo à rebelião de 66 d.C. Apesar dessas conclusões, C. H. Dodd apegou-se à tese de que João 4.53 era uma referência à missão gentia e de que o testemunho de João lembrava a situação em Éfeso em Atos 18.24—19.7. Ambos os extremos, mesmo na suposição bastante duvidosa de estarem corretos, não obrigam a datar João após o ano 70 d.C. Na verdade, a missão entre os gentios também era anterior a 66 d.C. e, quanto à notícia de Atos 18 e 19, também se refere a eventos que ocorreram antes de 66 d.C.

Além disso, existem, em nossa opinião, circunstâncias que obrigam a pensar sobre uma redação final do Evangelho antes de 70 d.C. Entre elas, seria preciso destacar especialmente:

1. A cristologia é muito primitiva: Jesus é descrito como "profeta e rei" (6.14ss); "profeta e Messias" (7.40-42); "profeta" (4.19; 9.17); "Messias" (4.25); "Filho do Homem" (5.27) e "mestre de

---

[32]C. H. Dodd, *Historical Tradition in the Fourth Gospel*, 1963.
[33]Ibidem, p. 120.
[34]Ibidem, p. 311ss; 332ss. e 412ss.

Deus" (3.2). Embora, certamente, João se refira à preeexistência do Verbo, tal conceito está presente em Lucas, que identifica Jesus com a Sabedoria eterna (Lucas 7.35), e até mesmo em passagens do Antigo Testamento.

2. O contexto: como Dodd já percebeu, só se encaixa no mundo judeu palestino anterior a 70 d.C.

3. A ausência de referências a circunstâncias posteriores a 70 d.C.: a única seria, aparentemente, a notícia da expulsão de alguns cristãos das sinagogas (João 9.34ss; 16.2). Para alguns autores,[35] tal circunstância está ligada ao *birkat ha-minim*, a ordem dirigida contra os judeus cristãos pelo conselho rabínico de Jâmnia, e indicaria uma redação posterior a 80 d.C. A verdade, porém, é que usar o argumento da perseguição para dar uma data tardia à escrita dos Evangelhos não parece ser aceitável desde o estudo realizado por D. R. A. Hare.[36] Na verdade, tal medida já foi usada contra Jesus (Lucas 4.29), Estêvão (Atos 7.58) e Paulo (Atos 13.50), anteriormente ao ano 66 d.C. Por outro lado, conta com numerosos paralelos na história judaica posterior, desde o rabino Eliezer até os primeiros hassidim, passando por Spinoza.

4. A ausência prática de referências aos gentios no Evangelho: o que obriga a datá-lo muito cedo, quando tal possibilidade teria pouca relevância, e torna impossível sua harmonização com um contexto situado em Éfeso.

5. A importância dada aos saduceus: o papel profético do sumo sacerdote continua a ser reconhecido (João 11.47ss), o que deixaria de ter sentido depois de 70 d.C. — sem falar depois de Jâmnia — em razão de como esse segmento da vida religiosa judaica foi totalmente eclipsado com a destruição do Templo.

---

[35] F. Manns, *John and Jamnia*, 1988.
[36] D. R. A. Hare, *The Theme of Jewish Persecution of Christians in the Gospel according to St Matthew*, Cambridge, 1967, p. 48-56.

6. Ausência de referências à destruição do Templo: a profecia sobre a destruição do Templo atribuída a Jesus (2.19) não se conecta aos acontecimentos do ano 70 d.C., mas aos de 30 d.C. Em um Evangelho onde a animosidade dos líderes da vida cultual está tão presente — algo com paralelos nos dados fornecidos pelo livro de Atos em relação a João —, tal ausência é inexplicável, se é que, de fato, o Evangelho foi escrito depois do ano 70 d.C.
7. A descrição topográfica: é rigorosamente exata,[37] a ponto de não apenas revelar um conhecimento extraordinário de Jerusalém antes de 70 d.C., mas também considerar que não "era" assim, mas "é" assim (4.6 ; 11.18; 18.1; 19.41).
8. O fato de a morte do discípulo amado não ter ocorrido, embora tivesse sido o normal: essa circunstância, indicada no capítulo 21, tem sido utilizada para justificar uma data tardia da fonte, especialmente levando em conta que pressupõe a morte de Pedro (21.18-23) na cruz (compare com 12.33 e 18.32). No entanto, tal aspecto indicaria no máximo uma data posterior a 65 d.C. Na verdade, nesse contexto cronológico, perguntar se o discípulo amado (especialmente se fosse João) sobreviveria até a vinda de Jesus era lógico, já que Tiago morrera em 62 d.C., Pedro em 65 e Paulo um pouco depois. É igualmente lógico que muitos pensaram que a parúsia poderia estar próxima e que, talvez, o discípulo amado viveria até lá. Ele não era da mesma opinião. Na verdade, não era o que Jesus dissera a ele e a Pedro, mas, sim, que Pedro deveria segui-lo sem se importar com o que aconteceria ao primeiro (João 21.21ss). Agora, Pedro possivelmente havia morrido (65 d.C.), mas nada indicava que, por

---

[37] Nessa mesma linha, veja: J. Jeremias, *The Rediscovery of Bethesda, John 5.2*, Louisville, 1966; W. F. Albright, *The Archaeology of Palestine*, Harmondsworth, 1949, p. 244-8; R. D. Potter, "Topography and Archaeology in the Fourth Gospel", em *Studia Evangelica*, I, 73, 1959, p. 329-37; idem, *The Gospels Reconsidered*, Oxford, 1960, p. 90-8; W. H. Brownlee, "Whence the Gospel According to John?", em J. H. Charlesworth (ed.), *John and the Dead Sea Scrolls*, Nova York, 1990.

isso, a parúsia estivesse próxima. Mais uma vez, a destruição do Templo em 70 d.C. não é mencionada.

Em vista desse conjunto de dados, é mais aceitável supor que a conclusão do Quarto Evangelho foi escrita em uma data entre 65 e 66 d.C., no máximo, embora o restante do livro possa ser muito anterior e situar-se nos anos 40 do século 1, após a missão samaritana dos anos 30 e talvez antes das grandes missões entre os gentios dos anos 50 d.C.

O acúmulo de todos esses tipos de circunstâncias explica por que um bom número de especialistas — muitos mais do que normalmente se supõe — situou a escrita do Evangelho antes de 70 d.C.,[38] assim como as tentativas, nada convincentes em nossa opinião, de alguns autores no sentido de não desprezar a solidez

---

[38] Dentre eles, cabe destacar: P. Gardner-Smith, *St John and the Synoptic Gospels*, Cambridge, 1938, p. 93-6 (possivelmente contemporâneo de Marcos); A. T. Olsmtead, *Jesus in the Light of History*, Nova York, 1942, p. 159-225 (logo após a crucificação); E. R. Goodenough, "John a Primitive Gospel", em *JBL*, 64, 1945, p. 145-82; H. E. Edwards, *The Disciple who Wrote these Things*, 1953, p. 129ss. (escrito em c. 66 por um judeu cristão que fugiu para Pela); B. P. W. Stather Hunt, *Some Johannine Problems*, 1958, p. 105-17 (exatamente antes de 70); K. A. Eckhardt, *Der Tod des Johannes*, Berlim, 1961, p. 88-90 (entre 57 e 68); R. M. Grant, *A Historical Introduction to the New Testament*, 1963, p. 160 (escrito em torno da guerra de 66 por judeus cristãos da Palestina ou exilados); G. A. Turner, "The Date and Purpose of the Gospel of John", em *Bulletin of the Evangelical Theological Society*, 6, 1963, p. 82-5 (antes da revolta de 66); G. A. Turner e J. Mantey, *John*, Grand Rapids, 1965, p. 18 (contemporâneo das cartas paulinas); W. Gericke, "Zur Entstehung des Johannesevangelium", em *TLZ*, 90, 1965, cols. 807-20 (c. 68); E. K. Lee, "The Historicity of the Fourth Gospel", em *CQR*, 167, 1966, p. 292-302 (não necessariamente depois de Marcos); L. Morris, *The Gospel According to John*, Grand Rapids, 1972, p. 30-5 (antes de 70 provavelmente); S. Temple, "The Core of the Fourth Gospel", 1975, VIII (35-65, com base em um esboço anterior dos anos 25-35; S. Temple cita ainda M. Barth, datando-o antes de 70 e considerando-o o Evangelho mais primitivo); J. A. T. Robinson, *Redating the New Testament*, p. 307ss. (o proto-Evangelho o data em 30-50 em Jerusalém, e a redação final, por volta de 65); e idem, *The Priority of John*, Londres, 1985 (redação final por volta de 65 e um estudo sobre sua autenticidade histórica).

desses argumentos, mas, ao mesmo tempo, combiná-los com uma datação tardia do Evangelho. Resumindo, então, pode-se afirmar que o Quarto Evangelho constitui um testemunho da vida e dos ensinamentos de Jesus concluído o mais tardar na primeira metade da década de 60 do século 1, mas que poderia até mesmo ser redigido em grande parte na década de 40.

A DATA DE ESCRITA DOS EVANGELHOS (III): MARCOS E MATEUS

Se Lucas é um evangelho escrito com certeza antes de 62 d.C. e até, mais possivelmente, na década de 50, e João se encaixa perfeitamente com uma cronologia situada nos anos 40-50 do século 1, embora talvez sua forma final pudesse ser situada em torno de 64-65, a data de escrita dos outros dois Evangelhos também deve ser situada antes de 70 d.C.

Marcos[39] — que, muito possivelmente, mostra a pregação de Pedro —[40] é um evangelho dirigido fundamentalmente aos gentios e, quase certamente, forjado em um ambiente gentio que podia ser Roma ou, menos provavelmente, Alexandria. Se, como é provável, sua escrita tivesse ocorrido às vésperas de uma perseguição e fosse dirigida — como parece óbvio — aos gentios, sua data de redação coincidiria com a atribuída pela maioria dos autores, nos anos 60. Não seria, entretanto, o primeiro Evangelho como muitas vezes se afirma, mas apenas o mais curto, o que não constitui um argumento a favor de uma maior antiguidade.

---

[39]Sobre este Evangelho, com bibliografia e discussão das várias posições, veja: V. Taylor, *The Gospel of Mark*, Nova York, 1966; H. Anderson, *The Gospel of Mark*, 1981; E. Best, *Mark: The Gospel as Story*, Filadélfia, 1983; L. Hurtado, *Mark*, Peabody, 1983; M. Hengel, *Studies in the Gospel of Mark*, Minneapolis, 1985; D. Lührmann, *Das Markusevangelium*, Tubinga, 1987; R. A. Guelich, *Mark 1—8:26*, Waco, 1989; J. D. Kingsbury, *Conflict in Mark*, Minneapolis, 1989.

[40]Abordamos este assunto ficcionalmente em C. Vidal, *El testamento del pescador*, Barcelona, 2003. O livro ganhou o Prêmio de Espiritualidade.

Quanto a Mateus, a datação do chamado Papiro Madalena por Carsten Peter Thiede em 1994 nos obrigaria a datá-lo em algum ponto entre 37 e 70 d.C.[41] Thiede passou a comparar os fragmentos do Papiro Madalena com uma carta comercial antiga encontrada no Egito. De acordo com Thiede, o documento egípcio — que era datado de 66 d.C. — era "quase como um gêmeo", ao coincidir a aparência e a forma e a disposição das letras individuais. Sem dúvida, esse Evangelho[42] contém uma exposição judaico-cristã da vida e do ensino de Jesus. Naturalmente, é bem possível que a tradição cristã que já no século 2 o considerava o primeiro Evangelho escrito corresponda à realidade e que seja um texto escrito inclusive na mesma década em que Jesus foi crucificado.

Em resumo, podemos afirmar que o testemunho dos primeiros cristãos não se limitou à pregação aos judeus primeiro e aos gentios depois. Incluía — e é enormemente relevante — a escrita de alguns Evangelhos que também foram dirigidos primeiro a um público eminentemente judeu — Mateus e João — e, em seguida, a um mundo gentio — Lucas —, que, com Marcos, chegou às mesmas portas da capital do Império Romano. Sua fase de escrita abrangeu, mais do que possivelmente, um período que poderia ir da própria década de 30 ao início dos anos 60 do primeiro século d.C. Essas obras — sem paralelo na história da humanidade — continuariam a ser testemunhas mesmo quando as primeiras testemunhas oculares da vida e dos ensinamentos de Jesus tivessem deixado este mundo.

---

[41] O primeiro texto oficial com essas declarações apareceu em 1995 em *Zeitschrift für Papyrologie und Epigraphik* (Diário de papirologia e epigrafia). Esse texto especializado foi seguido por obras como *The Jesus Papyrus*, Londres, 1996, escrito com Mathew D'Ancona, publicado nos Estados Unidos como *Eyewitness to Jesus*, Nova York, 1996.

[42] Sobre Mateus, com bibliografia e discussão das diferentes posições, veja: D. A. Carson, *Matthew*, Grand Rapids, 1984; R. T. France, *Matthew*, Grand Rapids, 1986; idem, *Matthew: Evangelist and Teacher*, Grand Rapids, 1989; W. D. Davies e D. C. Allison Jr., *A Critical and Exegetical Commentary on the Gospel According to Saint Matthew*, Edimburgo, 1988; U. Luz, *Matthew 1-7*, Minneapolis, 1989.

CONCLUSÃO

MAIS
que um
RABINO

Nas páginas anteriores, analisamos a vida e o ensino de Jesus levando em conta uma metodologia historiográfica baseada em fontes históricas, tanto cristãs quanto extracristãs — em alguns casos, se poderia até chamar justamente de anticristãs —, tanto escritas, em sua maioria, como arqueológicas. Dessas fontes históricas conclui-se que quem Jesus foi, quem afirmou ser e quem seus ouvintes creram que Ele foi não era exatamente um simples rabino. Embora em muitas ocasiões Ele tenha sido chamado de Mestre pelas pessoas que, com boas ou más intenções, o abordavam, a verdade é que a grande maioria dos que tiveram contato com Ele não o teria simplesmente enquadrado nessa categoria. Para seus adversários, como afirma o Talmude, Ele era um blasfemo que não apenas relativizava intoleravelmente a Torá, mas também se permitia proclamar a si mesmo Messias e igual a Deus, além de anunciar que voltaria. Não é de surpreender que vários séculos após sua crucificação, gabaram-se de tê-lo matado com justiça, excluindo completamente a ação dos romanos na execução. Não somente isso: eles também espalharam histórias caluniadoras sobre sua mãe, sobre as circunstâncias de seu nascimento e o descreveram sofrendo torturas na *Geena* (Vale de Hinom), em meio a excrementos que ebuliam. Seja como for, para essas pessoas não se tratava de um rabino, mas de alguém que fingira — injustamente, isso sim — ser muito mais.

Algo semelhante, mas visto do lado oposto, é o que afirmam seus seguidores. Jesus era o Messias; Ele era o Filho do Homem que viria com poder sobre as nuvens como o próprio YHWH; Ele era o Filho de Deus igual ao Pai; Ele era o Servo de YHWH que oferecera sua vida em resgate por muitos; era aquele a quem a morte não pudera reter e que ressuscitara ao terceiro dia; enfim, era aquele que haveria de voltar para consumar o seu reino e a História.

Em ambos os casos, as conclusões alcançadas pelos inimigos e pelos seguidores foram tiradas das próprias palavras e ações de Jesus. Longe de ser um simples mestre de moral, um rabino relativamente sagaz, um sábio vindo da Galileia ou um filósofo rural, Jesus aparecera justamente na época em que o Messias deveria aparecer e fora reconhecido e proclamado como tal pelo profeta João Batista.

Pertencente à linhagem do rei Davi, sua visão de messianidade tinha raízes nas canções do Servo de YHWH, presentes no livro de Isaías. Esse Servo Messias Filho do Homem era maior do que Jonas e Salomão (Mateus 12.41,42; Lucas 11.31,32). Como tal Messias, Ele anunciava que o reino havia alcançado seus contemporâneos (Mateus 12.28) e convocava todos ao *teshuvah*, ao arrependimento. Como tal Messias, Ele morreria de modo expiatório pelos pecados de Israel, embora boa parte de seu povo não o compreendesse e o considerasse punido por Deus (Isaías 53) e, desde o primeiro século, não tivessem sido poucos os judeus persuadidos de que Ele era o Messias, mas que não quiseram perder sua condição de fazer parte de Israel por crerem nele. Como tal Messias, no entanto, sua obra não se limitaria aos judeus, visto que deveria ser luz para os gentios (Isaías 42.1ss).

No entanto, Jesus não se limitou a apresentar-se como o Messias, algo em que seus discípulos criam e seus inimigos negavam raivosamente. Ele também tinha consciência de viver uma relação especial com Deus, relação essa que não encontrava paralelo em nenhum outro ser. Ele podia chamá-lo de *Abba*, papai, não no sentido de um Deus bonzinho, mas de um Ser com quem Ele tinha uma intimidade incomparável (Mateus 11.25-27). Essa intimidade iria causar uma virada radical na história das religiões, porque aproximou extraordinariamente o Criador de suas criaturas, como jamais ocorrera. O judaísmo não foi capaz de responder completamente à pergunta — avassaladora, terrível, assustadora — de onde estava Deus em Auschwitz, tamanho o horror que sua simples formulação provoca. Porém, para aqueles que creem que Jesus é o Messias, o Filho de Deus, o Servo de YHWH oferecido em expiação pelos pecados da humanidade, a resposta é que Deus estava na pessoa de seu Filho, enviado ao mundo por amor, pendurado na cruz, e que essa ação foi justificada ressuscitando-o dentre os mortos.

Esse Jesus, que anunciou o julgamento de Israel, teria, entretanto, rejeitado o antissemitismo de séculos, tanto em seu aspecto supostamente cristão como no islâmico ou científico. Assim como os profetas, Jesus estava longe de idealizar Israel, mas não poderia contemplar senão com horror a satanização de seu povo, um povo ao qual Ele foi primordialmente enviado.

Esse Jesus teria rejeitado que em seu nome tivesse sido criado um poder político-religioso semelhante ao do Sinédrio ou ainda maior, e que os Doze não apenas se vissem desprovidos da missão de julgar as Doze tribos de Israel, mas também se transformado em uma casta que, supostamente, se perpetuaria ao longo dos séculos.

Esse Jesus teria rejeitado que esse poder religioso alegasse ter o monopólio da verdade, quando Ele mesmo ensinara que "quem não é contra vós é por vós" e que apenas Ele, não uma instância humana, era o Caminho, a Verdade e a Vida (João 14.6).

Esse Jesus teria rejeitado que esse poder religioso afirmasse garantir a salvação por meio de obras e ritos, como os líderes religiosos de seu tempo, a quem Ele criticara abertamente. E teria sido assim porque Ele ensinou incansavelmente que a salvação é um dom gratuito de Deus para aqueles que humildemente se confessam pecadores diante dele e decidem segui-lo (Lucas 18.9-14).

Esse Jesus, que milhares de vezes em sua vida orou o *Shemá*, que indica que há somente um Deus, e que repreendeu o Diabo dizendo que a ninguém se deve adorar senão ao Senhor (Lucas 4.8), rejeitou que esse poder religioso tivesse traído a Torá e introduzido mediadores entre Deus e os homens ou oferecido o culto religioso a outro ser que não o único Deus.

Esse Jesus, que jamais se curvou a uma imagem em obediência ao mandamento da Torá, teria recusado que seus seguidores infringissem os Dez Mandamentos ao render culto a imagens (Êxodo 20.4,5), uma vez que seu Pai estabelecera claramente que não toleraria esse tipo de culto (Isaías 42.8), e mostrou o absurdo de tal prática (Isaías 44.9-20).

Esse Jesus teria rejeitado que esse poder religioso transformasse a casa de seu Pai em um covil de ladrões ao comercializar o sagrado, uma vez que Ele próprio havia purificado o Templo do único Deus verdadeiro e, apesar disso, não tinha onde reclinar a cabeça (Mateus 8.20,21).

Esse Jesus teria rejeitado esse poder de "coar o mosquito e engolir o camelo" (Mateus 23.24) e lançar cargas pesadas sobre os ombros dos outros, ao mesmo tempo que se deixa de lado a compaixão, a misericórdia e os elementos essenciais da Torá (Mateus 23.23).

Esse Jesus teria rejeitado que esse poder religioso, como as autoridades do Templo que o condenaram, colocassem a *Realpolitik* na frente da cruz, esquecendo o caráter diabólico dos reinos deste mundo (Lucas 4.5-8).

E esse Jesus teria rejeitado que esse poder matasse, voltasse a face para o outro lado diante do sofrimento de Israel, criasse guetos, estabelecesse normas que obrigassem os judeus a carregar uma marca, os privasse de direitos elementares e até mesmo chegasse a assinar um pacto com Hitler.

Além de tudo isso, o Jesus que as fontes históricas nos revelam teria rejeitado ainda mais a ideia de que o reduzissem ao papel de um mero rabino, um simples mestre de moral. Sua mensagem universal, seguindo e ultrapassando o trajeto dos profetas, cruzou as fronteiras de Israel ao longo dos séculos para convocar todos os povos a Jerusalém (Isaías 2.1ss). Até hoje, a mensagem de Jesus permanece prodigiosamente viva e convoca todos os seres humanos a buscar em primeiro lugar não o material, mas o reino de Deus e sua justiça (Lucas 12.30,31), a não se deixar levar pelo medo e pela ansiedade como aqueles que não creem (Lucas 12.32) e a crer no Filho que Deus enviou por amor ao mundo, para que "todo aquele que nele crer não pereça, mas tenha a vida eterna" (João 3.16). Porque Jesus, afinal, foi mais, muito mais do que um rabino. Exatamente por isso, há dois mil anos sua figura vem desafiando todos os seres humanos como nenhum personagem da História universal fez antes ou depois.

APÊNDICE I

As FONTES EXTRA*bíblicas* *sobre* JESUS

Ao contrário do que muitas vezes se repete, os Evangelhos não são as únicas fontes históricas acerca de Jesus, nem se limitam aos relatos dos seguidores. Na verdade, temos um conjunto de fontes extrabíblicas que são inclusive opostas ao cristianismo, mas que fornecem dados que corroboram, do outro lado da trincheira, as referências contidas nos Evangelhos.

1. AS FONTES CLÁSSICAS

O papel das fontes clássicas é, sem dúvida, muito limitado. Elas não nos fornecem dados importantes, mas permitem — ainda que indiretamente — nos aproximarmos da visão que, ainda no século 2, teriam os autores romanos sobre o cristianismo primitivo.

1. Tácito

Nascido por volta de 56-57 d.C., desempenhou cargos como pretor (88 d.C.) e cônsul (97 d.C.). Não sabemos com exatidão a data de sua morte, mas é possível que tenha ocorrido durante o reinado de Adriano (117-138 d.C.). De suas duas obras, as *Histórias* — das quais tivemos acesso apenas aos livros I-IV e parte do V — relatam uma breve história do povo judeu até a guerra com Tito, mas é nos *Anais*, escritos por volta de 115-117, que aparece uma menção explícita ao cristianismo.

O texto, localizado em *Anais*, XV, 44 permite ver que, em primeiro lugar, tal movimento era considerado originário da Judeia; segundo, pensava-se que seu fundador tivesse sido um tal Cristo — é duvidoso saber se Tácito considerou a palavra Cristo como um título ou como um nome próprio —; terceiro, afirmava-se que, no reinado de Nero, o grupo havia chegado a Roma, onde não era exatamente popular e onde se viu submetido a uma terrível perseguição.

2. Suetônio

Ainda jovem durante o reinado de Domiciano (81-96 d.C.), serviu como tribuno durante o reinado de Trajano (98-117 d.C.) e secretário *ab epistulis* no reinado de Adriano (117-138), cargo do qual foi privado por sua má conduta. Em sua obra *A vida dos doze césares* (Cláudio, XXV), se refere a uma ação do imperador Cláudio com o objetivo de expulsar de Roma alguns judeus que causavam tumultos por causa de certo "Cresto".[1]

A passagem parece concordar com o que está relatado em Atos 18.2 e poderia se referir a uma expulsão que, segundo Orósio (VII, 6, 15) ocorreu no nono ano do reinado de Cláudio (49 d.C.). De qualquer modo, não poderia ser depois do ano 52. Há um debate quanto a *Chrestus* ser uma leitura comparável a *Christus*. Nesse sentido, Schürer[2] concordou com outros

---

[1] "Judaeos impulsore Chresto assidue tumultuantes Roma expulit."
[2] E. Schürer, *The History of the Jewish People in the Age of Jesus Christ*, Edimburgo, 1987, vol. III.1, p. 77ss. Optamos por usar esta edição da obra de Schürer, pois é a única edição completa e atualizada em qualquer idioma ocidental.

autores.³ Graetz, por outro lado,⁴ defende que Chrestus não era Cristo, mas um mestre cristão contemporâneo do alexandrino Apolo, o qual se mencionaria em 1Coríntios 1.12, onde deveria ser lido *Chréstou* em vez de *Christou*. A realidade, porém, é que a ideia de que Cresto fosse um Messias judeu que viera a Roma para semear a revolta é bastante implausível. Seja Cresto uma deformação de Cristo ou o nome de um mestre cristão, a verdade é que a passagem parece indicar que, poucos anos após a morte de Jesus, o novo fenômeno religioso havia chegado a Roma e que seus componentes eram fundamentalmente — se é que não unicamente — judeus.

2. AS FONTES JUDAICAS (I): FLÁVIO JOSEFO

Temos um número considerável de dados sobre Flávio Josefo, visto que ele foi o autor de uma *Autobiografia (Vida)* em que nos fornece extensas informações sobre si mesmo. Nascido em Jerusalém no primeiro ano do reinado de Calígula (37-38 d.C.), pertencia a uma distinta família sacerdotal cujos antepassados, de acordo com informações fornecidas por ele mesmo, remontam ao período de João Hircano. Insatisfeito com a educação religiosa que recebera na infância, aos dezesseis anos começou a estudar as seitas dos fariseus, saduceus e essênios, inclusive viveu três anos no deserto com um eremita

---

³Para diferentes opiniões sobre o assunto, veja: F. F. Bruce, *New Testament History*, Nova York, 1980, p. 297ss (Suetônio estava se referindo a Cristo, talvez pensando que Ele estivera em Roma naquela época); A. Momigliano, *Claudius*, Cambridge, 1961 (2), p. 30 (Cláudio queria evitar o proselitismo judeu do qual o cristianismo fazia parte); R. Graves e J. Podro, *Jesus in Rome*, Londres, 1957, p. 38ss (Suetônio se refere a Jesus, que estava em Roma nessa época) e H. W. Montefiore, "Josephus and the New Testament", em *Novum Testamentum*, Leiden, 5, 1969, p. 139, n. 2 (Suetônio se refere aqui à influência do Cristo ressuscitado).

⁴H. Graetz, *Geschichte der Juden*, III, ii, 423, n. 3; cf. p. 371, n. 4 e IV (3), p. 77, n. 1, 1888.

chamado Banno. Aos dezenove anos, finalmente retornou a Jerusalém e entrou para a seita dos fariseus (*Vida*, 2). Por volta de 64 d.C., viajou a Roma a fim de obter a liberdade de alguns sacerdotes judeus que haviam sido levados cativos por motivos de pouca relevância.

Por intermédio de um ator judeu chamado Alitiro, conheceu Pompeia, esposa do imperador Nero, o que lhe permitiu alcançar seu objetivo e retornar à Judeia carregado de presentes (*Vida*, 3). Em 66 d.C., eclodiu a guerra contra Roma. Josefo alega ter desaconselhado a eclosão das hostilidades (*Vida*, 4) — é possível que tenha sido assim, já que a aristocracia judaica se beneficiava do *statu quo* existente na região[5] — e que ele apenas interveio na disputa forçada em razão de pressões fortíssimas. Apesar de tudo isso, Josefo acabou juntando-se ao levante e inclusive se tornou general-chefe das tropas judaicas na Galileia (*Vida*, 7; *Guerra*, XX, 4). Suas atividades militares terminaram em 67 d.C., com a captura da praça de Jotapata ou Yotapata pelos romanos (*Guerra*, III, 8, 7-8).

Levado perante Vespasiano, previu sua futura entronização (*Guerra*, III, 8, 9), cujo resultado imediato foi ser tratado com notável consideração pelo romano (*Vida*, 75; *Guerra*, III, 8-9), que, no ano 69, ao ser proclamado imperador pelas legiões do Egito e da Judeia, concedeu a liberdade a Josefo (*Guerra*, IV, 10, 7), acompanhando seu benfeitor a Alexandria (*Bello*, IV, 11, 5). Retornou novamente ao cenário de guerra com Tito e colaborou na tarefa de intimar seus compatriotas, cercados em Jerusalém, à rendição (*Guerra*, V, 3, 3; 6, 2; 7, 4; 9, 2-4; 13, 3; VI, 2, 1-3; 2, 5; 7, 2; *Vida*, 75). Convidado a desfrutar parte do saque, por sugestão do vencedor romano, quando a cidade foi tomada, ele afirma ter se contentado em ganhar a liberdade de alguns amigos e de um irmão, bem como em obter alguns livros sagrados. Parece inclusive que ele obteve a comutação da pena de morte de três homens já crucificados, dos quais um finalmente se salvou (*Vida*, 75).

---

[5] Um paralelo neotestamentário dessa atitude em João 11.49,50.

Com o fim real da contenda, Josefo mudou-se para Roma, onde Vespasiano lhe presenteou com uma mansão, concedeu-lhe a cidadania e atribuiu-lhe uma pensão anual (*Vida*, 76), bem como uma propriedade na Judeia. Nem mesmo as denúncias de alguns compatriotas como Jônatas de Cirene (*Vida*, 76; *Guerra*, VII, 11, 1-3) conseguiram obter uma situação tão favorável. Tanto Tito quanto Domiciano continuaram sendo generosos com ele, tendo o último lhe concedido isenção de impostos sobre sua propriedade judaica (*Vida*, 76). Fócio (*Biblioteca*, 33) data a morte de Agripa em 100 d.C. Se essa informação estiver correta, Josefo teria vivido até o século 2, visto que a obra *Vida* foi escrita depois desse evento (*Vida*, 65). No entanto, os dados de Fócio estão longe de ser corretos.

Entre as obras desse autor, estamos especialmente interessados em *Guerra dos judeus* e *Antiguidades*. A *Guerra dos judeus* ou *Guerra judaica* é dividida em sete livros, de acordo com um plano original de Josefo. Do Prefácio 1 deduz-se que a obra foi originalmente escrita em aramaico e posteriormente reelaborada pelo mesmo autor em grego, com a ajuda de secretários (*Contra Apião*, I, 9).[6] Não há dúvida de que ele tenha se baseado na própria experiência para a elaboração dessa obra (*Contra Apião*, I, 9, 49), embora

---

[6] A bibliografia sobre Josefo é realmente muito extensa. Referências a essa bibliografia são encontradas especialmente em K. H. Rengstorf, *Complete Concordance to Flavius Josephus*, Leiden, 1973; L. H. Feldman, *Studies in Judaica: Scholarship on Philo and Josephus* (1937-1962), Nova York, 1963; A. Schalit, *Zur Josephus-Forschung*, Darmstadt, 1973; H. Schreckenberg, *Bibliographie zu Flavius Josephus. Arbeiten zur Literatur und Geschichte des Hellenistischen Judentums*, Leiden, 1968; idem, *Die Flavius Josephus Tradition in Antike und Mittelalter*, Leiden, 1972; E. Schürer, *Josephus*, v. I, p. 43ss. Quanto ao papel dos colaboradores de Josefo, tem sido objeto de opiniões bastante divergentes. H. St. J. Thackeray, *Josephus the Man and the Historian*, Nova York, 1967, atribui-lhes um valor extraordinário. Uma crítica de sua posição pode ser encontrada em G. C. Richards, "The Composition of Josephus 'Antiquities'", em *Catholic Biblical Quarterly*, 33, 1939, p. 36-40. Uma análise dos fatores determinantes que influenciaram a obra de Josefo em P. Vidal-Naquet, *Ensayos de historiografia*, Madri, 1990, p. 109ss.

alguns autores tenham apontado para uma obra flaviana[7] ou para os *Commentarii* de Vespasiano.[8] A obra é um tanto tendenciosa, e não se pode duvidar de que constitui uma tentativa — afortunada, por outro lado, — de cair nas graças do vencedor, distorcendo os fatos históricos para justificar sua política. Não há dúvida de que satisfez os romanos.

O próprio Tito recomendou a publicação da obra (*Vida*, 65), e Agripa — afinal de contas, um bajulador de Roma — escreveu 62 cartas elogiando sua veracidade (*Vida*, 65). No entanto, a apresentação divergente do conflito — em termos de suas causas e do verdadeiro papel de Roma na região —, que pode ser vista em *Antiguidades,* deixa claro que o próprio Josefo nunca esteve completamente convencido da versão dada em *Guerra dos judeus* e que, no final de seus dias, tentou deixar para a posteridade uma visão mais próxima da verdade histórica. Esse fator nos é de interesse especial, porque nos permite perceber os condicionantes ideológicos do autor ao escrever suas obras históricas.

Em vinte livros, *Antiguidades* abrange toda a história de Israel, desde Gênesis até o ano 66 d.C. Alguns autores viram nessa obra uma tentativa de comparação com a história romana de Dionísio de Halicarnasso, mas não é certo que essa tenha sido, de fato, a origem do plano e da divisão da obra. É bem possível que *Antiguidades* tenha sido escrita durante um período bastante longo. Parece que o processo de escrita sofreu várias interrupções (Prol. 2) e que foi, finalmente, concluído no décimo terceiro ano de Domiciano (93-94 d.C.), com o autor contando cerca de 56 anos (*Antiguidades,* XX, 12, 1). A obra, com teor claramente apologético, de acordo com a própria confissão do autor (*Antiguidades,* XVI, 6, 8), não foi dirigida aos judeus, mas a um público formado por gregos e romanos.

---

[7]W. Weber, *Josephus und Vespasian*, 1921.
[8]Thackeray, *Josephus the Man and the Historian*, 1967, p. 37-41.

Nas obras de Flávio Josefo, encontramos duas referências relacionadas ao nosso campo de estudo. A primeira está em *Antiguidades,* XVIII, 63, 64, e a segunda, em XX, 200-3. Seu texto na versão grega é o seguinte:

> Jesus viveu por essa época, um homem sábio, se é que pode ser chamado de homem. Porque Ele operou feitos maravilhosos, foi mestre de homens que aceitam a verdade de bom grado. Atraiu muitos judeus e muitos de origem grega. Era o Messias. Quando Pilatos, depois de ouvir a acusação feita contra Ele pelos nossos principais, o condenou à crucificação, aqueles que o amavam no início não deixaram de amá-lo. Porque ao terceiro dia Ele se manifestou a eles vivo novamente, havendo os profetas divinos profetizado essas e outras maravilhas acerca dele. E até hoje a tribo dos cristãos não desapareceu (*Antiguidades,* XVIII, 63-64).

O jovem Anano pertencia à escola dos saduceus, que são, como já expliquei, certamente os mais desprovidos de piedade entre os judeus no que tange à aplicação da justiça. Possuído de tal caráter, Anano considerou que tinha uma oportunidade favorável, porque Festo havia morrido e Albino ainda estava a caminho. Então, ele convenceu os juízes do Sinédrio e conduziu até eles um tal Tiago, irmão de Jesus, o chamado Messias, e alguns outros. Acusou-os de terem transgredido a Lei e ordenou que fossem apedrejados. Os habitantes da cidade, considerados mais moderados e rigorosos na observância da Lei, ficaram ofendidos. Portanto, enviaram uma mensagem secreta ao rei Agripa, visto que Anano não se comportara corretamente em sua primeira atuação, instando-o a ordenar que ele desistisse de ações ulteriores semelhantes. Alguns deles até foram ver Albino, que vinha de Alexandria, e lhe informaram que Anano não tinha autoridade para convocar o Sinédrio sem seu consentimento. Convencido por essas palavras, Albino, cheio de raiva, escreveu a Anano, ameaçando vingar-se dele. O rei Agripa, por causa da ação de Anano, o destituiu do sumo sacerdócio que ostentara por três meses e o substituiu por Jesus, filho de Damneo (*Antiguidades*, XX, 200-3).

Não nos referiremos aqui aos problemas de confiabilidade histórica apresentados pela obra *Antiguidades* como um todo, mas aos testemunhos concretos sobre Tiago, irmão de Jesus, e sobre o próprio Jesus. Nenhuma das duas passagens relacionadas ao objeto de nosso estudo em *Antiguidades* é unanimemente aceita como autêntica.[9]

---

[9] A bibliografia sobre o assunto é realmente abundante, embora, em termos gerais, os argumentos apresentados sejam claramente repetitivos. Destacamos, pois, as posições mais definidas seguidas de seus principais defensores, sem prejuízo de uma análise mais lenta de alguma delas no decorrer do texto. A favor da autenticidade estão W. E. Barnes, *The Testimony of Josephus to Jesus Christ*, 1920; C. G. Bretschneider, *Capita theologiae Iudaeorum dogmaticae e Flauii Iosephi scriptis collecta*, 1812, p. 59-66; B. Brüne, "Zeugnis des Josephus über Christus", em *Th St Kr*, 92, 1919, p. 139-47 (embora com a exceção de que um autor cristão eliminou parte do que estava contido no texto); F. F. Bruce, *¿Son fidedignos los documentos del Nuevo Testamento?*, Miami, 1972, p. 99ss. (partidário da autenticidade do texto, mas defendendo que um copista cristão retirou parte do conteúdo original); F. C. Burkitt, "Josephus and Christ", em *Th T*, 47, 1913, p. 135-44; A. von Harnack, *Der Jüdische Geschichtsschreiber Josephus und Jesus Christus*, 1913, cols. 1037-68; R. Laqueur, *Der Jüdische Historiker Josephus*, Giessen, 1920, p. 274-8 (o testemunho flaviano vem das mãos de Josefo, mas em uma edição posterior de *Antiguidades*); L. Van Liempt, "De testimonio flaviano", em *Mnemosyne*, 55, 1927, p. 109-16; R. H. J. Shutt, *Studies in Josephus*, 1961, p. 121. A favor da tese da autenticidade, embora com interpolações posteriores, estão C. K. Barrett, The *New Testament Background*, Nova York, 1989, p. 275ss. (o texto aparece em todos os manuscritos de *Antiguidades*, embora certamente apresente omissões feitas por copistas cristãos; originalmente, seria semelhante às referências josefianas a João Batista); S. G. F. Brandon, *Jesus and the Zealots*, Manchester, 1967, p. 121, 359-68; idem, *The Trial of Jesus of Nazareth*, Londres, 1968, p. 52-5; 151-2; L. H. Feldman, *Josephus*, IX, Cambridge e Londres, 1965, p. 49; R. Gotz, "Die urprüngliche Fassung der Stelle Josephus Antiquit XVIII 3, 3 und ihr Verhaltnis zu Tacitus Annal. XV, 44", em *ZNW*, 1913, p. 286-97 (o texto contém apenas algumas partes autênticas, que, aliás, são mínimas, e, em seu conjunto, foi profundamente retrabalhado por um copista cristão); J. Klausner, *Jesús de Nazaret*, Buenos Aires, 1971, p. 53ss. (não há base para supor que toda a passagem seja espúria, mas já foi interpolada na época de Eusébio de Cesareia); T. W. Manson, *Studies in the Gospel and Epistles*, Manchester, 1962, p. 18-9; H. St. J. Thackeray, *Josephus the Man and*

Porém, podemos afirmar que, via de regra, o que se refere a Tiago é praticamente aceito pela grande maioria dos estudiosos, sendo também muito comum aceitar a autenticidade do segundo texto e rejeitar a do primeiro em todo ou em parte.[10]

A passagem relativa a Tiago envolve, é claro, menos dificuldade do que a relacionada a Jesus. O personagem em particular foi um dos principais dirigentes da comunidade de Jerusalém antes e depois da partida de Pedro (Atos 15.1ss; 21.18ss). Diz-se que ele era irmão de Jesus, o chamado Messias (Cristo). O termo *legoménos* (chamado) não implica, em si, juízo de valor positivo ou negativo, mas apenas uma forma de identificar o tal Jesus. Parece mais natural que isso venha de Josefo, se levarmos em conta que em sua obra aparecem várias pessoas com esse nome e que ele sempre tenta distingui-las de alguma forma.[11] No caso do irmão de Tiago, parece

---

the Historian, p. 148 (a passagem vem de Josefo ou de um secretário, mas o censor ou copista cristão fez pequenas omissões ou alterações que mudaram o sentido); G. Vermes, *Jesús el judío*, Barcelona, 1977, p. 85 (inclusive considera improvável a interpolação por um autor cristão posterior); P. Winter, *On the Trial of Jesus*, Berlim, 1961, p. 27, 165, n. 25 (sustenta a tese da interpolação, mas toda a obra é excessivamente tendenciosa e carregada de preconceitos). Por último, contra a autenticidade, podemos apontar E. Schürer, "Josephus", em *Realenzyclopadie für die protestantische Theologie und Kirche*, IX, 1901, p. 377-86; W. Bauer, *New Testament Apocrypha*, I, 1963, p. 436-7; H. Conzelmann, "Jesus Christus", em *RGG*, III, 1959, cols. 619-53 e 662 (ele afirma, o que é mais do que discutível, que a passagem reflete o querigma de Lucas); F. Hahn, W. Lohff e G. Bornkamm, *Die Frage nach dem historischen Jesus*, 1966, p. 17-40; E. Meyer, *Ursprung und Anfage des Christentums*, I, Stuttgart-Berlim, 1921, p. 206-11.

[10]Exceções a esse respeito seriam B. Niese, *De testimonio Christiano quo est apud Josephum Ant. Iud.* XVIII 63 sq. disputatio, 1893-1894; J. Juster, *Les juifs dans l'Empire romain*, II, Paris, 1914, p. 139-141; G. Holscher, *RE*, IX, cols. 1934-2000 e E. Schürer, *Josephus*, I, p. 43ss.

[11]Josefo refere-se a Jesus, filho de Fabi (*Antiguidades*, XV, 9, 3); Jesus, filho da See (*Antiguidades*, XVII, 13, 1); Jesus, filho de Damneo (*Antiguidades*, XX, 9, 1, 9, 4); Jesus, filho de Gamaliel (*Antiguidades*, XX, 9, 4, 9, 7); Jesus, filho de Gamala (*Guerra*, IV, 3, 9, 4, 3, 4, 4, 5, 2; *Vida*, 38-193; 41-204); Jesus, filho de Safás (*Bello*, II, 20, 4); Jesus, filho de Safías (*Guerra*, II, 21, 3; III, 9, 7; 9, 8; 10,

mais lógico que ele tenha optado pela identificação mais simples: o chamavam de Messias. Uma outra questão, em que Josefo não entra, é se Ele era o Messias ou não.

Se for aceita a tese de que as palavras "Jesus, chamado Messias" foram uma interpolação, depararemos com vários problemas que não são fáceis de resolver. O primeiro é o fato de que é muito difícil aceitar que um interpolador cristão tivesse se conformado com uma referência tão modesta. Em outras palavras, é mais do que duvidoso que ele tivesse se limitado a afirmar que chamavam Jesus de Messias. O mais lógico teria sido esperar uma declaração mais calorosa em relação à messianidade de Jesus, de qualquer forma algo mais do que uma simples constatação de um dado frio. Na verdade, é mais que provável que ele tivesse optado por adicionar elementos edificantes e hagiográficos à história, aspectos que estão ausentes do texto.[12] Em segundo lugar, aqui "Messias" aparece como título — o que de fato era —, não como um nome, uma deformação linguística que é apreciada pelos cristãos de hoje e que surgiu no mundo helenístico. Um interpolador cristão, especialmente se fosse de origem gentia, jamais teria adicionado um marcador discursivo de tão amargo sabor judaico. Finalmente, observemos que Orígenes (184-253 d.C.) conhecia essa passagem e a cita tal como é, não diminuída em seu conteúdo, que, como dissemos, se encaixaria perfeitamente com Josefo.[13] Em nossa opi-

---

1 etc.); Jesus, filho de Tebuti (*Guerra*, VI, 8, 3); Jesus, filho de Ananias (*Guerra*, VI, 5, 3; Jesus, o adversário de Josefo (*Vida*, 22-105-11; Jesus, o Galileu (*Vida*, 40-200) (igual ao anterior?); Jesus, o cunhado de Justus de Tiberíades (*Vida*, 35-178 e 37-186); e, finalmente, um Jesus indeterminado (*Vida*, 48-246). Em vista dessa infinidade de homônimos, parece lógico que Josefo tenha identificado Jesus, irmão de Tiago.

[12] Nessa mesma linha, entre outros, cf.: L. H. Feldman, *Studies in Judaica: Scholarship on Philo and Josephus*, X, Londres, 1981, p. 108; S. G. F. Brandon, *The Fall of Jerusalem and the Christian Church*, Londres, 1951 (1), 1957 (2), cap. 3, e J. Klausner, *Jesús de Nazaret*, p. 55ss.

[13] Orígenes cita Josefo em *Contra Celso*, I, 47, II, 13 e, de modo muito especial em relação à passagem que estamos mencionando, em *Comentário sobre*

nião, então, a passagem de *Antiguidades*, XX, tem todos os sinais de ser autêntica. Devemos também mencionar que o fato de Josefo ter falado em *Antiguidades*, XX, de Tiago como "irmão de Jesus, chamado Messias", sem dar mais explicações sobre o referido Jesus, leva a supor que ele já se havia referido a esse personagem específico anteriormente.[14] A verdade é que temos, de fato, uma referência anterior acerca de Jesus em Josefo, exatamente a que se encontra em *Antiguidades*, XVIII, 3, 3.

A autenticidade do referido texto não foi questionada praticamente até o século 19,[15] e o fato é compreensível, se levarmos em conta que todos os manuscritos que chegaram até nós o incluem sem exceção. Portanto, cabe dizer que a evidência textual dos manuscritos se mostra unanimemente a favor de sua autenticidade. No entanto, certas supostas inconsistências de natureza interna tornam aconselhável o exame minucioso do texto e o discernimento de o que pode haver de Josefo nele. Começaremos por aquelas partes que, em nossa opinião, devem, sem dúvida, ser atribuídas a Josefo.

Parece bem possível que a afirmação de que Jesus era um "homem sábio" seja de Josefo. Certamente, essa limitação de atributos em relação a Jesus dificilmente se encaixa com um interpolador cristão.[16] Tanto a limitação de Jesus a uma mera condição humana quanto a ausência de outras formas de tratamento ou nomes tornam praticamente impossível que sua origem seja cristã. Acrescentemos que a expressão, ao contrário, tem paralelos no próprio Josefo (*Antiguidades*, XVIII 2, 7; X, 11, 2) e, portanto, é bem possível que proceda desse autor. Também é muito provável que o relato da

---

Mateus, X, 17 (sobre Mateus 13.55). Anteriormente, eles haviam se referido a Josefo; Teófilo de Antioquia, *A Autolico*, III, 23; Tertuliano, *Apologia*, XIX, 6; e Clemente de Alexandria, *Stromata*, I, 21, 147, 2.
[14]Nessa linha, E. Schürer, *Josephus*, vol. I, p. 428ss.
[15]Uma exceção notável seria a de Escaligero, cf.: L. H. Feldman, *Studies in Judaica: Scholarship on Philo and Josephus*, p. 49.
[16]Nessa mesma linha, J. Klausner, *Jesús de Nazaret*, p. 52ss.

morte de Jesus seja autêntico. Nele se menciona a responsabilidade dos saduceus — um argumento exculpatório comum em autores judeus até o século 21 —, e a culpa inerente à ordem de execução é colocada em Pilatos, algo que nenhum evangelista[17] (muito menos cristãos posteriores) estaria disposto a afirmar de forma tão categórica, mas que seria lógico em um fariseu, ainda mais se ele não simpatizasse com os cristãos e estivesse inclinado a apresentá-los sob uma ótica desfavorável perante um público romano. Por fim, outros aspectos do texto também apontam para uma origem em Josefo. Em primeiro lugar, está a referência aos saduceus como "os primeiros entre nós". Essa expressão se encaixa perfeitamente com o estilo de Josefo em *Antiguidades*, em discrepância com o estilo usado em *Guerra*, que nunca emprega o pronome na primeira pessoa. Finalmente, a referência aos cristãos como "tribo" (algo não necessariamente pejorativo) também se harmoniza com as expressões de Josefo (*Guerra*, III, 8, 3; VII, 8, 6), embora fosse descartada por um interpolador cristão.

Resumindo, então, pode-se dizer que é bem possível que Josefo tivesse incluído em *Antiguidades* uma referência a Jesus como um "homem sábio", cuja morte, pedida pelos saduceus, foi executada por Pilatos, e cujos seguidores continuavam existindo até a data em que Josefo escrevia. Passemos às expressões cuja autoria é mais duvidosa.

Primeiro, há a afirmação clara de que Jesus "era o Messias" (Cristo). A passagem, como chegou até nós, poderia ter ecos claros no Novo Testamento (Lucas 23.35; João 7.26; Atos 9.22). Não é impossível que Josefo tenha conhecido alguns autores do Novo Testamento, e atualmente parece estar provado que ele conhecia o cristianismo relativamente bem e que, mesmo na obra *Antiguidades*, existem várias tentativas de interpretação das Escrituras contrárias às desse movimento;[18] contudo, aqui não deparamos com uma

---

[17]Veja, por exemplo: Mateus 27.26; Marcos 15.5; Lucas 23.24; João 19.16.
[18]A questão das relações de Josefo com os cristãos é algo que excede consideravelmente o objeto do presente estudo. No entanto, André Paulo parece ter

declaração neutra ao estilo da obra *Antiguidades*, XX, mas com uma óbvia confissão de fé. Com exceção de algum caso isolado, que defende a conversão de Josefo,[19] hoje em dia há total unanimidade em negar — como Orígenes fez em sua época (*Contra Celso*, I, 47; *Comentário sobre Mateus*, X, 17) — a possibilidade de que esse autor tenha crido em Jesus como Messias. É por isso que a passagem, tal como nos chegou, não pode ter sido escrita por ele mesmo.

Contudo, não se pode ignorar que, de fato, Josefo fizera uma referência às reivindicações messiânicas de Jesus. Na verdade, parece obrigatório considerar tal hipótese se levarmos em conta que ela serviria para ele explicar que seus seguidores eram chamados de "cristãos". É possível que ela tenha sido uma nota ofensiva[20]

---

concordado não somente que Josefo conhecia bem os cristãos, mas que antipatizava com eles, um confronto que tem, entre outras manifestações, a utilização de interpretações do Antigo Testamento contrárias a eles. A esse respeito, veja: A. Paul, *Hellenica et Judaica*, 1986, p. 129-37; idem, *Lectio divina*, 1975, p. 83-104; idem, ibidem, 1979, p. 67-82 e 105-8. O professor F. Manns mostrou-me pessoalmente, durante uma visita a Jerusalém, sua coincidência com a abordagem de A. Paul.

[19] Veja, nesta linha, William Whiston, *Josephus*, Grand Rapids, 1978, p. 708ss. Destaquemos que sua tese é mais que tudo uma conjectura de verificação quase impossível, que passa pela identificação de Josefo com um dos bispos judaico-cristãos dos finais do século 1.

[20] E. Schürer, *Josephus*, p. 439ss. Uma reconstrução engenhosa — mas muito pouco provável — do texto de Josefo num sentido ofensivo em R. Eisler, *Iesous Basileus ou basileusas*, 2 vols., Heidelberg, 1929-1930, e idem, *The Messiah Jesus and John the Baptist*, Londres, 1931, p. 61. A primeira obra, descrita por P. Vidal-Naquet como "enorme, densa e insana" (P. Vidal-Naquet, *Ensayos de historiografia*, p. 123, n. 12) é realmente a tela em branco da outra e foi contestada desde o momento em que surgiu. Uma refutação realmente devastadora dela se encontra em E. Bikerman, "Sur la version vieuxrusse de Flavius Josèphe", em *Melanges Franz Cumont*, Bruxelas, 1936, p. 53-84. Na verdade, R. Eisler influenciou apenas nas teses de S. Reinach, *Orpheus*, Londres, 1931, p. 247ss. e S. G. F. Brandon (que o reconheceu). Igualmente, parece-nos indiscutível sua influência em diferentes escritos de A. Piñero e de J. Montserrat, *La sinagoga cristiana*, Barcelona, 1989, p. 305ss., embora esse autor não lide com Josefo nem submeta a questão a um exame histórico sério.

suprimida por um copista cristão que se sentiu ofendido por ela, embora também seja plausível que Josefo tenha se limitado a afirmar que Jesus era considerado o Messias por alguns sem que ele mesmo defendesse tal afirmação.[21]

Se essa última suposição for verdadeira, a passagem também foi previsivelmente alterada — por ser considerada muito tépida — pelo copista cristão. Certamente, as palavras "se é que pode ser chamado de homem" são uma interpolação cristã. Parecem, é claro, pressupor a crença na divindade de Cristo (algo impensável em um judeu não cristão). Contudo, elas servem indiretamente para reforçar o caráter autêntico do "homem sábio" de Josefo. É possível que o suposto examinador cristão não tenha ficado feliz com o que considerava um elogio fraco a Cristo e tenha acrescentado a nota de que não se podia limitá-lo à categoria de mero ser humano.

A expressão "mestre de pessoas que aceitam a verdade de bom grado" também é possivelmente autêntica em sua origem, embora um erro textual pudesse ter ocorrido quando o copista confundiu (intencionalmente ou não) a palavra *taaeze* com *taleze*. De fato, a passagem, com essa variação, apresenta ecos de Josefo, pois tanto as expressões *parádodsa erga*[22] quanto *edoné déchiszai*[23] têm paralelos em *Antiguidades*. Por outro lado, a leitura, que com *taleze* era aceitável para um cristão, ao transformar os seguidores de Jesus em amantes da verdade, com *taaeze* se encaixaria perfeitamente em uma visão farisaica moderada de Jesus: Ele foi um homem sábio,

---

[21]Nesse sentido, que pessoalmente parece o mais possível, veja: T. W. Manson, *Studies in the Gospels and Epistles*, Manchester, 1962, p. 19 (Manson baseia-se fundamentalmente na informação de Orígenes a que já nos referimos e na leitura variante de *Dos homens ilustres*, de Jerônimo, onde se lê *credebatur*, isto é, "acreditava-se"), e F. F. Bruce, ¿*Son fidedignos los documentos del Nuevo Testamento?*, p. 99s

[22]*Antiguidades*, IX, 8, 6; XII, 2, 8.

[23]*Antiguidades*, XVII, 12, 1; XVIII, 1, 1; 3, 1; 3, 4; 6, 10; 9, 4; XIX, 1, 16; 2, 2.

mas seus seguidores, na maioria, eram pessoas que buscavam apenas o elemento do espetáculo.

Finalmente, resta-nos discutir o grau de autenticidade que pode ter a referência de Josefo à ressurreição de Jesus. É claro que, como chegou até nós, ela não pode vir desse autor porque — mais uma vez — implicaria praticamente uma confissão de fé cristã.[24] Contudo, uma vez admitido esse ponto, há duas possibilidades: que o texto seja uma interpolação total ou que apresente um encurtamento do original. Sem qualquer dogmatismo, acreditamos que a última possibilidade seja a que mais se aproxima da realidade. Se essa hipótese estiver correta, o relato também adquiriria uma consistência clara, porque indicaria a base de explicação da permanência do movimento originado em Jesus: seus seguidores afirmavam que Ele havia ressuscitado.[25]

Resumindo, podemos dizer que a descrição de Jesus mostrada originalmente por Josefo pode ser muito semelhante ao que afirmamos a seguir. Jesus foi um homem sábio, que atraiu muita gente após si, embora essa gente fosse guiada mais por um gosto pelo novo (ou espetacular) do que por uma profunda disposição pela verdade. Dizia-se que Ele era o Messias, e, presumivelmente por isso, os membros da classe sacerdotal decidiram se livrar dele, entregando-o a Pilatos, que o crucificou. Contudo, o movimento não acabou aí, porque os seguidores do executado, chamados de cristãos em virtude das reivindicações messiânicas de seu Mestre, *disseram* que Ele lhes havia aparecido. De fato, no ano 62, um irmão de Jesus, chamado Tiago, foi executado por Anano, embora, nessa

---

[24]A favor da autenticidade, embora reconhecendo outras interpolações no texto, veja: A. Pelletier, "L'originalité du témoignage de Flavius Josèphe sur Jésus", em *RSR*, 52, 1964, p. 177-203.

[25]Referência a uma possível utilização, por parte de Josefo, de uma crônica ou de anais relacionados a esses eventos em E. Schürer, *Josephus*, p. 438ss. A obra citada insiste na impossibilidade de relacionar Jesus a uma ação violenta. Nessa mesma linha, P. Vidal-Naquet, *Ensayos de historiografía*, p. 199ss.

ocasião, a morte não tenha contado com o suporte dos ocupantes, mas ocorreu por Anano aproveitar-se de uma ausência de autoridade romana na região. Nem mesmo essa morte conseguira acabar com o movimento. Na época em que Josefo escrevia, os seguidores de Jesus continuavam existindo.

Além dos textos mencionados, temos de nos referir à existência do Josefo eslavo e de sua versão árabe. A última,[26] incluída por certo Agapio no século 10, coincide em grande parte com a leitura que fizemos de Josefo nas páginas anteriores. No entanto, é imprescindível mencionar que sua autenticidade é no mínimo problemática, embora não se possa simplesmente ignorar a possibilidade de que reproduza algum texto mais primitivo de Josefo do que o que possuímos. Sua tradução diz o seguinte:

> Houve nessa época um homem sábio chamado Jesus. Sua conduta era boa, e Ele era considerado virtuoso. Muitos judeus e pessoas de outras nações se tornaram seus discípulos. Aqueles que se tornaram seus discípulos não o abandonaram. Eles relataram que Ele lhes havia aparecido três dias após sua crucificação e que estava vivo; de acordo com isso, talvez tenha sido o Messias sobre quem os profetas haviam contado maravilhas.

Quanto à versão eslava,[27] pouca dúvida pode haver de que se trata de um conjunto de interpolações relacionadas não apenas a

---

[26] A esse respeito, veja: S. Pines, "An Arabic Version of the Testimonium Flavianum and Its Implications", em *Proceedings of the Israel Academy of Sciences and Humanities*, 2, 1966, e idem, "Un texte judéo-chrétien adapté par um théologien musulman", em *Nouvelles chrétiennes d'Israël*, 2-3, 1966, p. 12-20. Veja também S. P. Brock, *JThSt*, 23, 1972, p. 491.

[27] Para nosso estudo, utilizamos a tradução alemã feita pelos doutores Berendts e Grass, *Flavius Josephus vom Jüdischen Kriege, Buch I-IV, nach der slavischen èbersetzung*, Dorpat, Parte I, 1924-1926 e Parte II, 1927, bem como a tradução do Dr. Berendts, *Texte und Untersuchungen. Neue Folge*, vol. XIV, 1906; e a inglesa por H. St. J. Thackeray, *Josephus the Man and the Historian*, vol. III, Londres, 1979, p. 635ss.

Jesus, mas também aos primeiros cristãos. Certamente, foi avaliada de modo incomum e injustificado por parte de Robert Eisler (1929-1930), que pretendia basear nela algumas de suas teorias especiais sobre o caráter de Jesus e o movimento que se originou nele. No entanto, como um dos autores mais influenciados por Eisler afirmaria, "com algumas exceções notáveis, a tese do Dr. Eisler tem sido vigorosamente repudiada por eruditos de denominação cristã, judaica e agnóstica".[28]

A verdade é que o entusiasmo de Eisler por essa fonte e sua subsequente interpretação da figura de Jesus, como já mencionamos anteriormente, não chegaram a convencer nem mesmo seus imitadores. S. G. F. Brandon, em um trabalho de metodologia e conclusões altamente discutíveis, afirmou que em Josefo eslavo havia uma fonte mais próxima do original do que aquela que chegou até nós. Infelizmente, ele não apenas não fundamentou sua tese com um mínimo de convicção, mas também chegou a adulterar o conteúdo dessa fonte para fazê-la se encaixar em pressuposições do trabalho. Quanto a J. W. Jack, ele atribuiu o Josefo eslavo a uma falsificação consciente que a Igreja Ortodoxa teria utilizado para combater a heresia, contradizendo assim a tese de Eisler, que via a origem da difusão antes em um grupo de judaizantes. A explicação de J. W. Jack também não é convincente e, em termos gerais, parece ser um eco das teses demonstradas um ano antes por J. M. Creed.[29]

Certamente, e nisso há consenso quase unânime, não parece possível determinar se há algo nela que nos possa servir de fonte

---

[28]S. G. F. Brandon, 1951, p. 115.

[29]Para um estudo dos pontos de vista acima mencionados, veja: S. G. F. Brandon, *The Fall of Jerusalem and the Christian Church*, p. 114ss; J. W. Jack, *Historic Christ*, Londres, 1933; J. M. Creed, "The Slavonic Version of Josephus History of the Jewish War", em *The Harvard Theological Review*, XXV, 1932, p. 318-9.

histórica, uma vez que na obra *Guerra* aparecem passagens semelhantes às de *Antiguidades* e que também se faz referência a outros episódios adicionais. Embora algum aspecto dela pareça confirmar nossa reconstrução de Josefo (p. ex., são os discípulos, não Josefo, que afirmam que Jesus ressuscitou, obras milagrosas são atribuídas a Ele, Jesus é executado por Pilatos etc.), consideramos muito arriscado conceder-lhe qualquer valor documental de relevância.[30]

3. AS FONTES JUDAICAS (II): LITERATURA RABÍNICA[31]

Esse tipo de literatura é fruto da atividade docente, exegética e de compilação dos escribas e rabinos. Ela surgiu em grande parte do desejo de tornar a Bíblia acessível à vida cotidiana, e do estudo da própria Bíblia derivam consequências jurídicas (*halachah*) e histórico-teológicas (*haggadah*). A primeira está diretamente vinculada ao texto das Escrituras na forma de comentário ou é sistematizada por temas. Esse último modelo é o seguido pela Mishná, pela Toseftá e pelos dois Talmudes, obras que podem ser agrupadas sob o título de literatura talmúdica. Nelas a *haggadah* aparece intercalada com a *halachah*, mas em graus variados. A segunda se consolidou fundamentalmente na forma de interpretação da Bíblia. O comentário rabínico, tanto pela *haggadah* como pela *halachah*, é chamado de

---

[30] R. Eisler retornou a essa teoria em "Flavius Josephus on Jesus Called the Christ", em *JQR*, 21, 1930, p. 1-60, embora não se possa dizer que ele tenha acrescentado algo substancial às suas primeiras exposições.

[31] A bibliografia sobre literatura rabínica é muito extensa. Nesta seção, vamos nos referir apenas aos seus aspectos específicos. Para um estudo introdutório e limitado da Mishná, pode-se recorrer a F. Manns, *Pour lire la Mishna*, Jerusalém, 1984, e, em relação ao Talmude, a C. Vidal, *El Talmud*, Madri, 2019. Referências mais amplas, por temas e com mais profundidade podem ser encontradas em H. L. Strack e G. Stemberger, *Introducción a la literatura talmúdica y midrásica*, Valência, 1988. Os aspectos linguísticos são tratados magnificamente por M. Pérez Fernández, *La lengua de los sabios*, I, Valência, 1992.

midrash. A exegese popular e tradicional da Bíblia foi transmitida no *Targum*. Sua origem é certamente pré-cristã, mas, das compilações que chegaram até nós, a mais antiga não é anterior ao século 2 d.C.

Os materiais fornecidos pelas fontes rabínicas relacionados ao objeto de nosso estudo podem ser agrupados em dois tipos. Em primeiro lugar, deparamos com as referências diretas ao cristianismo judaico e a Jesus. Elas não são muito numerosas[32] e estão contaminadas pela controvérsia.

Assim, a pessoa de Jesus é, e este aspecto não pode ser minimizado, tratada com especial aspereza nos escritos rabínicos.[33] Primeiro, há uma clara insistência em considerar Jesus um bastardo,[34]

---

[32]Estamos naturalmente nos referindo às edições que não foram eliminadas pela censura papal durante a Idade Média. Para obter mais documentação sobre esse tema, veja: C. Vidal, *El Talmud*, Madri, 2019; G. Dalman, *Die Thalmudischen Texte (über Jesu)*, que foi publicado como um apêndice de Heinrich Laible, *Jesus Christus im Talmud*, Leipzig, 1900. Os mesmos textos com uma explicação mais extensa podem ser encontrados em R. Travers Herford, *Christianity in Talmud and Midrash*, Londres, 1905, p. 401-36: passagens originais; p. 35-96: tradução e notas; p. 344-69: resumo e análise histórica. Estudos úteis sobre esse aspecto histórico em Richard von der Alm, *Die Urteile heidnischer un jüdischer Schriftsteller der vier ersten christlichen Jahrhunderte über Jesus und die ersten Christen*, Leipzig, 1865; Daniel Chwolsohn, *Das Letzte Passamahl Christi und der Tag seines Todes*, Leipzig, 1908, p. 85-125, e Samuel Krauss, *Das Leben Jesu nach jüdischen Quellen*, Berlim, 1902, p. 181-94.

[33]Não incluímos entre os textos referentes a Jesus aqueles relacionados com "Ben Stada". Certamente, os amoraítas e especialmente Rab Jisda (217-309 d.C.) identificam esse personagem com Ben Pandera e Jesus (Shabat 104b; Sanhedrin 67a), mas está longe de ser provado que essa era a opinião dos tanaítas. Assim, Rabenu Tam (Shabat 104b) declara explicitamente que "esse não era Jesus de Nazaré" e, inclusive, apesar de seu caráter denegridor, o *Toldot Ieshu*, que foi escrito na Idade Média, não identifica Jesus com Ben Stada. Mantemos o ponto de vista de que Ben Stada é para os tanaítas o falso profeta egípcio citado por Josefo em *Antiguidades*, XX, 8, e *Guerra*, II, 12. Nessa mesma linha, J. Derenbourg, *Essai sur l'histoire de la Palêstine*, Paris, 1867, p. 478; H. P. Chajes, em seu artigo "Ben Stada", em *Ha-Goren*, de S. A. Horodetski, Berdichev, 1903, IV, p. 33-7; e R. T. Herford, *Christianity in Talmud and Midrash*, p. 345.

[34]Já estudei anteriormente o tema da influência dessa acusação na teologia

sua mãe uma adúltera[35] e seu pai um legionário romano chamado Pantera. J. Klausner,[36] que tentou amenizar, sem sucesso em nossa opinião, a visão negativa que a literatura rabínica apresenta sobre Jesus, tem insistido, como outros autores, que o nome "Pantera" viria de uma corrupção de *parthénos* (virgem). A origem dessa deformação derivaria do fato de que os cristãos acreditavam que Jesus era filho de uma virgem. Sem entrar em detalhes sobre a veracidade da tese de Klausner (em nossa opinião, pelo menos plausível), parece emergir, por um lado, uma visão do nascimento de Jesus entre seus seguidores que se assemelharia (se é que não era igual) à de Mateus (capítulos 1 e 2) e à de Lucas (capítulos 1 e 2), lido à luz de Mateus, enquanto seus opositores insistiriam no aspecto irregular do evento, um problema que parece ser de certa antiguidade e que alguma fonte (João 8.41) já situa como existente durante a vida de Jesus.[37]

Certamente, as fontes talmúdicas apontam para a crença em virtudes taumatúrgicas associadas à pessoa de Jesus, mas elas são vistas de uma perspectiva hostil. Em Sanhedrin 107b e Sotah 47b, somos informados de que "Ieshu praticou feitiçaria e sedução e levou Israel pelo mau caminho", dados que aparecem repetidos em Sanhedrin 43a, onde também somos informados de que "na véspera da Páscoa eles penduraram Ieshu". A descrição talmúdica — que reconhece o poder taumatúrgico de Jesus, mas o associa a uma fonte perversa

---

judaico-cristã posterior e, mais especificamente, na mariologia. A esse respeito, veja: César Vidal, "La figura de María en la literatura apócrifa judeo-cristiana de los dos primeros siglos", em *Ephemerides Mariologicae*, vol. 41, Madri, 1991, p. 191-205; e idem, "María", em *Diccionario de las tres religiones*, Madri, 1993.

[35] Veja especialmente: Yevamot IV, 3; 49a.

[36] J. Klausner, *Jesus of Nazaret*, 1971, p. 45ss. e 23ss.

[37] Numa linha semelhante, puderam ser entendidos os dados referentes a um bastardo que aparecem no Tratado de Kalá, ed. Koronel, p. 18b; Kalá, Talmud, ed. Ram, p. 51a; Baté Midrashot, ed. S. A. Wertheimer, Jerusalém, 1895. No entanto, acreditamos que muito provavelmente não se refira de fato a Jesus.

— não só lembra consideravelmente os dados contidos nos Evangelhos (Mateus 9.34; 12.24; Marcos 3.22), mas também concorda com informações que encontramos a esse respeito em autores cristãos como Justino (*Diálogo com o judeu Trifão*, LXIX). De maneira semelhante, nos foi transmitida na literatura rabínica uma visão negativa das afirmações de Jesus, que são explicitamente condenadas. Assim, o Yalkut Shimeoni (Salonika) parágrafo 725 sobre *va-yisá meshaló* (Números 23.7), de acordo com o Midrash Ielamdenu,[38] inclui a notícia de que "estava tentando fazer-se Deus para que o mundo inteiro fosse pelo caminho mau" e acrescenta que não poderia ser Deus, já que este não mente, ao passo que "se Ele diz que é Deus, é um enganador e mente; ele disse que iria e voltaria finalmente. Disse e não fez". Os ecos da passagem têm, novamente, paralelos claros no Novo Testamento e, mais especificamente, em relação às questões da autoconsciência de Jesus (especialmente com sua divindade) e da parúsia. Logicamente, e a partir dessas suposições, deveríamos esperar uma condenação clara de Jesus e, de fato, é isso que encontramos nas mesmas fontes. Assim, no Gittin [ou Guitim] (56b-57a) apresenta-se o mesmo — que "zombou das palavras dos sábios" e que era "um transgressor de Israel" — atormentado em meio a excrementos em ebulição.

Portanto, o quadro geral é evidente. As fontes rabínicas aceitam muitos dos dados também contidos em fontes cristãs como verdadeiros, mas os reinterpretam com um resultado radicalmente diferente. Assim, deparamos com a ideia de que certamente Jesus nascera em circunstâncias estranhas, mas esse fato não teria sido mais do que consequência do adultério cometido por sua mãe com um soldado das forças de ocupação romanas, um tal Pantera. Também era verdade que Jesus havia realizado curas e outros atos

---

[38] Citado em Dalman, *Die Thalmudischen Texte (über Jesu)*, p. 1011, e Herford, *Christianity in Talmud and Midrash*, p. 404.

miraculosos, mas essa suposição[39] se devia ao seu caráter de feiticeiro. Da mesma forma, se havia atraído um bom número de seguidores, isso deveria ser atribuído à sua capacidade de sedução e à sua flexibilidade indesculpável em relação à Torá. Finalmente, se havia se igualado a Deus e prometido voltar, tudo que conseguiu foi revelar que era um farsante perigoso, algo que justificava suficientemente o fato de ter sido executado e de agora estar sofrendo tormentos em meio a excrementos em estado de ebulição.

---

[39]Em relação aos milagres de Jesus, de uma perspectiva histórica diferente (em geral, todos concordam com o fato de que Jesus realizou curas, mas disso tiram conclusões diferentes), cf: J. Klausner, *Jesús de Nazaret*, p. 253ss; M. Smith, *Jesús el mago*, Barcelona, 1988, p. 106ss; F. F. Bruce, *New Testament History*, Nova York, 1980, p. 71ss. e idem, *¿Son fidedignos los documentos del Nuevo Testamento?*, Miami, 1972, p. 59ss; H. C. Kee, *Miracle in the Early Christian World*, New Haven, 1983; G. Theissen, *The Miracle Stories of the Early Christian Tradition*, Filadélfia, 1983; D. Wenham e C. Blomberg (eds.), *Gospel Perspectives 6: The Miracles of Jesus*, Sheffield, 1986. Duas visões teológicas diferentes sobre o assunto em A. Richardson, *Las narraciones evangélicas sobre los milagros*, Madri, 1974, e J. I. González Faus, *Clamor del reino: estudio sobre los milagros de Jesús*, Salamanca, 1982. Análises mais sucintas em C. Vidal, "Curación", "Jesús" e "Milagros", em *Diccionario de las tres religiones monoteístas*, Madri, 1993, e idem, "Milagros", em *Diccionario de Jesús y los Evangelios*, Estella, 1994.

APÊNDICE 2

Algumas questões relacionadas ao NASCIMENTO *de* JESUS

1. A DATA DE NASCIMENTO DE JESUS

De uma perspectiva histórica, o nascimento de Jesus levanta uma série de questões relativamente secundárias, mas que não podemos ignorar. Para começar, temos o ano de seu nascimento. Não sabemos exatamente a data em que Jesus nasceu. Nossa datação, proveniente de Dionísio Exíguo, é equivocada, e tudo faz crer que Jesus realmente nasceu antes do início da era cristã. Se aceitarmos como verdadeiro o fato de que seu nascimento ocorreu quando Herodes, o Grande, ainda vivia (37-4 a.C.), podemos estabelecer como data hipotética algo situado por volta de 6-7 a.C., circunstância que não deixa de ser interessante na medida em que corresponde a um fenômeno astronômico que alguns autores identificaram com a estrela de Belém.

Na noite de 17 de dezembro de 1603, o astrônomo Kepler estava sentado no Hrasdchin de Praga observando a conjunção de dois planetas — Saturno e Júpiter — que ocorria na constelação de Peixes. Enquanto se esforçava para calcular suas posições, Kepler deparou com um escrito do rabino Abarbanel, o qual declarava que o nascimento do Messias deveria ocorrer precisamente nessas circunstâncias cósmicas.

Por ser cristão, tal fato chamou a atenção de Kepler, e ele não pôde deixar de se perguntar se o nascimento de Jesus teria ocorrido em uma data em que um fenômeno semelhante teria acontecido. Fazendo seus cálculos astronômicos, Kepler descobriu que uma conjunção semelhante ocorrera em 6-7 a.C., o que o levou a perceber que aquela data se encaixava perfeitamente com os dados fornecidos pelo Evangelho de Mateus, já que este texto — o primeiro do Novo Testamento — diz efetivamente que Jesus nasceu quando Herodes, o Grande, ainda reinava.

Em 1925, P. Schnabel foi ainda mais preciso do que Kepler. Entre outras obras, esse estudioso decifrou alguns escritos cuneiformes da escola de astrologia de Sippar, na Babilônia. Neles havia referência a tal conjunção do ano 7 a.C. e a afirmação de que Júpiter e Saturno tornaram-se visíveis por um período de cinco meses. De fato, até o final de fevereiro do ano 7 a.C., a referida constelação estava cruzando o firmamento. Em 12 de abril, os dois planetas fizeram seu nascer helíaco a uma distância de 8 graus de longitude na constelação de Peixes. Em 29 de maio, a primeira aproximação foi vista por duas horas. A segunda conjunção ocorreu em 3 de outubro, do Yom Kippur judaico ou Festa da Expiação. No dia 4 de dezembro, foi vista pela terceira e última vez.

A mesma conjunção foi vista pelos magos — não reis — de quem fala o Evangelho de Mateus, personagens que não praticavam artes ocultas, mas pertenciam à tribo meda, de mesmo nome, já mencionada por Heródoto, e que, aparentemente, possuíam conhecimentos de astronomia. Mais uma vez, os dados se enquadravam com o Evangelho de Mateus e inclusive explicariam como os magos puderam ver a chamada "estrela" e segui-la durante meses até chegarem à Palestina. Ela teria aparecido em várias ocasiões — a primeira chamando a atenção deles, e a última indicando-lhes onde estava o menino. Desse modo, portanto, Jesus teria nascido em maio ou outubro do ano 7 a.C. — mais provavelmente na primeira data — e, como afirma o primeiro livro do Novo Testamento, seu nascimento foi acompanhado pela visão de uma estrela no céu, uma estrela rastreada pelos magos.

Porém, mais importante que esses dados é o fato de que, como já dissemos, Jesus nasceu precisamente na época em que o Messias deveria nascer, de acordo com a profecia contida em Gênesis 49.10 e a profecia das setenta semanas de Daniel.

2. A CONCEPÇÃO VIRGINAL DE JESUS

Para muitos cristãos, a referência ao nascimento de Jesus obriga a se pensar no dogma que afirma que sua mãe o concebeu sendo virgem. Esse assunto é muito delicado, por vários motivos. Para começar, é impossível abordar o tema em termos históricos, mas ao mesmo tempo é imensamente significativo para milhões de pessoas que se consideram seguidoras de Jesus.

O que o historiador pode dizer sobre esse tema? Em primeiro lugar, que, sem nenhuma dúvida, tal afirmação tem sido de grande importância em certas confissões, mas que, ao mesmo tempo, não parece ter sido nada relevante para os primeiros discípulos. Dos quatro Evangelhos canônicos, João e Marcos não contêm qualquer referência a essa crença, e o mesmo pode ser dito das Cartas de Paulo, de Pedro, de João, de Tiago, de Judas ou da Carta aos Hebreus. Somente Mateus se refere explicitamente a esse fato, com base na profecia de Isaías 7.14, e possivelmente tal crença também seja encontrada em Lucas, embora somente se torne evidente quando se lê essa fonte à luz do que está contido em Mateus.

São diversas as teorias que tentam explicar essas poucas referências — além da fé na concepção da virgem. O estudioso judeu Geza Vermes sugeriu, por exemplo, que o termo "virgem" devia ser entendido como referência a uma menina que não tivesse ainda menstruado. Assim, o relato de Mateus não diria que Jesus foi concebido de maneira virginal, mas simplesmente que sua mãe havia se casado antes de menstruar pela primeira vez. A teóloga feminista Jane Schaberg[1] alega que a concepção de Jesus foi fruto de uma violação ou, talvez, de relações extraconjugais de Maria.[2] Assim, a doutrina da concepção virginal pretendia apenas ocultar um nascimento ilegítimo.[3]

Claro, é verdade que alguns dos contemporâneos de Jesus espalharam a tese de que seu nascimento estaria envolto em certa irregularidade — o que se encaixa bem com os dados do Evangelho, no sentido de que Maria engravidou antes de se casar com José e que depois contraiu núpcias com ele — e que usaram essa circunstância para tentar caluniá-lo (João 8.41). Por volta do ano 178 d.C., usando fontes judaicas, Celso chegou a afirmar que Jesus era filho de um tal Pandera, que poderia ser um legionário romano. Com o passar do tempo, os adversários judeus de Jesus teceriam lendas ultrajantes contra Ele e sua mãe, que aparecem escritas no Talmude e em textos medievais, como *Toledot Iesu*, e sobre as quais há um consenso praticamente generalizado de que são desprovidas de base. Como já vimos, o estudioso judeu Klausner levantou a hipótese de que Ben Pandera nada mais é do que uma corrupção de Ben Parzenos (o filho de virgem), denominação pela qual, muito possivelmente, Jesus era conhecido já no século 2. Transformar a palavra grega *parthénos* em Pandera ou Pantera e transformá-lo em filho ilegítimo era uma maneira fácil de ultrajar a memória de Jesus, mas desprovida de base histórica. Também não se deve esquecer que a tese de um Jesus filho de um legionário romano foi precisamente a que defenderam não apenas os judeus inimigos do cristianismo, mas também, oficialmente, alguns dos teóricos do

---

[1] *The Illegitimacy of Jesus. A Feminist Theological Interpretation of the Infancy Narratives*, São Francisco, 1987.
[2] Ibidem, p. 152.
[3] Ibidem, p. 197.

nacional-socialismo alemão, na medida em que permitia transformar Jesus em um judeu ariano que confrontara os judeus. Como em tantas ocasiões, a História — e a teologia — estavam longe de ser neutras e continham aspectos perigosos.

Em termos históricos, podemos considerar rigorosamente verdadeiros os dados que afirmam que o pai legal de Jesus era um artesão — melhor do que carpinteiro — chamado José, que possivelmente morreu quando Jesus ainda era criança ou muito jovem, e que sua mãe era uma jovem chamada Maria, e também que a concepção do menino ocorreu antes do casamento, o que encorajou calúnias sobre sua legitimidade. O historiador rigoroso não pode ir além desses dados, embora, sem dúvida, o faça a fé que acredita em uma concepção virginal ou a fantasia delirante determinada a considerar Jesus o filho de um Pandera que não existe.

3. O CENSO DE CIRÊNIO (QUIRINO)

Costuma ser relativamente comum acusar Lucas de ter inventado o relato do nascimento de Jesus em Belém e de ter cometido um erro grave ao relacioná-lo a um censo fiscal realizado por Cirênio (Quirino), que foi governador já no século 1 d.C. A verdade, porém, é que todos os ataques às afirmações contidas em Lucas 2.1-7 foram refutados já no século 19, a partir dos trabalhos do arqueólogo e historiador William Ramsay.[4] A realidade histórica é que Lucas nos fornece dados que são exatos e que se encaixam com a época. Assim, em primeiro lugar, o censo de que fala não é o fiscal mencionado por outras fontes, mas um censo para contagem de habitantes. Em segundo lugar, esse censo incluiu a Judeia, apesar de não estar sujeita a Roma, mesmo porque os reinos fiscais

---

[4] W. M. Ramsay, *Was Christ Born at Bethlehem*, Grand Rapids, 1979 (1. ed. 1898) e W. M. Ramsay, *Luke the Physician and Other Studies in the History of Religions*, Grand Rapids, 1979 (1. ed. 1908).

sempre forneciam esses dados ao Império Romano, conforme nos informou o historiador romano Tácito. Em terceiro lugar, o censo foi conduzido de acordo com os costumes judaicos, o que implicava ir para a cidade natal. Finalmente, Cirênio não exerceu funções de governo na Síria no ano 6 d.C., mas — como mostram várias inscrições arqueológicas — desempenhou essas funções primeiro do ano 10 a 7 a.C., na categoria de chefe militar, e a partir do ano 6 d.C. como governador. Na verdade, a *Lapis Tiburtinus* mostra o *Iterum Syriam* (segunda vez na Síria) de Cirênio.[5] Longe de ter se equivocado, Lucas nos fornece uma informação histórica de precisão meticulosa que também nos permite situar o nascimento de Jesus em uma data por volta de 7-6 a. C., que coincide com o fenômeno astronômico estudado por Kepler.

4. As duas genealogias de Jesus

Os Evangelhos de Mateus e Lucas apresentam duas genealogias diferentes de Jesus. Essas discrepâncias foram explicadas de várias maneiras ao longo dos séculos. Desde Júlio Africano, argumentou-se que as duas genealogias correspondiam a José, embora diferissem na aplicação da lei do levirato. De acordo com essa tese, Eli e Jacó seriam meios-irmãos e Jacó teria se casado com a viúva de Eli. Dessa forma, Eli teria sido o verdadeiro pai de José, mas a descendência seria atribuída, de acordo com a Torá, a Jacó. Em uma genealogia encontraríamos a ascendência legal de José, e na outra, a verdadeira ascendência física. Com diferentes variantes e nuances, essa tese foi apresentada por autores distintos, e sua credibilidade não pode ser negada.

Todavia, do nosso ponto de vista, há outra hipótese mais razoável que seria atribuir a genealogia de José a Mateus e a genealogia

---

[5] O texto latino aparece reproduzido com outros semelhantes em W. M. Ramsay, *Was Christ Born at Bethlehem*, p. 273ss.

de Maria a Lucas. Se olharmos bem, a ênfase dos eventos em torno do nascimento de Jesus enfatiza um ou outro dos dois personagens em cada um dos Evangelhos. É verdade que Mateus diz que o Messias nasceria de uma virgem, mas José é o personagem central da história. Por outro lado, em Lucas, Maria é quem chama a atenção do autor, que nos fornece inclusive detalhes que não aparecem nos outros Evangelhos. Somos da opinião de que Lucas pôde ter acesso ao testemunho oral de Maria quando buscava materiais para seu Evangelho, aproveitando a prisão não inferior a dois anos de Paulo em Cesareia. Assim, enquanto Mateus — escrevendo para os judeus — registrou a ascendência legal de Jesus, Lucas teria registrado a indiscutível, a de Maria.

APÊNDICE 3

JESUS e as PROFECIAS MESSIÂNICAS

Historicamente, não faltaram personagens alegando ser o Messias anunciado nas Escrituras. Não há exemplos antes de Jesus, mas depois de sua morte eles abundaram desde o século 1 até o final do século 20, quando morreu Menajem Mendel Schneerson, um personagem cujos seguidores judeus consideravam o Messias da época. Ao todo, os supostos messias foram cerca de cinquenta ao longo de vinte séculos.[1] Por que os seguidores judeus de Jesus creram que Ele era o Messias? Além das aparições da Páscoa, a razão principal foi a convicção de que Jesus havia cumprido as profecias messiânicas contidas nas Escrituras hebraicas (Lucas 24.25-32). Nas próximas páginas, fiz uma lista de alguns exemplos — nem perto de tudo o que se poderia citar — dessas profecias, que permitem entender o nível de certeza que aqueles primeiros seguidores de Jesus tinham de que Ele era o Messias.

---

[1] J. Rabow, *50 Jewish Messiahs*, Jerusalém e Nova York, 2002.

Profecias 1 a 8: A linhagem do Messias

O Messias que devia redimir Israel e, diga-se de passagem, toda a humanidade, é apresentado com notável precisão nas Escrituras, textos escritos entre quinze e dez séculos antes do nascimento de Jesus. Nas linhas a seguir, incluem-se o texto da profecia messiânica e, em paralelo, seu cumprimento na pessoa de Jesus.

1. Nascido de mulher.
Ao contrário do que se considera em outras religiões, as Escrituras de Israel não depositavam a esperança de redenção em um ser angelical ou mítico. Essa esperança derivaria de um homem, nascido de uma mulher, que teria de enfrentar um terrível combate com a Serpente.

- GÊNESIS 3.15
  E porei inimizade entre ti e a mulher, e entre a tua descendência e o seu descendente; este te ferirá a cabeça, e tu lhe ferirás o calcanhar.

- GÁLATAS 4.4
  Mas, vindo a plenitude dos tempos, Deus enviou seu Filho, nascido de mulher, nascido sob a lei.

2. Nascido de Abraão.
Esse salvador — que redimiria todo o gênero humano — seria um descendente de um habitante desconhecido de Ur dos caldeus, cujo nome era Abraão, uma pessoa que havia deixado sua família e sua pátria para obedecer ao único Deus dezoito séculos antes do nascimento de Jesus.

- GÊNESIS 22.18
  Em tua descendência serão benditas todas as nações da terra, porque obedeceste à minha voz.

- GÁLATAS 3.16
  As promessas foram feitas a Abraão e a seu descendente. Não diz: E a seus descendentes, como de muitos; mas como de um: E à tua semente, que é Cristo.

3. Nascido de Isaque.

Abraão, porém, teve um filho de Hagar — Ismael — e outro de Sara — Isaque —, além de outros posteriormente de Quetura. Em teoria, o Messias poderia ter descendido de qualquer um deles, mas as Escrituras afirmam que sua ascendência estaria relacionada a Isaque, o filho de Sara.

- GÊNESIS 21.12

    E disse Deus a Abraão: Não te pareça isso mal por causa do moço e tua serva; em tudo o que Sara te disser, escuta-a, porque de Isaque virá a tua descendência.

- LUCAS 3.23,24

    E o mesmo Jesus tinha quase trinta anos, filho de José, como se acreditava; que foi filho de Eli [...] Que foi de Judá, que foi de Jacó, que foi de Isaque, que foi de Abraão, que foi de Terá, que foi de Naor...

4. Nascido de Jacó.

Assim como Abraão, seu pai, Isaque também teve vários filhos. O mais velho se chamava Esaú — de quem emanaria o reino de Edom — e o mais jovem foi Jacó. As Escrituras mostram mais uma vez a linha pela qual o Messias viria. Seria a de Jacó.

- NÚMEROS 24.17

    Eu o verei, mas não agora; olharei para Ele, mas não de perto: A ESTRELA sairá de Jacó, e o cetro de Israel se levantará.

- LUCAS 3.23,24

    E o mesmo Jesus tinha quase trinta anos, filho de José, como se acreditava; que foi filho de Eli...

    Que foi de Judá, que foi de Jacó, que foi de Isaque, que foi de Abraão, que foi de Terá, que foi de Naor...

5. Nascido na tribo de Judá.

Jacó, por sua vez, teve filhos — os doze patriarcas — e também descendentes femininos, como Diná. No entanto, o Messias profetizado viria por meio de Judá.

- **GÊNESIS 49.10**
  O cetro não será tirado de Judá, nem o legislador de entre seus pés até que venha Siló, e a ele se juntarão os povos.

- **LUCAS 3.22,23**
  E o Espírito Santo desceu sobre ele em forma corpórea, como uma pomba, e se escutou uma voz do céu que dizia: Tu és meu Filho amado, em quem me comprazo. E o próprio Jesus tinha quase trinta anos, filho de José, como se acreditava; que era filho de Eli.
  Que foi de Judá, que foi de Jacó, que foi de Isaque, que foi de Abraão, que foi de Terá, que foi de Naor...

6. Nascido da linhagem de Isaí.

De toda a tribo de Judá, filho de Jacó, o Messias teria que vir de uma família específica, a de Isaí ou Jessé.

- **ISAÍAS 11.1**
  E brotará um rebento do tronco de Jessé, e das suas raízes um renovo frutificará.

- **LUCAS 3.23,32**
  E o próprio Jesus tinha quase trinta anos, filho de José, como se acreditava; que era filho de Eli...
  Que foi de Davi, que foi de Jessé, que foi de Obede, que foi de Boaz, que foi de Salmom, que foi de Naassom...

7. Nascido da casa de Davi.

Isaí (Jessé) teve diversos filhos, mas o Messias — de acordo com as Escrituras — viria de um filho muito específico, de Davi.

- **JEREMIAS 23.5**
  Vêm dias, diz YHWH, em que levantarei a Davi um renovo justo, que governará como Rei, que será abençoado e executará juízo e justiça na terra.

- **LUCAS 3.23,31**
  E o próprio Jesus tinha quase trinta anos, filho de José, como se acreditava; que era filho de Eli...

Que foi de Davi, que foi de Jessé, que foi de Obede, que foi de Boaz, que foi de Salmom, que foi de Naassom...

8. Os filhos da mãe do Messias não creriam nele.

De forma bem reveladora, os filhos da mãe do verdadeiro Messias não creriam nele.

- SALMOS 69.8,9
  Tenho sido estranho para meus irmãos e desconhecido para os filhos de minha mãe. Porque me consumiu o zelo pela tua casa.

- JOÃO 7.3-5
  E lhe disseram seus irmãos: Sai daqui e vai para a Judeia, para que também os teus discípulos vejam as obras que fazes; porque ninguém que busca ser conhecido faz algo em secreto. Se fazes essas coisas, manifesta-te ao mundo. Porque nem mesmo seus irmãos criam nele.

- JOÃO 2.16,17
  E disse aos que vendiam pombas: Tirai isso daqui e não transformeis a casa de meu Pai em um mercado. Então, os seus discípulos se lembraram do que está escrito: O zelo pela tua casa me consome.

PROFECIAS 9 A 15: O LUGAR E A ÉPOCA DO NASCIMENTO DO MESSIAS

Se as profecias anteriores — todas cumpridas por Jesus — delineavam claramente a linhagem à qual o Messias deveria pertencer, as que examinaremos a seguir indicam o lugar onde Ele deveria nascer e a época específica em que esse fato deveria ocorrer.

9. Nascido em Belém.

Dadas as circunstâncias de sua filiação, o Messias poderia ter nascido em qualquer parte do mundo. Jerusalém, é claro, teria sido um local ideal, visto que era a capital do reino de Judá, mas não teria sido absurdo o Messias ter aberto os olhos e visto a luz pela primeira vez no exílio. Afinal de contas, Ezequiel havia profetizado no exílio, e aspectos essenciais do que conhecemos como judaísmo do

Segundo Templo, o mesmo em que Jesus nasceu, foram concretizados. No entanto, as Escrituras — oito séculos antes do nascimento de Jesus — afirmaram que o lugar onde Ele nasceria seria Belém. Não apenas isso. A profecia de Miqueias nos obriga a pensar que o Messias é um personagem que existia antes de sua encarnação.

- MIQUEIAS 5.2

    Mas tu, Belém Efrata, pequena entre os milhares de Judá, de ti me sairá aquele que será Senhor em Israel, cujas saídas são desde o princípio, desde os dias da eternidade.

- MATEUS 2.1

    E quando Jesus nasceu em Belém da Judeia, nos dias do rei Herodes...

10. Nascido quando não havia um rei judeu.

O nascimento do Messias aconteceria em um momento muito especial. Apesar de vir da linhagem de Davi, Ele não sucederia no trono alguém que pertencesse a essa linhagem. Na verdade, quando Ele nascesse, o cetro que estaria governando os judeus não se encontraria nas mãos de um judeu. De um modo verdadeiramente revelador, Jesus nasceu no único período da história universal em que existiu um reino judaico cujo monarca não era judeu. Tratava-se do idumeu Herodes. Tal circunstância não ocorreria nem antes nem depois na História.

- GÊNESIS 49.10

    O cetro não será tirado de Judá, nem o legislador de entre seus pés até que venha Siló...

- MATEUS 2.1

    E, quando Jesus nasceu em Belém da Judeia, nos dias do rei Herodes...

11 a 15: Nasceu quando o Templo ainda estava de pé.

Ao mesmo tempo em que o poder real de Judá não estaria nas mãos de um judeu quando o Messias chegasse, o Templo estaria de pé. Essa circunstância era obviamente relevante porque nem sempre houve um Templo em Jerusalém — atualmente, por exemplo, não há Templo — e porque a experiência histórica de Israel era de que ele poderia ser destruído e permanecer assim por décadas. Como se não bastasse, o Templo foi assolado novamente cerca de quatro décadas após a crucificação de Jesus e não foi reconstruído desde então. Contudo, quando o Messias nascesse, o templo deveria existir, de acordo com as Escrituras.

- **11. MALAQUIAS 3.1**
  Eis que envio o meu mensageiro, que preparará o caminho diante de mim; e então virá a seu templo o Senhor a quem vós buscais, e o anjo da aliança a quem desejais. Ele vem, disse YHWH, o Senhor dos Exércitos.

- **12. SALMOS 118.26**
  Bendito o que vem em nome de YHWH: da casa de YHWH vos bendizemos.

- **13. DANIEL 9.26**
  E depois de sessenta e duas semanas a vida do Messias será tirada, não por si: e o povo de um príncipe que há de vir destruirá a cidade e o templo.

- **14. AGEU 2.7-9**
  E abalarei todas as nações, e virá o Desejado de todos os povos; e encherei esta casa (o templo) de glória, disse YHWH, o Senhor dos Exércitos. Minha é a prata, e meu é o ouro, diz YHWH, o Senhor dos Exércitos. A glória desta última casa será maior do que a da primeira, diz YHWH, o Senhor dos Exércitos; e darei paz neste lugar, diz YHWH, o Senhor dos Exércitos.

- **15. ZACARIAS 11.13**
  E me disse YHWH: Atira ao tesoureiro o belo preço pelo qual me avaliaram. E tomei as trinta moedas de prata e as dei ao tesoureiro da casa de YHWH.

Não deixa de ser expressivo o fato de a época do nascimento do Messias não ter passado despercebida aos sábios de Israel antes e depois de Jesus. Por exemplo, em Lamentações Rabbah 1,51, p. 36, afirma-se claramente que o Siló de Gênesis 49.10, que nasceria quando o cetro de Israel estivesse nas mãos de um não judeu, é o Messias. Nem é menos expressivo o reconhecimento de Gênesis Rabbah 85,1, no sentido de que "antes que o último proprietário de escravos (Tito) nascesse", teria nascido o Messias; ou a referência talmúdica registrada por Martin Buber no sentido de que "todos os prazos da redenção já passaram".[2] Na realidade, de acordo com as Escrituras, o Messias devia nascer em uma época muito específica. É de grande relevância que, apesar das dezenas de pretendentes messiânicos que surgiram ao longo da História, somente Jesus tenha nascido nessa época.

PROFECIAS 16 A 21: CIRCUNSTÂNCIAS RELACIONADAS AO MINISTÉRIO DO MESSIAS

Além da linhagem, época e local do nascimento do Messias, as Escrituras também indicam algumas circunstâncias que caracterizariam seu ministério.

16. Seria precedido por um mensageiro que pregaria no deserto.

- ISAÍAS 40.3

    Voz que clama no deserto: preparai um caminho para YHWH; endireitai no ermo vereda ao nosso Deus.

- MATEUS 3.1,2

    E naqueles dias veio João Batista, pregando no deserto da Judeia, e dizendo: Arrependei-vos, porque o reino dos céus está próximo.

17. O ministério do Messias começaria na Galileia.

As Escrituras mencionavam que o ministério do Messias devia começar na Galileia, uma terra especialmente castigada pela ação

---

[2] M. Buber, *Tales of the Hasidim*, Nova York, 1948, II, p. 72.

das potências inimigas de Israel e também com as que lhe faziam fronteira. De modo expressivo, o Messias não apenas confortaria os aflitos, mas também seria achegado àqueles que não faziam parte de Israel. Trata-se do cumprimento da profecia que aparece destacado em fontes judaicas como o Zohar 1,119a. Quanto à identificação do texto de Isaías 9.1ss. com o Messias, existe uma linhagem judaica antiga. Assim indica, por exemplo, o testemunho de R. Yose, o galileu mostrado em Pereq Shalom, p. 101.

- ISAÍAS 9.1,2,6
  Zebulom e a terra de Naftali [...] junto ao mar, além do Jordão, na Galileia dos gentios, o povo que andava em trevas viu uma grande luz; e sobre os que habitavam na terra da sombra da morte brilhou uma luz [...] porque um filho nasceu para nós, um filho nos foi dado, e o domínio repousará sobre seus ombros, e ele será chamado Admirável Conselheiro, Deus Forte, Pai Eterno, Príncipe da Paz...

- MATEUS 4.12,13,17
  Porém, ao ouvir que João estava preso, Jesus voltou à Galileia e, deixando Nazaré, veio e habitou em Cafarnaum, cidade marítima, nos limites de Zebulom e Naftali. [...] Desde então, Jesus começou a pregar, e a dizer: Convertei-vos, porque o reino dos céus está próximo.

18. Ele operaria milagres.

Outra marca da redenção trazida e anunciada pelo Messias seria a realização de milagres.

- ISAÍAS 35.5,6
  Então, os olhos dos cegos se abrirão, e o mesmo acontecerá com os ouvidos dos surdos. Então, o coxo pulará como um cervo, e a língua do mudo cantará...

- MATEUS 9.35
  E Jesus percorria todas as cidades e aldeias, ensinando nas sinagogas, pregando o evangelho do reino e curando todas as enfermidades e doenças do povo.

19. Ensinaria com parábolas.
De modo bem significativo, o Messias utilizaria o *mashal* ou parábola como forma de ensino.

- SALMOS 78.2
    Abrirei minha boca em parábolas; falarei mistérios de antigamente.
- MATEUS 13.34
    Todas estas coisas falou Jesus às pessoas em parábolas, e sem parábolas não lhes falava.

20. Ele se apresentaria no templo.
O Messias não apenas viria em um momento em que o Templo estaria de pé — isto é, antes do ano 70 d.C., em que foi destruído pelas legiões romanas de Tito —, mas também o visitaria.

- MALAQUIAS 3.1
    Eis que envio o meu mensageiro, que preparará o caminho diante de mim; e então virá a seu templo o Senhor a quem vós buscais, e o anjo da aliança a quem desejais. Ele vem com certeza, disse YHWH, o Senhor dos Exércitos.
- MATEUS 21.12
    E Jesus entrou no templo de Deus, expulsou todos os que nele vendiam e compravam e virou as mesas dos cambistas e os assentos dos que vendiam pombas.

21. O Messias entraria em Jerusalém montado em um jumento.
Como rei da paz, o Messias não entraria em Jerusalém em uma montaria militar como um cavalo, mas em um jumento. A identificação do texto de Zacarias 9.9 com uma profecia messiânica tem paralelos claros na teologia judaica incluída no Talmude e em escritos posteriores como o Zohar 3.69a.

- ZACARIAS 9.9
    Alegra-te muito, filha de Sião; lança vozes de júbilo, filha de Jerusalém, porque teu rei virá a ti, justo e salvador, humilde e montado em jumento, sobre um jumentinho, filho de uma jumenta.

- LUCAS 19.35-37
E o levaram a Jesus; e, depois de colocarem suas vestes sobre o jumentinho, o montaram nele. E, à medida que ia se deslocando, estendiam suas capas pelo caminho. Quando estavam se aproximando da descida do monte das Oliveiras, toda a multidão dos discípulos, repleta de alegria, começou a louvar a Deus em alta voz por todas as maravilhas que tinham visto.

PROFECIAS 22 A 49: CIRCUNSTÂNCIAS RELACIONADAS À MORTE DO MESSIAS

Como vimos, a ideia da morte do Messias estava muito enraizada no judaísmo anterior a Jesus. Tanto os essênios de Qumran — dos quais procedem os documentos do mar Morto — quanto a literatura rabínica referem-se a um Messias que sofreria e daria sua vida pelo povo. Não somente isso. Esse Messias está associado ao Servo sofredor de YHWH (Isaías 52.13—53.12). A esse respeito, não deixa de ser expressivo que R. Patai dedique um capítulo inteiro a esse tema em seu estudo sobre o Messias judeu.[3] Em 4Esdras 7.27-30, é mencionado precisamente como "o Messias" a quem Deus chama de "Filho" morrerá. Em Yerushalmi Suk 55b e Babli Suk 52a, Zacarias 12.10 é interpretado como uma profecia referente à morte do Messias. No que diz respeito aos textos de Isaías 53, estes se relacionam ao Messias em diversas fontes judaicas, inclusive o Talmude (Sanhedrin 98b). Neste, de fato, os discípulos de Judah ha-Nasí veem o Messias em Isaías 53. O mesmo pode-se dizer de passagens como o Midrash de Rute 2.14 e Pesiqta Rabbati 36. De modo bem expressivo, a tradição judaica mais antiga insistia nos sofrimentos e na morte do Messias e em sua identificação com o Servo de Isaías 53.

---

[3] R. Patai, *The Messiah Texts*, Detroit, 1979, p. 104ss.

22 e 23. Traído por um amigo.

O Messias seria traído por um de seus amigos mais próximos.

- SALMOS 41.9

    Até o homem da minha paz, em quem eu confiava, que comia do meu pão, ergueu o calcanhar contra mim.

- SALMOS 55.12,13

    Porque não fui afrontado por um inimigo, que eu teria suportado; nem se levantou contra mim aquele que me odiava, porque eu teria me escondido dele, mas tu, homem, que eras meu amigo íntimo...

- MATEUS 10.2,4

    E os nomes dos doze apóstolos são: [...] e Judas Iscariotes, que o entregou.

- MATEUS 26.49

    E, quando Judas chegou onde estava Jesus, disse: Salve, Mestre. E o beijou.

24. Vendido por trinta moedas de prata.

- ZACARIAS 11.12

    E disse-lhes: Se vos parece bem, dai-me o meu salário; e, se não, deixai-o. E pesaram trinta moedas de prata por meu salário.

- MATEUS 16.15

    E Judas lhes disse: Que me quereis dar, e eu o entregarei? E eles lhe deram trinta moedas de prata.

25. O dinheiro da traição seria atirado na casa de Deus.

- ZACARIAS 11.13

    E me disse YHWH: Atira ao tesoureiro o belo preço pelo qual me avaliaram. E tomei as trinta moedas de prata e as dei ao tesoureiro da casa de YHWH.

- MATEUS 27.5

    E, depois de atirar as moedas de prata no templo, partiu, foi e se enforcou.

26. O Messias seria abandonado por seus discípulos.

- ZACARIAS 13.7

    Levanta-te, ó espada, sobre o pastor e sobre o homem que é meu companheiro, diz YHWH, o Senhor dos Exércitos. Fere o pastor, e as ovelhas se dispersarão...

- MARCOS 14.50

    Então, todos os seus discípulos o abandonaram e fugiram.

27. O Messias seria acusado por falsas testemunhas.

- SALMOS 35.11

    Falsas testemunhas se levantaram contra mim; interrogaram-me sobre coisas que eu não sabia.

- MATEUS 26.59,60

    E os príncipes dos sacerdotes, os anciãos e todo o conselho procuraram falso testemunho contra Jesus para entregá-lo à morte; e não o encontraram, embora muitos testemunhos falsos fossem apresentados, mas, no final, chegaram duas testemunhas falsas.

28. O Messias permaneceria em silêncio diante de seus acusadores.

- ISAÍAS 53.7

    Angustiado e aflito, não abriu a boca. Como um cordeiro foi levado para o matadouro; e, como uma ovelha diante de seus tosquiadores, emudeceu e não abriu a boca.

- MATEUS 27.12

    E, quando foi acusado pelos principais dos sacerdotes e pelos anciãos, não respondeu nada.

29. O Messias seria ferido e espancado.

- ISAÍAS 53.5

    Porém, Ele foi ferido por nossas transgressões, moído por nossos pecados. O castigo da nossa paz veio sobre Ele; e por sua ferida fomos curados.

- **MATEUS 27.26**

    Então, lhes soltou Barrabás; e, depois de açoitar a Jesus, o entregou para que fosse crucificado.

- **JOÃO 19.11**

    Respondeu Jesus (a Pilatos): Nenhuma autoridade terias contra mim se não lhe tivesse sido dada de cima: por isso, aquele que me entregou a ti tem maior pecado.

30. O Messias seria cuspido.

- **ISAÍAS 50.6**

    Entreguei meu corpo aos que me feriam, e a minha face, aos que me arrancavam o cabelo. Não escondi o rosto dos insultos e das cuspidas.

- **MATEUS 26.67**

    Então, lhe cuspiram no rosto e lhe deram bofetadas; e outros lhe davam socos.

31. A condenação do Messias seria atribuída a Deus.

Embora o Messias tivesse sido enviado por Deus, no momento de sua rejeição e morte muitos considerariam que era o próprio Deus que o castigava por manter vindicações injustificadas.

- **ISAÍAS 53.4**

    Certamente levou nossas enfermidades e sofreu nossas dores; e nós o consideramos açoitado, ferido por Deus e abatido.

- **MARCOS 14.53-65**

    E trouxeram Jesus ao sumo sacerdote; e se reuniram com eles todos os principais sacerdotes, os anciãos e os escribas. No entanto, Pedro o seguiu de longe até o interior do pátio do sumo sacerdote; e se sentou com os criados e se aquecia ao fogo. E os principais sacerdotes e todo o concílio procuravam um testemunho contra Jesus para entregá-lo à morte, mas não encontraram. Porque muitos diziam falso testemunho contra Ele, mas seus testemunhos não eram coerentes. Então, apareceram alguns que deram falso testemunho contra Ele, dizendo: Nós o ouvimos dizer: Eu destruirei este templo que foi feito por mãos, e em três dias edificarei outro feito sem mãos. Porém, nem assim coincidia seu testemunho. Então, o sumo sacerdote, levantando-se, perguntou a Jesus: Não respondes nada? O que testificam estes contra ti? Porém, Ele permanecia calado e não respondia nada. O sumo sacerdote perguntou-lhe novamente: És tu o Messias, o Filho do Bendito? E Jesus disse-lhe: Eu sou; e vereis o Filho do Homem assentado à direita do poder de Deus, e vindo com as nuvens do céu. Então, o sumo sacerdote, rasgando suas vestes, disse: Que necessidade temos mais de testemunhos? Ouvistes a blasfêmia: o que vos parece? E todos o condenaram como réu de morte. E alguns começaram a cuspir nele, a cobrir-lhe o rosto, a dar-lhe bofetadas e a dizer-lhe: Profetiza. E os criados lhe davam bofetadas.

32. Objeto de zombarias.

O Messias também seria um personagem sobre o qual recairiam piadas e zombarias.

- SALMOS 22.7,8
  Todos os que me veem zombam de mim, gesticulam com os lábios e meneiam a cabeça, dizendo: Confiou-se a YHWH, que Ele o livre, que o salve, já que nele tinha prazer.

- MATEUS 27.29
  E puseram-lhe uma coroa de espinhos na cabeça e um caniço na mão direita; e, ajoelhando-se diante dele, zombavam, dizendo: Salve, rei dos judeus!

33. As suas mãos e os seus pés seriam perfurados.

As Escrituras também descrevem em detalhes como o Messias seria morto. De fato, seus padecimentos incluiriam a perfuração das suas mãos e dos seus pés.

- SALMOS 22.16
  Porque os cães me cercaram; um bando de malfeitores me cercou. Trespassaram-me as mãos e os pés.

- LUCAS 23.33

    E, quando chegaram ao lugar chamado A Caveira, ali o crucificaram, e também aos malfeitores, um à direita e outro à esquerda.

34. Executado com delinquentes.

O Messias seria executado como um criminoso e ao lado de delinquentes.

- ISAÍAS 53.12

    Portanto, lhe darei parte com os grandes, e com os fortes repartirá despojos, já que derramou sua vida até a morte e foi contado com os ímpios, enquanto carregava o pecado de muitos e orava pelos transgressores.

- MATEUS 27.38

    Então, crucificaram com Ele dois ladrões, um à direita e outro à esquerda.

35. O Messias intercederia por seus perseguidores.

Em meio à sua dor, o Messias oraria por aqueles que causavam seus sofrimentos.

- ISAÍAS 53.12

    Portanto, lhe darei parte com os grandes, e com os fortes repartirá despojos, já que derramou sua vida até a morte e foi contado com os ímpios, enquanto carregava o pecado de muitos e orava pelos transgressores.

- LUCAS 23.34

    E Jesus disse: Pai, perdoa-lhes, porque não sabem o que fazem. E, repartindo suas vestes, sobre elas lançaram sortes.

36. O Messias seria rejeitado por seu próprio povo.

De modo bem significativo e apesar da espera de séculos, o Messias não seria aceito como tal pela maioria de Israel, seu próprio povo.

- ISAÍAS 53.3

    Desprezado e rejeitado entre os homens, homem de dores, experimentado em sofrimento. Escondemos o rosto dele. Foi menosprezado, e não o valorizamos.

- JOÃO 7.5

    Porque nem mesmo seus irmãos criam nele.

- JOÃO 7.47,48

    Então, os fariseus lhes responderam: Vós também caístes no engano? Acaso creu nele algum dos príncipes ou dos fariseus?

37. O Messias seria odiado sem motivo.

Não seria apenas rejeitado. Além disso, o Messias seria objeto de um ódio que não mereceria.

- SALMOS 69.4

    Aumentaram mais que os fios de cabelo da minha cabeça aqueles que me odeiam sem motivo. Meus inimigos foram fortalecidos, aqueles que me destroem sem motivo. Assim, eu pago pelo que não fiz.

- JOÃO 15.25

    Mas para que se cumpra a palavra que está escrita em sua lei: Odiaram-me sem motivo.

38. Os amigos do Messias se afastariam dele no meio de seus sofrimentos.

- SALMOS 38.11

    Meus amigos e meus companheiros se afastaram de mim em minha tristeza, e as pessoas próximas se afastaram.

- LUCAS 23.49

    Porém, todos os seus conhecidos e as mulheres que o haviam seguido desde a Galileia contemplavam tudo de longe.

39. As pessoas meneariam a cabeça ao ver o suplício do Messias.

- SALMOS 109.25

    Para eles tenho sido objeto de opróbrio. Eles me olhavam e meneavam a cabeça.

- MATEUS 27.39

    E os que passavam lançavam-lhe injúrias, meneando a cabeça.

40. O Messias sofreria tormento à vista dos outros.

- SALMOS 22.7

  Todos os que me veem zombam de mim. Gesticulam com os lábios e meneiam a cabeça.

- LUCAS 23.35

  E o povo estava olhando; e os príncipes que estavam com eles zombavam dele, dizendo: Salvou a outros; salve a si mesmo, se é o Messias, o escolhido de Deus.

41. As vestes do Messias seriam repartidas.

- SALMOS 22.18

  Repartiram entre si minhas vestes e lançaram sortes sobre minhas roupas.

- JOÃO 19.23,24

  E, tendo os soldados crucificado Jesus, tomaram suas vestes e fizeram quatro partes (uma para cada soldado); e tomaram também a túnica, mas a túnica era sem costura, toda tecida de alto a baixo. E disseram uns aos outros: Não a dividamos, mas lancemos sortes sobre ela, para determinar de quem será; para que se cumprisse a Escritura que diz: Repartiram entre si as minhas vestes e lançaram sortes sobre minha roupa. E assim os soldados se comportaram.

42. O Messias teria sede durante seu tormento.

- SALMOS 69.21

  Puseram-me fel como alimento e, quando tive sede, deram-me vinagre para beber.

- JOÃO 19.28

  Depois disso, sabendo Jesus que todas as coisas haviam se cumprido, para que a Escritura se cumprisse, disse: Tenho sede.

43. Em seu tormento, eles dariam fel e vinagre ao Messias.

- SALMOS 69.21

  Puseram-me fel como alimento e, quando tive sede, deram-me vinagre para beber.

- MATEUS 27.34

  Deram-lhe de beber vinagre misturado com fel e, depois de prová-lo, não o quis beber.

44. O Messias se sentiria abandonado durante sua agonia.

- SALMOS 22.1

  Deus meu, Deus meu, por que me abandonaste? Por que estás longe de minha salvação e das palavras do meu clamor?

- MATEUS 27.46

  E, perto da hora nona, Jesus exclamou em alta voz: *Elí, Elí, lamá sabactâni?*, que significa: Deus meu, Deus meu, por que me abandonaste?

45. O Messias se entregaria a Deus no momento de sua morte.

- SALMOS 31.5

  Em tuas mãos confio meu espírito. Tu me redimiste, ó YHWH, Deus da verdade.

- LUCAS 23.46

  Então, Jesus, clamando em alta voz, disse: Pai, nas tuas mãos entrego o meu espírito. E, depois de dizer isso, expirou.

46. Apesar de padecer um tormento horrível, os ossos do Messias não seriam quebrados.

- SALMOS 34.20

  Ele mantém todos os seus ossos; nenhum deles será quebrado.

- JOÃO 19.33

  Porém, quando se aproximaram de Jesus, ao verem que já estava morto, não lhe quebraram as pernas.

47. Trespassariam o lado do Messias.

- ZACARIAS 12.10

  E derramarei espírito de graça e de oração sobre a casa de Davi e sobre os habitantes de Jerusalém, e eles olharão para mim, a quem trespassaram; e o prantearão como quem pranteia sobre o unigênito, afligindo-se sobre ele como quem se aflige sobre o primogênito.

- **JOÃO 19.34**
  Porém, um dos soldados lhe abriu o lado com uma lança, e então saiu sangue e água.

48. No momento da morte do Messias, ocorreriam trevas sobre a terra.

- **AMÓS 8.9**
  E acontecerá naquele dia, diz o Senhor YHWH, que farei o sol se pôr ao meio-dia e cobrirei a terra de trevas em meio à claridade do dia.
- **MATEUS 27.45**
  E da hora sexta à nona houve trevas sobre toda a terra.

49. A morte do Messias teria um caráter expiatório.

- **ISAÍAS 53.10**
  Com tudo isso, YHWH quis moê-lo, sujeitando-o ao padecimento. Depois de ter oferecido sua vida em expiação pelo pecado, verá sua posteridade, viverá por longos dias e em suas mãos a vontade de YHWH prosperará.
- **MARCOS 10.42-45**
  Jesus, porém, chamando-os, disse: Sabeis que os que são príncipes sobre as nações se apoderam delas, e os que entre elas são grandes exercem autoridade sobre eles. Porém, entre vós não será assim. Pelo contrário, quem quiser ser grande entre vocês será seu servo; e quem quiser ser o primeiro será servo de todos. Porque o Filho do Homem não veio para ser servido, mas para servir e dar a sua vida em resgate de muitos.

PROFECIAS 50 A 52. CIRCUNSTÂNCIAS RELACIONADAS AOS EVENTOS POSTERIORES À MORTE DO MESSIAS

Embora se costume dizer frequentemente que a ideia da ressurreição do Messias é tipicamente cristã, tal afirmação não corresponde ao que encontramos nas fontes. De fato, em Isaías 53 é dito que, depois de oferecer sua vida em expiação pelo pecado, o Messias Servo veria a vida. No judaísmo posterior, encontramos referências a como o Messias seria revelado, como ele morreria, como seria levado ao céu por Deus e, depois de um tempo, voltaria (Midrash Rabbah de Rute 5.6; Midrash de Rute 2.4; *2Baruque* 30.1-5 etc.). De modo bastante expressivo, a ressurreição ocorrerá não por ocasião da primeira aparição do Messias, mas na segunda (Zohar 1,139ab). Todos esses aspectos formam uma visão semelhante à registrada no Novo Testamento, cuja única diferença é a afirmação do último de que Jesus é o Messias.

50. Apesar de ter sido morto ao lado de delinquentes, o Messias seria enterrado na tumba de um homem rico.

- ISAÍAS 53.9
  E sua sepultura foi colocada entre os ímpios, mas em sua morte esteve com os ricos; porque jamais cometeu maldade, nem houve engano em sua boca.

- MATEUS 27.57-60
  E, quando a tarde chegou, veio um homem rico de Arimateia, chamado José, que também fora discípulo de Jesus. Ele foi a Pilatos e pediu o corpo de Jesus. Pilatos então ordenou que o corpo fosse entregue a ele. E, tomando José o corpo, envolveu-o em um pano de linho limpo e o colocou em um sepulcro novo, que fora escavado na rocha, e, depois de colocar uma grande pedra na entrada do sepulcro, se foi.

51. O Messias se tornaria uma pedra de tropeço.

- SALMOS 118.22
  A pedra que os construtores rejeitaram tornou-se a pedra angular.

52. O Messias de Israel seria luz para os gentios.

- ISAÍAS 60.3
  E andarão os gentios na tua luz, e os reis, ao resplendor do teu nascimento.

- **ATOS 13.47,48**
Pois assim nos ordenou o Senhor, dizendo: Te pus para luz dos gentios, para que sejas salvação até os confins da terra. E os gentios, ao te escutarem, saíram alegres e glorificaram a palavra do Senhor; e todos os que estavam ordenados para a vida eterna creram.

Bibliografia[1]

I. Fontes[2]

A. Bíblicas
a) Antigo Testamento: *Biblia Hebraica Stuttgartensia* (hebraico), Stuttgart, 1984.
b) Septuaginta: RAHLFS, A. *Septuaginta* (grego), Stuttgart, 1979.
c) Novo Testamento:
   He Kainé Diazeké, TBS, Londres, 1993.
   NESTLE, E.; ALAND, K. *Novum Testamentum Graece* (grego), Stuttgart, 1988.
   VIDAL, C. *El Nuevo Testamento interlineal griego-español*, Nashville (no prelo).

B. Clássicas
a) Suetônio: ROLFE, J. C. *Suetonius*, 2 vols. (latim com tradução inglesa), Cambridge e Londres, 1989.
b) Tácito: MOORE, C. H.; JACKSON, J. *Tacitus: Histories and Annals*, 4 vols. (latim com tradução inglesa), Cambridge e Londres, 1989.

C. Talmúdicas
HERFORD, R. T. *Christianity in Talmud and Midrash* (hebraico e aramaico), Londres, 1905.

D. Flávio Josefo
THACKERAY, H. St. J.; MARCUS, R.; WIKGREN, Allen; FELDMAN, L. H. *Josephus*, 10 vols. (grego com tradução inglesa), Cambridge e Londres, 1989.

---

[1]Nesta bibliografia, incluem-se somente as obras de caráter geral relacionadas com este estudo. Para uma bibliografia mais específica e detalhada acerca de um aspecto em particular, consulte as notas de rodapé de cada seção do livro.
[2]A seguir, incluímos as edições dos textos originais que utilizamos para a realização deste estudo.

E. Patrísticas

MIGNE, J. P. *Patrologia Graeca*, 162 vols., Paris, 1857-1886.

_____. *Patrologia Latina*, Paris, 1844-1864.

II. Obras Gerais

AGNEW, F. H. "On the Origin of the Term Apostolos", em *CBQ*, 38, 1976, p. 49-53.

_____. "The origin of the NT Apostle-Concept", em *JBL*, 105, 1986, p. 75-96.

AGUA, A. del. *El método midrásico y la exégesis del Nuevo Testamento*, València, 1985.

ALBECK, C. *Untersuchungen über die Redaktion der Mischna*, Berlim, 1923.

_____. *Einführung in die Mischna*, Berlim e Nova York, 1971.

ALEGRE, X. *El concepto de salvación en las Odas de Salomón*, Münster, 1977.

ALM, R. von der. *Die Urteile heidnischer un jüdischer Schrifsteller der vier ersten christlichen Jahrhunderte über Jesus und die ersten Christen*, Leipzig, 1865.

ALON, G. *The Jews in Their Land in the Talmudic Age*, Cambridge e Londres, 1989.

AUNE, D. E. *Prophecy in Early Christianity*, Grand Rapids, 1983.

AVI-YONAH, M. *Geschichte der Juden im Zeitalter des Talmud*, Berlim, 1962.

BACHER, W. *Die Agada der Tannaiten*, 2 vols., Estrasburgo, 1884-1890.

BADIA, F. *The Qumran Baptism and John the Baptist's Baptism*, Lanham, 1980.

BAGATTI, B. "Resti cristiani in Palestina anteriori a Costantino?", em *Rivista di Archeologia cristiana*, XXVI, 1950, p. 117-131.

_____. *Scoperta di un cimitero giudeo-cristiano al "Dominus Flevit"* en *LA*, III, 1953, p. 149-84.

_____; MILIK, J. T. *Gli Scavi del "Dominus Flevit" I. La necropoli del periodo romano*. Jerusalém, 1958.

_____. *L'Église de la Circoncision*, Jerusalém, 1964.

_____. *Gli scavi di Nazaret, I, Dalle origini al secolo XII*, Jerusalém, 1967.

_____. *Antichi villaggi cristiani di Galilea*, Jerusalém, 1971.

_____. "Nuove Scorpete alla Tomba della Vergine a Getsemani", em *LA*, XXII, 1972, p. 236-90.

_____. "L'apertura della Tomba della Vergine a Getsemani", em *LA*, XXIII, 1973, p. 318-321.

BARCLAY, W. *The Revelation of St. John*, Filadélfia, 2 vols., 1976.

BARON, D. *The Servant of Jehovah*, Londres, 1922.

BARR, J. "Which language did Jesus speak?", em *BJRL*, 53, 1970-1971, p. 9ss.
BARRETT, C. K. *The New Testament Background*, Nova York, 1989.
BARTH, G. *El bautismo en el tiempo del cristianismo primitivo*, Salamanca, 1986.
BARTH, M. *Rediscovering the Lord's Supper*, Atlanta, 1988.
BAUER, W. *Rechtglaubigkeit und Ketzerei im altesten Christentum*, Tubinga, 1934.
_____. *Orthodoxy and Heresy in Earliest Christianity*, Filadélfia, 1971.
_____. *New Testament Apocrypha*, I, Filadélfia, 1963.
BEASLEY-MURRAY, G. R. *Jesus and the Kingdom of God*, Grand Rapids, 1986.
_____. *John*, Waco, 1987.
BEN-SASSON, H. H. (ed.). *History of the Jewish People*, Cambridge, Mass., 1976.
BIKERMAN, E. "Sur la version vieux-russe de Flavius Josèphe", em *Melanges Franz. Cumont*, Bruxelas, 1936, p. 53-84.
BOUSSET, W. *Kyrios Christos*, Nashville, 1970.
BOWKER, J. W. *The Targums and the Rabbinic Literature*, Cambridge, 1969.
BRANDON, S. G. F. *The Fall of Jerusalem and the Christian Church*, Londres, 1951.
_____. *Jesus and the Zealots*, Manchester, 1967.
_____. *The Trial of Jesus*, Londres, 1968.
BROWN, R. E. *The Community of the Beloved Disciple*, Nova York, 1979.
_____. *The Epistles of John*, Nova York, 1982.
_____. *The Birth of the Messiah*, Nova York, 1979. [Edição brasileira: *O nascimento do Messias*. São Paulo: Paulinas, 2005.]
BRUCE, F. F. ¿*Son fidedignos los documentos del Nuevo Testamento?*, Miami, 1972.
_____. *New Testament History*, Nova York, 1980.
_____. *Paul and Jesus*, Grand Rapids, 1982.
_____. *New Testament Development of Old Testament Themes*, Grand Rapids, 1989.
_____. *Paul: Apostle of the Heart Set Free*, Grand Rapids, 1990.
BRÜNE, B. "Zeugnis des Josephus über Christus", em *Th St Kr*, 92, 1919, p. 139-47.
BRUNT, P. A. "Procuratorial Jurisdiction", em *Latomus*, 25, 1966, p. 461-89.
BÜCHLER A. *Studies in Jewish History*, Londres, 1956.
BULTMANN, R. "Neuste Paulusforschung", em *TR*, 6, 1934, p. 229-246.
_____. *Kerygma and Myth*, Londres, 1953.

_____. "Jesus and Paul", em *Existence and Faith*, Londres, 1964, p. 217-239.
_____. *The Gospel of John*, Filadélfia, 1971.
_____. *Teología del Nuevo Testamento*, Salamanca, 1981.
CARAGOUNIS, C. C. *The Son of Man*, Tubinga, 1986.
CASEY, M. *Son of Man*, Londres, 1979.
CLERMONT-GANNEAU, C. "Discovery of a Tablet from Herod's Temple", em *Palestine Exploration Quarterly*, 3, 1871, p. 132-3.
_____. "Epigraphes hébraiques et grecques sur des ossuaires juifs inédits", em *Revue Archéologique*, 3 serie, 1883, I, p. 257-68.
CLOGG, F. B. *An Introduction to the New Testament*, Londres, 1940.
CONZELMANN, H. "Jesus Christus", em *RGG*, III, 1959, cols. 619-53.
CREED, J. M. "The Slavonic Version of Josephus History of the Jewish War", em *The Harvard Theological Review*, XXV, 1932, p. 318-9.
CULLMANN, O. *Le problème littéraire et historique du roman pseudo-clémentin*, Paris, 1930.
_____. *The Earliest Christian Confessions*, Londres, 1949.
_____. *Baptism in the New Testament*, Londres, 1950.
_____. *El Estado en el Nuevo Testamento*, Madrid, 1966.
_____. *El Nuevo Testamento*, Madri, 1971.
_____. *Jesús y los revolucionarios de su tiempo*, Madri, 1971.
_____. *Del Evangelio a la formación de la teología cristiana*, Salamanca, 1972.
_____. *Christology of the New Testament*, Londres, 1975.
CUMONT, F. "Un rescrit impérial sur la violation de sépulture", em *Revue Historique*, 163, 1930, p. 241ss.
CHAJES, H. P. "Ben Stada", em HORODETSKI, S. A. *Ha-Goren*, Berdichev, 1903, IV, p. 33-7.
CHARLESWORTH, J. H. *A Critical Examination of the Odes of Salomon*, Duke, 1987.
_____ (ed.). *John and the Dead Sea Scrolls*, Nova York, 1990.
CHWOLSOHN, D. *Das Letzte Passamahl Christi und der Tag seines Todes*, Leipzig, 1908.
DALE, J. W. *Baptizo: an Inquiry into the Meaning of the Word as Determined by the Usage of Jewish and Patristic Writers*, Filadélfia, 1991.
DALMAN, G. *Die Thalmudischen Texte* (über *Jesu*), Leipzig, 1900.
_____. *The Words of Jesus*, Edimburgo, 1902.
_____. *Die Worte Jesu*, Leipzig, 1898 e 1930.
DANIÉLOU, J. *La théologie du judéo-christianisme*, Paris, 1958.
_____. *Theology of Jewish Christianity*, Chicago, 1964.
DAVIES, W. D. *Paul and Rabbinic Judaism*, Londres, 1948.
DIBELIUS, M. *A Fresh Approach to the New Testament and Early Christian Literature*, Londres, 1936.

DIEZ MACHO, A. *La lengua hablada por Jesucristo*, Madri, 1976.
_____. *Jesucristo "único"*, Madri, 1976.
DIX, G. *Jew and Greek: A Study in the Primitive Church*, Londres, 1953.
DOCKERY, D. S. "Baptism", em *DJG*.
DODD, C. H. "The Fall of Jerusalem and the Abomination of Desolation", em *JRS*, 37, 1947, p. 47-54.
_____. *Historical Tradition in the Fourth Gospel*, Londres, 1963.
EDERSHEIM, A. *Prophecy and History According to the Messiah*, Grand Rapids, 1980.
_____. *La vida y los tiempos de Jesús el Mesías*, Tarrassa, 1988.
EISLER, R. *Iesous Basileus ou basileusas*, 2 vols., Heidelberg, 1929-1930.
_____. *The Messiah Jesus and John the Baptist*, Londres, 1931.
ELLIOTT, J. H. *A Home for the Homeless*, Londres, 1982.
ELLIOT-BINNS, L. E. *Galilean Christianity*, Londres, 1956.
ELLIS, E. E.; GRASSER, E. (eds). *Jesus und Paulus*, Gotinga, 1975.
FELDMAN, L. H. *Josephus*, IX, Cambridge e Londres, 1965.
_____. *Studies in Judaica: Scholarship on Philo and Josephus (1937-1962)*, Nova York, 1963.
_____. *Josephus and Modern Scholarship*, Berlim; Nova York, 1984.
FERNÁNDEZ URIEL, P.; VIDAL, César. "Anavim, apocalípticos y helenistas: Una introducción a la composición social de las comunidades judeo-cristianas de los años 30 a 70 del s. I. d.C.", em *Homenaje a J. M. Blázquez*, Madri, vol. IV, no prelo.
FISHER, E. J. (ed.). *The Jewish Roots of Christian Liturgy*, Nova York, 1990.
FITZMYER, J. A. "The Languages of Palestine in the First Century AD", em *CBQ*, 32, 1970, p. 501-31.
FLUSSER, D. *Jesús en sus palabras y su tiempo*, Madri, 1975.
_____. "El Hijo del Hombre", em TOYNBEE, A. (ed.), *El crisol del cristianismo*, Madri, 1988.
FOAKES-JACKSON, F. J. *The Acts of the Apostles*, Londres, 1931.
FRANKEL, Z. *Darje ha-Mishnah: Hodegetica in Mischnam*, Leipzig, 1867.
FROVA, A. "L'iscrizione di Ponzio Pilato a Cesarea", em *Rediconti dell'Istituto Lombardo*, 95, 1961, p. 419-34.
FULLER, R. H. *Foundations of New Testament Christology*, Nova York, 1965.
FURNEAUX, R. *The Roman Siege of Jerusalem*, Londres, 1973.
GERHARDSSON, B. *Memory and Manuscript: Oral Traditions and Written Transmission in the Rabbinic Judaism and Early Christianity*, Uppsala, 1961.
GERO, S. "Apocryphal Gospels: A Survey of Textual and Literary Problems", em *ANRW*, 2.25-5.3969-96.
GLOER, W. H. (ed.). *Eschatology and the New Testament*, Peabody, 1988.

GNUSE, R. *Comunidad y propiedad en la tradición bíblica*, Estella, 1987.
GONZÁLEZ-FAUS, J. *Clamor del reino: estudio sobre los milagros de Jesús*, Salamanca, 1982.
GOPPELT, L. *Christentum und Judentum im ersten und zweiten Jahrhundert*, Gütersloh, 1950.
_____. *Typos: The Typological Interpretation of the Old Testament in the New*, Grand Rapids, 1982.
GRAETZ, H. *Geschichte der Juden von den altesten Zeiten bis zur Gegenwart*, Leipzig, 1908-1909.
GRAU, J. *Escatología*, Barcelona, 1977.
GRAVES, R.; PODRO, J. *Jesus in Rome*, Londres, 1957.
GRAYSTON, K. *The Johannine Epistles*, Londres, 1984.
GREEN, W. S.; FRERICHS, E. *Judaisms and Their Messiahs at the Turn of the Christian Era*, Cambridge, 1987.
GUELICH, R. A. "Destruction of Jerusalem", em *DJG*.
GUEVARA, H. *Ambiente político del pueblo judío en tiempos de Jesús*, Madri, 1985.
GUTHRIE, D. *New Testament Introduction*, Londres, 1965.
GUTTMANN, A. "The Significances of Miracles for Talmudic Judaism", em *HUCA*, 20, 1948, p. 364-406.
HARNACK, A. von, *Chronologie der altchristlichen Litteratur bis Eusebius*, Leipzig, 1893-1897.
_____. *Lukas der Arzt*, Leipzig, 1906.
HARVEY, A. E. *Jesus and the Constraints of History*, Filadélfia, 1982.
HAUSRATH, A. *Neutestamentliche Zeitgeschichte*, I-IV, Leipzig, 1868-1873.
HAWTHORNE, G. F.; BETZ, O. (eds.). *Tradition and Interpretation in the New Testament*, Grand Rapids, 1987.
HEGERMANN, H. *Jesaja 53 in Hexapla, Targum und Peschitta*, Gütersloh, 1954.
HENGEL, M. *Property and Riches in the Early Church*, Filadélfia, 1974.
_____. *El Hijo de Dios*, Salamanca, 1978.
_____. *Acts and the History of Earliest Christianity*, Londres, 1979.
_____. *The Charismatic Leader and His Followers*, Edimburgo, 1981.
_____. *Between Jesus and Paul*, Londres, 1983.
_____. *The "Hellenization" of Judaea in the First Century after Christ*, Londres e Filadélfia, 1989.
_____. *The Zealots*, Edimburgo, 1989.
_____. *Judaism and Hellenism*, Minneapolis, 1991.
HERFORD, R. T. *Christianity in Talmud and Midrash*, Londres, 1905.
HOBART, K. *The Medical Language of Saint Luke*, Dublin, 1882.
HOENNICKE, G. *Das Judenchristentum im ersten um zweiten Jahrhundert*, Berlim, 1908.

HOFFMANN, D. "Die Antoninus-Agadot im Talmud und Midrasch", em *MGWJ*, 19, 1892, p. 33-55, 245-55.
HOLDER, M. *From Yavneh to Pumbedisa*, Nova York, 1989.
HOLSTEN, C. *Die drei ursprünglichen, noch ungeschrieben Evangelien*, Berlim, 1883.
HORT, F. J. A. *Judaistic Christianity*, Cambridge, 1894.
HUMBERT, P. "Le Messie dans le Targoum des prophètes", em *Revue de Théologie et Philosophie*, 43, 1911, p. 5ss.
HURTADO, L. W. *One God, One Lord: Early Christian Devotion and Ancient Jewish Monotheism*, Filadélfia, 1988.
JACK, J. W. *Historic Christ*, Londres, 1933.
JEREMIAS, J. *The Servant of God*, Londres, 1957.
_____. *La Ultima Cena*, Madri, 1980.
_____. *Teología del Nuevo Testamento*, I, Salamanca, 1980.
_____. *Abba y el mensaje central del Nuevo Testamento*, Salamanca, 1983.
_____. *Jerusalén en tiempos de Jesús*, Madri, 1985.
JOCZ, J. *The Jewish People and Jesus Christ: The Relationship between Church and Synagogue*, Grand Rapids, 1. ed. 1949; 3. ed. 1979.
JOHNSON, L. T. *Sharing Possessions: mandate and Symbol of Faith*, Filadélfia, 1981.
JONES, A. H. M. "Procurators and Prefects in the Early Principate", em *Studies in Roman Government and Law*, Oxford, 1960.
JUEL, D. *Messianic Exegesis: Christological Interpretation of the Old Testament in Early Christianity*, Filadélfia, 1988.
JÜNGEL, E. *Paulus und Jesus*, Tubinga, 1962.
JUSTER, J. *Les juifs dans l'Empire romain*, Paris, 1914.
KEE, H. C. *Miracle in the Early Christian World*, New Haven, 1983.
_____. *Miracle and Magic in the New Testament Times*, Cambridge, 1986.
KIM, S. *The Son of Man as the Son of God*, Grand Rapids, 1983.
KLAUSNER, J. *From Jesus to Paul*, Londres, 1944.
_____. *The Messianic Idea in Israel*, Londres, 1956.
_____. *Jesús de Nazaret*, Buenos Aires, 1971.
KLEIN, S. "The Estates of R. Judah ha-Nasi", em *JQR*, 2, 1911, p. 545-56.
KOESTER, H. *Ancient Christian Gospels: Their History and Development*, Filadélfia, 1990.
KOSTER, H. *Introducción al Nuevo Testamento*, Salamanca, 1988.
KRAUSS, S. *Das Leben Jesu nach jüdischen Quellen*, Berlim, 1902.
KÜNG, H. *Ser cristiano*, Madri, 1978.
LADD, E. *El Evangelio del Reino*, Miami, 1974.
_____. *Crucial Questions about the Kingdom*, Grand Rapids, 1974.
_____. *Presence of the Future*, Grand Rapids, 1974.
_____. *The Resurrection of Jesus*, Grand Rapids, 1975.
LAPIDE, P. *The Resurrection of Jesus: A Jewish Perspective*, Minneapolis, 1983.

_____. "I Accept the Resurrection of Easter Sunday", em KAC, A. W. (ed.). *The Messiahship of Jesus*, Grand Rapids, 1986.
LAQUEUR, R. *Der Jüdischer Historiker Flavius Josephus*, Giessen, 1920.
LAUTERBACH, J. Z. *Mekilta de Rabbi Ishmael*, Filadélfia, 1976.
LEIVESTAD, R. *Jesus in His Own Perspective*, Minneapolis, 1987.
LÉMONON, J.-P. *Pilate et le gouvernement de la Judée*, Paris, 1981.
LE MOYNE, J. *Les Sadducéens*, Paris, 1972.
LEVEY, S. H. *The Messiah: An Aramaic Interpretation*, Nova York, 1974.
LIEMPT, L. van. "De testimonio flaviano", em *Mnemosyne*, 55, 1927, p. 109-16.
LINDARS, B. *Jesus Son of Man*, Grand Rapids, 1983.
LINDSAY, R. L. *A Hebrew Translation of the Gospel of Mark*, Jerusalém, 1969.
_____. *A New Approach to the Synoptic Gospels*, Jerusalém, 1971.
LONGENECKER, R. N. *The Christology of Early Jewish Christianity*, Grand Rapids, 1970.
MACCOBY, H. *Judaism in the First Century*, Londres, 1989.
MAC DONALD, J. *The Theology of the Samaritans*, Londres, 1964.
MALHERBE, A. J. *Social Aspects of Early Christianity*, Filadélfia, 1983.
MANNS, F. *Essais sur le Judéo-Christianisme*, Jerusalém, 1977.
_____. *Bibliographie du Judeo-Christianisme*, Jerusalém, 1979.
_____. *Pour lire la Mishna*, Jerusalém, 1984.
_____. *La prière d'Israel à l'heure de Jésus*, Jerusalém, 1986.
_____. *John and Jamnia: How the Break Occured Between Jews and Christians c. 80-100 A. D.* Jerusalém, 1988.
MANSON, T. W. *The Servant-Messiah. A Study of public ministry of Jesus*, Manchester, 1953.
_____. *Studies in the Gospel and Epistles*, Manchester, 1962.
MARSHALL, I. H. *Luke: Historian and Theologian*, Exeter, 1970.
_____. *Last Supper and Lord's Supper*, Grand Rapids, 1980.
_____. "Son of Man", em *DJG*.
MARTIN, R. P. *An Early Christian Confession*, Londres, 1960.
MARTYN, J. L. *The Gospel of John in Christian History*, Nova York, 1979.
MEIER, J. P. *Antioch and Rome*, Nova York, 1983, p. 92ss.
_____. "Jesus", em *NJBC*, p. 1328ss.
MERX, A. *Der Messias oder Ta'eb der Samaritaner*, Tubinga, 1909.
MEYER, E. *Ursprung und Anfage des Christentums*, I, Sttutgart; Berlim, 1921.
MOMIGLIANO, A. *Claudius*, Cambridge, 1961.
MONTEFIORE, H. W. "Josephus and the New Testament", em *Novum Testamentum*, Leiden, 5, 1969, p. 139.
MORRIS, L. *The Apostolic Preaching of the Cross*, Grand Rapids, 1956.
MOWINCKEL, S. *El que ha de venir: mesianismo y mesías*, Madri, 1975.

MUÑOZ LEÓN, *Dios-Palabra: Memra en los Targumim del Pentateuco*, Valência, 1974.
MURPHY, F. J. *The Religious World of Jesus*, Nashville, 1991.
NASH, R. *Christianity and the Hellenistic World*, Grand Rapids, 1984.
NEUSNER, J. *A Life of Yohanan ben Zakkai*, Leiden, 1962 (2. ed. 1970).
_____. "Judaism in a time of Crisis: Four Responses to the Destruction of the Second Temple", em *Judaism*, 21, 1972, p. 313-27.
_____. *Eliezer ben Hyrcanus. The Tradition and the Man*, Leiden, 1973, 2 vols.
_____. *Invitation to the Talmud*, Filadélfia, 1984.
_____. *Judaism in the Beginning of Christianity*, Londres, 1984.
_____. *Judaism in the Matrix of Christianity*, Filadélfia, 1986.
_____. *Judaism and Christianity in the Age of Constantine*, Chicago, 1987.
PELLETIER, A. "L'originalité du témoignage de Flavius Josèphe sur Jésus", em *RSR*, 52, 1964, p. 177-203.
PERELMUTTHER, G. *Siblings: Rabbinic Judaism and Early Christianity at Their Beginnings*, Mahwah, 1989.
PÉREZ FERNÁNDEZ, M. *Tradiciones mesiánicas en el Targum palestinense*, Valência; Jerusalém, 1981.
_____. *La lengua de los sabios*, I, Valência, 1992.
PERRIN, N. *The New Testament*, Nova York, 1974.
PFEIDERER, O. *Das Urchristenthum*, Berlim, 1887.
PFLAUM, H. G. *Les carrières procuratoriennes équestres sous le Haut-Empire romain*, 4 vols., Paris, 1960-1961.
PINES, S. "The Jewish-Christians of the Early Centuries of Christianity according to a New Source", em *Proceedings of the Israel Academy of Sciences and Humanities*, 2, 1966, p. 1-73.
_____. "Un texte judéo-chrétien adapté par un théologien musulman", em *Nouvelles chrétiennes d'Israël*, 2-3, 1966, p. 12-20.
_____. "An Arabic Version of the Testimonium Flavianum and Its Implications", em *Proceedings of the Israel Academy of Sciences and Humanities*, 2, 1966.
PODRO, J.; GRAVES, R. *Jesus in Rome*, Londres, 1957.
PRIGENT, P. *La fin de Jérusalem*, Neuchâtel, 1969.
PRITZ, R. A. *Nazarene Jewish Christianity*, Jerusalém e Leiden, 1988.
REICKE, B. *The New Testament Era*, Filadélfia, 1968.
_____. "Synoptic Prophecies on the Destruction of Jerusalem", em AUNE, D. W. (ed.), *Studies in the New Testament and Early Christian Literature: Essays in Honor of Allen P. Wikgren*, Leiden, 1972.
RENGSTORF, K. H. *Complete Concordance to Flavius Josephus*, Leiden, 1973.
REUMANN, J. *The Supper of the Lord*, Filadélfia, 1985.
RHOADS, D. M. *Israel in Revolution: 6-74 C. E.*, Filadélfia, 1976.

RIBERA FLORIT, J. *El Targum de Isaías*, Valência, 1988.
RICHARDS, G. C. "The Composition of Josephus Antiquities" em *CBQ*, 33, 1939, p. 36-40.
RICHARDSON, A. *Las narraciones evangélicas sobre los milagros*, Madri, 1974.
RIESENFELD, H. *The Gospel Traditions and Its Beginnings*, Londres, 1957.
ROBINSON, J. A. T. *Redating the New Testament*, Filadélfia, 1976.
_____. *The Priority of John*, Londres, 1985.
ROBINSON, J. M.; KOESTER, H. (eds.)., *Trajectories through Early Christianity*, Filadélfia, 1964.
ROTHSCHILD, J. J. "The Tombs of Sanhedria", em *Palestine Exploration Quarterly*, 84, 1952, 23-38; ibidem, 86, 1954, p. 16-22.
ROWLAND, C. *The Open Heaven*, Londres, 1985.
_____. *Christian Origins*, Londres, 1989.
RUSSELL, J. B. *Satan: The Early Christian Tradition*, Ithaca, 1981.
SABOURIN, L. *The Divine Miracles Discussed and Defended*, Roma, 1977.
SANDERS, E. P. *Jesus and Judaism*, Filadélfia, 1985.
SCHAEFFER, P. *Studien zur Geschichte und Theologie des Rabbinischen Judentums*, Leiden, 1978.
SCHALIT, A. *Zur Josephus-Forschung*, Darmstadt, 1973.
SCHOEPS, H. J. *Theologie und Geschichte des Judenchristentums*, Tubinga, 1949.
_____. *Aus frühchristlicher Zeit*, Tubinga, 1950.
SCHOLEM, G. *Major Trends in Jewish Mysticism*, Nova York, 1988.
SCHONFIELD, H. J. *The History of Jewish Christianity*, Londres, 1936.
_____. *According to the Hebrews*, Londres, 1937.
_____. *Passover Plot*, Nova York, 1965. (Existe edição espanhola: *El Complot de Pascua*, Barcelona, 1977.)
_____. *El partido de Jesús*, Barcelona, 1988.
_____. *El Nuevo Testamento original*, Barcelona, 1990.
SCHRECKENBERG, H. *Bibliographie zu Flavius Josephus. Arbeiten zur Literatur und Geschichte des hellenistischen Judentums*, Leiden, 1968.
_____. *Die Flavius-Josephus-Tradition in antike und Mittelalter*, Leiden, 1972.
SCHÜRER, E. *The History of the Jewish People in the Age of Jesus Christ*, Edimburgo, 1987.
_____. "Josephus", em *Realenzyclopadie für die protestantische Theologie und Kirche*, IX, 1901, p. 377-86.
SHERWIN-WHITE, A. N. *Roman Society and Roman Law in the New Testament*, Oxford, 1963.
SHUTT, R. H. J. *Studies in Josephus*, Londres, 1961.

SIMON, M. *Verus Israel: Ètudes sur les relations entre Chrétiens et Juifs dans l'empire romain*, Paris, 1964.
SMALLWOOD, E. M. *The Jews under Roman Rule*, Leiden, 1976.
SMITH, M. *Jesús el mago*, Barcelona, 1988.
SORDI, M. *Los cristianos y el imperio romano*, Madri, 1988.
STAUFFER, E. *Jesus and His Story*, Londres, 1960.
STEMBERGER, G.; STRACK, H. L. *Introducción a la literatura talmúdica y midrásica*, Valência, 1988.
STERN, D. H. *Messianic Jewish Manifesto*, Jerusalém, 1991.
_____. "The Period of the Second Temple", em BEN-SASSON, H. H. (ed.), *History of the Jewish People*, Cambridge, Mass., 1976.
STRACK, H. L. *Jesus, die Haretiker und die Christen*, Leipzig, 1910.
_____; BILLERBECK, P. *Kommentar zum Neuen Testament aus Talmud und Midrasch*, 5 vols., Munique, 1922-1956.
_____; STEMBERGER, G. *Introducción a la literatura talmúdica y midrásica*, Valência, 1988.
SUKENIK, E. L. "The Earliest Records of Christianity", em *American Journal of Archaeology*, LI, 1947, p. 351-65.
TAYLOR, R. O. P. *The Groundwork of the Gospels*, Oxford, 1946.
THACKERAY, H. St. J. *Josephus the Man and the Historian*, Nova York, 1967.
_____. *Josephus*, III, Londres, 1979.
THEISSEN, G. *The Miracle Stories of the Early Christian Tradition*, Filadélfia, 1983.
_____. *Estudios de sociología del cristianismo primitivo*, Salamanca, 1985.
THIEDE, C. P. *Simon Peter*, Grand Rapids, 1988.
TOYNBEE, A. (ed.). *El crisol del cristianismo*, Madri, 1988.
VERMES, G. *Jesús el judío*, Barcelona, 1977.
VIDAL, C. "Angel", em *DTR*.
_____. "Apóstol", em *DTR*.
_____. "Bautismo", em *DTR*.
_____. "Belcebú", em *DTR*.
_____. "Cielo", em *DTR*.
_____. "Demonios", em *DTR*.
_____. "Dragón", em *DTR*.
_____. "Eucaristía", em *DTR*.
_____. "Hijo del Hombre", em *DTR*.
_____. "Infierno", em *DTR*.
_____. "Jesús", em *DTR*.
_____. "María", em *DTR*.
_____. "Memra", em *DTR*.
_____. "Mesías", em *DTR*.
_____. "Nombres de Dios", em *DTR*.

_____. "Pablo", em *DTR*.
_____. "Parusía", em *DTR*.
_____. "Resurrección", em *DTR*.
_____. "Siervo de Yahveh", em *DTR*.
_____. "Templo", em *DTR*.
_____. "¿Tradición versus Bíblia? Una aproximación histórica al papel de la tradición en la Iglesia de los cuatro primeros siglos", em *PE*, VII, jan-mar, 1990, p. 49-62.
_____. "La figura de María en la literatura apócrifa judeo-cristiana de los dos primeros siglos", em *Ephemerides Mariologicae*, 41, 1991, p. 191-205.
_____. "María en la arqueología judeo-cristiana de los tres primeros siglos", em *Ephemerides Mariologicae*, 41, 1991, p. 353-64.
_____. "La influencia del judeo-cristianismo en la liturgia mariana", em *Ephemerides Mariologicae*, 42, 1992, p. 115-26.
_____. *Los Evangelios gnósticos*, Barcelona, 1991.
_____. *Diccionario de Patrística*, Estella, 1992.
_____. *El Primer Evangelio: el Documento Q*, Barcelona, 1993.
_____. *Los esenios y los rollos del mar Muerto*, Barcelona, 1993.
_____. *Diccionario de Jesús y los Evangelios*, Estella, 1995.
_____. *Jesús y los documentos del mar Muerto*, Barcelona, 2006.
_____. *Jesús y Judas*, Barcelona, 2007.
_____; FERNÁNDEZ URIEL, Pilar. "Anavim, apocalípticos y helenistas: Una introducción a la composición social de las comunidades judeo--cristianas de los años 30 a 70 del s. I. d.C.", em *Homenaje a J. M. Blázquez*, Madri, vol. IV, no prelo.
WENHAM, D.; BLOMBERG, C. (eds.). *The Miracles of Jesus*, Sheffield, 1986.
_____ (ed.). *The Jesus Tradition Outside the Gospels*, Sheffield, 1985.
WHISTON, W. *Josephus*, Grand Rapids, 1978.
WILKEN, R. L. *The Christians as the Romans Saw Them*, New Haven e Londres, 1984.
WILLIS, W. (ed.). *The Kingdom of God in 20th Century Interpretation*, Peabody, 1987.
WINTER, P. *On the Trial of Jesus*, Berlim, 1961.
WÜNSCHE, A. *Der jerusalemische Talmud in seinem haggadischen Bestandtheilen zum ersten Male in's Deutsche übertragen*, Leipzig, 1880.
YODER, J. H. *The Politics of Jesus*, Grand Rapids, 1979.
YOUNG, B. H. *Jesus and His Jewish Parables*, Nova York, 1989.
ZAHN, T. *Introduction to the New Testament*, Edimburgo, 1909.
ZULUETA, F. de. "Violation of Sepulture in Palestine at the Beginning of the Christian Era", em *JRS*, 22, 1932, p. 184ss.

Sua opinião é importante para nós. Por gentileza envie seus comentários pelo *e-mail*
editorial@hagnos.com.br

Visite nosso *site*:
www.hagnos.com.br

Esta obra foi composta na fonte AGaramond Pro 12/16 e impressa na Imprensa da Fé.
São Paulo, Brasil.
Verão de 2021.